나의 삶과 일

헨리 포드 자서전

My Life and Work
- Henry Ford, 1922

나의 삶과 일
- 헨리 포드 자서전

지은이 | 헨리 포드
옮긴이 | 이주명

1판 1쇄 펴낸날 | 2019년 3월 20일
1판 2쇄 펴낸날 | 2022년 5월 20일

펴낸이 | 문나영

펴낸곳 | 필맥
출판신고 | 제2021-000073호
주소 | 경기도 고양시 덕양구 중앙로 542 (행신동, 세신훼미리타운) 910호
홈페이지 | www.philmac.co.kr
전화 | 031-972-4491
팩스 | 031-971-4492

ISBN 979-11-6295-008-1 (03320)

* 잘못된 책은 구입한 서점에서 바꿔드립니다.
* 값은 뒤표지에 있습니다.

나의 삶과 일

헨리 포드 자서전

헨리 포드 지음 | 이주명 옮김

필맥

| 머리말 |

나의 생각

우리는 우리의 나라를 발전시키는 길에 이제 막 나섰을 뿐이다. 우리는 우리의 나라가 이룬 놀라운 진보에 대해 많은 이야기를 하고 있지만, 그 모든 이야기에도 불구하고 아직은 거죽을 긁는 정도를 넘는 성취에는 이르지 못했다. 그동안의 진보만 해도 충분히 놀랄 만한 것이 사실이지만, 우리가 그동안 이룬 것을 앞으로 이뤄야 할 것에 비교해 보면 과거의 성취는 아무것도 아니다. 이 나라의 산업시설 전부에서 사용되는 동력의 양보다 단지 농사를 짓기 위해 땅을 가는 데 사용되는 동력의 양이 더 크다는 사실을 고려하면 얼마나 많은 기회가 남아 있는지를 짐작할 수 있다. 그리고 세계의 수많은 나라들이 격변에 휩싸이고 도처에 동요가 만연한 지금은 그동안 이루어진 것에 비추어 앞으로 이루어질 수 있는 것을 전망해 보기에 매우 좋은 시점이다.

점점 더 많은 에너지가 사용되는 가운데 기계와 산업시설이 갈수록 증가하는 추세에 관한 이야기를 들을 때면 금속으로 뒤덮인 냉랭한 세상의 모습이 머릿속에 떠오른다. 그 세상은 나무, 꽃, 새와 녹색 들판이 덩치 큰 공장들에 의해 밀려나고 금속기계와 인간기계로 가득 찬 곳이 될 것 같다. 그러나 그러한 생각에 나는 전혀 동의하지 않는다. 우리가 기계와 그 용도를 더 많이 알지 못한다면, 다시 말해 삶의 기계화한 부분을 더 많이 이해하지 못한다면 나무, 새, 꽃, 그리고 녹색 들판을 즐기는 시간을 갖기가 어려울 것이라고 나는 생각한다.

내가 보기에 우리는 삶을 사는 일과 삶의 수단을 확보하는 일 사이에 어떤 대립관계가 존재한다고 생각함으로써 삶에서 즐거운 것을 몰아내는 쪽으로 이미 너무 많이 기울었다. 우리는 시간과 에너지를 너무 많이 낭비하고 있고, 이로 인해 삶을 즐길 시간과 에너지가 우리에게 별로 남지 않게 되는 것이 현실이다.

동력과 기계, 그리고 돈과 재화는 우리가 자유롭게 살 수 있게 해주어야만 유용한 것이다. 그런 것들은 어떤 목적을 위한 수단일 뿐이다. 예를 들어 나는 내 이름을 달고 있는 기계를 그저 기계로만 생각하지 않는다. 그것이 기계이기만 했다면 나는 뭔가 다른 일을 했을 것이다. 나는 이 세상을 살기에 더 나은 곳으로 만들어야 한다는 사업이론을 가지고 있고, 그것이 여느 사업이론과는 다른 그 이상의 것이기를 바란다. 내 이름을 달고 있는 기계는 그와 같은 나의 사업이론이 실행된 결과에 대한 구체적인 증거다. 그동안 포드 모터 컴퍼니의 성공은 매우 이례적인 것이었는데, 이런 사실은 나의 사업이론이 적어도 지금까지는 옳았음을 이해하지 못할 사람이 전혀 없을 정도로 분명하게 증명해 준다는 측면에서 중요하다. 이러한 측면만으로도 나는 현재의 지배적인 산업 시스템 및 돈과 사회의 조직을 그것들에 패퇴하지 않은 사람의 관점에서 비판할 수 있다. 내가 이기적인 생각만 한다면 기존의 시스템과 조직에 변화가 필요하다는 주장을 하지 못할 것이다. 내가 단지 돈을 벌기만을 바란다면 기존의 시스템에 아무런 문제가 없다고 생각할 것이다. 그 시스템은 나로 하여금 많은 돈을 벌게 해준다. 그러나 나는 기여(service)에 대해 생각하고 있다. 현재의 시스템은 온갖 종류의 낭비를 조장하기 때문에 최선의 기여가 이루어지지 못하게 한다. 기여가 가져다주는 편익을 많은 사람들이 완전히 누리지 못하는 것이다. 그리고 사람들이 누리지 못한 편익은 온데간데없이 사라진다. 이 모두가 더 나은 계획과 조정에 관련되는 문제다.

나는 새로운 생각을 비웃는 일반적인 태도에 대해서는 불만이 없다. 온갖 새로운 생각을 좇아 제정신을 잃고 여기저기 돌아다니는 것보다는 새로운 생각 하나하나에 대해 회의적인 태도를 취하면서 그것이 좋은 생각임을 증명해 보이라고 고집스럽게 요구하는 것이 낫다. 회의주의는 그 말로써 우리가 의미하는 것이 신중함이라면 문명의 밸런스 휠이다. 오늘날 세계의 심각한 문제는 대부분 새로운 생각을 주의 깊게 조사해서 그것이 좋은 발상인지를 확인해 보지도 않고 덥석 받아들이는 데에서 생겨난다. 어떤 생각이 오래된 것이라고 해서 그것이 반드시 좋은 생각인 것은 아니며, 거꾸로 새로운 것이라고 해서 그것이 반드시 나쁜 생각인 것도 아니다. 오래된 생각이 잘 작동한다면 발견되는 증거의 무게중심이 모두 그쪽으로 기운다. 생각이란 그 자체로 큰 가치를 갖는 것이지만 어떤 하나의 생각은 그저 하나의 생각일 뿐이다. 어떤 하나의 생각도 떠올릴 수 없는 사람은 거의 없다. 중요한 점은 그렇게 떠올린 생각을 발전시켜 어떤 실용적인 결과물을 만들어내는 것이다.

지금 나는 우리가 실행에 옮겨온 생각이 매우 폭넓게 적용될 수 있는 것임을 완전하게 증명하는 데 가장 큰 관심을 가지고 있다. 우리가 실행에 옮겨온 생각은 자동차나 트랙터와만 특이하게 관련되는 것이 아니라 보편적인 법칙의 성격을 가진 어떤 것이다. 나는 그것이 자연적인 법칙이라고 확신하며, 그것이 하나의 새로운 생각으로서가 아니라 하나의 자연적인 법칙으로서 받아들여지리라는 것을 철저하게 증명하고 싶다.

우리가 일을 하는 것은 자연스러운 것이다. 이는 곧 번영과 행복은 성실한 노력을 통해서만 얻을 수 있음을 인정하는 것과 같다. 인류의 병증은 대체로 이러한 자연적인 경로에서 벗어나려고 하는 데서 비롯된다. 나는 이러한 자연의 원리를 완전하게 받아들이자는 것을 넘어서는 제안은 전혀 하고 싶지 않다. 나는 우리가 일을 해야 한다는 것을 당연한 것으로 여긴다. 우리가 그동안 이루어온 모든 것은 우리가 일을 해야 한다면 현명하고 시기상 적절하게 하는 것이 좋으며 일을 더 잘하면 삶이 더 나아진다는 생각을 끈질기게 유지한 결과다. 나는 이 모든 것이 기초적인 상식이라고 생각한다.

나는 개혁가가 아니다. 나는 이 세상에 개혁을 하려는 시도가 너무 많이 이루어지고 있으며 우리가 개혁가들을 과도하게 주목하고 있다고 생각한다. 이 세상의 개혁가는 두 부류로 나뉘는데, 두 부류 다 성가신 존재다. 개혁가를 자처하는 사람은 뭐든지 깨부수고 싶어 한다. 그는 목단추가 단춧구멍에 끼워지지 않는다는 이유로 아예 셔츠를 찢어버리려고 하는 부류의 사람이다. 단춧구멍을 넓혀야겠다는 생각은 결코 그의 머리에 떠오르지 않는다. 이런 부류의 개혁가는 어떠한 상황에서도 자기가 하고 있는 것이 무엇인지를 알지 못한다. 그러다 보니 경험과 개혁이 부합하지 않는다. 개혁가는 사실에 직면해서는 자기의 열정을 최고도로 유지하지 못한다. 그는 사실을 전부 다 폐기해야 한다.

1914년 이래로 아주 많은 사람들이 새로운 종류의 지적 도구를 받아들였다. 수많은 사람들이 처음으로 생각이라는 것을 하기 시작했다. 그들은 눈을 떴고, 이 세상 속에 자기가 존재하고 있음을 깨달았다. 그러면서 자기의 독립성을 자각한 흥분 속에서 스스로 이 세상을 비판적으로 바라볼 수 있음을 알게 됐다. 그들은 실제로 그렇게 했고, 그래서 이 세상이 잘못돼 있다는 생각을 하게 됐다. 그들은 사회체제 비판자라는 거창한 지위를 스스로 떠맡았다. 그렇게 하는 것은 사실 모든 사람의 권리에 속하는 것이다. 그런데 그렇게 하는 데 도취되면 처음에는 균형을 잃게 된다. 매우 젊은 비판자는 균형을 매우 많이 잃는다. 그래서 매우 젊은 비판자는 옛 질서를 쓸어내고 새로운 질서를 세우자는 쪽으로 강력하게 기울어진다. 그러한 사람들이 러시아에서 실제로 하나의 새로운 세상을 출범시키기에 이르렀다. 새로운 세상을 만들겠다는 사람들이 하는 일이 어떠한 것인지를 연구하기에 가장 좋은 곳은 러시아다. 우리는 러시아를 보고 파괴적인 행동을 하기로 결정하는 사람들은 소수이지 다수가 아니라는 것을 알게 됐다. 우리는 또한 사람들이 자연의 법칙에 어긋나는 사회의 법칙을 선포할 수는 있지만 자연은 차르보다도 더 가차 없이 그러한 사회의 법칙을 거부한다는 것도 알게 됐다. 자연은 소비에트 공화국의 전부를 거부했다. 소비에트 공화국이 자연을 부정하려고 했기 때문이다. 소비에트 공화국은 다른 무엇보다도 노동의 과실에 대한 권리를 부정했다. 어떤 사람들은 "러시아는 이제 일을 해야 할 것"이라고 하지만, 이는 러시아의 현실에 부합하지 않는 말이다. 가난한 러시아는 일을 하고는 있지만 하는 일에 아무런 의미가 없다. 그것은 자유로운 일이 아니다. 미국에서는 노동자가 하루에 여덟 시간 일을 하는 데 비해 러시아에서는 노동자가 하루에 열두 시간 내지 열네 시간 일을 한다. 미국에서는 노동자가 하루나 한 주 동안 일을 쉬고 싶다면 그렇게 할 수 있고 그렇게 하지 못하게 막을 것이 전혀 없다. 러시아에서는 노동자가 소비에트주의 아래에 있기 때문에 일을 하기를 원하든 원하지 않든 일을 해야 한다. 모든 사람이 똑같이 취급되는 감옥 같이 단조로운 규율 속에서 시민의 자유가 사라져버린 것이다. 그것은 노예제다. 자유는 적절한 시간 동안 일을 하고 그렇게 하기 위해 필요한 적절한 생활비를 벌 권리다. 또한 자유는 자기의 삶과 관련된 소소한 개인적인 것들을 스스로 처리할 권리이기도 하다. 이러한 것들과 그 밖의 다른 많은 자유의 요소들이 합쳐져서 거대한 이상적 자유가 성립된다. 그런 자유의 부차적인 형태들은 우리 모두의 일상생활에 윤활유가 된다.

러시아는 지능과 경험을 확보하지 못하는 한 잘 굴러갈 수 없을 것이다. 러시아가 위원회에 의한 공장 운영을 시작하자마자 공장들이 엉망이 되고 생산보다 토론이 더 많아졌다. 공장들이 숙련된 노동자들을 내쫓자마자 귀중한 재료가 대규모로 훼손되어 못 쓰게 됐다. 소비에트주의의 광신자들은 굶주림을 받아들이라고 사람들을 설득했다. 소비에트들은 처음에 내쫓았던 기술자, 관리자, 직공장, 총감독 등에게 이제는 돌아오겠다고만 하면 거액의 돈을 주겠다고 제의하고 있다. 볼셰비즘은 과거에 그토록 무자비하게 대했던 두뇌와 경험을 이제는 애타게 찾고 있다. 러시아에서 '개혁'이 한 일은 오로지 생산을 가로막는 것뿐이었다.

이 나라에는 두 손을 사용해 일을 하는 사람들과 그런 사람들을 위해 생각을 하고 계획을 하는 사람들의 사이에 끼어들고 싶어 하는 불길한 요소가 있다. 러시아에서 두뇌, 경험, 능력을 몰아낸 영향력과 똑같은 영향력이 이 나라에서 분주하게 편견을 불러일으키는 일에 관여하고 있다. 우리는 행복한 인류의 이방인, 파괴자, 증오자가 우리 국민을 분열시키도록 허용해서는 안 된다. 우리에게는 다른 한편으로 결코 개혁가라고 자칭하지 않는 종류의 개혁가도 있다. 그러한 개혁가는 기묘하게도 급진적 개혁가와 닮았다. 급진적 개혁가는 경험을 가지고 있지도 않고 그것을 원하지도 않지만 그러한 종류의 개혁가는 많은 경험을 가지고 있지만 그 경험이 그에게 아무런 소용이 없다. 나는 지금 수구주의자를 이야기하고 있는 것인데, 그런 사람은 자기가 볼셰비키와 정확하게 같은 종류로 묶인 것을 알게 되면 놀랄 것이다. 수구주의자는 어떤 과거의 상태로 돌아가기를 원한다. 이는 과거의 상태가 최선의 상태이기 때문이 아니라 그 상태에 대해 자기가 잘 안다고 생각하기 때문이다.

먼저 언급한 종류의 급진적 개혁가들은 더 나은 세상을 만들기 위해 이 세상을 전부 깨부수기를 원한다. 반면에 나중에 언급한 종류의 수구주의자들은 이 세상이 워낙 좋기 때문에 있는 그대로 놔둬도 된다고 생각하는데, 이는 곧 이 세상이 쇠퇴하는 것을 놔두자는 이야기와 같다. 이러한 수구주의자들의 관념은 급진적 개혁가들의 관념과 마찬가지로 이 세상을 직접 보기 위해 자기의 눈을 사용하지 않아서 생겨난 것이다. 이 세상을 깨부수는 것은 얼마든지 가능하지만, 그렇게 해서 어떤 새로운 세상을 건설하는 것은 가능하지 않다. 반면에 이 세상이 앞으로 나아가지 못하게 하는 것은 가능하지만, 그렇게 해서 이 세상이 뒷걸음질하지 못하게 하는 것, 다시 말해 쇠퇴하지 못하게 하는 것은 가능하지 않다. 모든 것을 전복시키면 모든 사람이 하루에 세 끼의 식사를 할 수 있게 되리라고 기대하는 것은 어리석은 생각이다. 반면에 모든 것을 돌처럼 굳어지게 하면 6퍼센트의 이자가 지불될 수 있으리라고 기대하는 것도 어리석은 생각이다. 문제는 급진적 개혁가와 수구주의자는 똑같이 현실에서 벗어나고, 그래서 사회의 주된 기능을 외면하게 된다는 데 있다.

여기에서 주의를 환기하는 조언을 한다면 그 가운데 하나로 수구적인 쪽으로의 방향전환을 상식으로의 복귀로 오해해서는 안 된다는 말을 해야 할 것이 틀림없다. 우리는 온갖 종류의 화려한 주장이 분출하고 진보의 길을 보여주는 이상주의적인 지도가 수없이 그려지는 시기를 보냈다. 그러나 우리는 그 어디에도 가 닿지 못했다. 그것은 대회를 연 것과 같았지 행진을 한 것이 아니었다. 듣기에 좋은 근사한 말들을 들었지만 집에 돌아와 보니 난롯불이 꺼져 있을 뿐이었다. 수구주의자들은 사람들이 그러한 시기로부터 뒷걸음질하는 움직임을 종종 활용했다. 그들은 '좋았던 옛 시절'을 되살리겠다고 약속했다. 그러나 그들의 이런 말은 대체로 '과거의 악폐'를 가리키는 것이었다. 그들은 비전을 전혀 갖고 있지 않아서 '현실적인 사람'으로 여겨지곤 한다. 그들의 영향력이 회복되는 것은 흔히 상식의 복귀로 칭송된다.

사회의 주된 기능은 농업, 제조업, 수송업이다. 이것들이 없으면 사람들이 공동체를 이루고 살아갈 수가 없다. 이것들은 이 세상을 하나로 묶어준다. 무언가를 기르고, 무언가를 만들고, 그렇게 해서 무언가를 벌어들이는 것은 인간의 기초적 욕구만큼이나 원시적인 것인 동시에 그 무엇보다도 현대적인 것이다. 이런 활동은 물리적 삶의 핵심이다. 이런 활동이 중단되면 공동체적 삶도 중단된다. 현재의 시스템 아래에서 이 세상의 온갖 것이 헝클어졌지만 그 토대만 견고하게 유지된다면 우리는 모종의 개선에 대한 희망을 가질 수 있다. 누군가가 그 토대를 변화시킬 수 있고, 그렇게 해서 사회적 과정에서 운명적인 부분을 가로챌 수 있다고 믿는다면 그것은 터무니없는 망상이다. 사회의 토대는 사람들과 그들이 뭔가를 기르고 뭔가를 만들고 뭔가를 옮기는 데 사용되는 수단이다. 농업, 제조업, 수송업이 살아남는 한 이 세상은 그 어떤 경제적 변화나 사회적 변화에도 살아남을 수 있다. 우리는 각자가 자신의 직업에 종사하면서 이 세상에 기여하고 있는 것이다.

해야 할 일은 아주 많다. 사업도 그러한 일 가운데 하나일 뿐이다. 이미 생산된 것에 대한 투기는 사업이 아니다. 그것은 겉으로만 다소 그럴듯해 보이는 부정이득 추구 행위다. 그렇지만 그것을 법률로 제거할 수는 없다. 법률이 할 수 있는 일은 별로 없다. 법률은 건설적인 일은 아무것도 할 수 없다. 법률은 경찰 이상의 것이 결코 될 수 없으며, 그러므로 각 주의 수도나 워싱턴에서 법률이 하도록 돼 있지 않은 일을 해주기를 기대하는 것은 시간낭비다. 빈곤을 치유하거나 특권을 폐지하는 법률이 제정되기만을 기대한다면 우리는 오히려 빈곤이 확산되고 특권이 증가하는 상황을 보게 될 것이다. 법률이 할 수 없는 일을 법률로 하겠다고 약속하는 수도의 행정부와 입법부에 대해 우리는 다른 나라의 국민들만큼은 아니지만 이미 기대를 걸 만큼 걸어 보았다.

어떤 한 나라의 국민 전부로 하여금 수도의 행정부는 일종의 하늘이고 거기에 떠 있는 구름 뒤에 전지전능함이 자리 잡고 있다고 우리가 그랬듯이 믿게 하려고 한다면 그것은 그 나라의 미래에 해로울 것이 분명한 의존적인 심리상태를 갖도록 그 나라의 국민을 교육시키는 것이나 다름없을 것이다. 우리를 돕는 손길은 워싱턴에서 나오는 것이 아니라 우리 자신에게서 나온다. 다만 워싱턴이 보편적인 선을 위해 우리의 모든 노력을 조율하는 일종의 배분중심점 역할을 한다는 점에서는 우리를 돕는 손길이 워싱턴에서 나온다고 말할 수 있을지 모르겠다. 우리가 정부를 도울 수는 있어도 정부가 우리를 도울 수는 없다. '사업에는 더 적은 정부의 통제를, 정부에는 더 많은 사업의 정신을!'(1921~23년에 미국의 29대 대통령으로 재직한 워런 G. 하딩이 선거 때 내걸었던 구호—옮긴이)은 사업이나 정부를 위해서만이 아니라 국민을 위해서도 아주 좋은 구호다. 사업은 미국이 건국된 이유가 아니다. 미국의 독립선언서는 사업의 헌장이 아니고, 미국의 헌법은 사업의 실행계획이 아니다. 영토, 국민, 정부, 사업이 합쳐진 미국이라는 나라는 그 국민의 삶을 가치 있는 것으로 만들기 위한 방법일 뿐이다. 정부는 종이며, 종 이외의 것이 되어서는 안 된다. 국민이 정부의 부속물이 되면 그 순간에 바로 앙갚음의 법칙이 작동하기 시작한다. 왜냐하면 그러한 관계는 자연스럽지도, 도덕적이지도, 인간적이지도 않기 때문이다. 우리는 사업 없이 살아갈 수 없고, 정부 없이 살아갈 수도 없다. 사업과 정부는 종으로서는 물과 곡식처럼 우리에게 필요한 것이지만, 주인이 된다면 자연스러운 질서를 무너뜨리고 만다.

국가의 복리는 개인들의 집합으로 본 우리에게 전적으로 달려 있다. 그래야 하는 것이 당연하고, 그래야 국가의 복리가 가장 안전하게 확보된다. 정부는 헛된 약속을 할 수는 있지만 그런 약속을 이행하지는 못한다. 정부는 유럽에서 그랬듯이 헛소리를 엄숙하게 지껄이면서 통화로 묘기를 부릴 수 있고, 그런 정부의 행위는 전 세계의 은행들이 통화로 묘기를 부려 이익을 얻을 수 있다면 그렇게 하는 행위와 유사하다. 그러나 지속적으로 재화를 만들어 공급하는 것은 일이며, 일만이 그렇게 할 수 있다. 그리고 이는 모든 사람이 마음속 깊이 알고 있는 사실이다.

우리 국민과 같이 현명한 국민이 경제적 삶의 기본적인 과정들을 망가뜨릴 가능성은 거의 없다. 대부분의 사람들이 공짜로 얻을 수 있는 것은 없음을 알고 있다. 대부분의 사람들이 돈은 부가 아님을 설령 알고 있지는 못하다고 하더라도 느끼기는 한다. 모든 사람에게 모든 것을 약속하면서 누구에게든 아무것도 요구하지 않는 통상적인 이론은 보통 사람의 본능에 의해 곧바로 부정된다. 보통 사람이 그러한 이론에 반대할 근거를 찾지 못한다고 해도 그렇게 된다. 보통 사람은 그러한 이론은 잘못된 것임을 알고 있으며, 그것으로 충분하다. 현재의 질서는 언제나 서툴러 보이고, 종종 멍청해 보이며, 여러 모로 불완전하지만 그래도 작동한다는 점에서는 다른 어떤 질서보다 낫다.

우리의 질서는 점차 또 다른 질서로 통합되어 갈 것이 틀림없고, 그 새로운 질서도 작동할 것이다. 현재의 모습을 보니 그럴 것이라는 이야기가 아니라 사람들이 거기로 가지고 들어갈 것들을 생각해 보면 그럴 것이라는 이야기다. 볼셰비즘이 그동안 작동하지 못했고 지금도 작동하지 못하는 이유는 경제적인 데에 있지 않다. 산업이 사적으로 관리되느냐 사회적으로 통제되느냐는 중요하지 않다. 노동자의 몫을 '임금'이라고 부르느냐 '배당금'이라고 부르느냐는 중요하지 않다. 국민에게 음식, 의복, 주거를 군대식으로 공급하느냐 국민 각자가 원하는 대로 먹고 입고 거주하며 살도록 허용하느냐는 중요하지 않다. 그러한 것들은 세부적인 문제일 뿐이다. 볼셰비키 지도자들이 그러한 세부적인 것들을 가지고 다투며 야단법석을 떠는 데에서 그들의 무능함이 드러난다. 볼셰비즘이 실패한 것은 그것이 자연스럽지도 않고 도덕적이지도 않기 때문이다. 우리의 체제는 건재하고 있다. 그래도 그것은 잘못된 것일까? 물론 수없이 많은 부분에 잘못된 점이 있다. 그것은 서투른 것일까? 물론 서투른 점이 많다. 어떻게 보더라도 그것은 무너져야 한다. 그러나 그것은 무너지지 않고 있다. 그 이유는 그것이 특정한 경제적 기초와 도덕적 기초를 갖추고 있다는 데에 있다.

우리의 체제를 떠받치는 경제적 기초는 노동이다. 노동은 지구상에서 결실의 계절을 인간에게 유익한 것으로 만드는 인간적 요소다. 수확다운 수확을 가능하게 하는 것은 인간의 노동이다. 그래서 그것이 경제적 기초가 된다. 다시 말해 우리는 스스로 만들어내지도 않았고 만들어낼 수도 없지만 자연이 우리에게 가져다주는 재료를 가지고 일을 한다.

우리의 체제를 떠받치는 도덕적 기초는 인간의 자기 노동에 관한 권리다. 이것은 다양한 표현으로 진술된다. 때로는 '재산권'이라고 불렸고, 때로는 '도둑질하지 말라'는 계율 속에 숨겨져 있기도 했다. 도둑질이 범죄가 되는 것은 다른 사람의 재산에 대한 권리는 그 다른 사람이 가지고 있기 때문이다. 어떤 사람이 자신의 노력으로 빵을 벌었다면 그 빵에 대한 권리는 그에게 있다. 그런데 다른 어떤 사람이 그 빵을 훔친다면 그 사람은 빵을 훔치는 것을 넘어 인간의 신성한 권리를 침해하는 것이다. 우리가 생산을 할 수 없다면 소유도 할 수 없다. 그런데 어떤 사람들은 우리가 생산을 한다면 그것은 오로지 자본가를 위한 것이 된다고 말한다. 더 나은 생산수단을 공급했기에 자본가가 된 사람들은 사회의 토대에 속한다. 그들은 실제로는 자기 소유의 것을 아무것도 갖고 있지 않다. 그들은 다른 사람들에게 편익이 돌아가도록 재산을 관리하고 운용할 뿐이다. 돈을 거래하는 것을 통해 자본가가 된 사람들은 일시적인 필요악이다. 그들의 돈이 생산에 투입된다면 그들은 전혀 악하지 않을 수 있다. 그들의 돈이 유통을 복잡하게 만드는 데, 다시 말해 생산자와 소비자의 사이에 장해물을 설치하는 데 투입된다면 그들은 악한 자본가일 것이다. 이러한 악한 자본가들은 돈이 일에 더 잘 부응하게 되면 사라질 것이다. 그리고 건강, 부, 행복이 필연적으로 확보되는 것은 일을 통해서, 오직 일을 통해서만 이루어진다는 점을 사람들이 완전하게 인식한다면 돈이 일에 더 잘 부응하게 될 것이다.

기꺼이 일을 하고자 하는 사람이 일을 하고 자기가 한 일의 가치 전부를 받지 못해야 할 이유가 없다. 마찬가지로 일을 할 수 있으나 하지 않으려는 사람도 공동체에 대한 기여가 있다면 그 가치 전부를 받지 말아야 할 이유가 없다. 이런 사람은 공동체에 기여한 것과 동등한 것을 공동체로부터 가지고 갈 수 있도록 허용돼야 하는 것이 지극히 분명하다. 공동체에 아무것도 기여하지 않는 사람은 공동체로부터 아무것도 가지고 가지 말아야 한다. 그는 굶주릴 자유를 가져야 한다. '가질 자격이 있는 것보다 더 많은 것을 가지고 가는 사람들이 있다'는 이유만으로 '모든 사람이 가질 자격이 있는 것보다 더 많은 것을 가져야 한다'고 주장하는 목소리가 수그러들지 않는다면 우리는 아무런 발전도 이루지 못할 것이다.

모든 사람이 똑같다고 주장하는 것보다 더 터무니없고 인류 전체에 해로운 것은 있을 수 없다. 모든 사람이 똑같지는 않은 것은 지극히 분명한 사실이며, 사람들을 똑같이 만들려고 애쓰는 민주주의적 관념은 모두 다 진보를 가로막는 노력일 뿐이다. 사람들이 다 똑같은 기여를 할 수는 없다. 능력이 뛰어난 사람은 그렇지 못한 사람보다 수가 적다. 능력이 뛰어나지 못한 사람들이 능력이 뛰어난 사람들을 끌어내릴 수 있는데, 그렇게 하면 그들은 자기들도 끌어내리게 된다. 능력이 뛰어난 사람들은 공동체에 리더십을 제공하며, 그렇게 함으로써 그들은 능력이 뛰어나지 못한 사람들이 수고를 덜 하면서 살아갈 수 있게 해준다.

능력의 하향평준화를 가리키는 민주주의 관념은 낭비를 초래한다. 자연에서 어느 것 두 가지도 똑같지 않다. 우리는 자동차를 만들 때에 절대적인 호환성을 갖도록 만든다. 자동차의 모든 부품이 화학적인 분석, 가장 정교한 기계, 가장 세밀한 손작업을 통해서만 만들 수 있다고 말할 수 있을 정도로 거의 똑같다. 어떤 종류의 끼워 맞추기도 필요하지 않다. 두 대의 포드 자동차를 나란히 세워 놓으면 정확하게 똑같은 것으로 보일 뿐 아니라 똑같이 만들어졌기 때문에 둘 중 어느 하나에서 어떤 부품을 떼어 내더라도 그것을 다른 하나에 집어넣을 수 있다. 이렇게 본다면 두 대의 포드 자동차는 똑같다고 할 수 있을지도 모르겠다. 그러나 그렇지 않다. 포드 자동차는 모두 상이한 주행 습성을 가지고 있다. 우리 회사에는 수백 대, 심지어는 수천 대의 포드 자동차를 몰아본 직원들이 있는데, 그들은 어느 두 대의 포드 자동차도 운전에 정확하게 똑같이 반응하지는 않는다고 말한다. 그들 가운데 누구에게든 새로 출고된 포드 자동차를 한 시간 동안 또는 그 미만의 시간 동안만 운전하게 한 다음에 그 포드 자동차를 역시 새로 출고된 뒤에 똑같은 조건 아래에서 각각 한 시간 동안 또는 그 미만의 시간 동안만 누군가 다른 사람에 의해 운전된 다른 포드 자동차들과 섞어 놓는다고 가정해보자. 그러면 그들은 눈으로 보기만 해서는 그 가운데 어느 것이 자기가 운전한 포드 자동차인지를 가려낼 수 없겠지만 하나씩 다시 운전해보면 그렇게 할 수 있을 것이다.

지금까지 나는 일반적인 차원에서 이야기했다. 이제는 좀 더 구체적으로 이야기해보자. 누구든 개인으로서 자기가 제공한 기여에 상응하는 수준의 삶을 살 수 있어야 한다. 지금은 바로 이 점에 대해 이야기하기에 좋은 시점이라고 할 수 있다. 왜냐하면 우리는 최근에 대다수 사람들이 기여를 제공하려는 생각을 절대로 하지 않는 시기를 거쳤기 때문이다. 우리는 비용 또는 기여에 아무도 관심을 갖지 않는 상태에 이르렀다. 노력을 하지 않아도 주문이 들어오게 됐다. 과거에 한때는 고객이 거래를 해주는 것이 상인의 입장에서 고마워해야 할 일이었는데 언제인가부터는 상인이 거래를 해주는 것이 고객의 입장에서 고마워해야 할 일이 됐다. 그것은 사업에 나쁜 것이다. 독점은 사업에 나쁘다. 부당한 이득은 사업에 나쁘다. 채근을 받아야 할 필요성이 없는 것은 사업에 나쁘다. 사업은 무엇이든 먹을 것을 얻기 위해서는 어느 정도 부리질이나 발질을 해야 하는 닭과 같아야만 가장 건강하다. 사업이 너무 쉽게 이득을 가져다주는 일이 돼버렸다. 가치와 가격 사이에 정직한 관계가 존재해야 한다는 원칙이 훼손됐다. 대중은 더 이상 '바라는 대로 해줘야 할 대상'이 아니게 됐다. 심지어는 '빌어먹을 대중' 운운하는 태도까지 도처에 생겨났다. 그것은 사업에 대단히 나쁜 것이다. 어떤 사람들은 그러한 비정상적인 상태를 '번영'이라고 불렀다. 그러나 그것은 번영이 아니었다. 그것은 단지 쓸데없는 돈 좇기였다. 돈 좇기는 사업이 아니다.

어떤 하나의 계획을 마음속에 철저하게 담아두고 지켜가지 않는 한 돈에 대한 욕심에 사로잡혀 돈을 더 많이 벌려고 애쓰다가 사람들에게 그들이 원하는 것을 파는 일에 관한 모든 것을 망각하기가 아주 쉽다. 돈을 버는 것을 위주로 하는 사업은 매우 불안정하다. 그런 사업은 아슬아슬한 것으로 불규칙적으로 움직이며 몇 년간 계속해도 큰돈을 버는 경우가 드물다. 사업의 기능은 소비를 위해 생산을 하는 것이지 돈을 벌기 위해서나 투기를 하기 위해 생산을 하는 것이 아니다. 소비를 위해 생산을 한다는 것은 생산한 것의 품질이 높고 가격이 낮을 것임을 의미한다. 이는 곧 생산한 품목이 생산자에게만이 아니라 일반 대중에게도 기여하는 것이라는 이야기다. 돈의 측면을 바라보는 관점이 왜곡되어 적절한 범위를 벗어나면 생산이 왜곡되어 생산자에게만 기여하게 될 것이다.

생산자의 번영은 일반 대중에 대한 기여에 의존한다. 생산자가 자기 자신에게만 기여하는 생산을 하면서 한동안은 그럭저럭 지낼 수 있을지 모른다. 그러나 그렇게 했을 때에 그렇게 지내게 되는 것은 순전히 우연히 이루어지는 일일 것이다. 어떤 생산자의 생산이 일반 대중에게 기여하지 않는다는 사실을 일반 대중 스스로가 알아차리면 그 생산자의 종말이 가까워지게 된다. 호황의 시기에는 생산의 노력 가운데 더 많은 부분이 생산 자체에 기여해야 했는데, 일반 대중이 그런 사실을 알아차리면서 곧바로 많은 생산자들이 타격을 받고 쓰러졌다. 그런 때에 생산자들은 자기들이 '불황의 시기'에 들어섰다고 말했다. 그러나 사실은 그런 게 아니었다. 그들은 단지 상식에 비상식으로 맞서려고 했을 뿐인데, 그런 식의 대응은 성공할 수 없다. 돈에 대해 탐욕을 부리는 것은 돈을 벌지 못하게 되는 가장 확실한 길이다. 반면에 기여 자체를 위해 기여를 한다면, 다시 말해 옳다고 믿는 것을 하는 데에서 얻게 되는 만족감을 위해 기여를 한다면 돈이 저절로 많이 벌린다.

기여를 하면 돈은 자연스럽게 따라온다. 그리고 돈을 갖는 것은 절대적으로 필요하다. 그러나 돈의 목적은 안락이 아니라 더 많은 기여를 실행할 기회라는 점을 우리는 잊지 말아야 한다. 내가 생각하기에는 안락한 삶보다 더 끔찍한 것은 없다. 안락에 대한 권리를 조금이라도 갖고 있는 사람은 우리 가운데 아무도 없다. 문명에는 게으른 자를 위한 자리가 없다. 화폐를 폐지하려는 그 어떤 계획도 문제를 더 복잡하게 만들 뿐이다. 왜냐하면 우리는 하나의 척도를 가지고 있어야 하기 때문이다. 그러나 우리의 현행 화폐제도가 교환의 만족스러운 토대인지는 크게 의심해봐야 할 문제다. 나는 이 문제를 다음 장에서 이야기해보려고 한다. 현행 화폐제도에 대해 내가 반대하는 이유의 골자는 그것이 독자적인 것이 되어 생산을 촉진하는 대신에 가로막는 경향이 있다는 것이다.

내가 기울이는 노력은 단순함을 지향한다. 일반 대중은 가지고 있는 돈이 매우 적다. 그런데 사치품 가운데 내가 보기에는 모든 사람이 누릴 자격이 있는 것은 고사하고 가장 기본적인 필수품만을 사는 데에도 돈이 많이 든다. 이는 우리가 만드는 거의 모든 것이 필요한 정도보다 훨씬 더 복잡하기 때문이다. 우리의 옷, 우리의 음식, 우리의 가구는 모두 지금의 모습보다 훨씬 더 단순하게, 그리고 보기에도 더 좋게 만들어질 수 있다. 과거에 물건들이 각각 특정한 방식으로 만들어졌고, 그 뒤로 제작자들이 그 방식을 그냥 답습해왔다.

우리가 특이한 스타일을 채택해야 한다는 말을 하려는 것이 아니다. 그래야 할 필요는 전혀 없다. 옷이 포대에 구멍을 뚫어놓은 것이어야 할 필요는 없다. 그런 것은 만들기는 쉬울지 몰라도 입기에는 불편할 것이다. 담요를 옷 삼아 걸치고 다니려고 한다면 재봉을 할 일은 별로 없겠지만 우리 가운데 누구도 그렇게 인디언식으로 옷을 입고서는 많은 일을 할 수 없을 것이다. 진정한 단순함은 최고의 기능성을 제공하는 동시에 최고의 사용상 편리성도 제공하는 것을 의미한다. 과격한 개혁의 문제점은 특정하게 설계된 제품이 사용될 수 있도록 사람이 바뀌어야 한다고 그러한 개혁이 언제나 주장한다는 데에 있다. 내가 보기에 여성복의 개혁은 꼴불견인

옷을 만드는 일을 의미하는 것으로 여겨지는데, 그것은 아름답지 않은 여성이 다른 모든 여성도 자기와 마찬가지로 아름답지 않게 보이게 하려고 한 데에서 비롯된 것이 틀림없다고 나는 생각한다. 이것은 올바른 절차가 아니다. 그런대로 쓸 만한 것에서 시작해 그것에서 완전히 쓸모없는 부분을 제거하는 방법을 찾아내기 위한 연구를 해야 한다. 신발, 옷, 주택, 기계, 철도, 증기선, 비행기 등 모든 것에 대해 같은 말을 할 수 있다. 쓸모없는 부분을 잘라내고 필수적인 부분을 단순화하면 제작비용도 절감할 수 있다. 이는 누구나 알 수 있는 간단한 논리인데, 대단히 기이하게도 보통의 절차는 물건을 단순화하기보다 제작비용을 낮추는 데에서 시작한다. 제품에서 시작해야 한다. 우리는 제품이 충분히 훌륭하게 만들어졌는지, 다시 말해 제품의 기능이 가능한 최고의 수준인지를 먼저 확인해야 한다. 이어 그 재료가 최선의 것인지, 아니면 가장 비싸기만 한 것인지를 알아봐야 한다. 그런 다음에 그 복잡성을 줄이고 무게를 가볍게 할 수 있을지 등을 생각해봐야 한다.

제품이 필요한 정도를 초과해 가진 무게는 마부의 모자에 붙인 모표보다 더 큰 의미가 없다. 아니, 사실은 그것만큼의 의미도 없다. 왜냐하면 모표는 마부가 어느 것이 자기 모자인지를 알아차리는 데에 도움이 될 수 있지만 제품이 가진 필요 이상의 무게는 힘의 낭비만을 의미하기 때문이다. 무게가 힘을 의미한다는 망상은 어디에서 유래한 것인지를 나로서는 아무리 생각해도 알 수 없다. 말뚝을 박는 데 쓰는 해머는 무거울수록 좋을지 모르지만, 무엇인가를 내리칠 목적으로 만든 게 아닌 것이 사람들이 갖고 다니기에 무거워서야 그것을 어디에 쓰겠는가? 수송을 목적으로 하는 기계에 왜 필요 이상의 무게를 얹어야 하는가? 그러기보다는 그 기계가 수송할 수 있는 화물의 무게를 늘리는 것이 나을 것이다. 뚱뚱한 사람은 날씬한 사람보다 빨리 달릴 수 없다. 그럼에도 우리는 마치 무게가 속도를 높여주기라도 하는 듯이 우리의 차량 대부분을 무겁게 만든다! 필요 이상의 무게를 이리저리 옮기려고 하다 보니 많은 낭비와 그로 인한 가난이 생겨난다. 장래에 언젠가는 우리가 무게를 더 많이 줄일 수 있는 방법을 알게 될 것이다. 목재를 예로 들어보자. 목재는 어떤 목적을 위해서는 현재 우리가 알고 있는 물질 가운데 최선의 것이지만 대단히 낭비가 심한 것이기도 하다. 포드 자동차 한 대에 사용된 목재에는 13.6킬로그램의 수분이 들어 있다. 이보다 무게를 줄일 수 있는 방법이 틀림없이 있을 것이다. 포드 자동차가 쓸모없는 무게를 얹고 다니지 않으면서도 같은 정도의 강도와 탄성을 갖게 하는 방법이 분명히 있을 것이다. 무슨 일이 있어도 그 방법을 찾아내야 한다.

농부는 일상적인 일을 너무 복잡하게 한다. 보통의 농부가 하루에 쓰는 힘 가운데 5퍼센트 정도만이 정말로 유용한 목적에 쓰인다고 나는 믿고 있다. 공장에 설비를 갖출 때에 이를테면 보통의 농장에 농기구가 배치돼 있듯이 늘어놓는다면 그 공장은 무질서하게 움직이는 사람들로 가득한 정신없는 곳이 될 것이다. 유럽에서 가장 형편없는 공장도 보통의 농장에 있는 헛간보다는 나을 것이다. 농장에서는 동력이 가능한 최소의 정도로만 활용된다. 모든 일이 수작업으로 이루어질 뿐 아니라 논리적인 작업순서가 고려되는 경우가 드물다. 농부는 금방이라도 쓰러질 듯한 허술한 사다리를 오르내리면서 각종의 잡일을 처리한다. 몇 미터 길이의 파이프만 설치하면 하지 않아도 되는 물 나르는 일을 일일이 몸을 움직여서 한다. 일이 많아지면 인부를 더 많이 고용할 생각만 한다. 작업방식을 개선하기 위해 들이는 돈은 지출이라고만 생각한다. 농장의 생산물은 그 가격이 가장 저렴할 때에도 적정한 수준보다 비싸다. 농장의 이윤은 가장 많이 날 때에도 적정한 수준보다 적다. 농장이 이처럼 비싼 가격에 생산물을 판매하면서도 이윤을 적게만 내는 이유는 작업동작의 낭비, 즉 노력의 낭비에 있다.

디어본에 있는 나의 농장에서는 모든 일에 기계가 이용된다. 그 농장에서 우리는 수많은 종류의 낭비를 제거했지만 진정한 경제적 영농에는 아직 이르지 못했다. 정말로 무엇을 해야 하는지를 알아내기 위해서는 5년 내지 10년 동안 밤낮없이 집중적으로 연구해야 하지만 우리는 아직 그렇게 하지 못했다. 그동안 우리가 한 일보다 앞으로 우리가 해야 할 일이 더 많다. 그럼에도 우리는 농산물의 시장가격이 어떻게 되든 최고의 이윤을 내지 못한 적이 없다. 우리는 농부가 아니다. 우리는 공업 분야에서 일하는 사람으로서 농장을 운영했을 뿐이다. 농부들이 스스로를 물질의 낭비든 인력의 낭비든 모든 낭비를 두려워하는 공장 운영자와 같은 존재로 생각한다면 모든 사람이 각자 배불리 먹을 수 있을 만큼의 농산물을 저렴한 가격에 구매할 수 있게 될 것이다. 그리고 그와 동시에 농장의 이윤이 만족스러울 정도로 커져서 농사를 짓는 일이 가장 덜 위험하면서도 가장 돈을 잘 벌 수 있는 직업으로 여겨지게 될 것이다.

농업과 관련해 어떤 일이 벌어지고 있는지, 진정한 농업이란 어떤 것인지, 그런 농업을 하는 최선의 방법이 무엇인지에 대한 지식의 결여가 농업이 수지가 맞는 일이 아니라고 여겨지는 이유다. 농부가 농사를 짓는 방식대로 한다면 다른 무엇을 해도 수지가 맞을 수 없다. 농부는 결과를 운에 맡기면서 선조가 하던 대로 따라 한다. 경제적인 생산을 어떻게 하는지도 모르고, 수확한 농산물을 어떻게 판매해야 하는지도 모른다. 제조업자가 생산하는 방법도 모르고 판매하는 방법도 모른다면 그는 사업을 오래 유지할 수 없을 것이다. 그런데 농부는 계속 버틸 수 있다는 것은 농사를 짓는 일이 얼마나 수익성을 높일 수 있는 일인지를 증명한다.

공장이나 농장에서 저렴한 가격의 제품이나 농산물을 대량으로 생산한다는 것은 모든 사람이 풍요로워진다는 의미인데, 그러한 생산을 가능하게 하는 방법은 아주 단순하다. 문제는 아주 단순한 일을 복잡하게 만드는 것이 일반적인 경향이라는 데에 있다. 예를 들어 '개선'에 대해 생각해보자.

우리가 개선에 대해 이야기할 때에 일반적으로 마음속에 떠올리는 것은 제품의 어떤 변화다. '개선된' 제품은 변화된 제품이다. 그런데 내 생각은 그렇지 않다. 나는 가능한 최선의 것을 찾아내기 전에 제작에 들어가서는 안 된다고 생각한다. 물론 그렇다고 해서 제품으로 내놓은 것은 결코 변화시켜서는 안 된다는 말을 하려는 것은 아니다. 그러나 나는 실용성, 디자인, 재료가 최선의 것이라는 확신이 완전하게 들기 전에는 제품을 생산하려는 시도조차 하지 않는 것이 궁극적으로는 더 경제적임을 제품을 생산하는 사람은 알게 될 것이라고 생각한다. 이리저리 살펴보고 알아보았는데도 그러한 확신이 들지 않는다면 그러한 확신이 들 때까지 살펴보고 알아보기를 계속해야 한다. 제조업의 시작점은 제품이다. 공장, 조직, 판매, 재무계획은 제품에 맞춰진다. 그렇게 하면 사업이라는 끌에 날이 예리하게 서게 될 것이고, 결국은 시간을 절약하게 될 것이다. 제품에 대한 확신이 없는 상태에서 제조에 서둘러 뛰어드는 것이 수많은 사업에 실패를 초래하는 원인인데, 단지 이런 사실이 제대로 인식되지 않고 있을 뿐이다. 사람들은 공장이나 가게나 자금줄이나 경영이 가장 중요하다고 생각하는 것 같다. 가장 중요한 것은 제품이다. 그리고 설계가 완성되기 전에 제작에 서둘러 뛰어드는 것은 서두르는 만큼 시간낭비로 이어진다. 나는 자동차 제품 '모델 T'를 개발하는 데에만 12년의 세월을 보냈다. 오늘날 '포드 자동차'로 알려져 있는 이 제품을 내 마음에 들게 만드는 데 그렇게 긴 세월이 걸린 것이다. 우리는 진짜배기 제품을 만들어내기 전에는 실질적인 생산에 들어가려고 하지 않았다. 그리고 그 제품은 지금까지 기본적으로는 변화된 것이 아무것도 없다.

우리는 끊임없이 새로운 생각을 실험한다. 누구라도 디어본 근처의 도로를 걸어가면 온갖 종류의 포드 자동차 모델들을 볼 수 있을 것이다. 그것들은 실험용 자동차이지 그 자체로 새로운 모델은 아니다. 나는 좋은 생각이라면 하나라도 나를 그냥 스쳐지나가게 하지 않는다고 스스로 믿고 있지만, 어떤 생각이든 만나면 그것이 좋은 것인지 나쁜 것인지를 빠르게 판단하려고도 하지 않는다. 어떤 생각이 좋아 보이거나 하다못해 가능성이 있는 것처럼 보이기만 해도 나는 모든 각도에서 그 생각을 점검해보는 데 필요한 것은 무엇이든 다 한다고 스스로 믿고 있다. 그러나 그렇게 생각을 점검해보는 것은 자동차에 변화를 가하는 것과는 매우 다른 일이다. 대부분의 제조업자들은 제조방법보다 제품을 더 빨리 변화시키곤 하지만, 우리는 정확하게 그 반대의 경로를 밟는다.

우리의 큰 변화들은 제조방법에서 이루어졌다. 우리의 제조방법은 결코 멈춰 서 있지 않는다. 우리의 자동차 생산 과정에서 수행되는 작업 가운데 현재 모델의 첫 번째 차를 만들었을 때와 똑같은 작업은 단 하나도 없는 것이 거의 틀림없다고 나는 믿는다. 지금 우리가 자동차를 매우 저렴하게 만들 수 있는 이유가 바로 여기에 있다. 그동안 우리의 자동차에 가해진 변화는 별로 많지 않기도 하지만, 어쨌든 그 변화는 사용을 더 편리하게 하기 위해서였거나 어떤 부분의 설계를 변화시키면 강도를 높일 수 있음을 알게 된 경우에 그렇게 하기 위해서였다. 우리가 재료에 대해 점점 더 많이 알게 되면서 우리의 자동차에 사용되는 재료가 바뀌었다. 또한 우리는 어떤 이유로든 특정한 재료의 공급이 부족해져서 생산이 지연되거나 생산비용이 상승하게 되는 것을 원하지 않으며, 그래서 우리는 대부분의 부품을 대체 재료로도 만들 수 있도록 조처해 둔다. 예를 들어 우리가 주로 쓰는 철강 재료인 바나듐강은 우리로 하여금 가장 가벼운 무게와 가장 높은 강도를 동시에 확보할 수 있게 해주지만, 바나듐강을 구할 수 있어야 한다는 데에 우리의 미래 전부가 의존하도록 놔두는 것은 좋은 사업 방식이 아닌 것으로 여겨졌다. 그래서 우리는 대체 재료를 마련했다. 우리가 쓰는 철강들은 모두 특수한 철강이지만, 그 하나하나에 대해 우리는 완전히 검증된 대체 재료를 적어도 하나 이상, 많으면 여러 가지를 준비해 놓고 있다. 철강만이 아니라 그 밖의 다른 모든 재료에 대해서도, 그리고 각종의 부품에 대해서도 우리는 그렇게 하고 있다. 처음에는 우리가 직접 만드는 부품이 몇 가지 안 됐고, 우리의 자동차에 사용되는 발동기 가운데 우리가 직접 만드는 것이 전혀 없었다. 그러나 이제는 우리가 사용하는 발동기는 전부 우리가 직접 만들고 있고, 그 밖의 대다수 부품도 그렇게 하고 있다. 그렇게 해야 더 저렴한 가격의 자동차를 생산할 수 있음을 알게 됐기 때문이다. 더 나아가 우리는 모든 부품을 어느 정도씩은 미리 만들어 놓는 것을 목표로 삼고 있다. 이는 시장의 어떤 비상상황에도 발목이 잡히지 않고, 어떤 다른 제조업자의 주문 불이행으로 인해서도 생산에 차질이

빗어지지 않게 하기 위한 것이다. 전쟁의 시기에 유리의 가격이 엄청나게 치솟은 적이 있다. 그런데 우리는 이 나라에서 유리를 가장 많이 쓰는 업체 가운데 하나다. 우리는 지금 자체 유리 공장을 짓고 있다. 이 모든 일을 하는 데 써온 에너지를 제품에 변화를 가하는 데 쏟아 부었다면 우리는 지금 온데간데없었을 것이다. 우리는 제품에 변화를 가하지 않음으로써 우리의 에너지를 제조의 개선에 쓸 수 있었다.

끌의 주된 부분은 날이다. 우리의 사업에 토대가 되고 있는 단 하나의 원칙이 있다면 바로 이것이 그 원칙이다. 끌이 얼마나 정교하게 만들어졌느냐, 그 안에 얼마나 훌륭한 철강이 들어갔느냐, 그것이 얼마나 잘 단련됐느냐가 만들어내는 차이는 별로 없다. 날이 없으면 그것은 끌이 아니다. 그런 것은 그저 한 조각의 금속일 뿐이다. 이 모든 이야기를 그 의미가 분명히 드러나도록 바꿔 말하면, 사물에서 중요하게 봐야 할 점은 '그것이 무엇을 하느냐'이지 '그것이 무엇을 하게 돼 있느냐'가 아니다. 날카로운 끌을 대고 그것을 가볍게 쳐 주기만 하면 되는 일을 하기 위해 무딘 끌을 대고 엄청난 힘을 가해 봐야 무슨 소용이 있겠는가? 끌은 뭔가를 깎거나 쪼개는 데에 사용되기 위해 존재하는 것이지 망치로 두들겨 맞기 위해 존재하는 것이 아니다. 망치로 두들기는 것은 사람이 끌을 가지고 하는 일에 부수적으로 따르는 일일 뿐이다. 그러므로 우리가 어떤 일을 하고 싶다면 그 일에 집중해서 가능한 한 신속하게 할 수 있는 방식으로 그 일을 하지 말아야 할 이유가 없다. 판매활동의 날은 제품이 소비자와 만나는 지점이다. 불만족스러운 제품은 무딘 날을 가진 것이다. 그것이 통하게 하기 위해 많은 노력이 낭비돼야 한다. 공장의 날은 거기에서 일하는 사람과 거기에 설치된 기계다. 사람이 제구실을 하지 못하면 기계도 제구실을 하지 못하고, 기계가 제구실을 하지 못하면 사람도 제구실을 하지 못한다. 누구라도 주어진 일을 하는 데에 절대적으로 필요한 정도 이상으로 힘을 써야 한다면 그것은 낭비다.

그러므로 내가 가지고 있는 생각의 핵심은 낭비와 탐욕은 진정한 기여의 전달을 가로막는다는 것이다. 낭비와 탐욕 둘 다 불필요한 것이다. 낭비는 자기가 하고 있는 일이 무엇인지를 이해하지 못하거나 그 일을 부주의하게 하는 데에서 대체로 비롯된다. 탐욕은 일종의 근시안적 태도일 뿐이다. 나는 물질과 인력의 두 측면 모두에서 낭비가 최소화된 제조를 실현하기 위해 노력해왔고, 이윤의 총액을 공급의 총량에 의존하게 하면서 최소의 이윤만 붙여 제품을 공급하기 위해서도 노력해왔다. 나는 제조의 과정에서는 최고의 임금, 다시 말해 최대의 구매력을 분배하기를 원한다. 이렇게 하는 것은 최소의 비용을 실현하는 데에도 도움이 된다. 우리는 이와 더불어 최소의 이윤만 붙여 제품을 판매하기 때문에 구매력에 부합하는 제품을 공급할 수 있다. 그러므로 경영자, 노동자, 구매자 등으로 우리와 관계를 맺고 있는 사람들은 누구나 우리가 존재한다는 데에서 덕을 보고 있다. 우리가 세운 조직은 일종의 기여를 하고 있다. 내가 그 조직에 관해 이야기하려고 하는 유일한 이유가 바로 여기에 있다. 그 기여를 뒷받침하는 원칙은 다음과 같다.

(1) 미래를 두려워하거나 과거를 숭상하지 않는다. 미래를 두려워하는 사람은 실패를 두려워하고 자기의 활동을 제약한다. 실패는 더 현명하게 다시 시작할 기회일 뿐이다. 정직한 실패에는 수치스러움이 없다. 수치스러움은 실패에 대한 두려움에 있다. 지나간 것은 진보

의 수단과 방법을 제시해주는 한에서만 쓸모가 있다.

(2) 경쟁을 무시한다. 어떤 일을 가장 잘하는 사람이라면 그가 누구든 그 일을 하는 사람이 돼야 한다. 다른 사람에게서 사업을 빼앗으려고 하는 것은 범죄행위나 다름없다. 왜냐하면 그렇게 하는 것은 자기의 개인적인 이득을 위해 다른 사람의 상태를 악화시키려고 하는 것이자 지능이 아닌 힘으로 이기려고 하는 것이기 때문이다.

(3) 이윤보다 기여를 우선한다. 이윤이 나지 않으면 사업이 확장될 수 없으니 이윤을 낸다는 것 그 자체에 잘못된 것은 없다. 잘 운영된 사업이 이윤을 내주지 못할 리는 없지만 이윤은 유익한 기여를 하는 것에 대한 보상으로 생겨야 하고 필연적으로 그렇게 생기게 된다. 이윤이 기본이 될 수는 없다. 이윤은 기여의 결과일 수밖에 없다.

(4) 제조업은 싸게 사고 비싸게 파는 것이 아니다. 제조업은 재료를 공정한 가격에 사서 비용을 가능한 한 적게 붙이면서 그 재료를 소비할 수 있는 제품으로 변환시켜 소비자에게 공급하는 과정이다. 도박, 투기, 불공정거래는 이런 과정을 방해하기만 하는 경향이 있다.

이런 원칙이 어떻게 생겨나서 어떻게 이행됐으며 일반적으로는 어떻게 적용되는지가 이 책의 주제다.

차례

머리말_ 나의 생각 · 4

| 1장 | 사업의 시작 · 33

| 2장 | 사업에 대해 내가 배운 것 · 49

| 3장 | 진정한 사업의 시작 · 69

| 4장 | 제조와 기여의 비결 · 93

| 5장 | 본격적인 대량생산 · 111

| 6장 | 기계와 인간 · 131

| 7장 | 기계에 대한 공포 · 149

| 8장 | 임금 · 167

| 9장 | 사업이 언제나 잘 굴러가지는 않는 이유 · 187

| 10장 | 제품 가격을 얼마나 낮출 수 있나? · 201

| 11장 | 돈과 재화 · 221

| 12장 | 돈은 주인인가 종인가? · 239

| 13장 | 가난은 무엇 때문일까? · 259

| 14장 | 트랙터와 기계화 농업 · 275

| 15장 | 자선이 왜 필요한가 · 291

| 16장 | 철도 · 313

| 17장 | 일반적인 이야기 · 329

| 18장 | 민주주의와 산업 · 353

| 19장 | 우리가 기대할 수 있는 것 · 371

옮긴이의 후기 · 391

| 1장 |

사업의 시작

1921년 5월 31일에 포드 모터 컴퍼니가 500만 번째 자동차를 제작했다. 그 차는 내가 그로부터 30년 전에 개발하기 시작하고 1893년 봄에 처음으로 만족스럽게 도로를 달리게 한 '마차형 휘발유차'와 함께 나란히 내 박물관에 전시돼 있다. 나는 쌀먹이새가 디어본에 왔을 때에 그 차를 몰았는데, 쌀먹이새는 해마다 4월 2일이면 디어본에 오는 철새다. 두 차는 겉모습이 완전히 다르고 구조와 재료도 크게 다르지만 기본적인 측면에서는 신기하게도 똑같다. 오늘날의 우리 자동차에는 아직 완전히 채택되지 않은 주름 같은 굴곡이 옛 마차형 차에는 몇 개 있었다는 점 정도만 다를 뿐이다. 최초의 자동차라고 할 수 있는 그 마차형 차는 실린더를 두 개만 가지고 있었음에도 한 시간에 20마일의 속도로 달릴 수 있었고, 작은 기름통에 3갤런의 휘발유를 넣어주면 그것으로 60마일을 갈 수 있었다. 그리고 지금도 그것이 만들어졌을 때와 마찬가지로 잘 달린다. 그동안 기본적인 설계보다 제조방법과 재료가 더 많이 발전했다. 하지만 설계도 전체적으로 정교해졌다. '모델 T'라는 이름을 갖고 있는 현재의 포드 자동차는 네 개의 실린더와 자동시동기를 가지고 있다. 그리고 그것은 최초의 차에 비하면 모든 측면에서 몰기에 더 편리하고 안전하며, 그러면서도 단순하다. 그러나 그것의 거의 모든 요소를 최초의 차에서도 찾아낼 수 있다. 제조의 과정에 경험이 쌓이면서 자동차가 변화해왔지만, 기본 원칙이 바뀌어 그렇게 된 경우는 없다. 이는 처음에 좋은 생각을 가지고 시작했다면 다른 새로운 생각을 찾아 돌아다니는 것보다는 처음에 가지고 있었던 생각을 완전한 것으로 만들어가는 데에 집중하는 것이 더 나음을 증명해주는 중요한 사실이라고 나는 생각한다. 한 번에 하나의 생각이라면 누구나 그러한 자신의 생각을 잘 다루어나갈 수 있다.

더 나은 수송을 위한 수단과 방법을 고안해내는 길로 나를 인도한 것은 농장에서의 삶이었다. 나는 1863년 7월 30일에 미시간 주의 디어본에 있는 한 농장에서 태어났다. 나의 어릴 적 기억을 돌이켜 보면 그곳에서는 하는 일의 결과에 비해 해야 하는 일이 너무 많았다. 농장의 일은 지금도 여전히 그렇다고 나는 생각한다. 부모님이 매우 가난해서 내가 어린 시절을 어렵게 보냈다는 이야기가 세간에 나돌고 있다. 나의 부모님이 부자가 아니었던 것은 틀림없지만, 그렇다고 우리 집이 가난하지는 않았다. 미시간 주의 농가들이 흔히 그랬듯이 우리 가족도 잘 먹고 살았다. 내가 태어난 집은 지금도 그대로 거기에 남아 있고, 그 집과 그곳의 농장은 지금 나의 소유로 돼있다.

그 시절에는 우리 농장뿐만 아니라 다른 모든 농장에서도 고된 육체노동을 해야 했다. 나는 아주 어릴 적에도 일을 더 쉽게 할 수 있게 해주는 방법을 찾아야 하지 않을까 하는 생각을 가지고 있었다. 나는 기계공으로 태어났다고 어머니가 늘 말씀하시긴 했지만, 나로 하여금 기계에 관심을 갖게 한 것은 바로 그런 생각이었다. 나는 그 어떤 것보다도 먼저 일종의 작업실을 갖게 됐는데, 그 작업실 안에는 도구를 만드는 재료가 될 수 있을 만한 금속들이 있었다. 그 시절에는 오늘날의 장난감과 같은 것이 없었고, 아이들이 가지고 노는 것은 집에서 만든 것뿐이었다. 나의 장난감은 모두 도구였고, 지금도 역시 그렇다! 그리고 기계에서 떨어져 나온 쪼가리는 모두 나에게 보물과 같았다.

나의 어린 시절에 일어난 가장 큰 사건은 어느 날 가족과 함께 마차를 타고 읍내로 가다가 디트로이트 시에서 8마일쯤 떨어진 곳에서 자동차를 만난 것이었다. 그때 내 나이는 열두 살이었다. 두 번째로 큰 사건은 시계를 하나 갖게 된 것이었는데, 이 역시 같은 해에 일어난 사건이었다. 나는 그때 만난 자동차를 바로 어제 본 것처럼 기억하고 있다. 말이 끌지 않아도 움직이는 차량으로는 그것이 내가 처음으로 본 것이었기 때문이다. 그것은 주로 탈곡기와 제재용 톱을 운반하기 위한 것으로 바퀴가 달린 차체에 간단한 엔진과 보일러를 얹고 뒤에 물탱크와 석탄수레를 매단 것이었다. 나는 말이 그런 차량을 끌고 가는 것은 그 전에도 많이 보았다. 그런데 그날 내가 본 것은 마차처럼 생긴 차체 위에 보일러를 얹어 놓고 그 자체의 뒷바퀴와 엔진을 체인으로 연결해 놓은 것이었다. 그 엔진은 보일러 위에 얹혀 있었는데, 한 남자가 보일러 뒤쪽의 발판을 딛고 서서 석탄을 삽으로 퍼서 넣고, 연료조절판을 조작하고, 진행방향을 조정하고 있었다. 그것은 배틀크리크에 있는 니콜스 셰퍼드 앤드 컴퍼니라는 회사가 만든 것이었는데, 나는 그런 사실을 금방 알아차렸다. 그 자동차는 우리 마차가 지나갈 수 있도록 멈춰 서주었다. 나는 마차에서 뛰어 내려가 서서 그 자동차를 운전하는 남자에게 말을 걸었다. 우리 마차를 몰던 아버지는 그제야 내가 마차에서 뛰어 내려간 것을 알았다. 그 남자는 기꺼이 모든 것을 설명해주었다. 그는 그 자동차를 자랑스러워했다. 그는 구동바퀴에 연결된 체인이 어떻게 분리되고, 벨트가 어떻게 걸려 다른 기계를 돌리게 되는지를 나에게 보여주었다. 그는 그 엔진이 1분에 200번 회전하는데, 체인이 걸린 톱니바퀴의 위치를 바꾸면 그 엔진이 계속 돌아가는 동안에도 차를 멈춰 서게 할 수 있다고 말했다. 이 점은 다른 방식이긴 하지만 오늘날의 자동차도 가지고 있는 특징이다. 그것은 쉽게 멈추게 했다가 돌아가게 할 수 있는 증기엔진에는 중요한 기능이 아니었지만, 휘발유엔진에는 매우 중요한 기능이 됐다. 나로 하여금 자동차를 이용한 수송에 관심을 갖게 한 것은 바로 휘발유엔진이었다. 나는 휘발유엔진의 모델을 여러 가지로 만들어보는 노력을 기울였고, 몇 년 뒤에 아주 잘 작동하는 모델을 만들 수 있었다. 그러나 열두 살의 소년으로서 자동차를 처음 보았을 때부터 오늘날에 이르기까지 나의 주된 관심은 줄곧 도로를 달리는 기계를 만드는 데에 있었다. 나는 읍내에 갈 때에는 언제나 너트와 나사받이를 비롯해 기계의 온갖 부품을 호주머니에 가득 넣어 가지고 갔다. 망가진 시계를 얻어와서 그것을 다시 조립해 수리해보려고 한 적도 많았다. 열세 살 때에 나는 처음으로 시간이 잘 맞는 시계를 조립할 수 있었다. 열다섯 살 때에는 내가 가지고 있는 도구가 매우 형편없는 것뿐이었음에도 나는 시계를 수리하는 일과 관련된 거의 모든 것을 할 수 있었다. 단지 물건을 만지작거리는 것만으로도 배울 수 있는 것이 엄청나게 많다. 모든 것이 다 어떻게 만들어지는지를 책으로 배우는 것은 가능하지 않다. 그런데 진정한 기계공이라면 거의 모든 것이 어떻게 만들어지는지를 알아야 한다. 기계와 기계공의 관계는 책과 작가의 관계와 같다. 기계공은 기계에서 아이디어를 얻으며, 머리를 조금이라도 쓸 줄 안다면 그렇게 얻은 아이디어를 실행에 옮길 방법을 찾아낼 것이다.

처음부터 나는 농사를 짓는 노동에는 큰 관심을 가질 수 없었다. 나는 기계를 가지고 하는 일을 하고 싶었다. 아버지는 기계를 좋아하는 나의 성향에 완전히 공감해주지 않았다. 그는 내가 농부가 돼야 한다고 생각했다. 열일곱 살 때에 학교에 다니기를 그만두고 드라이 도크 엔진 워크스라는 회사에 견습공으로 들어갔을 때에 나는 집에서 잃어버린 자식이나 다름없었다. 나는 견습공 시절을 별 문제 없이 보냈다. 그래서 3년으로 정해진 견습공 기간이 다 지나기도 전에 기계공의 자격을 얻을 수 있었다. 나는 정교한 작업을 좋아하고 시계에 관심이 많았기 때문에 밤마다 보석가게에 가서 시계를 수리하는 일을 했다. 그 시기에 내가 수리한 시계는 300개가 넘었을 것이다. 그때에 나는 30센트 정도의 비용만 들이면 괜찮은 시계 하나를 만들 수 있겠다고 생각했고, 시계 사업을 시작하기로 거의 마음을 먹었다. 그러나 실제로 그렇게 하지는 않았다. 당시에는 시계가 보편적인 필수품이 아니었으므로 시계를 사는 사람이 많지 않을 것이라고 생각했기 때문이다. 내가 어떻게 해서 그렇게 놀라운 결론에 도달했는지를 지금으로서는 정확하게 말할 수 없다. 나는 어려운 작업을 해야 하는 부분을 제외한다면 보석이나 시계를 만드는 일 자체를 좋아하지는 않았다. 그때에도 나는 무엇이든 대량으로 만들고 싶어 했다. 그때에 마침 '표준철도시간'이 만들어지고 있었다. 그 전에는 상당히 오랫동안 '태양시간'이 사용됐고, 이로 인해 오늘날 서머타임이 시행되는 시기의 시간차와 비슷하게 당시에는 철도시간과 지역시간이 일치하지 않았다. 이것은 나에게 상당히 성가신 문제였고, 그래서 나는 두 가지 시간을 다 보여주는 시계를 만들었다. 그 시계는 두 개의 문자판을 가진 것이었는데, 주위 사람들이 그것을 보고 매우 신기해했다.

1879년에, 그러니까 내가 니콜스 셰퍼드의 기계를 처음으로 본 지 4년 뒤에 나는 그러한 기계를 운전할 기회를 얻게 됐다. 나는 견습공 기간을 채우고 나서 웨스팅하우스 컴퍼니의 스키넥터디 지사에 들어가 그 회사의 자동차를 제작하고 수리하는 전문가로 일하기 시작했다. 그 회사가 만들어내는 자동차는 엔진을 앞부분에 놓고, 보일러를 뒷부분에 놓으며, 동력을 벨트로 뒷바퀴에 전달한다는 점을 제외하고는 니콜스 셰퍼드의 자동차와 거의 같았다. 그 자동차는 구조상 자체구동이 부차적인 기능에 불과했음에도 도로를 한 시간에 12마일의 속도로 달릴 수 있었다. 그 자동차는 때로는 무거운 짐을 끌고 가는 트랙터로 사용되기도 했고, 그 소유자가 탈곡 사업에 종사하는 사람인 경우에는 탈곡기와 이런저런 용구를 매달아 이 농장 저 농장으로 옮기는 일에 사용되기도 했다. 나를 고민하게 만든 문제는 무게와 비용이었다. 그 자동차는 무게가 몇 톤에 이르렀고, 넓은 땅을 소유하고 있는 농부가 아니고는 누구라도 사서 소유하기에는 가격이 매우 비쌌다. 그 자동차는 탈곡 사업을 하는 사람들과 제재업 등 이동이 가능한 동력기를 사용하는 사업을 하는 사람들이 주로 이용했다.

그 전에도 이미 나는 말의 역할을 대신할 모종의 가벼운 증기차를 만들어보겠다는 생각을 가지고 있었다. 보다 자세히 말하면, 경작을 위해 땅을 가는 지나치게 고된 노동을 도와주는 트랙터로 사용할 수 있는 증기차를 만들고 싶었다. 언제였는지는 다소 희미하게만 기억할 수 있지만, 똑같은 아이디어가 도로를 달리는 마차에도 적용될 수 있다는 생각이 나에게 떠올랐다. 말이 없는 마차는 많은 사람들이 공유하는 아이디어였다. 오래 전부터 사람들은 말이 없는 마차에 대해 이야기해오고 있었다. 증기엔진이 발명된 이래로 그랬던 것이 사실이다. 그러나 나로서는 처음에는 말이 없는 마차를 만든다는 아이디어가 자동차로 하여금 고된 농장 일을 하게 한다는 아이디어만큼 실용적인 것이라고는 생각할 수 없었다. 그리고 농장에서 하는 일 가운데 땅을 가는 것이 가장 고된 일이었다. 우리의 도로는 그 상태가 형편없었고, 우리는 여기저기 돌아다니는 습관을 가지고 있지 않았다. 자동차가 농장에서 사용되는 경우에 가장 두드러지게 나타나는 특징적인 결과 가운데 하나는 농부의 삶이 확장된다는 것이다. 농장에서는 급한 볼일이 없다면 굳이 읍내에 가려고 하지 않는 것을 당연하게 여긴다. 내가 보기에도 농부들은 일주일에 두 번 이상 농장에서 벗어나는 경우가 드물다. 날씨가 나쁜 날에는 그런 정도도 하지 않는다.

어엿한 기계공이 되고 농장에 제법 그럴듯한 작업실을 갖추고 보니 트랙터용 증기자동차를 만드는 것이 어려운 일이 아니었다. 그런데 그런 것을 만드는 동안에 증기자동차를 도로주행용으로도 만들 수 있겠다는 생각이 들었다. 말을 돌봐야 하는 성가신 일과 사료비를 지출해야 하는 부담을 고려하면 말을 관리하며 일을 시켜봐야 손해인 것이 틀림없다고 나는 확신했다. 그렇다면 내가 해야 하는 일이 무엇인지가 명백했는데, 그것은 보통의 마차를 매달고 달리거나 땅을 가는 쟁기를 끌 수 있을 정도로 가벼운 증기자동차를 설계하고 제작하는 것이었다. 그때까지 나는 트랙터를 개발하는 것이 먼저 해야 하는 더 중요한 일이라고 생각했다. 사람이 몸을 써서 하는 농장의 고된 일을 철강과 발동기로 하여금 대신 하게 하는 것은 내가 늘 잊지 않고 지니고 있는 꿈이었다. 그런 나로 하여금 실제로는 도로주행용 자동차를 만드는 일에 먼저 나서게 한 것은 주위 사람들의 태도였다. 나는 농장의 일을 대신 해주는 기계보다 도로를 달릴 수 있는 기계에 사람들이 더 많은 관심을 갖고 있음을 마침내 알게 됐다. 사실 농부들이 도로를 달리는 자동차를 보고 나서 천천히라도 확실히 기계에 대해 눈을 뜨게 되기 전에 과연 가벼운 농장용 트랙터가 농장에 실제로 도입되어 사용될지가 의심스러웠다. 그러나 지금 여기에서 이에 관한 이야기를 하는 것은 너무 이르다. 어쨌든 농부들이 도로를 달리는 자동차를 본다면 트랙터에도 관심을 더 많이 가질 것이라고 나는 생각했다.

나는 달리는 증기자동차를 제작했다. 그것은 등유를 때는 보일러를 갖춘 것이었는데, 큰 힘을 낼 수 있고 조종하기에도 편리했다. 그것은 증기조절기를 이용해 쉽게 조종할 수 있었다. 그런데 보일러가 위험했다. 지나치게 크고 무거운 발동기를 달지 않고도 필요한 동력을 얻기 위해서는 엔진이 높은 압력을 받으면서 돌아가게 해야 했다. 고압의 증기보일러 위에 앉아 있어야 한다는 것은 결코 달가운 일이 아니었다. 보일러를 어느 정도라도 안전하게 만들기 위해서는 무게를 더해야 했는데, 그렇게 하면 고압이 가져다주는 경제성이 사라질 수밖에 없었다. 나는 2년 동안 갖가지 종류의 보일러를 실험했다. 엔진과 조종은 매우 간단한 문제였다. 나는 결국 증기를 이용해 도로를 달리는 자동차라는 아이디어를 통째로 포기했다. 영국에서는 여러 대의 트레일러를 매달고 도로를 달리는 일종의 기관차가 이미 만들어졌고, 넓은 농장에서 사용될 수 있을 만한 커다란 증기트랙터를 설계하는 것도 어려운 일이 아니라는 것을 나는 알고 있었다. 그러나 당시에 미국의 도로는 영국의 도로보다 열악했다. 아무리 강하고 무거운 트랙터라도 미국의 도로를 달리다 보면 덜컹거리다가 시동이 꺼지거나 부서질 것이 뻔했다. 그리고 어쨌든 극소수의 부유한 농부들만 구매할 수 있는 커다란 트랙터를 제조하는 것은 내가 보기에 아무런 가치도 없는 일이었다.

그러나 나는 말이 없는 마차라는 아이디어는 포기하지 않았다. 나는 증기는 가벼운 자동차를 만드는 데에는 적합하지 않다는 의견을 갖게 됐는데, 웨스팅하우스의 지사에서 내가 하게 된 일이 나로 하여금 그런 의견을 더욱 굳히게 했다. 그리고 이것이 바로 내가 불과 1년 만에 그 회사를 떠나게 된 이유였다. 덩치 큰 증기트랙터나 증기자동차가 나에게 가르쳐줄 것은 더 이상 없었고, 나는 나에게 아무 소용도 없는 일을 하면서 시간을 낭비하고 싶지 않았다. 그로부터 몇 년 전에, 그러니까 내가 견습공이었던 때에 나는 영국에서 발행되는 〈월드 오브 사이언스〉라는 잡지에서 당시에 영국에서 만들어지고 있었던 '조용한 가스엔진'에 관한 글을 읽었다. 그것은 '오토 엔진(Otto engine)'이었던 것으로 기억한다. 그것은 등화용 가스로 작동되는 것으로 커다란 실린더를 한 개만 가지고 있었고, 그래서 동력의 발생이 띄엄띄엄 이루어지기 때문에 매우 무거운 플라이휠이 필요했다. 그것은 무게의 관점에서 단위 무게당 발생 동력이 증기엔진에 훨씬 못 미쳤고, 등화용 가스를 사용한다는 점에서 애초부터 도로주행용으로는 가능성조차 없는 것으로 여겨졌다. 그럼에도 그것이 나에게 흥미로웠던 것은 단지 나에게는 기계라면 모든 것이 다 흥미롭기 때문이었다. 나는 영국과 미국의 관련 잡지들을 구해 읽으면서 엔진 개발의 추세를 따라갔다. 그러면서 특히 등화용 가스 연료 대신 휘발유의 기화로 형성되는 가스를 사용할 수 있는지 그 가능성에 대한 힌트를 얻고자 했다. 가스엔진이라는 아이디어는 결코 새로운 것이 아니었지만, 그것을 시장에 내놓기 위한 노력이 실제로 진지하게 펼쳐진 것은 그때부터였다. 그 아이디어에 대한 반응은 열광적이기보다는 흥미롭다는 정도였다. 그리고 나는 그때까지 내연엔진이 제한적인 범위 이상의 용도를 가질 수 있을 것으로 생각하는 사람을 본 적이 없었던 것 같다. 똑똑하다는 사람들은 모두 다 그러한 엔진은 증기엔진의 경쟁상대가 될 수 없다고 단정했다. 그들은 내연엔진이 점차 발전하면서 널리 사용되는 경로를 밟아 가리라고는 전혀 생각하지 못했다. 똑똑하다는 사람들은 늘 그런 식이다. 그들은 너무나 똑똑하고 실용적이어서 어떤 일이든 그것이 이루어질 수 없는 이유를 시시콜콜한 부분까지 잘 안다. 그들은 언제나 어디까지가 한계인지를 알고 있다. 한창 잘나가는 전문가를 내가 절대로 고용하지 않는 이유가 바로 여기에 있다. 내가 불공정한 방법으로 적을 쓰러뜨리고자 한다면 적에게 전문가들을 보내줄 것이다. 그러면 그들이 나름대로 좋은 조언을 많이 해줄 것이고, 그러다 보면 적이 실제로 하는 일은 거의 없게 될 것이라고 나는 확신한다.

나는 가스엔진에 흥미를 갖게 되어 그 발전을 지켜보았다. 그러나 그 흥미는 단지 호기심에서 비롯된 것일 뿐이었다. 그러다가 1885년인가 1886년인가에 나는 언젠가는 만들겠다고 생각해온 자동차에 발동기로 증기엔진을 사용하기를 완전히 포기함으로써 뭔가 다른 종류의 엔진을 찾아야 하게 됐다. 1885년에 나는 디트로이트에 있는 이글 아이언 웍스라는 회사에 가서 오토 엔진 하나를 수리해주었다. 그 도시에는 그 엔진에 대해 아는 사람이 하나도 없었다. 내가 그 엔진에 대해 안다는 소문이 퍼졌고, 나는 그 엔진을 직접 본 적이 전혀 없는데도 그 엔진을 수리하는 일을 맡아서 해냈다. 나에게 그 일은 그 새로운 엔진을 직접 만지면서 연구해볼 수 있는 기회였다. 1887년에 나는 4행정 오토 엔진을 본떠 가스엔진 모형을 하나 만들었다. 그것은 내가 그 엔진의 원리를 이해하고 있는지를 확인해보기 위해서 한 일이었다. '4행정'이란 한 번의 충격 동력을 얻기 위해 실린더 안의 어느 쪽이든 한 쪽의 끝에서 다른 쪽의 끝까지 4번 피스톤이 움직여야 한다는 뜻이다. 첫 번째 행정은 가스를 흡입하고, 두 번째 행정은 가스를 압축하고, 세 번째 행정은 가스를 폭발시켜 동력을 일으키고, 네 번째 행정은 폐가스를 배출한다. 내가 만든 작은 가스엔진 모형은 아주 잘 작동했다. 실린더의 안지름은 1인치, 행정의 길이는 3인치, 연료는 휘발유였다. 그것은 동력을 많이 만들어낼 수 있는 것은 아니었지만, 시중에서 판매되는 엔진들에 비해 무게는 약간 가벼웠다. 그 뒤에 언젠가 어떤 젊은이가 갖고 싶어 해서 내가 그것을 그에게 주고 대신 무엇인가를 그에게서 받았는데, 그 젊은이의 이름이 무엇이었는지는 잊어버렸다. 그것은 결국은 해체되어 없어졌다. 그 경험이 내가 내연엔진과 관련해 해온 일의 시작이었다.

그때에 나는 농장으로 돌아가 거기에 머물고 있었다. 농사를 짓고 싶어서가 아니라 실험을 하고 싶어서 그랬다. 그때에는 이미 내가 만능 기계공이었으므로 장난감 가게와 같았던 과거의 작업실 대신에 일류급 작업실을 갖추었다. 아버지는 나에게 기계공으로 살기를 포기하겠다면 40에이커의 임지를 주겠다는 제안을 하셨다. 나는 일단 그렇게 해보겠다고 대답했다. 나무를 베어내어 목재를 만드는 일을 하면 결혼을 할 수 있는 가능성이 생기기 때문이었다. 나는 제재소를 갖추고 이동시킬 수 있는 엔진을 마련해 산의 나무를 베어내고 톱질을 했다. 그렇게 해서 처음으로 만든 목재 가운데 일부는 나의 새로운 농장 안에 오두막집을 짓는 데 사용됐고, 그 집에서 나는 아내와 결혼생활을 시작했다. 그 집은 넓이가 31제곱피트이고 높이가 1.5층밖에 안 됐으므로 크지는 않았지만 살기에는 편안했다. 나는 그 옆에 작업실을 만들어 놓았고, 나무를 베어내는 일을 하지 않을 때에는 그 작업실에서 가스엔진을 뜯어보고 조립해보고 하면서 그것이 무엇이고 어떻게 작동하는지를 알려고 했다. 나는 구할 수 있는 자료는 무엇이든 다 구해서 읽었지만, 필요한 지식의 대부분은 작업을 통해서 얻었다. 가스엔진은 수수께끼와 같은 것이었다. 그것은 내가 예상한 대로 움직이려고 하지 않았다. 초기의 가스엔진인 그것이 어떤 움직임을 보였는지를 이 책을 읽는 당신이 상상할 수 있을지 모르겠다!

나는 1890년에 2기통 엔진을 연구하기 시작했다. 수송이라는 목적을 위해 실린더를 하나만 가진 엔진을 사용하려고 하는 것은 전혀 실용적이지 않은 생각이었다. 그런 엔진은 너무나 무거운 플라이휠을 필요로 했다. 오토 엔진 방식의 4행정 엔진을 처음으로 만들었을 때부터 2기통 엔진을 만드는 일에 착수할 때까지 나는 금속관을 가지고 실험용 엔진을 수도 없이 만들었다. 내가 어느 길로 가야 하는지는 나 스스로가 잘 알고 있었다. 나는 2기통 엔진이라면 도로주행용 차량에 적용할 수 있겠다고 생각했고, 애초의 내 아이디어는 2기통 엔진을 자전거에 장착해본다는 것이었다. 자전거의 크랭크축에 2기통 엔진을 직접 연결하고 자전거의 뒷바퀴로 하여금 밸런스휠의 역할을 하게 하면 될 것 같았다. 변속은 연료조절기만으로 하려고 했다. 그런데 나는 이런 계획을 실행에 옮기지 못했다. 2기통 엔진과 휘발유탱크, 그리고 운전에 필요한 각종 장치가 자전거에 장착하기에는 너무나 무겁다는 사실이 이내 분명해졌기 때문이었다. 그래서 서로 반대되는 작용을 동시에 하는 2개의 실린더를 사용해보려는 계획을 세웠다. 이 계획은 2개의 실린더 가운데 하나가 동력을 일으키는 동안에 다른 하나는 폐가스를 배출하게 하려는 것이었다. 이런 방식의 엔진에는 동력 전달을 고르게 하기 위한 플라이휠을 그렇게 무거운 것으로 장착해야 할 필요가 없었다. 나는 농장에 있는 나의 작업실에서 그런 엔진을 만드는 작업에 착수했다. 그런데 그때 디트로이트 일렉트릭 컴퍼니에서 나에게 45달러의 월급을 줄 테니 와서 기술자 겸 기계공으로 일해 달라는 제안을 해왔다. 나는 그 제안을 받아들였다. 그 정도의 월급이면 농장이 나에게 벌게 해주는 소득보다 큰 금액이기 때문이었다. 그리고 나는 어떻게든 농장생활을 청산하기로 이미 결심한 뒤였다. 아버지가 주신 임지도 나무를 거의 다 베어낸 상태였다. 나는 아내와 함께 디트로이트 시의 베글리 애비뉴에 있는 집을 임차했다. 작업실도 그 집의 뒤쪽에 벽돌로 지어져 있는 헛간으로 옮겼다. 나는 처음 몇 달 동안에는 전등을 만드는 공장에서 야간근무를 했는데, 이로 인해 나의 작업실에서 실험을 할 시간을 아주 조금밖에 가질 수 없었다. 그러다가 내 근무시간이 주간으로 바뀌었고, 그때부터 나는 매일 밤과 주말에 새로운 발동기를 만드는 작업에 몰두했다. 그 작업이 힘든 일이었다고 말할 수는 없다. 흥미를 느끼며 하는 일은 결코 힘들지 않다. 나는 언제나 결과에 대해 확신한다. 일을 충분히 열심히 하면 결과는 따라오게 돼있다. 그렇다고 해도 나보다도 더 결과에 대해 확신하는 아내가 나에게 있다는 것이 나에게 굉장히 큰 힘이 됐다. 아내는 언제나 그랬다.

나는 맨땅에서 시작해야 했다. 다시 말해 나는 많은 사람들이 말이 없는 마차를 만들어보려고 애쓰고 있다는 것을 알고 있었지만, 그들이 구체적으로 무엇을 하고 있는지는 알지 못했다. 극복해야 할 가장 어려운 문제는 불꽃이 일어났다가 꺼지는 점화가 순조롭게 이루어지게 하는 것과 무게가 과도하게 되지 않게 하는 것이었다. 변속기, 조향장치, 그리고 전체적인 구조에는 증기트랙터를 만들어본 나 자신의 경험을 끌어다 쓸 수 있었다. 나는 1892년에 나의 첫 자동차를 완성했지만, 그것을 내가 만족할 수 있을 정도로 달리게 하는 것은 이듬해 봄에야 실현할 수 있었다. 내가 처음으로 만든 그 자동차는 겉모습이 예전의 마차와 비슷한 점이 있었다. 그 자동차에는 안지름이 2.5인치이고 피스톤의 이동거리가 6인치인 실린더 2개가 뒤차축 위에 나란히 장착됐다. 나는 그 전에 구입해서 가지고 있었던 증기엔진의 배기관을 가지고 그 2개의 실린더를 만들었다. 그 2개의 실린더는 약 4마력 정도의 동력을 만들어냈다. 그 동력은 벨트에 의해 발동기에서 중간축으로 전달된 다음에 체인에 의해 중간축에서 뒷바퀴로 전달됐다. 그 자동차에는 두 사람이 탈 수 있었다. 나는 좌석을 받침다리 위에 올려놓았고, 차체는 타원형 스프링 위에 올려놓았다. 기본 속도는 두 가지였다. 하나는 시속 10마일이었고, 다른 하나는 시속 20마일이었다. 변속은 벨트의 위치를 옮기면 이루어지게 했는데, 그렇게 되게 하려면 운전석 앞에 놓인 클러치 레버를 이용해야 했다. 클러치 레버를 앞으로 밀면 고속이 되고, 뒤로 잡아당기면 저속이 되는 방식이었다. 그리고 클러치 레버를 똑바로 세우면 엔진이 공회전하게 할 수 있었다. 차를 출발시키려면 클러치를 중립에 놓고 손으로 발동기를 돌려야 했다. 차를 세우려면 클러치를 풀고 풋 브레이크를 밟기만 하면 됐다. 후진은 할 수 없었고, 벨트의 위치 이동으로 얻을 수 있는 두 가지 기본 속도 이외의 다른 속도는 연료조절기를 조정하면 얻을 수 있었다. 차체를 만드는 데에 필요한 철물과 좌석, 그리고 스프링은 구입했다. 바퀴로는 고무 타이어가 씌워진 지름 28인치짜리 철제 자전거 바퀴를 사용했다. 밸런스휠은 내가 만든 주형을 가지고 주조했다. 그 밖의 보다 정교한 장치들도 내가 직접 만들었다. 자동차를 만들다가 필요하겠다고 생각한 것이 몇 가지 있었다. 그 가운데 하나는 굽은 길을 돌 때에 두 개의 뒷바퀴에 똑같은 동력이 걸려도 도는 데 무방하게 해주는 보정기어였다. 그 자동차는 전체 무게가 500파운드 정도였다. 좌석 밑에 설치한 기름통에는 휘발유가 3갤런까지 들어갔고, 그 휘발유는 가는 관과 혼합밸브를 거쳐 발동기에 공급됐다. 점화는 전기로 불꽃을 일으키는 방식이었다. 냉각은 처음에는 공랭식으로 했다. 사실 더 정확하게 말하면 발동기를 냉각시키기 위한 장치는 전혀 없었다. 내가 그 자동차를 한 시간 남짓 몰아보니 발동기가 지나치게 뜨거워진다는 것을 알게 됐다. 그래서 나는 곧바로 차 뒤쪽에 위치한 실린더에 워터 재킷을 입히고 실린더 위쪽에 물통을 장착한 다음에 그 둘을 관으로 연결해서 워터 재킷에 물이 공급되도록 했다. 이런 다양한 특징들은 거의 다 사전에 계획된 것이었다. 나는 언제나 그런 방식으로 일을 한다. 나는 계획을 세우고 세부적인 것들을 모두 계산해본 뒤에 제작에 들어간다. 그렇게 하지 않으면 작업을 진행하는 과정에서 이런저런 임시변통을 하느라고 많은 시간을 낭비하게 될 뿐만 아니라 완성된 결과물도 짜임새가 없게 되기 때문이다. 그 결과물은 조화롭지 못하고 얼기설기할 것이다. 많은 발명가들이 계획과 실험을 구별하지 못해서 실패한다. 내가 자동차를 제작하는 과정에서 가장 어려웠던 것은 적절한 재료를 구하는 일이었다. 그 다음으로 어려웠던 것은 도구를 마련하는 일이었다. 설계의 세부사항에 약간의 조정과 변화가 있기도 했지만 작업을 가장 많이 지연시킨 것은 각각의 부분에 사용할 수 있는 최선의 재료를 찾을 시간도, 그런 재료를 구입할 돈도 나에게 없다는 점이었다. 그럼에도 1893년 봄에는 그 자동차가 나를 어느 정도는 만족시킬 만큼은 굴러갔고, 그래서 나는 그것을 몰고 도로를 달리면서 설계와 재료를 더 많이 검증해볼 기회를 가질 수 있었다.

| 2장 |

사업에 대해 내가 배운 것

나의 '휘발유차'는 디트로이트 시에서는 최초로 등장한 자동차였을 뿐 아니라 그 뒤로 오랫동안 유일한 자동차이기도 했다. 그 차는 시끄러운 소리를 내어 말을 겁내게 했기 때문에 말썽거리로 여겨졌다. 게다가 교통에 방해가 되기도 했다. 내가 그 차를 몰고 가다가 시내의 어디에서든 멈추면 사람들이 모여들어서 다시 출발할 때까지 그것을 구경하기 때문이었다. 내가 그것을 잠깐이라도 세워 놓고 다른 데로 가면 어김없이 호기심이 강한 누군가가 그것을 운전해보려고 했다. 결국 나는 쇠사슬을 하나 싣고 다니게 됐다. 어디에서든 그 차를 놔두고 다른 데로 갈 때에는 쇠사슬로 그 차를 가로등 기둥에 묶어 두었다. 그 차 때문에 경찰과 옥신각신하기도 했다. 그 시절에는 속도제한법이 없었을 것 같은데 왜 그랬는지 지금은 기억나지 않는다. 어쨌든 나는 그 도시의 시장으로부터 자동차 운전을 위한 특별허가를 얻어야 했고, 그렇게 해서 한동안 나는 미국에서 유일하게 운전면허를 가진 운전사라는 특이한 지위를 누렸다. 나는 그 차를 1895년과 1896년 이태 동안 1천 마일가량 운행한 뒤에 그 도시에 사는 찰스 에인슬리라는 사람에게 200달러에 팔았다. 그것이 나의 첫 자동차 판매였다. 내가 그 자동차를 제작한 것은 팔기 위해서가 아니라 실험하기 위해서였다. 내가 자동차를 또 하나 제작하는 일에 착수하고 싶었을 때에 마침 에인슬리가 내가 몰고 다니는 자동차를 사고 싶어 했다. 나는 그에게 자동차를 팔면 그 매각대금을 가지고 다른 자동차를 제작할 수 있겠다고 생각했고, 그와 나는 별 문제 없이 매매할 가격을 합의할 수 있었다.

그런 식으로 자동차를 하나씩 제작하는 것은 내가 하고자 한 일이 아니었다. 나는 자동차를 대량으로 생산해보고 싶었다. 하지만 그러기 위해서는 그 전에 생산할 자동차가 있어야 했다. 무슨 일에서든 서두르는 것은 좋은 결과로 이어지지 못한다. 나는 1896년에 두 번째 자동차를 제작하는 일에 들어갔다. 내가 두 번째로 제작한 자동차는 첫 번째로 제작한 자동차와 거의 비슷했지만 무게는 다소 가벼웠다. 두 번째 자동차도 전동벨트를 가지고 있었고, 나는 그 뒤로도 한동안은 전동벨트를 포기하지 않았다. 전동벨트는 쓸 만했지만 무더운 날씨에 견디지 못하는 문제점을 가지고 있었다. 이런 이유에서 나는 나중에 그것 대신 기어를 채택했다. 나는 두 번째 자동차를 제작하면서 많은 것을 배웠다. 그즈음에 국내외에서 다른 사람들도 자동차를 제작하고 있었다. 1895년에 나는 뉴욕에 있는 메이시스(Macy's)의 점포에 독일 회사 벤츠가 만든 자동차가 전시되고 있다는 말을 들었다. 나는 뉴욕으로 가서 그 자동차를 직접 보았는데, 참고할 가치가 있어 보이는 점은 전혀 발견할 수 없었다. 그 자동차도 전동벨트를 가지고 있었지만, 내 자동차보다 많이 무거웠다. 그때에 나는 자동차를 가볍게 만드는 일에 몰두하고 있었는데, 해외의 자동차 제작자들은 자동차의 무게를 줄이는 것이 무슨 의미가 있는지를 제대로 이해하지 못하고 있는 것으로 보였다. 나는 우리 집에 설치된 작업실에서 자동차를 모두 세 대 제작했고, 그 세 대의 자동차는 몇 년 동안 디트로이트 시내를 달렸다. 그 가운데 첫 번째로 제작한 것은 내가 지금도 가지고 있다. 나는 그것을 에인슬리에게 팔았다가 몇 년 뒤에 그에게서 그것을 산 사람으로부터 되사들였다. 매입한 가격은 100달러였다.

그러는 동안에도 나는 전기회사에 다니는 일을 그만두지 않았고, 그사이에 점점 더 승진해 그때에는 수석기술자로서 125달러의 월급을 받으며 일하고 있었다. 그러나 그 회사의 사장은 내가 가스엔진을 실험하는 것을 더 이상 달가워하지 않았다. 그런 그의 태도는 내가 어린 시절에 기계를 만지작거리는 것을 달가워하지 않던 아버지의 태도와 다르지 않았다. 나를 고용한 그 사장이 실험 자체를 반대한 것은 아니었다. 그는 단지 가스엔진을 실험하는 것을 싫어할 뿐이었다. 그때에 그가 나에게 한 말이 아직도 내 귀에 생생하다. "전기라면 괜찮아. 그것이 대세야. 그러나 가스는 잘될 리가 없어."

그가 가스엔진에 대해 온건하게 표현해도 '회의적'으로 생각하게 된 데에는 충분한 이유가 있었다. 당시에 우리는 위대한 전기시대의 개막을 눈앞에 두고 있었던 반면에 내연엔진이 미래에 어떻게 활용될지에 대해 어슴푸레하게라도 감을 잡고 있는 사람은 거의 없었다. 상대적으로 새로운 아이디어의 경우에 흔히 그렇듯이 당시에 전기는 우리가 오늘날 그것을 가지고 할 수 있다고 조금이라도 생각하는 범위조차 뛰어넘어 훨씬 더 많은 일을 할 수 있게 해줄 것으로 기대되고 있었다. 나는 나의 목적을 위해서는 전기를 실험해봐야 아무런 소용도 없으리라고 생각했다. 트롤리용 전선이 저렴해진다고 해도 도로를 달리는 자동차에 트롤리용 전선으로 전기를 공급할 수는 없는 일이었다. 실용적이라고 할 정도로 무게가 가벼운 축전지가 가까운 장래에 개발될 조짐도 없었다. 전기자동차는 그 운행반경이 제한될 수밖에 없었고, 거기에 장착할 발동기도 만들어내는 동력에 비해 너무 큰 것이어야 했다. 그렇다고 해서 내가 전기를 그때 얕보았거나 지금 얕본다는 이야기는 아니다. 우리는 아직 전기를 본격적으로 사용하지 못하고 있다. 전기는 그 나름대로 용도가 있고, 내연엔진도 그 나름대로 용도가 있다. 둘 가운데 어느 하나가 다른 것을 대체할 수 없으며, 이는 무척 다행스러운 일이다.

나는 디트로이트 에디슨 컴퍼니에 다니면서 가장 먼저 관리했던 발전기를 지금도 가지고 있다. 그 전기회사는 그 발전기를 어떤 사무용 빌딩에 매각했는데, 나는 우리 회사의 캐나다 공장을 세울 때에 그 사무용 빌딩으로부터 그 발전기를 구입했다. 나는 그 발전기를 약간 고쳐서 캐나다 공장에 가져다 두었고, 그 발전기는 그 공장에서 여러 해 동안 유익하게 사용됐다. 그러다가 우리의 사업이 번창해서 새로운 발전기를 만들어야 했을 때에 나는 그 발전기를 옮겨와 내 박물관에 넣어 두었다. 내 박물관이란 디어본에 있는 방 하나인데, 거기에는 나의 보물과 같은 기계들이 잔뜩 들어 있다.

디트로이트 에디슨 컴퍼니는 나에게 자기네 회사의 총감독 자리를 맡아 달라는 제안을 했으나, 그 제안에는 내가 가스엔진 제작을 포기하고 뭔가 실제로 유용한 일에 전념해야 한다는 조건이 붙어 있었다. 나는 그 일자리와 나의 자동차라는 두 가지 중 하나를 선택해야 했다. 나는 자동차를 선택했다. 아니, 그 일자리를 포기했다고 하는 것이 정확한 말일 것이다. 달리 선택할 이유가 전혀 없었다. 왜냐하면 나의 자동차가 성공하게 돼 있다는 것을 이미 알고 있었기 때문이었다. 나는 1899년 8월 15일에 직장에 다니기를 그만두고 자동차 사업에 뛰어들었다.

내가 그렇게 한 것이 과감한 행동이었을지도 모르겠다. 왜냐하면 그때에 나는 가진 돈이 거의 없었기 때문이다. 생활비로 쓰고 남은 돈은 모두 실험을 하는 데에 사용됐다. 그런데도 아내는 내가 자동차를 포기할 수는 없다는 생각에 동의해주었다. 그것은 우리가 성공하지 못하면 파산할 수밖에 없다는 것에 동의해준 것과 마찬가지였다. 자동차에 대한 '수요'는 존재하지 않았다. 사실 언제든 새로운 것에 대해서는 수요가 존재한 적이 없다. 그때에 자동차에 대해 사람들이 취한 태도는 최근에 비행기에 대해 사람들이 취한 태도와 매우 비슷했다. 처음에 사람들은 '말이 없는 마차'를 그저 특이한 개념으로만 여겼고, 다수의 똑똑하다는 사람들이 그것은 장난감 이상의 것이 결코 될 수 없는 이유를 시시콜콜하게 설명했다. 돈이 많은 사람 가운데 누구도 그것을 상업적 가능성이 있는 것으로는 생각조차 하지 않았다. 나는 새로운 수송수단이 제시될 때마다 왜 그러한 반대에 부닥치게 되는지를 이해할 수 없다. 심지어는 오늘날에도 고개를 절레절레 흔들며 자동차는 사치라고 말하면서 어쩌면 화물자동차는 다소 유용할지 모르겠다고 마지못해 인정하는 사람들이 있다. 어쨌든 자동차가 개발되기 시작한 초기에 자동차가 산업의 중요한 요소가 될 수 있으리라고 예감한 사람은 거의 없었다. 가장 낙관적인 사람들도 자전거가 발달한 것과 비슷하게만 자동차가 발달할 것이라고 기대했다. 자동차가 실제로 굴러갈 수 있다는 사실이 밝혀지고 몇몇 제작자들이 자동차를 만들어내기 시작하자 곧바로 경주를 하면 어느 자동차가 가장 빨리 달리겠느냐는 질문이 제기됐다. 자동차 경주라는 아이디어가 나온 것은 기묘한 일이었지만 자연스러운 상황전개이기도 했다. 나는 경주를 한다는 생각은 조금도 해본 적이 없었다. 그러나 대중은 자동차를 빠르게 달리는 장난감으로만 여겼을 뿐 그 밖의 다른 어떤 것으로도 생각하기를 거부했다. 그래서 나중에는 우리도 경주를 하지 않을 수 없었다. 자동차 산업은 초기에 이와 같이 경주로 편향된 탓에 발전을 저지당했다. 그로 인해 제작자들의 관심이 좋은 자동차보다는 빠른 자동차를 만드는 쪽으로 쏠렸기 때문이었다. 그것은 투기자들을 위한 사업이었다.

내가 전기회사를 떠나자마자 투기적인 성향을 가진 사람들이 나의 자동차를 활용하기 위해 디트로이트 오토모바일 컴퍼니라는 회사를 설립했다. 나는 그 회사의 수석기술자가 됐고, 그 회사의 주식도 약간 얻었다. 그 뒤로 3년 동안 우리는 나의 첫 번째 자동차를 모델로 해서 그것과 비슷한 자동차를 잇달아 만들었다. 그 가운데 판매된 자동차는 극소수에 그쳤다. 나는 광범위한 대중에게 판매할 수 있는 더 좋은 자동차를 만들기 위한 지원은 전혀 받지 못했다. 그 회사를 설립한 사람들의 생각은 주문을 받아 자동차를 제작하고 각각의 자동차를 가능한 한 비싸게 파는 일에 온통 집중됐다. 돈을 버는 것이 주된 목적인 것처럼 보였다. 그런데 나에게는 수석기술자라는 직위에 따르는 권한 말고는 아무런 권한도 없었다. 나는 그 회사를 통해서는 나의 꿈을 실현할 수 없으며 그 회사는 단지 돈을 벌려고만 하는 조직임을 깨달았다. 그런데도 그 회사는 많은 돈을 벌지 못했다. 나는 1902년 3월에 그 회사에 사표를 내면서 다시는 남의 지시에 따라야 하는 자리에서 일하지 않겠다고 결심했다. 디트로이트 오토모바일 컴퍼니는 나중에 참여한 릴랜드 가문의 소유로 넘어가면서 캐딜락 컴퍼니가 됐다.

나는 파크플레이스 81번가에 벽돌로 지어진 1층짜리 헛간을 임차했다. 그곳에서 나의 실험을 계속하면서 진정한 사업의 길을 찾아볼 작정이었다. 진정한 사업은 나의 첫 모험에서 증명된 것과는 다른 어떤 것일 수밖에 없다고 나는 생각했다.

1902년부터 포드 모터 컴퍼니가 설립될 때까지 몇 년간은 사실상 탐색의 시기였다. 나는 벽돌로 지어진 방 한 칸짜리 헛간을 작업실로 삼아 그 안에서 4기통 발동기를 개발하는 작업을 진행했다. 그러면서 작업실 밖에서는 진정한 사업이란 무엇인지, 그리고 짧았던 나의 첫 경험이 보여준 대로 사업이 반드시 그렇게 이기적인 돈 벌기 경쟁이어야 하는지를 알아보려고 했다. 내가 첫 번째 자동차를 제작한 과정에 대해서는 앞에서 이야기했는데, 그때부터 지금의 내 회사를 설립할 때까지 나는 모두 25대가량의 자동차를 제작했으며 그 가운데 19대 아니면 20대는 디트로이트 오토모바일 컴퍼니에서 일할 때에 제작했다. 자동차가 어쨌든 굴러갈 수 있다는 사실만으로도 충분했던 초기 단계를 지나서 이제는 자동차가 빠른 속도를 보여주어야 하는 단계에 들어섰다. 당시에 윈턴 모터 캐리지 컴퍼니의 설립자로서 클리블랜드 시에 거주하는 알렉산더 윈턴이라는 사람이 미국의 국내 자동차 경주 챔피언이었는데, 그는 누가 도전해도 상대해 주겠다는 태도였다. 나는 전에 사용했던 것보다 더 압축된 유형의 2기통 엔진을 만들어 차대에 장착해 보았다. 그렇게 하면 자동차가 더 빠른 속도를 낼 수 있는 것을 확인한 나는 윈턴과의 경주를 추진했다. 우리 둘은 디트로이트 시의 그로스포인트 경기장에서 만났다. 그 경주에서 나는 그를 물리쳤다. 그것은 나의 첫 경주였는데, 그때에 사람들이 신문에서 유일하게 읽고 싶어 한 것이 그 경주에 관한 소식이었으므로 상당한 광고 효과를 가져왔다.

대중은 빠른 속도를 내지 못하는 자동차, 다시 말해 경주에서 우승하지 못하는 자동차에 대해서는 무시하는 태도를 보였다. 결국 나는 세계에서 가장 빠른 자동차를 만들겠다는 야심을 갖게 됐고, 그러한 야심이 4기통 발동기를 만드는 일로 나를 이끌었다. 하지만 이에 관한 자세한 이야기는 나중에 하겠다.

현실에서 실행되는 사업의 가장 놀라운 특징은 돈 문제에만 관심이 온통 집중되고 기여에는 관심이 별로 기울여지지 않는다는 것이었다. 나에게는 그것이 자연스러운 과정, 즉 돈이 일보다 앞서기보다 일의 결과로 뒤따라오는 과정을 거스르는 것으로 보였다. 현실의 사업이 보여주는 두 번째 특징은 무엇을 하든 그것이 사람들에게 먹혀서 돈을 벌 수만 있다면 제조방법을 개선하는 일에는 일반적으로 무관심하다는 것이었다. 다시 말해 제품이 대중에게 얼마나 기여할 수 있는지는 고려되지 않고 오로지 얼마나 많은 돈을 벌게 해주는지만 고려되는 가운데 만들어지는 것이 분명하다는 것이었다. 이는 곧 고객이 제품에 대해 만족하는지의 여부에는 특별한 주의가 기울여지지 않고 있었다는 이야기다. 고객에게 제품을 팔 수 있다면 그것으로 충분했다. 불만족을 드러내는 고객은 신뢰를 했다가 배신을 당한 사람으로 간주되기는커녕 성가신 말썽꾼, 또는 애초에 올바르게 만들었어야 할 제품을 나중에 고쳐주면서 더 많은 돈을 뜯어낼 수 있는 대상으로 간주됐다. 예를 들어 자동차 업계에서는 자동차가 일단 판매되고 나면 그 자동차에 무슨 일이 일어나는지에 대해서는 그리 관심을 갖지 않았다. 자동차가 1마일을 달리는 데 얼마나 많은 휘발유를 사용하는지는 큰 문제가 아니었고, 자동차가 실제로 얼마나 많은 기여를 하는지도 중요하지 않았다. 그리고 자동차에 고장이 나서 부품을 갈아줘야 할 상태가 되면 그것은 그 소유자의 불운일 뿐이었다. 부품을 가능한 한 비싸게 파는 것이 사업을 잘하는 것으로 여겨졌고, 이런 생각은 이미 자동차를 산 사람은 갈아줘야 할 부품을 갈아줄 책임이 자신에게 있으므로 그 대가를 기꺼이 지급할 것이라는 이론에 의해 뒷받침됐다.

자동차 사업은 제조의 관점에서 보면 과학적인 토대 위에 서있지 않았던 것은 말할 것도 없고 정직한 토대라고 내가 부르곤 하는 것 위에도 서 있지 않았다. 그런데 이런 점에서 자동차 사업이 일반적인 사업에 비해 더 열등했던 것은 아니다. 많은 기업이 설립되어 주식을 발행하면서 자금을 끌어 모으던 그 시기를 회상해보면 다들 그랬다고 할 수 있다. 그 전에는 철도에만 관심을 한정했던 은행업자들이 그때부터 산업에도 손을 뻗치기 시작했다. 내 생각은 그때나 지금이나 누구나 자기가 하는 일을 잘하면 한 일에 걸맞은 가격을 받게 되고, 이윤과 그 밖의 모든 금전적인 문제는 저절로 해결되며, 사업은 조그맣게 시작한 뒤에 벌어들이는 돈으로 차근차근 쌓아가야 한다는 것이다. 사업에서 이익이 나지 않는다면 그것은 그 사업을 하는 사람이 시간만 낭비하고 있으며 그 사업에는 맞지 않는다는 신호다. 나는 이런 나의 생각을 다르게 바꿔야 할 필요성을 느껴본 적이 없지만, 일을 잘하고 그 대가를 얻는다는 단순한 공식이 현대의 사업에 적용하기에는 발이 늦은 것으로 간주되기에 이르렀다는 사실은 알게 됐다. 그 당시에 가장 선호된 계획은 가능한 한 많은 자본금을 가지고 사업을 시작한 뒤에 팔 수 있는 주식과 채권은 전부 다 파는 것이었다. 사업을 하는 사람들이 주식과 채권을 발행해 파는 데에 드는 비용과 그 밖의 부수비용을 모두 지출하고 남는 돈이 있으면 그제야 마지못해 그 돈을 사업의 기반을 다지는 일에 썼다. 좋은 사업은 일을 잘하면 정당한 이윤을 벌게 해주는 사업이 아니었다. 좋은 사업은 많은 양의 주식과 채권을 높은 가격에 발행할 기회를 주는 사업이었다. 중요한 것은 주식과 채권이지 일이 아니었다. 새로운 사업이든 기존의 사업이든 자기의 제품에 큰 금액의 채권 이자를 집어넣고도 그 제품을 공정한 가격에 팔 수 있으리라고는 나로서는 생각할 수 없다. 그러한 사례를 나는 그동안 본 적이 없다.

사업에 투자한 돈을 그 사업에 대해 청구할 수 있다는 생각이 어떤 이론에 근거하여 성립한다는 것인지를 나는 여전히 이해할 수 없다. 금융인을 자처하는 사람들은 돈의 '가치'가 6퍼센트라느니 5퍼센트라느니 또는 그 밖의 다른 몇 퍼센트라느니 하고 말한다. 그러면서 그들은 어떤 사업에 10만 달러의 투자가 이루어졌다면 그 투자를 한 사람이 투자한 돈에 대해 이자를 청구할 권리를 갖는다고 주장한다. 그 돈을 그 사업에 투자하는 대신 저축은행에 맡겨두거나 증권을 사두었다면 어떤 고정된 수익을 얻을 수 있었을 것이기 때문이라는 이야기다. 그러므로 투자를 한 사람이 사업에 대해 영업비용의 일부로서 지급해달라고 요구할 수 있는 적정한 금액은 투자한 돈에 대한 이자라고 그들은 말한다. 수많은 사업 실패와 대다수 기여 실패의 근저에 바로 이런 생각이 깔려 있다. 돈은 특정한 금액의 가치를 가진 것이 아니다. 돈은 저 스스로는 아무런 일도 하지 않으려고 하기 때문에 그 자체로는 아무런 가치도 갖지 못한다. 돈은 오로지 일을 하는 데 필요한 도구나 도구로 만든 제품을 사는 데 사용될 뿐이다. 따라서 돈은 뭔가를 생산하거나 구입할 때에 도움이 되는 만큼의 가치를 갖는다. 자기의 돈이 5퍼센트나 6퍼센트의 돈을 벌게 해줄 것이라고 생각하는 사람이 있다면 그는 그 돈을 그러한 수익을 얻을 수 있는 곳에 투입해야 할 것이다. 그러나 사업에 투입한 돈은 그 사업에 대한 채권이 아니며, 더 분명하게 말한다면 그래서는 안 된다. 그 돈은 돈이기를 그치고 생산의 엔진이 되는 것이며, 반드시 그래야 한다. 그러므로 돈은 그것이 투입된 특정한 사업과는 아무런 관계도 없는 척도를 기준으로 고정된 어떤 금액의 가치를 갖는 것이 아니라 그것이 생산하는 만큼의 가치를 갖는다. 모든 수익은 생산이 이루어진 뒤에 챙겨야 하는 것이지 그 전에 챙겨서는 안 된다.

사업가들은 '자금조달'만 되면 무엇이든 다 할 수 있다고 믿었다. 처음으로 자금조달을 했지만 그것으로 사업이 잘 굴러가지 않으면 '자금재조달'을 하면 된다고 생각했다. 자금재조달이라는 과정은 안 되는 일에 돈을 들이붓는 게임일 뿐이었다. 대부분의 경우에 자금재조달이 필요하게 되는 것은 잘못된 경영 때문이며, 자금재조달의 효과는 무능한 경영자들로 하여금 잘못된 경영을 조금 더 오래 끌고 가게 하면서 그들에게 봉급을 계속 줄 수 있게 되는 것뿐이다. 그것은 심판의 날을 늦추는 것에 불과하다. 이러한 자금재조달이라는 미봉수단은 투기적 금융업자들이 고안해낸 것이다. 투기적 금융업자들의 돈은 그들이 그것을 실질적인 일이 실행되는 곳과 연결시키지 못하는 한 그들에게 아무런 이득도 가져다주지 않는데, 그런 곳이 잘못 경영되고 있는 곳이 아니라면 그들이 그렇게 연결시킬 수가 없다. 투기적 금융업자들은 자기의 돈을 그것이 사용될 곳에 대주고 있다는 착각에 빠진다. 실제로는 그렇지 않다. 그들은 자기의 돈을 그것이 낭비될 곳에 대주고 있는 것이다.

나는 일보다 자금조달이 중시되거나 은행가 또는 금융업자가 관여하는 회사에는 결코 몸을 담지 않겠다고 굳게 결심했다. 그리고 더 나아가 내 생각에 대중에게 이로운 방향으로 경영될 수 있는 종류의 사업을 시작할 방도가 없다면 아예 사업을 시작하지도 않겠다고 결심했다. 왜냐하면 나 자신의 짧은 경험과 내가 주위에서 본 것만 해도 돈 벌기 게임이기만 한 사업은 많이 생각해볼 가치가 없을 뿐 아니라 뭔가를 성취하고자 하는 사람은 하지 말아야 할 일인 것이 분명함을 충분히 증명해주기 때문이었다. 또한 그러한 사업은 내가 보기에는 돈을 버는 길이 아닌 것 같았다. 나는 그렇게 해서 돈을 벌 수 있다는 것을 증명해주는 사람을 아직 본 적이 없다. 진정한 사업의 유일한 토대는 기여이기 때문이다.

제조업자가 제품을 팔았다고 해서 그와 고객의 관계가 거기에서 끝나는 것이 아니다. 제조업자가 제품을 팔았다면 바로 그때부터 그와 고객의 관계가 시작된 것일 뿐이다. 자동차의 경우에는 판매란 단지 자기소개의 성격을 가진 것일 뿐이다. 판매한 자동차가 구입자에게 그가 원하는 기여를 해주지 못한다면 그 제조업자는 판매라는 자기소개를 아예 하지 않느니만 못할 것이다. 왜냐하면 그 제조업자는 자동차를 판매함으로써 최악의 광고를 하게 되는 것이나 다름없기 때문이다. 불만을 품은 고객보다 더 나쁜 광고가 되는 것은 없다. 자동차 산업의 초기에는 자동차를 한 대 팔았다면 그것만으로도 대단한 일을 해낸 것으로 여겨지는 경향이 뚜렷했고, 그 자동차를 산 사람에게 그 뒤에 무슨 일이 일어나는지는 중요하지 않았다. 그것은 구전이나 뜯어 먹겠다는 근시안적인 세일즈맨의 태도다. 세일즈맨에게 그가 판 것에 대해서만 보수를 지급한다면 그에게 더 이상 구전 수입을 벌게 해줄 수 없는 고객에게 그가 많은 노력을 기울일 것으로 기대할 수 없다. 훗날 우리가 사람들에게 포드 자동차를 사라고 권할 때에 가장 중요하게 내세운 근거가 바로 이 점과 관련된 것이었다. 포드 자동차는 가격과 품질만 가지고도 시장, 그것도 큰 시장을 만들어낼 수 있을 것이 틀림없었다. 그렇지만 우리는 거기에서 그치지 않고 더 나아갔다. 내가 생각하기에 우리 자동차를 사는 사람은 그 자동차를 오래도록 계속해서 이용할 권리를 누려야 했다. 그러므로 누군가가 산 우리 자동차가 고장이 난다면 그게 어떤 종류의 고장이든 가능한 한 신속하게 그 자동차를 고쳐서 정상적인 상태로 되돌려지게 하는 것은 우리의 의무였다. 빠른 정비서비스의 제공은 포드 자동차가 성공하는 과정의 두드러진 요소였다. 그 시기의 값비싼 자동차의 대부분은 그에 대한 정비소의 뒷받침이 열악했다. 몰고 다니던 자동차가 고장이 나면 그 제조업체에 수리를 요구할 권리가 있음에도 인근의 자동차 수리기사에게 수리를 부탁해야 했다. 그 수리기사가 준비성이 있는 사람이어서 각종 부품을 잘 준비해 놓고 있었다면(당시에는 부품의 호환성이 없는 자동차가 많았다) 그를 찾아간 자동차 소유자는 운이 좋은 경우였다. 반대로 그 수리기사가 자동차에 대한 지식은 어느 정도 갖추고 있지만 자기에게 수리를 해달라고 들어오는 자동차 하나하나를 최대한 알겨먹으려는 엉큼한 욕심을 가진 저열하고 게으른 사람이라면 그에게 수리를 맡긴 자동차 소유자는 고장이 사소한 것이어도 수리가 끝날 때까지 몇 주씩 기다려야 했을 뿐 아니라 엄청난 금액으로 청구된 수리비를 지급해야만 수리가 끝난 자동차를 가지고 갈 수 있었다. 자동차 수리기사들은 한동안 자동차 산업에 가장 큰 위협이었다. 늦춰 보더라도 1910년이나 1911년까지는 자동차 소유자는 기본적으로 부자이므로 돈을 뜯어내야 할 대상으로 여겨졌다. 우리는 그러한 상황에 처음부터 정면으로 대응했다. 우리는 어리석고 탐욕을 부리는 사람들이 우리 제품의 유통을 방해하지 못하게 하려고 했다.

방금 이야기한 내용은 지금 이 책의 진도에 비추어 보면 몇 년 뒤에 벌어진 상황이었다. 그러나 어쨌든 금융은 눈앞의 돈만 바라보기 때문에 금융의 지배는 산업의 기여를 허물어뜨리는 것이 사실이다. 가장 우선적으로 고려하는 것이 특정한 금액의 돈을 버는 것이라면 그 결과가 어떻게 될까? 어떤 행운이 찾아와 모든 일이 특별히 잘 풀려가고 기여에 대한 보상을 넘는 잉여가 생겨서 지금 일하는 사람들이 기회를 얻게 된다면 모를까 그렇지 않다면 미래의 사업은 지금 당장의 돈벌이에 희생되고 만다.

또한 나는 사업을 하는 사람 가운데 다수가 자기 스스로 운명적으로 고된 삶을 살고 있다고 생각하는 경향이 있음을 알게 됐다. 그들은 은퇴해서 불로소득으로 먹고 살게 될 날, 즉 삶의 투쟁에서 벗어나게 될 날을 기약하면서 일을 했다. 그들에게 삶은 가능한 한 빨리 끝내야 하는 전투였다. 이는 나로서는 이해할 수 없는 또 하나의 사실이었다. 왜냐하면 나는 삶이란 '자리가 잡히는 것'이 끌어내리는 힘에 이끌려 주저앉게 되는 우리 자신의 경향과의 전투일지는 모르지만 그 밖에는 어떤 것과의 전투도 아니라고 생각하기 때문이었다. 돌처럼 굳어지는 것이 성공이라고 한다면 우리가 해야 할 일은 오로지 자기 마음의 게으른 측면에 장단을 맞추는 것이겠지만, 성장하는 것이 성공이라고 한다면 우리는 매일 아침에 새롭게 일어나 하루 종일 깨어 있는 상태를 유지해야 한다. 큰 사업이 늘 경영돼온 대로 경영될 수 있다고 누군가가 생각한 탓에 결국은 이름만 남은 유령에 불과한 것이 되는 것을 나는 여러 번 목격했다. 그런 사업의 경영진은 사업이 번창하던 때에는 매우 탁월했는지 모르지만 그때의 탁월성도 그 당시의 흐름을 깨어 있는 정신으로 주목한 데에 있었지 과거부터 해오던 방식을 맹목적으로 답습한 데에 있지 않았다. 내가 생각하기에는 삶이란 자리 잡기가 아니라 여행이다. 자기가 '자리를 잡았다'고 매우 강하게 느끼는 사람도 사실은 자리를 잡은 상태가 아니라 아마도 축 처지면서 주저앉게 된 상태일 것이다. 세상의 만물은 흘러가고, 흘러가도록 돼있다. 삶은 흘러간다. 누구든 사는 집의 주소가 변하지 않아도 그 집에 사는 그 자신은 변한다.

삶은 한 번의 실수만으로도 질 수 있는 전투라는 착각에서 규칙성에 대한 집착이 자라 나온다. 사람들은 알게 모르게 습관에 빠져든다. 구두수선공은 구두 밑창을 갈아주는 새로운 방식을 받아들이려고 하지 않고, 공예기술자는 공예기술의 새로운 방법을 얼른 받아들이려고 하지 않는다. 습관은 어떤 관성으로 이어지고, 그 관성에 방해가 되는 것은 마음에 영향을 끼쳐 혼란을 일으킨다. 노동자들에게 불필요한 동작을 줄여 덜 피로해지는 방식으로 생산을 하는 법을 가르쳐주기 위해 공장운영 방법에 관한 연구가 이루어졌을 때에 노동자들 자신이 그 연구에 대해 가장 강력하게 반대했음을 상기해볼 만하다. 노동자들이 그 연구가 자기들로 하여금 일을 더 많이 하게 하려는 술책일 뿐이라고 의심했는지는 모르겠지만, 어쨌든 그들의 신경을 가장 많이 건드린 점은 그 연구가 자기들이 익숙해져 있는 오래된 틀에 간섭한다는 것이었다. 사업가는 오래된 방식을 지나치게 좋아하는 탓에 스스로 변화하지 못해서 사업과 더불어 몰락하곤 한다. 이런 사람들을 우리는 도처에서 볼 수 있다. 그들은 어제는 이미 지나갔다는 사실을 알지 못하는 사람들이며, 오늘 아침에 지난해의 생각을 가지고 잠에서 깨어난 사람들이다. 따라서 거의 공식처럼 다음과 같이 말할 수 있다. 누구든 자기만의 방식을 마침내 찾아냈다는 생각이 들기 시작한다면 그동안 자기의 두뇌 가운데 일부가 잠들어 있지 않았는지를 알아보기 위해 자기 자신에 대한 매우 엄격한 점검에 착수하는 것이 좋다. 자기가 죽을 때까지 계속될 안착의 상태에 들어섰다고 생각하는 사람의 앞에는 얼른 눈에 띄지 않는 위험이 도사리고 있다. 그런 사람은 진보의 바퀴가 다음번에 구를 때 튕겨나갈 수 있다.

사람들은 자기가 바보 취급을 당할지도 모른다는 두려움도 크게 가지고 있다. 남들이 자기를 바보로 생각할 것을 두려워하는 사람들이 아주 많은 것이다. 강력한 경찰의 힘을 필요로 하는 사람들에게는 여론이 그러한 힘이 된다는 것은 나도 인정한다. 대다수의 사람들이 여론의 통제를 받을 필요가 있다는 것은 아마도 옳은 말일 것이다. 여론은 그것이 없는 경우에 비해 개개인을 더 나은 사람으로 유지시킬 수 있다. 도덕적으로 더 나은 사람으로는 아닐지라도 적어도 사회적 책임성의 측면에서 더 나은 사람으로는 유지시킬 수 있는 것이다. 그러나 올바른 것을 위해 바보가 되는 것은 나쁜 일이 아니다. 주목할 만한 재미있는 사실은 그러한 바보는 대체로 자기가 바보가 아니었음을 스스로 증명하고 나서 죽을 정도로 오래 살기도 하지만, 그가 시작한 일이 오래도록 살아남아 결국은 그가 바보가 아니었음이 증명되기도 한다는 것이다.

'투자'에 대한 이윤을 만들어내도록 압박하는 돈의 힘이 작용하고, 그 결과로 일을 소홀히 하거나 날림으로 하며, 따라서 기여도 그런 식으로 하는 여러 가지 사례를 나는 목격했다. 사업에서 부닥치는 대부분의 문제를 들여다보면 그 바탕에 이러한 원인이 있는 것 같았다. 그리고 그것은 저임금의 원인이었다. 왜 이렇게 말할 수 있느냐면 일을 올바른 방향으로 하지 않으면 고임금이 지급될 수 없게 되기 때문이다. 그리고 일에 모든 주의를 집중하지 않으면 일을 올바른 방향으로 할 수 없다. 대부분의 사람들은 자유롭게 일하고 싶어 한다. 그러나 당시에 가동되던 시스템 아래에서는 사람들이 자유롭게 일할 수 없었다. 나도 일하기를 처음으로 경험하는 동안에 자유롭게 일할 수 없었다. 나는 내 아이디어가 완전하게 펼쳐지게 할 수 없었다. 모든 계획은 돈을 버는 데에 맞춰져야 했다. 일은 가장 나중에나 고려해야 할 것이었다. 무엇보다도 이상한 점은 중요한 것은 돈이지 일이 아니라는 고집이었다. 돈이 일보다 우선돼야 한다는 것이 어느 누구에게도 비논리적인 말로 들리지 않는 것 같았다. 이윤은 일에서 나올 수밖에 없다는 것을 모두가 인정해야 함에도 불구하고 그랬다. 돈을 버는 지름길을 찾아야 한다는 것이 모두의 욕망인 것으로 보였다. 그런데 명백하게 그런 지름길인 것, 즉 일을 통해서 가는 길은 모두가 외면했다.

경쟁에 대해 이야기해보자. 경쟁이 위협으로 간주되고, 인위적인 수단으로 독점의 지위를 확보해 경쟁자들을 따돌리는 경영자가 유능한 경영자로 간주된다는 사실을 나는 알게 됐다. 그 바탕에 깔린 생각은 구매를 할 수 있는 사람들의 수가 한정돼 있으며 그러므로 남들보다 먼저 판매를 할 필요가 있다는 것이었다. 다수의 자동차 제조업자들이 협회를 결성하면서 '셀던의 특허권'이라는 것을 내세웠던 사실을 기억하는 사람들이 있을 것이다. 그들이 그렇게 한 것은 그 협회를 통해 자동차의 가격과 생산을 합법적으로 통제하기 위한 행동이었다. 그들의 생각은 매우 많은 노동조합의 생각과 똑같았다. 그 생각은 일을 많이 하는 것보다 오히려 적게 하는 것이 더 많은 이득을 가져다준다는 우스꽝스러운 관념이었다. 그와 같은 방식은 매우 오래된 것이라고 나는 생각한다. 나는 자기 일을 하는 사람에게 언제나 충분한 보상이 이루어지지는 않는다는 생각을 그때에도 이해할 수 없었고, 지금도 여전히 그렇다. 경쟁을 하는 데에 들이는 시간은 낭비되는 시간이다. 일을 하는 데에 그 시간을 사용하는 것이 나을 것이다. 사람들이 원하는 것을 적절한 가격에 공급하기만 한다면 언제나 충분히 많은 사람들이 그것을 구매할 준비가 돼있을 뿐 아니라 적극적으로 구매하려고도 할 것이다. 그리고 이는 상품에만이 아니라 개인적 노동력에도 들어맞는 이야기다.

나는 스스로 성찰을 해보던 그 시기에도 결코 빈둥거리지 않았다. 우리는 4기통 발동기의 개발을 계속하면서 대형 경주용 자동차 2대를 제작하는 일을 했다. 나는 내가 하는 일에서 한시도 손을 놓지 않았으므로 그 일을 할 시간은 넉넉했다. 물론 나는 누구든 자기가 해야 하는 일에서 한시라도 손을 놓을 수 있다고 생각하지 않는다. 누구든 자기가 해야 하는 일이 있다면 낮에도 그 일을 생각하고 밤에도 그 일에 관한 꿈을 꾸어야 한다. 자기가 해야 하는 일을 업무시간에만 하기로 작정하는 것도 나쁠 것은 없다. 그렇게 작정한 사람은 아침에 일을 하기 시작해서 저녁에 일손을 멈추고, 그런 뒤에는 다음날 아침까지 일에는 신경을 쓰지 않을 것이다. 평생토록 기꺼이 남의 지시를 받으며 일을 할 수 있도록 돼있는 사람이라면 그렇게 하는 것도 얼마든지 가능할 것이다. 그런 사람은 피고용자가 될 것이고, 더 나아가 책임성을 지닌 피고용자가 될 수도 있을 것이다. 그러나 그런 사람은 어떤 종류든 지시자, 즉 경영자는 될 수 없다. 육체노동자라면 일을 하는 시간에 제한을 두어야 하며, 그렇게 하지 않으면 체력이 고갈돼 버릴 것이다. 육체노동자가 언제까지나 계속해서 육체노동자로 남고자 한다면 업무시간의 종료를 알리는 호루라기 소리가 들리면 곧바로 일에 관한 모든 것을 잊어버려야 한다. 그러나 그렇게 하는 데 그치지 않고 뭔가를 더 하려고 하는 사람에게는 그 호루라기 소리가 어떻게 하면 일을 더 잘할 수 있을지를 알아내기 위해 그날 자기가 한 일을 돌이켜 생각해보기 시작하라는 신호일 뿐일 것이다.

일도 하고 생각도 하는 능력을 가장 많이 가진 사람이 바로 성공하게 돼있는 사람이다. 언제나 일을 하고, 자기가 해야 하는 일에서 손을 놓지 않고, 주의를 집중해 앞서가려고 하고, 그래서 결국은 앞서가게 되는 사람이 업무시간을 지켜 그 시간에만 자기의 두뇌와 손을 쓰는 사람보다 더 행복한지의 여부에 대해서는 내가 뭐라고 할 말이 없다. 그건 내가 알지 못하기 때문이다. 누구라도 그런 문제에 대해서 그렇다거나 그렇지 않다고 단정할 필요가 없다. 10마력의 엔진은 20마력의 엔진이 끌고 갈 수 있는 무게의 짐을 다 끌고 갈 수 없다. 업무시간에만 두뇌를 쓰는 사람은 자신의 마력을 제한하는 사람이다. 그가 자기가 가지고 있는 짐만을 끌고 가는데 만족한다고 하더라도 문제가 될 것은 없다. 그러든 말든 그것은 그 자신이 결정할 일이다. 그러나 그렇게 한다면 누군가 다른 사람이 자신의 마력을 키워서 내가 끌고 가는 짐보다 더 많은 짐을 끌고 간다고 불평하지는 말아야 한다. 여가와 일은 서로 다른 결과를 가져온다. 여가를 원하고 실제로 누린 사람은 불평할 이유가 없을 것이다. 하지만 여가도 누리고 일의 결과도 얻기란 불가능하다.

구체적으로 그해에 내가 사업에 대해 가장 분명하게 깨달은 것은 아래와 같고, 그것이 나의 첫 결론이라고 할 수 있다. 나는 지금까지 해마다 더 많은 것을 배웠지만 그 첫 결론을 수정해야 할 필요성을 느낀 적은 없다.

(1) 돈 문제를 일보다 우선하면 돈 문제가 일을 망가뜨리고 기여의 기본을 무너뜨리는 경향이 있다.
(2) 일보다 돈을 먼저 생각하면 실패에 대한 두려움이 생겨나고 그 두려움이 사업의 길을 모두 가로막는다. 경쟁을 두려워하게 되거나,

자기의 방식을 변경하기를 두려워하게 되거나, 자기의 상태를 변화시킬 수 있는 그 어떤 것도 하기를 두려워하게 되기 때문이다.

(3) 누구든 기여를 먼저 생각하는 사람이라면 그가 가야 할 길은 분명하다. 그것은 가능한 최선의 방식으로 일을 하는 것이다.

| 3장 |

진정한 사업의 시작

나는 파크플레이스 81번가에 벽돌로 지어진 헛간에 설치한 작업실에서 나의 새로운 자동차를 만들기 위한 설계도를 그리고 제조방법을 궁리해볼 기회를 풍부하게 가질 수 있었다. 나는 회사를 설립한다면 일을 잘하는 동시에 대중을 만족시키는 것을 지배적인 원칙으로 하는 회사를 설립하고 싶었다. 그러나 정확하게 그러한 종류의 회사를 설립할 수 있다고 해도 시행착오를 거쳐야 하는 기존의 제조방법으로는 낮은 가격에 판매할 수 있으면서도 훌륭한 자동차를 생산할 수 없다는 것이 분명해졌다.

같은 일을 두 번 하면 언제나 두 번째에는 더 잘할 수 있다는 것을 누구나 안다. 그런데 그 당시의 제조업자들은 왜 이것을 기본적인 사실로 일반적으로 인식하지 못했는지를 나는 알 수 없다. 생각해볼 수 있는 단 하나의 이유는 당시의 제조업자들이 판매할 것을 확보하는 데 급급하다 보니 준비를 할 시간을 충분히 갖지 못했다는 것이다. 대량생산이 아니라 '주문제작'을 하는 것은 내가 보기에 과거의 수공업 시대로부터 전해 내려온 습관 또는 전통이다. 당신이 100명의 사람들에게 특정한 제품이 어떻게 만들어지기를 원하느냐고 물어본다고 해보자. 80명 정도는 자기는 모르겠다면서 당신에게 알아서 결정을 해달라고 말할 것이다. 15명은 자기가 뭔가를 이야기해야 한다고 생각할 것이고, 5명만이 실제로 자기가 선호하는 것과 그 이유를 이야기하려고 할 것이다. 아는 게 없을 뿐 아니라 그런 사실을 스스로 인정하는 80명과 아는 게 없으면서도 그런 사실을 스스로 인정하지 않는 15명을 합친 95명의 사람들이 어떤 제품에 대해서든 실제의 시장을 이룬다. 뭔가 특수한 것을 원하는 5명의 사람들 가운데는 그것을 만들기 위해 필요한 특수한 일에 대해 그 가격을 지급할 능력을 갖고 있는 사람도 있을 수 있고 그렇지 못한 사람도 있을 수 있다. 그 가격을 지급할 수 있는 사람들은 그런 일의 결과물을 손에 넣을 수 있지만, 그런 사람들은 특수하고 제한적인 시장만을 이룬다. 95명의 사람들 가운데 아마도 10명 내지 15명은 품질에 대한 대가를 지급하려고 할 것이다. 그 나머지인 80명 내지 85명 가운데 다수는 품질은 고려하지 않으면서 가격만 보고 구매의 여부를 결정할 것이다. 이런 사람들의 수는 나날이 줄어들고 있다. 구매자들은 구매를 어떻게 해야 하는지를 배워가고 있다. 미래에는 대다수의 사람들이 품질을 살펴보고 돈으로 환산한 품질의 가치가 가장 큰 것을 구매할 것이다. 그러므로 이와 같은 95퍼센트의 사람들에게 어떤 것이 최선의 전반적 기여를 제공하는지를 알아내어 그것을 최고의 품질로 제조해서 최저의 가격으로 판매한다면 보편적이라고 할 수 있을 정도로 많은 수요를 만나게 될 것이다.

이것은 표준화가 아니다. '표준화'라는 말을 사용하는 것은 사람들을 곤란에 빠뜨리기 십상이다. 왜냐하면 그 말은 특정한 설계와 제조방법에 묶인다는 뜻을 가지고 있고, 그 영향을 받은 제조업자는 자기가 가장 쉽게 만들어서 가장 많은 이윤을 남기며 판매할 수 있는 제품이라면 그게 무엇이든 만들어서 판매하려고 할 것이기 때문이다. 설계에서도 가격에서도 대중은 고려되지 않는다. 대부분의 표준화는 그 배후에 그것을 통해 더 많은 이윤을 벌 수 있다는 생각이 깔려 있다. 그 결과는 단 하나의 제품을 생산하는 경우에 필연적으로 따르는 절약 덕분에 제조업자가 지속적으로 점점 더 많은 이윤을 벌게 되는 것이다. 그 제조업자의 생산량도 점점 더 많아지며, 그에 따라 그의 생산시설도 생산을 더 많이 할 수 있도록 확장된다. 그러다가 그가 알아차리지 못하는 사이에 그의 시장에서 팔리지 않는 상품이 흘러넘치게 된다. 그렇게 흘러넘치는 상품이 팔리게 하려면 제조업자가 가격을 낮추어야 한다. 그런데 시장에는 언제나 구매력이 존재하지만, 그 구매력이 가격인하에 언제나 반응하지는 않을 것이다. 어떤 제품을 지나치게 높은 가격에 판매하다가 사업이 부진해져서 가격을 갑자기 낮추었는데 그에 대한 반응이 매우 실망스러운 수준에 그치는 경우가 종종 있다. 그러는 데에는 충분한 이유가 있다. 대중이 경계심을 드러내는 것이다. 대중은 그 가격인하를 속임수라고 생각하고 진정한 가격인하를 앉아서 기다린다. 우리는 지난해에 그러한 경우를 많이 봤다. 그러나 반대로 제조과정에서 이루어진 절약이 즉시 가격에 옮겨져 반영될 뿐 아니라 그렇게 하는 것이 제조업자의 정책이라는 사실이 널리 알려진다면 대중이 그를 신뢰하게 되므로 가격인하에 바로 반응할 것이다. 대중은 그 제조업자가 제품의 가치를 정직하게 제시했다고 믿을 것이다. 그러므로 표준화는 제품의 판매가격을 부단히 낮춰가는 계획과 더불어 시행하지 않는 한 나쁜 사업방식이라고 볼 수 있다. 그리고 가격인하는 제조비용이 실제로 절약된 것을 근거로 실행돼야지 대중이 수요를 줄이는 것을 통해 가격에 불만을 품고 있음을 내비친 것을 근거로 실행돼서는 안 되는데, 이는 매우 중요한 점이다. 그리고 대중은 제품이 가격만큼의 가치를 지니고 있는지를 언제나 궁금해 해야 한다.

표준화라는 말을 내가 이해한 대로 사용한다면, 그것은 가장 잘 팔리는 제품 하나를 선택해서 그것에 집중하는 것에 그치는 것이 아니다. 표준화는 밤낮없이, 그리고 아마도 여러 해 동안 계획을 하기를 계속하는 것이다. 처음에는 대중의 요구에 가장 잘 부합하게 될 것이 무엇인지를 알아내기 위해 계획을 해야 하고, 그 다음으로는 그것을 어떻게 만들 것인지를 놓고 계획을 해야 한다. 그렇게 계획을 하다 보면 알맞은 제조과정이 어떤 것인지를 저절로 알게 된다. 여기에서 더 나아가 제조의 기준을 이윤에서 기여로 전환하면 진정한 사업이 성립되는데, 그러한 진정한 사업에서 실현되는 이윤은 우리가 기대할 수 있는 최대한의 이윤일 것이다.

이 모든 것이 나에게는 자명한 사실로 여겨진다. 그것은 공동체의 95퍼센트에 기여하고자 하는 사업에는 예외 없이 논리적 기초가 된다. 그것은 공동체 내부에서 상호 기여가 이루어지게 할 수 있는 논리적 방식이다. 왜 모든 사업이 이런 기초 위에서 운영되지 않는지를 나는 이해할 수 없다. 이런 기초를 채택하기 위해 해야 할 일은 오로지 가장 가까운 곳에 있는 돈이 마치 이 세상에 존재하는 유일한 돈인 것처럼 여기고 그 돈을 움켜쥐는 습관을 극복하는 것이다. 그러한 습관은 이미 어느 정도는 극복됐다. 이 나라의 소매점 가운데 규모가 크고 잘나가는 곳들은 모두 균일한 가격을 적용하는 정찰제를 시행하고 있다. 여기에서 더 나아가 추가로 취해야 할 조치가 하나 있다면 그것은 상황을 보아가며 가능한 최고의 가격을 설정하려는 생각을 버리고, 그 대신 제조비용에 근거해 가격을 설정하고 그런 다음에 제조비용을 줄여간다는 상식적인 기초로 돌아가는 것이다. 제품의 설계가 충분히 연구해 결정한 것이라면 거기에 변화를 주는 일은 매우 천천히만 일어날 것이다. 그러나 제조과정의 변화는 매우 빠르게, 그리고 전적으로 자연스럽게 일어날 것이다. 이는 우리가 그동안 해온 모든 일에서 경험한 것이다. 우리가 경험한 변화가 얼마나 자연스럽게 일어났는지에 대해서는 내가 나중에 개략적으로 이야기할 것이다. 내가 여기에서 강조하고 싶은 점은 사전에 무한하다 싶을 정도로 엄청난 양의 연구를 하지 않고서는 집중해도 좋을 만한 제품을 확보하기가 불가능하다는 것이다. 그것은 반나절 만에 해낼 수 있는 일이 아니다.

이러한 생각들은 내가 실험을 진행한 해에 내 머릿속에서 형성되고 있었다. 내가 한 실험의 대부분은 경주용 자동차를 제작하기 위한 것이었다. 그 시절에는 사람들이 일급의 자동차는 경주용 자동차일 수밖에 없다고 생각했다. 나는 자동차 경주를 정말로 중요하다고 생각해본 적이 없었다. 그러나 당시의 자동차 제조업자들은 자전거에 대해 가지고 있었던 관념을 그대로 자동차에 적용했다. 그래서 그들은 자동차 경주에서 우승했다는 사실 자체가 우승한 자동차의 장점에 관해 대중에게 무언가를 말해준다고 생각했다. 그러나 나는 아무리 상상력을 발휘해도 자동차 경주보다 말해주는 것이 더 적은 검증방식은 좀처럼 찾기 어려웠다.

그러나 자동차 경주에 남들이 다 나가고 있었으므로 나도 나갔고, 그렇게 하지 않을 수 없었다. 1903년에 나는 톰 쿠퍼와 함께 오로지 속도만을 위한 자동차를 두 대 제작했다. 그 둘은 아주 똑같았다. 우리는 그 가운데 하나에 '999'라는 이름을 붙였고, 다른 하나에는 '화살(Arrow)'이라는 이름을 붙였다. 나는 자동차가 속도로 명성을 얻게 되는 기계라면 이 세상에서 속도로는 그 어떤 자동차에도 뒤지지 않을 자동차를 만들고자 했다. '999'와 '화살'은 바로 그런 자동차였다. 나는 그 둘에 각각 80마력의 힘을 내는 매우 커다란 실린더 4개씩을 집어넣었는데, 그러한 실린더는 전대미문의 것이었다. 그 실린더들이 내는 굉음만으로도 사람을 반쯤 죽이기에 충분했다. 좌석은 하나씩만 설치됐다. 나는 자동차 한 대에 거는 목숨은 하나 만으로 충분하다고 생각했다. 그 두 대의 자동차를 나도 시험해 보았고, 쿠퍼도 시험해 보았다. 우리는 최고의 속도로 달렸다. 나는 그때의 기분을 뭐라고 표현할 수 없다. 그것을 몰아본 뒤에는 나이아가라 폭포 위를 건너는 것 정도는 심심풀이에 불과할 것으로 여겨졌다. 나는 우리가 먼저 경주에 내보내기로 한 '999'를 직접 운전하는 임무를 떠맡고 싶지 않았고, 그것은 쿠퍼도 마찬가지였다. 쿠퍼는 속도에 인생을 건 사람을 자기가 하나 알고 있는데 그에게는 아무리 빠른 속도라도 별것 아닐 것이라고 말했다. 쿠퍼는 솔트레이크시티에 전보를 쳐서 바니 올드필드라는 이름의 전문적인 자전거 경주 선수를 오게 했다. 그는 자동차를 몰아본 적은 없지만 몰아보고 싶다는 생각은 가지고 있었다. 그는 어떤 차든 바로 몰아보겠다고 했다.

그에게 자동차를 운전하는 법을 가르치는 데에는 일주일만으로 충분했다. 그는 두려움이 뭔지를 모르는 사람이었다. 그는 그 괴물 같은 자동차를 어떻게 통제해야 하는지만 더 배우면 됐다. 오늘날 가장 빠른 자동차를 통제하는 것도 당시에 그 자동차를 통제하는 것에 비하면 아무것도 아니다. 그때는 사람들이 자동차에 핸들을 장착한다는 생각을 하기 전이었다. 그때까지 내가 제작한 자동차는 모두 틸러(tiller)를 가지고 있었는데, 그것은 끝에 손잡이용 가로대가 달린 쇠막대기였다. 나는 그 자동차의 틸러에는 가로대의 좌우로 두 개의 손잡이를 달았다. 그 자동차가 달리다가 제멋대로 경주로를 벗어나지 않게 하려면 힘센 남자가 온힘을 다해 두 손으로 그것을 붙잡고 있어야 하기 때문이었다. 우리가 나가려고 한 경주는 그로스 포인트 경기장의 경주로를 3마일 달리는 것이었다. 우리는 경주용으로 만든 두 자동차를 공개하지 않고 비밀로 유지하면서 다른 사람들로 하여금 추측만 할 수 있게 했다. 당시의 경주로는 과학적으로 경사지게 만들어지지 않았다. 그리고 경주에 나오는 자동차들이 속도를 얼마나 낼 수 있는지는 미리 공개되지 않았다. 굽은 길을 도는 것이 무엇을 의미하는지는 올드필드만큼 잘 아는 사람이 없었다. 출발선에서 내가 시동을 거는 동안에 그는 좌석에 앉으면서 기분 좋은 표정으로 이렇게 말했다. "내가 이 자동차를 몰다가 죽을 수도 있겠죠. 그렇게 되면 내가 엄청난 속도로 달리다가 경주로 밖으로 튕겨나갔다고 사람들이 말할 거예요."

그는 드디어 출발했다. 그는 주위를 돌아볼 엄두도 내지 못했다. 경주로의 곡선 부분을 돌 때에도 멈추지 않았다. 그는 자동차를 계속 달리게 하기만 했고, 자동차는 그의 뜻대로 달려주었다. 그는 1등으로 결승선을 통과했고, 그때에 2등과의 차이는 0.5마일 정도였다!

'999'는 맡겨진 역할을 해주었다. 그것은 내가 가장 빠른 자동차를 제작할 수 있는 사람이라는 사실을 널리 사람들에게 알렸다. 그로부터 일주일 뒤에 나는 포드 모터 컴퍼니를 설립했다. 그 회사에서 나는 부사장, 기사장, 총감독, 공장장의 직위와 직책을 맡았다. 회사의 자본금은 10만 달러였고, 그 가운데 나의 지분은 25.5퍼센트였다. 현금으로 납입된 자본금은 모두 2만 8천 달러였다. 지금까지 포드 모터 컴퍼니가 자체 수익이 아닌 다른 방식으로 조달한 자본은 이것 말고는 한 푼도 없다. 처음에 나는 그때까지 경험한 것들에도 불구하고 내가 가진 지분이 지배지분에 미달하는 회사에서도 내가 하고 싶은 일을 다 할 수 있으리라고 생각했다. 그런데 회사가 설립된 지 얼마 지나지 않아 내가 지배지분을 갖지 않으면 안 된다는 생각이 들었다. 그래서 나는 회사에서 번 돈을 가지고 1906년에 나의 지분을 51퍼센트로 끌어올리기에 충분할 정도로 회사 주식을 사들였고, 조금 뒤에 주식을 더 많이 사들여 나의 지분을 58.5퍼센트까지 올렸다. 새로운 설비를 매입하고 회사를 전반적으로 발전시키는 데에 들어가는 자금은 모두 회사의 수익에서 나왔다. 1919년에는 나의 아들 에드셀(Edsel)이 회사의 나머지 지분 41.5퍼센트를 모두 사들였다. 아들에게 이렇게 하게 한 것은 일부 소액주주들이 나의 정책에 반대했기 때문이었다. 에드셀은 액면가가 100달러인 회사 주식 1주당 1만 2500달러를 지급해서 지분 매입에 총 7500만 달러를 들였다.

회사의 초기 모습과 그 설비는 누구나 추측할 수 있겠지만 어수룩했다. 우리는 스트렐로라는 사람이 맥 애비뉴에 차려놓고 운영하던 목공소를 임차했다. 나는 자동차를 설계하면서 그 제작방법도 연구해야 했다. 당시에 우리는 자동차를 제작하는 데 필요한 기계를 사들일 여유가 없었으므로 설계는 내가 한 것을 사용했지만 제작은 다른 여러 제조업자에게 맡겨야 했다. 조립하는 단계에서도 우리가 직접 한 일은 바퀴의 휠을 달고, 거기에 타이어를 장착하고, 차체를 씌우는 정도였다. 그렇게 하는 것이 내가 앞에서 개략적으로 설명한 제조 계획에 따라 각종의 부품이 모두 정확하게 만들어질 것이라고 확신할 수만 있다면 자동차를 만들어내는 가장 경제적인 방법이었다. 미래에는 아주 단순한 제품은 물론 제외하고 그 밖에는 어떤 제품이든 거기에 들어가는 모든 것을 만들고 조립하는 일을 한 지붕 아래에서 다 하지 않는 것이 가장 경제적인 제조방법일 것이다. 오늘날의 방법, 더 정확하게 말하면 미래의 방법은 각각의 부품을 가장 잘 만들 수 있는 곳에서 만들게 하고 그렇게 만들어진 부품들을 소비의 지점에서 완성품으로 조립하는 방법일 것이다. 그것이 오늘날에 우리가 실행하고 있는 동시에 확장해 적용하려고 하는 방법이다. 개별 제품을 구성하는 부품들을 제조하는 공장들이 전부 다 어떤 하나의 회사나 한 개인의 소유로 돼있는지, 아니면 각각 독립적인 소유로 돼있는지는 그 모든 공장에서 동일한 기여의 방법이 채택되고 있다면 아무래도 상관없는 문제일 것이다. 우리가 직접 만드는 경우와 마찬가지로 좋은 품질의 부품을 구매할 수 있는 동시에 그 공급이 넉넉하고 가격이 괜찮다면 우리는 부품을 직접 만들려고 하지 않거나 직접 만든다고 해도 비상상황에 대비해 필요한 정도만 만들려고 할 것이다. 사실 소유는 폭넓게 분산시키는 것이 낫다.

나는 무게를 줄이는 데에 주력하여 실험을 진행했다. 자체추진식 수송수단 가운데 과도한 무게에도 불구하고 살아남을 수 있는 것은 없다. 무게에 관한 바보 같은 생각이 많다. 몇몇 바보 같은 말들이 오늘날 사용되게 된 이유를 살펴보면 참으로 엉뚱하다. 인체에서 정신적인 기능을 맡고 있는 두뇌에 대해 '중량급'이라는 말이 사용되고 있다. 이 말이 의미하는 것은 무엇일까? 자기 몸이 뚱뚱하고 무거워지기를 바라는 사람은 없다. 그런데 왜 두뇌에 대해 이런 말이 사용되는 것일까? 어떤 어설픈 이유에서 우리는 힘과 무게를 혼동하게 됐다. 초기 수송수단의 조잡한 제작방법은 이 점과 깊은 관련이 있는 것이 틀림없다. 과거에 소가 끌던 달구지는 무게가 1톤 정도였다. 그리고 그렇게 무겁기 때문에 약했다! 모두 몇 톤에 이르는 사람들을 한 번에 뉴욕에서 시카고로 실어 나르기 위해 무게가 몇

백 톤에 이르는 열차를 만들어 철도를 달리게 한다면 어떻게 될까? 열차가 실제로 낼 수 있는 힘이 무게에 비해 훨씬 적고, 엄청난 양의 동력이 낭비될 것이다. 힘이 무게로 바뀌는 지점부터 수확체감의 법칙이 작용하기 시작한다. 무게는 도로공사용 증기롤러에는 필요한 것일지 모르지만 그 밖에는 그 무엇에도 도움이 되지 않는다. 힘은 무게와 아무런 관계도 없다. 이 세상에서 무엇인가를 하는 사람의 정신상태는 기민하고 가볍고 강하다. 이 세상에서 가장 아름다운 것들은 모든 잉여의 무게가 제거된 것이다. 사람의 경우든 사물의 경우든 힘은 결코 무게만인 것이 아니다. 누가 나한테 무게를 늘리거나 부품을 추가하는 게 좋겠다는 제안을 해올 때마다 나는 무게를 줄이고 부품을 덜어낼 수는 없는지를 다시 살펴본다! 내가 설계한 자동차는 그때까지 만들어진 그 어떤 자동차보다 가벼웠다. 내가 자동차를 그보다 더 가볍게 만드는 방법을 알았다면 내가 만든 자동차가 그만큼 더 가벼웠을 것이다. 그렇게 더 가볍게 만들 수 있게 해주는 재료를 나는 나중에야 구할 수 있었다.

우리는 회사를 설립한 뒤 첫 해에 '모델 A'를 만들었다. 소형 오픈카인 모델 A의 가격은 850달러였고, 토노(tonneau)라고 불리는 뒷좌석 부분을 덧붙인 것의 가격은 그보다 100달러 더 비쌌다. 모델 A에는 8마력의 힘을 내는 대향 2기통 엔진이 장착됐다. 또한 동력은 체인으로 전달하는 구조였고, 앞뒤 차축 사이의 간격은 72인치로 꽤 넓었으며, 연료통의 용량은 5갤런이었다. 우리는 첫 해에 모두 1708대의 자동차를 만들어 팔았다. 그 정도로 대중의 반응이 좋았다는 이야기다.

우리가 만든 모델 A는 한 대 한 대가 다 역사를 가지고 있다. 420번 모델 A는 캘리포니아 주의 D. C. 콜리어 대령이 1904년에 구입했다. 그는 그것을 몇 년간 사용하다가 팔고 새 포드 차를 구입했다. 420번은 그 뒤로 여러 차례 매매되다가 1907년에 산악지대에 있는 마을 라모나의 근처에 사는 에드먼드 제이컵스의 소유가 됐다. 제이컵스는 험한 일에 그것을 몇 년 동안 사용하다가 팔고 새 포드 차를 구입했다. 1915년에 캔텔로라는 이름의 420번 소유자는 그것에서 엔진을 뜯어내어 양수기에 연결했고, 차대에는 끌채를 매달았다. 지금도 그 엔진은 통통거리는 소리를 내며 양수기를 돌리고 있고, 그 차대는 당나귀가 끌채를 걸고 마차처럼 끌고 다닌다. 이런 420번의 역사가 가르쳐주는 교훈은 포드 자동차는 분해할 수는 있을지 몰라도 죽여 없앨 수는 없다는 것이다.

우리가 내보낸 첫 광고는 다음과 같았다.

> 우리가 하고자 하는 일은 일상의 모든 일에 사용할 수 있도록 특별히 설계된 자동차를 만들어 판매하는 것입니다. 우리의 자동차는 사업용으로도, 직업용으로도, 가정용으로도 사용할 수 있습니다. 모두가 비난하는 무서운 속도로 달리지는 못해도 보통 사람을 만족시키기에 충분한 정도의 속도는 냅니다. 그것은 갖출 것은 다 갖추고도 덩치가 작고, 단순하고, 안전하고, 두루 편리해서 남녀노소 누구에게나 칭찬받을 것입니다. 가장 덜 중요해서는 아니지만 마지막으로 강조하고 싶은 점은 가격이 매우 저렴하다는 것입니다. 대부분의 다른 자동차들은 가격이 상대적으로 꽤 비싸고 그래서 자동차를 구입할 생각을 하지도 못했던 수많은 사람들이 이제는 자동차를 구입할 수 있게 됐습니다.

그리고 우리가 강조한 점들은 다음과 같았다.

— 좋은 재료.
— 단순함: 당시의 자동차들은 대부분 관리하는 데에 상당한 기술을 요구했다.
— 엔진.
— 점화: 6개 들이 건전지 세트 2개로 점화가 이루어졌다.
— 자동 윤활.
— 유성기어 방식 변속기를 조작하기가 단순함과 쉬움.
— 장인정신.

우리는 광고에서 사람들의 즐거움 추구 욕구에 호소하지 않았다. 우리는 결코 그런 적이 없다. 우리는 첫 광고에서 자동차는 유용한 기계임을 이야기했다. 우리는 다음과 같이 말했다.

우리는 '시간은 돈'이라는 오래된 격언을 종종 듣습니다. 그러나 사업가나 직업인 가운데 실제로 이 격언을 진리로 믿는 듯이 행동하는 사람은 매우 적습니다.
언제나 시간이 너무 부족하다고 불평하고 일주일의 날수가 너무 적다고 탄식하는 사람들, 5분이 낭비될 때마다 1달러를 잃게 된다는 사람들, 5분 늦어지면 때로는 몇 달러의 손실을 보게 된다는 사람들이 운행에 계획성이 없고, 타기에 불편하며, 제한적으로만 운영되는 전차 등의 수송수단에 의존하려고 합니다. 매우 합리적인 수준의 금액만 투자해서 완벽하고, 효율적이며, 고급스러운 자동차를 구입한다면 불안감을 줄이고, 계획된 시간일정을 잘 지키며, 언제든지 내키는 대로 호사스러운 여행을 할 수 있는데도 그럽니다.
우리의 자동차는 언제나 준비되어 있고, 늘 확실합니다.
당신의 시간을 절약해드려 결과적으로 당신의 돈이 절약되도록 제작됐습니다.
당신이 가고 싶은 곳이면 어디에나 모셔드리고 시간에 늦지 않게 모셔오도록 제작됐습니다.
시간을 잘 지킨다는 당신에 대한 평판을 더욱 높여드리고, 당신의 고객이 좋은 기분을 갖게 해서 당신의 상품을 구매할 마음이 생기게 하게끔 제작됐습니다.
사업용으로도 사용할 수 있고, 당신이 원한다면 즐기는 용도로도 사용할 수 있도록 제작됐습니다.
당신의 건강을 위해서도 사용할 수 있도록 제작됐습니다. 어떤 종류의 불편한 도로도 '덜컹거림' 없이 당신을 태우고 달릴 수 있고, 당신이 '바깥바람 쐬기'를 많이 해서 두뇌를 상쾌하게 하고, '강장제 중의 강장제'인 딱 알맞은 종류의 공기로 당신의 폐를 청신하게 하도록 해드릴 수 있습니다.
속도도 당신이 원하는 대로 결정하실 수 있습니다. 당신이 원한다면 그늘진 거리를 천천히 어슬렁거려도 되고, 스쳐 지나가는 주위의 모든 것이 똑같게 보이게 되어 이정표를 확인하려면 두 눈을 부릅떠야 할 정도로 페달을 밟아도 됩니다.

우리가 내보낸 첫 광고의 주된 내용을 위와 같이 소개한 것은 우리는 처음부터 기여를 제공하고자 했으며 '스포츠카'에는 신경을 쓰지 않았음을 보여주기 위해서다.

사업은 거의 마술이 걸린 것처럼 잘 굴러갔다. 우리의 자동차는 오래 사용할 수 있는 제품이라는 평판을 얻었다. 그것은 튼튼하고 단순했으며, 잘 만들어졌다는 말을 들었다. 나는 범용 단일 모델을 설계하는 작업을 하고 있었다. 그러나 우리는 그런 설계를 확정하지 못하고 있었다. 설령 설계를 확정했더라도 적절한 종류의 공장을 짓고 설비를 갖추는 데 필요한 돈을 가지고 있지 않아 제조에 들어가지 못했을 것이다. 가장 우수하면서 가벼운 재료를 찾아내는 일에 투입할 돈도 없었다. 우리는 여전히 시장이 제공하는 재료를 받아들여야 했다. 우리는 시장에서 가장 우수한 재료를 구해 쓰긴 했지만, 재료에 대한 과학적 조사나 독자적 연구를 하는 데 필요한 시설은 갖고 있지 못했다.

우리가 만들어내는 차를 단일 모델로 한정하는 것이 가능함을 나의 동료들이 확신하지 못했다. 자동차 산업은 오래된 자전거 산업의 뒤를 좇고 있었다. 자전거 산업에서는 모든 제조업자가 매년 새로운 모델을 이전의 모델들과 충분히 다르게 만들어 시장에 내놓을 필요가 있다고 생각했다. 그래야 이전의 모델을 구입한 사람들이 그것을 버리고 새로운 모델을 구입할 것이라고 생각했던 것이다. 그렇게 하는 것이 사업을 잘하는 것으로 간주됐다. 그것은 여자들이 자신의 옷과 모자에 대해 흔히 갖는 생각과 똑같은 생각이다. 그렇게 하는 것은 기여가 아니다. 다시 말해 그것은 더 나은 무언가를 제공하려는 것이 아니라 새로운 무언가를 제공하려는 것일 뿐이다. 사업은 지속적인 판매이므로 고객을 한 번 만족시키고 마는 것이어서는 안 되고 고객에게 어떤 한 제품을 팔고 그에게서 돈을 받고 나서 다시 새로운 다른 제품을 사도록 설득하는 것이어야 한다는 관념이 얼마나 뿌리가 깊은지를 생각해보면 놀라울 정도다. 당시에 내가 머릿속에 깊이 가지고는 있었지만 우리가 겉으로 드러내기에 충분할 정도도 진전시키지는 못한 계획이 있었다. 그것은 어떤 하나의 모델이 결정되면 그 모델의 모든 개선은 기존의 모델과 호환될 수 있게 해서 자동차가 구식이어서 못 쓰게 되도록 해서는 안 된다는 것이었다. 내가 만들어 내놓는 기계나 비소모성 제품은 하나하나가 모두 아주 튼튼하고 잘 만들어진 것이어서 누구도 그것을 두 번 구입할 필요가 없도록 하자는 것이 나의 야심이었다. 어떤 종류든 좋은 기계는 좋은 시계만큼 오래 사용할 수 있는 것이어야 한다고 나는 생각했다.

두 번째 해에 우리는 세 가지 모델에 우리의 에너지를 나누어 쏟았다. 우리가 만든 그 세 가지 모델은 '모델 B', '모델 C', '모델 F'였다. 모델 B는 4기통 투어링 카로 가격이 2천 달러였다. 모델 C는 모델 A를 약간 개선한 것인데 가격이 그것보다 50달러 더 높았다. 모델 F는 투어링 카로 가격이 1천 달러였다. 이는 곧 우리가 우리의 에너지를 분산시키고 가격을 인상했다는 의미다. 그래서 두 번째 해에 우리의 자동차 판매는 첫 번째 해에 비해 감소했다. 두 번째 해의 자동차 판매 실적은 1695대였다.

일반도로 주행용으로는 최초의 4기통 자동차인 모델 B는 광고를 해야 할 필요가 있었다. 경주에 나가서 우승을 하거나 경주에 나가지 않더라도 신기록을 세우는 것이 당시에는 최선의 광고 방법이었다. 그래서 나는 그 전에 경주에 내보냈던 '999'의 쌍둥이 차라고 할 수 있는 '화살'을 수리했는데, 사실상 그것을 다시 만든 것이나 다름없었다. 나는 뉴욕 자동차 쇼가 열리기 일주일 전에 수리된 '화살'을 직접 몰고 호수의 얼음 위로 직선 1마일의 거리를 달리기로 했다. 나는 그때의 주행을 결코 잊을 수 없다. 얼음은 보기에 반들반들했다. 사실 너무나 반들반들해서 겁을 먹고 그 주행을 취소했더라면 잘못된 광고를 엄청나게 한 셈이 됐을 것이다. 그런데 실제로 주행을 하기 직전에 보니 얼음이 반들반들하기는커녕 군데군데 갈라져 있어서 속도를 올리면 오히려 그것 때문에 곧바로 문제가 생길 것 같았다. 그러나 그 주행은 예정대로 강행할 수밖에 없었다. 나는 '화살'을 출발시켰다. 얼음이 갈라진 곳을 지나갈 때마다 차가 공중으로 튕겨 올라갔다. 차가 공중에서 얼음 위로 어떻게 떨어질지는 나로서는 알 수 없었다. 공중에 있지 않을 때에는 차가 얼음 위를 미끄러지고 있었다. 하지만 나는 어떻게 해서든 차가 뒤집히지 않고 똑바로 서서 예정된 주행 경로를 벗어나지 않고 달리게 했다. 결국 '화살'은 신기록을 세웠고, 그 소문이 전 세계에 전파됐다! 이 일로 모델 B는 널리 알려지게 됐지만, 이러한 광고의 효과가 높아진 가격을 극복할 정도에는 미치지 못했다. 사람들의 관심을 끌기 위한 그 어떤 묘기나 광고도 제품이 아주 오래도록 팔리게 하지는 않는다. 사업은 게임이 아니다. 결국은 도덕이 중요하다.

우리의 사업이 커지면서 목공소를 임차해 마련한 우리의 작은 공장은 너무 비좁은 곳이 됐다. 우리는 1906년에 애초의 자본에서 그동안 쓰고 남은 돈 가운데 충분한 금액을 꺼내어 피켓 거리와 보비엔 거리가 교차하는 지점에 3층짜리 건물을 지었다. 그 건물은 우리에게 처음으로 실질적인 제조공장이 돼주었다. 우리는 아직 완성차 조립에 치중하고 있기는 했지만, 그래도 꽤 많은 수의 부품을 만들거나 조립하기 시작했다. 우리는 1905~06년에 두 개의 모델만을 만들었다. 그 가운데 하나는 2천 달러짜리 4기통 자동차였고, 다른 하나는 1천 달러짜리 투어링 카였는데, 둘 다 그 전의 모델이었다. 1906년에 우리의 판매 실적은 1599대로 줄어들었다.

판매가 줄어든 것은 우리가 새로운 모델을 내놓지 않았기 때문이라고 말하는 사람들이 있었다. 그러나 나는 우리의 자동차가 너무 비싸서 그런 것이라고 생각했다. 우리의 자동차는 95퍼센트의 사람들에게 호소력을 갖지 못했다. 나는 회사에 대한 지배지분을 확보하고 나서 이듬해에 정책을 변경했다. 1906~07년에 우리는 투어링 카를 만드는 일을 완전히 중단하고 세 가지 모델의 런어바웃(단거리 이동형 소형차—옮긴이)과 로드스터(2~3인승 무개 소형차—옮긴이)만 만들었다. 그 세 가지 모델은 서로 간에 제조과정이나 부품은 별로 다르지 않았지만 겉모습은 다소 달랐다. 가장 획기적인 것은 가격이었다. 가장 싼 것은 600달러였고, 가장 비싼 것도 750달러에 불과했다. 그리고 바로 이러한 가격 책정은 가격이 무엇을 의미하는지를 완전히 증명해주었다. 우리는 이 해에 8423대의 자동차를 팔았는데, 이는 종전의 연간 최대 판매실적의 거의 5배였다. 판매가 가장 많았던 주는 1908년 5월 15일이 속한 주였다. 그 주의 근무일 엿새 동안에 우리는 311대의 자동차를 조립했다. 그때 우리 공장은 자동차로 온통 뒤덮이다시피 했다. 현장감독자는 자동차가 한 대씩 완성되어 시험 단계로 넘어갈 때마다 분필로 계산판에 표시를 했다. 그런데 그 계산판 하나만으로는 그런 표시를 다 할 수 없었다. 그 다음 달인 6월의 어느 날인가에는 하루에 100대 이상의 자동차가 조립되기까지 했다.

이듬해에 우리는 그토록 성공적이었던 생산 방침에서 벗어났다. 나는 60마력의 힘을 내는 6기통 엔진을 장착하고 도로를 빠른 속도로 질주할 수 있는 대형 자동차를 설계했다. 우리는 소형 자동차도 계속 만들었다. 그러나 1907년에 불황이 닥치고 우리가 보다 비싼 자동차도 다시 만들기 시작하면서 그해에 우리의 자동차 판매 실적이 6398대로 줄어들었다.

우리는 5년간에 걸친 실험의 시기를 거친 셈이었다. 그리고 그 시기가 끝날 즈음부터 우리의 자동차가 유럽에서도 팔리기 시작했다. 당시에 자동차 사업이 다 그랬듯이 우리의 사업도 이례적으로 번창하고 있다고 여겨졌다. 우리는 많은 돈을 가지고 있었다. 우리는 첫 해 이래로 사실상 언제나 돈을 많이 가지고 있었다. 우리는 현금을 받고 자동차를 팔았고, 남의 돈을 빌리지 않았다. 그리고 우리는 구매자에게 직접 자동차를 팔았다. 우리에게는 악성채무가 전혀 없었고, 우리는 어떤 일을 하든 우리가 가지고 있는 돈으로 했다. 나 자신도 언제나 쓸 수 있는 재산의 범위 안에서 지출을 하며 살았다. 나는 누구든 재산을 무리하게 축낼 필요가 없다고 생각한다. 일과 기여에 주의를 집중한다면 재산은 그것을 쓸 방도를 궁리해낼 수 있는 속도보다 더 빠르게 늘어날 것이다.

우리는 영업사원을 신중하게 뽑았다. 처음에는 괜찮은 영업사원을 구하는 데에 크게 애를 먹었다. 자동차를 판매하는 일은 안정적인 직업으로 여겨지지 않았기 때문이었다. 그것은 유흥용 차량이라는 사치재를 판매하는 일로 간주됐다. 그러다가 마침내 우리는 대리점들을 지정했고, 우리가 찾을 수 있는 최선의 인력을 찾아 채용했으며, 그들에게 스스로 사업을 해서 벌 수 있을 만한 금액보다 더 많은 봉급을 지급했다. 처음에는 우리가 지급한 봉급이 그렇게 큰 금액이라고 할 수 없었다. 그때에는 우리가 앞으로 가야 할 길이 어느 길인지를 더듬어 찾는 단계였기 때문이다. 그러나 그게 어느 길인지를 알게 됐을 때에 우리는 기여에 대해 매우 높은 수준의 보수를 지급함으로써 최고 수준의 기여를 끌어내기를 고수하는 정책을 채택했다. 대리점의 자격요건과 관련해 우리가 내세운 것들은 다음과 같았다.

(1) 사업의 가능성에 대해 예리한 감각을 지닌 진보적이고 현대적인 사람.
(2) 외관상 깨끗하고 품격 있는 알맞은 사업장.
(3) 맡은 구역 안의 모든 포드 자동차에 대해 부품을 신속하게 바꿔주고 적극적으로 서비스를 제공하기에 충분한 부품 재고.
(4) 필요한 모든 수리와 조정을 해주는 데 적합한 기계를 포함해 설비를 충분히 갖춘 수리소.
(5) 포드 자동차의 구조와 작동에 완전히 익숙한 기계공.
(6) 사업의 부문별 재무상태, 재고의 상태와 규모, 관리 대상 자동차의 현재 소유자, 전망되는 미래 등을 즉각적으로 분명하게 알 수 있게 해주는 포괄적인 부기 체계와 판매 후속조치 체계.
(7) 모든 부분의 절대적인 청결. 닦지 않은 유리창, 먼지 앉은 가구, 더러운 바닥 등이 있어서는 안 됨.
(8) 보기 좋은 간판.
(9) 절대적으로 공정한 거래와 최고 수준의 사업윤리를 보장할 정책 채택.

그리고 우리가 제시한 일반적인 지침은 다음과 같았다.

대리점 점주나 영업사원은 자기가 담당한 구역 안에서 자동차를 구매할 가능성이 있는 모든 사람의 명단을 확보해야 합니다. 자동차를 구매할 생각을 한 번도 해본 적이 없는 사람들도 그 명단에 포함돼야 합니다. 그런 다음에는 그 명단에 들어있는 모든 사람에게 가능하면 방문하고 최소한 편지를 보내서라도 직접 구매를 권유해야 합니다. 그렇게 권유할 때마다 기록해 둘 필요가 있는 사항이 있으면 그렇게 해야 하고, 자기의 권유를 받은 주민 각 개인이 자동차를 구매해야 할 상태에 있는지를 파악해야 합니다. 구역의 넓이가 이렇게 하는 것을 허용하지 않는다면 너무 넓은 구역을 담당하고 있다고 생각해야 합니다.

그 길은 순탄하지 않았다. 우리를 자동차 제조업자들의 협회와 억지로 보조를 맞추게 하려고 우리의 회사를 상대로 제기된 대규모 소송이 우리를 괴롭혔다. 자동차 제조업자들은 자동차는 제한적인 시장만을 가지고 있으며 그 시장을 독점하는 것이 매우 필요하다는 잘못된 원칙에 입각해 행동했다. 이것이 저 유명한 셀던의 특허 관련 소송이다. 때로는 우리가 소송에서 우리 자신을 방어하기 위해 지출하는 비용이 재무적 압박을 초래하기도 했다. 최근에 사망한 셀던 씨 자신은 그 소송과 아무런 관계도 없었다. 그 특허 아래에서 독점을 추구한 것은 협회였다. 그 상황은 다음과 같았다.

특허 전문 변호사인 조지 셀던은 일찍이 1879년에 "무게가 가볍고, 통제하기가 쉬우며, 보통의 경사로를 극복하기에 충분한 힘을 가진 안전하고, 단순하며, 저렴한 도로용 기관차의 생산"이라고 그 자신이 서술한 것에 대한 특허를 신청했다. 이 특허 신청은 완전히 합법적인 방식으로 특허

청 안에서 유효한 상태로 유지되다가 1895년에 승인됐다. 특허가 신청된 1879년에는 자동차가 일반 대중에게 사실상 알려져 있지 않았지만, 특허가 발급된 때에는 모든 사람이 자체추진식 차량에 대해 잘 알고 있었다. 특허가 발급됐을 때에 나를 포함해 그동안 다년간에 걸쳐 자동차의 자체추진에 대해 연구해온 사람들은 대부분 경악했다. 우리가 실용화한 것이 십여 년 전에 신청된 특허에 걸린다는 사실을 그때에야 비로소 알게 됐기 때문이었다. 그런데 특허를 신청한 사람은 그것을 그저 하나의 아이디어로만 여겼고, 그것을 실용화하기 위해 필요한 일은 아무것도 하지 않았다.

그 특허의 세부사항은 여섯 가지로 분류됐는데, 내가 보기에는 그 가운데 어느 것 하나도 그 특허가 신청된 1879년에도 정말로 새로운 아이디어는 아니었다. 특허청은 (a) 본체 기계와 조향 휠을 가진 마차, (b) 추진장치용 클러치와 기어, (c) 엔진, 이 세 가지의 결합은 특허 부여의 타당한 대상이 된다고 결정함으로써 결합의 효력을 인정하고 이른바 '결합특허'를 발급했다.

우리는 그 모든 것과 무관했다. 내가 개발한 엔진은 셀던이 생각했던 것과 공통점이 아무것도 없다고 나는 믿었다. 그런데 우리가 자동차 생산에서 두각을 나타내자마자 특허권자의 인가를 근거로 '인가받은 제조업자들'이라고 자칭하는 제조업자들의 강력한 연합체가 우리를 상대로 소송을 제기했다. 그 소송은 오래도록 계속됐다. 그것은 우리를 겁박해서 자동차 산업에서 몰아내려는 의도에 따른 것이었다. 우리는 엄청난 양의 증언을 했지만 1909년 9월 15일에 결정타를 맞았다. 연방지방법원에서 휴(Hough) 판사가 우리에게 불리한 판결을 내린 것이었다. 그러자 인가받은 제조업자들의 협회가 곧바로 잠재적 자동차 구매자들에게 우리의 자동차를 구매할 경우의 문제점을 경고하는 내용의 광고를 내보내기 시작했다. 그 협회는 소송이 시작될 때인 1903년에도 똑같은 짓을 한 적이 있는데, 그때에 우리가 자동차 산업에서 쫓겨날 수도 있다고 생각하는 사람들이 있었다. 나는 그 소송에서 결국에는 우리가 이길 것이라는 확신을 마음속에 가지고 있었다. 나는 우리가 옳다는 것을 분명히 알고 있었다. 하지만 법원의 첫 판결이 우리에게 불리하게 나온 것은 상당한 타격이었다. 왜냐하면 법원이 우리에게 불리한 명령까지 내리지는 않았지만, 우리가 보기에 자동차 소유자 개개인에 대해 법원이 어떤 조치를 취할지도 모른다는 위협에 겁을 집어 먹은 사람들이 우리의 자동차를 구매하려고 했다가도 포기할 것이 틀림없기 때문이었다. 그 소송이 최종적으로 우리에게 불리하게 끝난다면 포드 자동차를 소유한 사람들은 모두 기소될 것이라는 생각이 확산됐다. 내가 알기로는 나를 광적으로 적대시하는 사람들 가운데 일부가 "민사소송뿐만 아니라 형사소송도 제기될 것이며, 따라서 포드 자동차를 사는 사람은 감옥 입장표를 사는 것과 마찬가지"라는 말을 은밀하게 퍼뜨렸다. 우리는 미국 전역의 주요 신문들에 4개 면에 걸치는 광고를 내는 것으로 대응했다. 우리는 그 광고에서 우리의 입장을 진술하고 소송에서 우리가 이길 것을 확신한다고 이야기했다. 그리고 결론 부분에서 다음과 같이 밝혔다.

끝으로 우리를 적대시하는 사람들의 주장에 조금이라도 위협을 느끼는 잠재적 자동차 구매자들이 계시다면 그런 분들에게 다음과 같이 말씀드리고자 합니다. 포드 모터 컴퍼니가 600만 달러 이상의 자산을 가지고 보호해 드릴 뿐만 아니라 이에 더해 600만 달러 이상의 자산을 가지고 있는 회사가 보증한 개인별 채권을 발행해 드리겠습니다. 따라서 이 경탄할 만한 산업을 통제하고 독점하려고 하는 사람들로 인해 적어도 1200만 달러가 넘는 자산이 소진되기 전에는 포드 자동차를 소유한 사람들은 한 분 한 분이 모두 다 보호받게 됩니다.

방금 말씀드린 채권은 청구하시기만 하면 바로 발행해 드리겠습니다. 그러니 저 '신성한' 협회가 하는 그 어떤 말을 듣고서라도 저들에게서 터무니없이 비싼 가격에 형편없는 자동차를 사지는 마시기를 바랍니다.

특히 주목하시기를 바라는 점: 포드 모터 컴퍼니는 동부와 서부의 가장 유능한 변호사들로부터 충고와 조언을 들으면서 이번 분쟁에 대응하고 있습니다.

우리가 채권을 발행하겠다고 한 것은 그것이 포드 자동차를 구매하려는 사람들로 하여금 안심할 수 있게 하는 보증이 되리라고 생각했기 때문이었다. 다시 말해 우리를 신뢰하게 해줄 만한 것을 그들이 필요로 한다고 생각했던 것이다. 그런데 그렇지 않았다. 우리는 그해에 1만 8천 대 이상의 자동차를 팔았는데, 이는 그 전해 생산량의 거의 두 배에 이르는 것이었다. 그리고 채권을 청구한 사람들의 수는 50명 정도에 불과했다고 나는 기억하는데, 어쩌면 그보다 적었을지도 모른다.

사실은 그 소송만큼 포드 자동차와 포드 모터 컴퍼니에 좋은 광고가 된 것은 없었던 것 같다. 우리가 약자로서 박해를 받는 것처럼 보이자 대중이 우리를 동정했다. 협회를 결성한 제조업체들은 모두 7천만 달러의 현금을 가지고 있었지만, 소송이 시작될 때에 우리가 가지고 있었던 현금은 4만 달러에도 훨씬 미치지 못했다. 나는 그 소송의 결과에 대해 비관한 적은 전혀 없었다. 그렇지만 그 소송은 우리의 목을 노리는 칼과 같아서 우리에게 그런 일이 벌어진 것 자체가 안타까웠다. 그것은 그동안 미국에서 사업가들이 결합해서 벌인 행동 가운데 가장 근시안적인 사례 가운데 하나일 것이다. 그것은 그 모든 측면을 고려해 보건대 같은 업종에 속하는 회사들이 자신들의 의도를 넘어서 그 업종 전체를 죽이게 될 줄도 모르고 저지른 담합으로서 최악의 사례였다. 결과적으로 소송에서 우리가 이기고 협회가 더 이상 자동차 업계에서 중요한 요소가 아니게 된 것은 이 나라의 자동차 제조업체들에게 매우 다행스러운 일이었다고 나는 생각한다. 그 소송에도 불구하고 1908년에 우리는 내가 만들고 싶었던 종류의 자동차를 만들어 공개하고 그 생산에 본격적으로 착수하는 것이 가능한 단계에 이르렀다.

| 4장 |

제조와 기여의 비결

내가 지금 포드 모터 컴퍼니가 걸어온 길을 개략적으로 서술하고 있는 것은 그 어떤 개인적인 이유에서도 아니다. 내가 "너도 가서 이와 같이 하라"고 말하려는 것이 아니다. 내가 강조하고자 하는 것은 사업을 하는 통상적인 방식이 최선의 방식은 아니라는 점이다. 나는 통상적인 방식을 완전히 버려야 할 시점에 이르렀다. 포드 모터 컴퍼니의 이례적인 성공은 바로 그 시점부터 시작됐다.

우리는 그때까지 자동차 업계의 관행에서 그다지 벗어나지 않았다. 우리의 자동차는 다른 회사의 그 어떤 자동차보다 덜 복잡했다. 우리 회사에는 외부에서 빌려온 돈이 없었다. 그러나 이 두 가지 점을 제외하면 우리는 다른 자동차 회사들과 크게 다르지 않았다. 다만 우리는 다소 더 성공적이었고, 고객에게 현금할인을 적극적으로 해주고 이윤을 사업에 재투자하면서도 현금잔액을 많이 유지하는 정책을 엄격하게 지킬 뿐이었다. 우리는 모든 자동차 경주에 우리의 자동차를 내보냈다. 우리는 광고를 하고 판매촉진 활동을 벌였다. 구조가 단순하다는 점과 함께 설계의 측면에서 우리의 자동차가 가진 차별성은 순전한 '유흥용 자동차'의 요소는 반영되지 않았다는 점이었다. 시장에서는 우리의 자동차가 다른 어떤 자동차에 못지않게 유흥용으로도 여겨졌지만, 우리는 순전히 사치스럽기만 한 특징을 우리의 자동차에 부여할 생각은 조금도 하지 않았다. 그러나 단 한 명의 구매자라도 더 확보하기 위해 필요한 특수한 일이 있다면 그런 일은 하고자 했고, 가격 조건만 맞는다면 단 한 대의 특수한 자동차라도 만들려고 했을 것이다. 우리 회사는 번창하고 있었다. 우리는 그런 상태에 안주해서 "우리는 이제 목적지에 도착했으니 그동안 확보한 것만 지키자"고 얼마든지 말할 수도 있었다.

실제로 그런 태도를 취하는 경향이 일부 나타났다. 우리의 하루 자동차 생산량이 100대에 이르자 일부 주주들이 진지한 경계심을 드러냈다. 그들은 내가 회사를 말아먹는 것을 중단시키기 위해 뭔가 조치를 취하고자 했다. 나는 그들에게 하루 100대 생산은 아무것도 아니며 머지않아 하루 1000대 생산이 이루어지기를 바란다는 취지로 응답했다. 그러자 그들은 대단히 큰 충격을 받았고, 내가 알기로는 소송까지도 심각하게 고려했다. 내가 회사 동료들의 일반적인 의견을 따랐다면 우리는 사업을 그때의 상태로 유지하면서 회사 자금을 멋들어진 사무용 건물을 짓는 데 쓰고, 지나치게 적극적으로 움직이는 경쟁업체들과 타협하기 위한 협상을 벌이고, 대중의 변덕스러운 취향에 부합하기 위한 새로운 설계를 시시때때로 했을 것이다. 그리고 그렇게 했다면 전체적으로 보아 나는 평온하고 존경할 만한 사업체를 가진 평온하고 존경할 만한 한 시민의 위상을 가진 사람이 됐을 것이다.

걸음을 멈추고 가지고 있는 것이나 잘 지키자는 유혹을 느끼게 되는 것은 아주 자연스러운 일이다. 나는 활동적인 삶을 중단하고 은퇴해 편안한 삶을 누리고 싶다는 욕구에 전적으로 공감할 수 있다. 나 자신은 그러한 충동을 느낀 적이 전혀 없지만 그것이 어떤 것인지는 나도 알 것 같다. 다만 나는 은퇴하는 사람은 사업에서 완전히 물러나야 한다고 생각한다. 은퇴를 하고도 사업에 대한 지배력을 유지하려고 하는 사람들이 있다. 하지만 나의 계획에는 그런 종류의 처신은 전혀 들어있지 않다. 나는 우리의 발전을 더 많은 일을 하도록 권유하는 초대장, 다시 말해 우리가 진정한 기여를 하기 시작할 수도 있는 위치에 이르렀음을 알려주는 신호로만 간주했다. 나는 그때까지 여러 해 동안 널리 보급할 수 있는 자동차를 만드는 계획을 추진했다. 대중은 다양한 모델의 각각에 반응을 보였다. 사용되고 있는 자동차에 대한 관찰, 경주, 시험주행 등에서 나는 자동차에 어떤 변화를 주어야 하는지에 대한 훌륭한 지침을 얻을 수 있었다. 1905년까지도 나는 만들고 싶은 종류의 자동차를 실제로 만들려면 구체적으로 무엇을 어떻게 해야 하는지를 마음속으로만 생각하고 있었다. 그런데 무겁지 않으면서도 강한 재료를 찾을 수 없었다. 나는 거의 우연히 그런 재료를 발견했다.

1905년에 나는 팜비치에서 열린 자동차 경주에 참가했다. 그때에 큰 충돌사고가 일어나 프랑스 자동차 한 대가 부서졌다. 우리는 그 경주에 우리의 고출력 6기통 자동차인 '모델 K'를 내보냈다. 경주에 나온 외국 자동차들의 부품은 우리가 알고 있는 그 어떤 부품보다 작으면서도 좋아 보인다고 나는 생각했다. 충돌사고가 일어난 곳에서 나는 작은 밸브스템 하나를 주웠다. 그것은 매우 가벼우면서 튼튼했다. 나는 주위 사람들에게 그것이 무엇으로 만들어진 것이냐고 물었다. 그것을 아는 사람은 아무도 없었다. 나는 그 밸브스템을 내 조수에게 주면서 이렇게 말했다.

"이것에 관한 모든 것을 알아보게. 이것은 우리의 자동차에 반드시 사용해야 하는 종류의 재료일세."

내 조수는 마침내 그것이 프랑스의 철강이며 그 속에 바나듐이 들어있음을 알아냈다. 우리는 미국의 모든 철강 제조업체에 연락해 그러한 바나듐강을 만들 수 있는지를 알아보았으나 그럴 수 있는 업체가 하나도 없었다. 나는 영국에 사람을 보내어 바나듐강을 상업적으로 만드는 방법을 아는 사람을 데려오게 했다. 그 다음의 일은 그것을 생산해줄 공장을 구하는 것이었다. 그것은 풀어야 하는 또 하나의 문제였다. 바나듐강을 만들려면 화씨 3000도의 고온이 필요한데, 보통의 용광로는 화씨 2700도를 넘기지 못했다. 나는 오하이오 주의 캔턴에 있는 소규모 철강회사를 알게 됐다. 나는 그 철강회사의 사람들에게 손실에 대한 보상을 약속하면서 용광로를 돌려 우리가 원하는 온도를 확보해달라고 제의했다. 그들은 동의해주었다. 첫 번째 시도는 실패로 끝났다. 철강 속에 남은 바나듐이 매우 적은 양에 불과했다. 나는 그들에게 두 번째 시도를 하게 했는데, 이번에는 우리가 원하는 바나듐강이 만들어졌다. 그때까지 우리는 인장강도가 6만~7만 파운드인 철강을 사용하는 것으로 만족할 수밖에 없었는데, 이제는 바나듐강을 사용해 인장강도를 17만 파운드까지 끌어올릴 수 있게 됐다.

바나듐강을 손에 넣은 뒤에 나는 우리의 자동차 모델들을 분해해서 각 부분에 가장 적합한 철강이 어떤 종류인지를 자세히 점검했다. 다시 말해 각 부분에 단단한 철강, 내구력 있는 철강, 탄력성 있는 철강 가운데 어떤 것이 적합한지를 알아본 것이었다. 우리는 사용할 철강이 어떤 성질을 가진 것이어야 하는지를 과학적으로 정확하게 결정했다. 이는 내가 아는 한 크기가 큰 구조물을 만들어온 역사에서 처음으로 시도된 일이었다. 그 결과로 우리는 자동차의 다양한 철강 부품에 사용할 20가지 상이한 유형의 철강을 채택할 수 있었다. 그 가운데 10가지 정도는 바나듐강이었다. 우리는 높은 강도와 가벼움이 동시에 필요한 곳에 바나듐강을 사용하기로 했다. 그 모두가 동일한 종류의 바나듐강인 것은 물론 아니었다. 해당 부품이 마모에 견뎌야 하는지, 탄성을 가져야 하는지 등에 따라, 간단히 말해 필요한 성질에 따라 바나듐 이외의 혼입 성분이 달랐다. 내가 알기로는 우리가 이런 실험을 하기 전에는 자동차를 만드는 데에 4가지가 넘는 철강이 사용된 적이 없었다. 우리는 그 뒤로 특히 열처리를 적용하는 방향으로 더 많은 실험을 해서 철강의 강도를 더 높임으로써 자동차의 무게를 줄일 수 있었다. 1910년에 프랑스 정부의 통상산업부는 우리의 자동차에서 로드 요크(rod yoke)들을 연결하는 스티어링 스핀들(steering spindle)을 핵심적인 부품으로 보고 그것을 떼어내어 프랑스에서 만들어진 자동차 가운데 가장 우수한 것에서 떼어낸 그것과 비슷한 부품을 비교해보는 실험을 여러 가지로 했는데, 그 모든 실험에서 우리가 사용한 철강 재료가 더 강한 것으로 증명됐다.

바나듐강은 자동차의 무게를 많이 덜어낼 수 있게 해주었다. 보급형 자동차의 다른 요건들에 대해서는 내가 이미 작업을 해서 대부분 실현시켰다. 설계는 부분들 사이에 균형이 이루어지게 해야 했다. 사람은 몸의 부분들 가운데 일부가 못쓰게 되면 죽을 수 있다. 기계는 그 부분들 가운데 일부가 다른 일부보다 허약하면 망가진다. 그러므로 보급형 자동차를 설계하는 과정에서 해결해야 했던 문제 가운데 하나는 모든 부분이 각각의 목적에 비추어 가능한 한 같은 강도를 갖도록 하는 것이었다. 말 한 마리가 끄는 마차가 바로 그렇게 만들어진다고 하니 보급형 자동차는 그런 마차에 엔진을 장착한 것과 같이 만들어져야 했다. 게다가 그것은 잘못 다루어도 쉽게 고장이 나지 않아야 했다. 이는 어려운 과제였다. 왜냐하면 휘발유엔진은 기본적으로 예민한 도구여서 그것을 함부로 작동해보려고 작정한 누군가에 의해 망가지기가 쉬운 것이기 때문이었다. 그러나 나는 다음과 같은 슬로건을 내걸었다.

"내가 만든 자동차 가운데 어느 것 하나라도 고장이 난다면 그것은 내 탓임을 나는 알고 있다."

거리에 처음으로 자동차가 나타난 날부터 나에게는 자동차가 필수품으로 보였다. 이 점을 알고 확신하게 된 것이 나로 하여금 다수 대중의 욕구를 만족시킬 자동차를 만든다는 하나의 목표를 향해 매진하도록 했다. 나의 모든 노력은 하나의 자동차, 하나의 모델을 생산하는 것에 그때에도 초점이 맞춰졌고, 지금도 그렇다. 그리고 나는 해마다 자동차를 개선하고 다듬어서 더 낫게 만들면서도 가격은 점점 더 낮춰야 한다는 압박을 그때에도 느꼈고, 지금도 그렇다. 보급형 자동차는 다음과 같은 특징을 갖추어야 했다.

(1) 사용자에게 기여하는 고품질의 재료. 바나듐강은 철강 가운데 가장 강하고, 가장 튼튼하며, 가장 내구적인 철강이다. 이것으로 자동차의 기본틀과 부가구조를 만든다. 이런 용도에서 바나듐강은 가격과 무관하게 세계에서 가장 품질이 좋은 철강이다.
(2) 운전의 단순함. 대중은 기계공이 아니기 때문에 이것이 필요하다.
(3) 충분한 동력.

(4) 절대적인 신뢰성. 자동차가 다양한 용도로 사용될 뿐만 아니라 다양한 도로를 달리게 될 것이기 때문에 이것이 필요하다.

(5) 가벼움. 포드 자동차의 무게는 피스톤이 밀어내는 배기가스 1입방인치당 7.95파운드에 불과하다. 이는 포드 자동차가 언제 어디에서 보게 되어도 '항상 달리고 있는' 이유 가운데 하나다. 포드 자동차는 모랫길과 진흙길도 달리고, 눈이 녹은 진창길과 눈이 쌓인 길과 비가 내려 고인 길도 멈추지 않고 달리고, 언덕길도 오르면서 달리고, 들판이나 도로가 없는 평원도 가로질러 달린다.

(6) 잘 제어됨. 포드 자동차는 운전자가 언제나 속도를 제어할 수 있으므로 사람들로 붐비는 도시의 거리나 위험한 도로에서 모든 비상상황과 우발상황에 침착하고 안전하게 대응할 수 있다. 유성기어 방식 변속기가 이런 제어를 가능하게 하며, 누구나 그것을 조작할 수 있다. "누구나 포드 자동차를 운전할 수 있다"는 말이 있는 것은 바로 이 때문이다. 포드 자동차는 거의 모든 곳에서 가는 방향을 바꿀 수 있다.

(7) 자동차가 무거울수록 주행할 때에 당연히 연료와 윤활유가 더 많이 소모된다. 무게가 가벼울수록 운행에 따르는 비용이 줄어든다. 포드 자동차가 처음 나왔을 때에는 무게가 가벼운 것이 흠이라고들 했지만 이제는 상황이 완전히 달라졌다.

내가 최종적으로 결정한 설계는 '모델 T'라는 이름으로 불리게 됐다. 이 새로운 모델의 중요한 특징은 단순함이었다. 내가 생각한 대로 이 모델이 사람들에게 받아들여진다면 나는 이것을 유일한 모델로 삼고 본격적인 생산에 들어갈 작정이었다. 모델 T의 구조단위는 4개뿐인데, 그것은 동력 발생장치, 차대, 앞차축, 뒤차축이었다. 이들 4개 구조단위는 모두 다루기가 쉬웠고, 그것을 수리하거나 교체하는 데에 특수한 기술이 필요하지 않게 설계됐다. 나는 자동차의 각 부분을 매우 단순하고 저렴하게 만들어서 값비싼 수작업에 의한 수리를 받아야 한다는 것에 대해 사람들이 느끼는 두려움을 완전히 없애는 것이 가능하다고 믿었다. 그러나 이는 너무 새로운 생각이었기 때문에 나는 이에 관한 이야기를 별로 하지 않았다. 각 부분이 매우 저렴하게 만들어질 수 있다면 그것을 새로 사는 것이 쓰던 것을 수리하는 것보다 비용이 덜 들게 될 것으로 생각됐다. 그리고 그것은 못이나 볼트와 마찬가지로 철물점에서 취급될 수도 있을 것으로 여겨졌다. 자동차를 완전히 단순하게 만들어 그것을 이해하지 못하는 사람이 아무도 없게 하는 것은 설계자인 내가 해야 할 일이라고 나는 생각했다.

그러한 생각은 제조와 판매 양쪽으로 효과가 있고 자동차의 모든 부분에 두루 적용될 수 있다. 제품이 덜 복잡할수록 그것을 더 쉽게 만들 수 있고, 더 싸게 내놓을 수 있으며, 따라서 더 많이 팔 수 있다.

구조의 세부적인 사항까지 이야기할 필요는 없겠지만, 여기에서 포드 자동차의 여러 모델들을 다시 살펴보는 것은 적절할 것이다. 왜냐하면 모델 T는 당시로서는 우리의 최신 모델이었는데 그것을 계기로 우리가 채택한 정책이 우리의 사업을 통상적인 사업의 경로에서 벗어나게 했기 때문이다. 그와 같은 생각을 적용하면 그 어떤 사업도 통상적인 경로에서 벗어나게 될 것이다.

나는 모델 T 이전에 모두 8가지 모델을 설계했다. 그 8가지는 모델 A, 모델 B, 모델 C, 모델 F, 모델 N, 모델 R, 모델 S, 모델 K였다. 그 가운데 모델 A, C, F에는 2기통 수평대향 엔진이 장착됐다. 모델 A는 엔진이 운전석 뒤에 있었고, 그 밖의 모델들은 다 엔진이 앞쪽의 후드 안에 있었다. 모델 B, N, R, S는 4기통 수직형 엔진을 가지고 있었고, 모델 K는 6기통 엔진을 가지고 있었다. 모델 A는 8마력의 힘을 냈다. 모델 B는 안지름 4.5인치, 행정 5인치의 실린더를 가지고 24마력의 힘을 냈다. 6기통 엔진이 장착된 모델 K의 출력이 40마력으로 가장 컸다. 가장 큰 실린더를 가진 것은 모델 B였다. 가장 작은 실린더는 모델 N, R, S에 장착된 것이었는데 그 안지름은 3.75인치, 행정은 3.375인치였다. 모델 T의 실린더는 안지름이 3.75인치, 행정이 4인치였다. 점화는 모델 B만 축전지로 했고, 그 밖의 모델들은 다 건전지로 했다. 모델 K는 자석발전기가 장착되어 이것으로도 점화를 할 수 있었다. 지금의 모델에는 자석발전기가 동력발생 장치의 일부로 그 안에 장착돼 있다. 클러치는 앞의 네 모델에서는 원뿔형이었지만, 뒤의 네 모델에서는 지금의 모델과 마찬가지로 멀티플디스크형(multiple disc type)이었다. 변속기는 모든 모델에서 똑같이 유성기어 방식이었다. 동력전달은 모델 A는 체인으로, 모델 B는 축으로 했다. 그 다음의 2개 모델은 체인전동 방식이었고, 다시 그 다음의 모든 모델은 축전동 방식이었다. 앞뒤 차축 사이의 거리인 휠베이스는 모델 A는 72인치, 매우 훌륭한 차였던 모델 B는 92인치, 모델 K는 120인치, 모델 C는 78인치였고, 그 밖의 다른 모델들은 84인치였으며, 지금의 모델은 100인치다. 앞의 다섯 모델은 모든 장비를 따로 판매했고, 나머지 세 모델은 일부 장비를 포함시켜 판매했다. 지금의 모델은 모든 장비를 포함시켜 판매한다. 모델 A의 무게는 1250파운드였다. 가장 가벼운 것은 1050파운드인 모델 N과 R이었지만, 둘 다 단거리 이동형 소형차였다. 가장 무거운 것은 6기통짜리였는데, 무게가 2천 파운드였다. 지금의 모델은 1200파운드다.

모델 T는 그 전의 모델들 가운데 어느 하나도 갖고 있지 않았던 특징은 사실상 갖고 있지 않았다. 그러므로 그 세세한 부분들은 모두 실제의 주행에서 완전히 검증된 것이었다. 모델 T가 성공할 것인지의 여부는 예측할 필요도 없었다. 그것은 성공할 수밖에 없었다. 그것은 하루아침에 만들어진 것이 아니었으므로 성공하지 못할 이유가 없었다. 모델 T는 당시에 내가 자동차에 집어넣을 수 있었던 모든 것을 집어넣고 내가 처음으로 구할 수 있게 된 재료도 사용해서 만들었다. 우리는 1908~09 시즌에 모델 T를 출시했다.

그때는 회사가 설립된 지 5주년이 되는 해였다. 처음에는 공장의 면적이 0.28에이커였다. 첫 해에 평균적으로 311명을 고용했고, 1708대의 자동차를 만들었으며, 지사를 하나 두고 있었다. 1908년에는 공장의 면적이 2.65에이커로 넓어졌고, 회사 건물을 소유하고 있었다. 평균적인 종업원 수는 1908명으로 늘어났고, 6181대의 자동차를 만들었으며, 지사를 14개 두고 있었다. 우리의 사업은 번창하고 있었다.

1908~09 시즌에 우리는 이전 시즌에 크게 성공을 거둔 4기통 모델 R과 S를 계속 판매했다. 우리가 런어바웃과 로드스터의 두 종류로 내놓은 이 두 모델의 가격은 700달러와 750달러였다. 그런데 우리가 새로 내놓은 모델 T가 모델 R과 S를 곧바로 밀어냈다. 우리는 이 시즌에 1만 607대의 자동차를 팔았는데, 이는 그 어떤 자동차 제조업체도 넘볼 수 없는 판매기록이었다. 모델 T의 투어링 카는 가격이 850달러였다. 같은 차대가 사용된 타운 카는 1000달러, 로드스터는 825달러, 쿠페는 950달러, 랜돌렛은 950달러였다.

이 시즌의 사업실적은 새로운 정책을 실행에 옮길 때가 됐음을 나에게 결론적으로 증명해주었다. 내가 새로운 정책을 선포하기 전에는 영업사원들이 판매가 대단히 잘 된다는 사실에 고무되어 우리가 모델만 더 많이 내놓으면 판매를 훨씬 더 많이 할 수 있을 것으로 생각했다. 이상한 일이지만, 어떤 하나의 제품으로 성공을 거두게 되면 곧바로 그것을 다르게 변화시켜 내놓으면 더 큰 성공을 거두게 될 것이라고 생각하는 사람들이 나타나기 시작한다. 그런 사람들이 자꾸 어설프게 간섭해서 제품의 스타일을 왜곡시키고 좋은 제품을 변화시켜 망쳐놓는 경향이 있다. 영업사원들은 팔 수 있는 자동차의 종류를 늘려야 한다고 고집했다. 그들은 자기가 원하는 것을 이야기할 줄 아는 5퍼센트의 특별한 고객에게만 귀를 기울였고, 구매만 하고 달리 아무런 잡음도 일으키지 않는 95퍼센트의 일반 고객과 관련된 일은 모두 잊어버리고 있었다. 불평과 제안에 최대한으로 주의를 집중하지 않고서도 발전할 수 있는 사업은 없다. 제품의 기능에 무엇이든 결함이 있다면 즉각 엄격한 조사를 벌여야 하지만, 단지 스타일과만 관련된 제안이 들어왔다면 그것이 개인적인 변덕에 따른 것은 아닌지를 확인해야 한다. 영업사원이라면 변덕스러운 고객을 대할 때에 자기가 판매하기 위해 가지고 있는 제품이 그의 모든 요구를 충족시킬 것임을 설명할 수 있기 위해 그 제품에 관한 지식을 충분히 습득하려고 노력해야 한다. 이는 물론 그 제품이 변덕스러운 고객의 모든 요구를 실제로 충족시킨다는 전제 위에서 성립하는 이야기다. 그런데 실제로는 영업사원들이 그렇게 하는 대신에 언제나 고객의 변덕에 영합하려고 한다.

그래서 나는 1909년의 어느 날 아침에 사전 예고가 전혀 없었던 선언을 했다. 나는 앞으로 우리는 단 하나의 모델만을 만들 것이고, 모델 T가

바로 그 모델이 될 것이며, 우리가 만드는 모든 자동차에 똑같은 차대가 사용될 것이라고 선언했다. 이어 나는 다음과 같이 말했다.

"어느 고객이든 원하는 색이 있다면 그 색을 입힌 자동차를 갖도록 해 줄 수 있습니다. 다만 그 색은 검정색이어야 합니다."

나의 선언에 동의한 사람이 한 명이라도 있었다고는 내가 말할 수 없다. 자동차는 파는 일을 하는 영업사원들은 당연히 단일 모델이 생산에 가져다주는 이점을 알 리가 없었다. 게다가 그들은 그런 것에는 별로 관심을 갖고 있지 않았다. 그들은 우리의 생산은 해오던 대로 하는 것으로 충분히 훌륭하다고 생각했다. 나의 선언대로 하면 판매가격이 낮아질 텐데 그러면 판매실적에 나쁜 영향이 미칠 것이고, 품질을 중시하는 사람들이 우리에게서 떨어져 나갈 텐데 그들을 대신해 우리의 고객이 되려는 사람은 전혀 없을 것이라는 단호한 의견이 나오기도 했다. 자동차 산업에 대한 개념적 이해는 거의 없었다. 자동차는 여전히 사치품에 속하는 것으로 간주되고 있었다. 이런 생각이 널리 퍼지는 데에는 자동차 제조업자들이 큰 몫을 했다. 일부 영리한 사람들이 '유흥용 자동차'라는 말을 지어냈고, 자동차 회사들의 광고도 자동차의 유흥적 측면을 강조했다. 영업사원들이 나의 선언에 반대한 데에는 그럴 만한 근거가 있었다. 특히 다음과 같은 나의 선언에 대해 그들이 반대한 것이 그랬다.

"나는 대다수 대중을 위한 자동차를 만들고자 합니다. 그 자동차는 한 가족이 타기에 충분할 정도로 크면서도 한 개인이 관리하기에 충분할 정도로 작을 것입니다. 그 자동차는 우리가 고용할 수 있는 최선의 사람들이 최선의 재료를 가지고 현대의 공학이 궁리해낼 수 있는 가장 단순한 설계에 따라 만들게 될 것입니다. 그러나 그 자동차는 가격이 매우 저렴해서 괜찮은 정도로 봉급을 버는 사람이라면 누구나 한 대 사서 가족과 함께 신이 창조한 광대한 자연 속에서 즐거운 시간을 보내는 데에 사용할 수 있을 것입니다."

이 선언을 반기는 사람들이 없지는 않았다. 그런 사람들은 대체로 다음과 같이 논평했다.

"포드가 이야기한 대로 실제로 한다면 그의 사업은 반 년 만에 망하고 말 것이다."

가격을 저렴하게 해서는 좋은 자동차를 만들 수 없는데다가 어쨌든 자동차 시장에는 부자들만 있기 때문에 저렴한 가격의 자동차를 만들어봐야 아무런 소용도 없다는 것이 그들의 생각인 것 같았다. 1908~09년에 우리의 자동차가 1만 대 이상 팔린 것을 보고 나는 공장을 새로 지을 필요가 있다고 확신했다. 우리는 이미 피켓 거리에 커다란 현대적 공장을 가지고 있었다. 그것은 미국에 있는 그 어떤 자동차 공장 못지않게 훌륭했고, 어쩌면 조금 더 훌륭했는지도 몰랐다. 그러나 나는 앞으로 필연적으로 실현될 판매량과 생산량을 그것으로 어떻게 감당할 수 있을지를 알 수 없었다. 그래서 나는 하일랜드파크에 있는 땅 60에이커를 사들였다. 당시에는 그곳이 디트로이트 시에서 많이 떨어진 농촌지역으로 여겨지고 있었다. 주위에서는 내가 그렇게 넓은 땅을 산 것을 탐탁지 않게 여겼을 뿐만 아니라 그곳에 세계의 어디에서도 볼 수 없었던 큰 규모의 공장을 짓겠다는 나의 계획에도 반대했다. 그러다 보니 이런 말이 이미 오가기 시작했다.

"포드가 얼마나 빨리 망할까?"

그 이래로 사람들이 이 말을 얼마나 많이 입에 올렸는지는 누구도 헤아릴 수 없을 정도다. 사람들이 이 말을 주고받는 것은 개인이 아닌 원칙이 중요한 것인데 원칙은 단순하다 보니 신비하게 여겨진다는 점을 의식하지 못하기 때문일 뿐이다.

1909~10년에 나는 새로 땅을 사서 건물을 짓기 위한 지출을 고려해 자동차의 가격을 약간 인상했다. 이것은 전적으로 정당한 조치였고, 그 결과는 자동차 구매자들에게 이로우면 이로웠지 해롭지는 않았다. 나는 몇 년 전에도 똑같은 조치를 취한 적이 있었다. 더 정확하게 말하면, 해마다 관례적으로 가격을 인하하던 조치를 몇 년 전인 그해에는 취하지 않았다. 리버루지에 공장을 짓기 위해서였다. 그때에나 이때에나 우리는 가지고 있었던 자금 이외에 추가로 필요한 자금을 빌려오는 방식으로 조달할 수도 있었지만 그렇게 하지 않았다. 그렇게 했다면 우리의 사업이 지속적인 채무상환비용 부담을 안게 됐을 것이고, 그 뒤에 우리가 내놓은 모든 자동차의 가격에 그 비용이 반영돼야 했을 것이다. 이때의 가격인상 폭은 로드스터는 75달러, 랜돌렛은 150달러, 타운카는 200달러였고, 그 밖의 모든 모델은 100달러였다. 1909~10년에 우리는 1만 8664대의 자동차를 팔았다. 1910~11년에는 새로운 생산설비가 가동됨에 따라 투어링 카의 가격이 950달러에서 780달러로 인하됐고, 자동차 판매 실적은 3만 4528대로 늘어났다. 이해부터 우리는 재료비와 임금이 끊임없이 상승하는 가운데에서도 자동차의 가격을 꾸준히 인하했다.

1908년과 1911년을 비교하면 공장의 면적은 2.65에이커에서 32에이커로, 평균적인 종업원 수는 1908명에서 4110명으로, 자동차 생산량은 6천 대 남짓에서 거의 3만 5천 대로 각각 증가했다. 이런 숫자를 보면 생산량의 증가에 비례하는 정도로 종업원 수가 증가하지는 않았음을 알 수 있다.

우리는 이제 대량생산을 하게 됐는데, 이는 거의 하룻밤 사이로 여겨질 만큼 돌연히 실현된 것이었다. 이 모든 것이 어떻게 실현될 수 있었을까?

그것은 필연적인 원칙의 적용을 통해 실현된 것이었을 뿐이다. 현명하게 관리되는 동력과 기계의 적용을 통해서였다고도 할 수 있다. 골목길의 어두침침한 작업장에서 한 노인이 오래 전부터 도끼자루를 만들어왔다고 해보자. 그동안 그 노인은 잡아당기는 칼, 끌, 사포를 가지고 잘 마른 히코리 재목을 다듬어 도끼자루를 만들었다. 그는 도끼자루를 하나씩 만들 때마다 신중하게 무게를 재어보고 균형 있게 잘 다듬어졌는지를 살펴보았다. 도끼자루는 손에 쥐면 정확하게 달라붙고 재목의 결에도 부합하도록 알맞게 휘어지게 만들어야 했다. 노인은 매일 동이 틀 때부터 어둠이 내릴 때까지 일했다. 그의 평균적인 생산량은 주당 8개였고, 그는 그것을 팔아 주당 1달러 50센트의 돈을 벌었다. 도끼자루를 만들어 놓고 보면 균형 있게 잘 다듬어지지 않아 팔 수 없는 것인 경우도 종종 있었다.

오늘날에는 누구나 기계로 만들어진 더 나은 도끼자루를 몇 센트 정도에 살 수 있다. 균형 있게 잘 다듬어지지 않은 것을 사게 될까봐 걱정할 필요도 없다. 다 똑같이 생겼고, 어느 것이나 완벽하다. 대량생산에 맞춰진 현대적 방법은 도끼자루를 만드는 데에 드는 비용을 과거에 비해 매우 낮은 수준으로 떨어뜨렸을 뿐 아니라 도끼자루라는 제품의 품질도 엄청나게 개선시켰다.

이와 똑같은 방법을 적용했다는 점이 바로 우리가 처음부터 가격을 낮추는 동시에 품질을 높여가면서 포드 자동차를 만들 수 있었던 이유다. 우리는 단 하나의 아이디어를 발전시켰을 뿐이다. 단 하나의 아이디어가 사업의 핵심이 될 수 있다. 그러므로 한 명의 발명가나 생각을 깊이 하는 한 명의 노동자가 이미 존재하는 사람들의 욕구를 충족시키는 데에 새로우면서도 더 나은 방식으로 기여하는 방법을 찾아낼 수 있다. 그 아이디어가 괜찮으면 사람들이 그것을 이용하고 싶어 한다. 그렇게 되면 한 개인이 자기의 아이디어나 발견을 통해 어떤 사업에 핵심적인 역할을 할 수 있음을 스스로 입증할 수 있다. 그러나 그 사업을 실행하는 조직의 대부분을 만들어내는 일은 그 사업과 관련된 모든 사람이 같이 해야 한다. "내가 이 사업을 만들고 키워왔다"고 말할 수 있는 제조업자는 아무도 없다. 그 사업을 만들고 키우는 과정에서 많은 사람들의 도움을 받아야 했던 제조업자라면 감히 그렇게 말할 수 없다. 사업은 공동으로 협력해서 만들어내는 것이다. 어떤 사업에 고용된 사람이라면 누구나 다 그 사업에 뭔가를 기여한 것이다. 고용된 사람들은 일을 하고 생산을 하는 것을 통해 그 사업이 제공하는 유형의 기여를 얻으려고 구매자들이 계속해서 찾아오게 하는 것을 가능하게 한다. 그리고 그렇게 해서 그들은 자신들에게 생계수단을 제공하는 하나의 관습, 하나의 직업, 하나의 습관이 자리 잡는 데에 도움을 준다. 이것이 우리 회사가 그동안 성장해온 방식이자 내가 다음 장에서부터 설명하려고 하는 것이다.

우리 회사는 그런 방식으로 성장해서 세계적인 회사가 됐다. 우리는 런던과 오스트레일리아에 지사를 설립했다. 우리의 자동차는 세계 각지에 선박으로 수송됐다. 특히 영국에서는 우리 회사가 미국에서 알려진 만큼 알려지기 시작했다. 영국 사람들에게 우리의 자동차를 알리는 일에서는 다소 어려움을 겪었는데. 이는 미국산 자전거의 실패 때문이었다. 미국산

자전거는 영국 사람들이 사용하기에는 적합하지 않았던 것이다. 이런 경험으로 인해 유통업자들이 미국에서 만들어진 교통수단이라면 그것이 무엇이든 영국 시장에서는 호소력을 갖기 어렵다는 고정관념을 가지고 있었고, 우리에게 그런 지적을 종종 하곤 했다. 1903년에 모델 A 두 대가 영국에 들어갔다. 신문들은 이를 보도하지도 않았고, 자동차를 판매하는 대리점들은 이에 관심을 거의 갖지 않았다. 그 두 대의 자동차는 철사줄과 철사테를 주요 부품으로 해서 만들어진 것이어서 2주 정도 망가지지 않고 버티면 구매자에게 다행일 것이라는 소문이 돌았다. 모델 A는 영국에서 첫 해에 12대가 팔렸고, 이듬해에도 그보다 조금 더 팔리는 정도에 그쳤다. 모델 A의 신뢰성과 관련해서는 그 시기에 영국에서 판매된 것들의 대부분이 거의 20년이 지난 지금도 여전히 영국에서 어떻게든 이용되고 있다는 말만 해두겠다.

1905년에 우리 대리점이 '스코틀랜드 장거리 운행 대회'에 모델 C를 출전시켰다. 당시에 영국에서는 자동차 분야에서 장거리 운행 대회가 속도를 겨루는 일반적인 경주보다 더 인기가 있었다. 자동차는 어쨌든 장난감이기만 한 것이 아니라는 점에 대한 인식은 별로 없었던 것 같다. 그 장거리 운행 대회는 자동차가 기복이 심하고 험한 길로 800마일을 달려야 하는 경기였다. 포드 자동차는 정해진 코스를 완주했고, 도중에 단 한 번만 운전자의 의도와 달리 멈추었다. 이를 계기로 영국에서 포드 자동차가 본격적으로 팔리기 시작했다. 바로 그해에 런던에 처음으로 포드 택시가 등장했다. 그 뒤로 몇 년 동안에 영국에서 포드 자동차의 판매가 빠르게 증가했다. 포드 자동차는 내구성과 신뢰성을 겨루는 모든 대회에 나갔고, 그때마다 우승을 놓치지 않았다. 브라이턴 지역의 대리점은 사우스다운

스 구릉지대를 이틀 동안 달리는 대회에 10대의 포드 자동차를 내보냈다. 일종의 장거리 장애물 경주인 그 대회에서 포드 자동차는 모두 주어진 코스를 완주했다. 그 덕분에 그해에 영국에서 포드 자동차가 600대 팔렸다. 1911년에는 헨리 알렉산더가 모델 T를 몰고 4600피트 높이의 벤네비스산의 정상에 올랐다. 그해에는 영국에서 포드 자동차가 1만 4060대 팔렸다. 그리고 그 뒤로는 그 어떤 종류의 묘기도 부릴 필요가 없었다. 마침내 우리는 맨체스터에 우리의 공장을 열었다. 우리는 그 공장에서 처음에는 순전히 조립만 했지만, 그 뒤로 해가 갈수록 점점 더 많은 자동차를 생산하게 됐다.

| 5장 |

본격적인 대량생산

어떤 기계장치가 시간을 10퍼센트 절약하게 해주거나 결과물을 10퍼센트 늘리게 해준다면 그 기계장치가 없는 것은 10퍼센트의 세금이 항상 부과되는 것과 같다. 어떤 사람에게 한 시간이 50센트의 가치를 갖는다면 시간을 10퍼센트 절약하는 것은 시간당 5센트의 가치가 있다. 고층건물의 소유자가 자신의 소득을 10퍼센트 늘릴 수 있다면 어떻게 하면 그렇게 되는지를 알기 위해 그 절반인 5퍼센트를 기꺼이 지출하려고 할 것이다. 그가 고층건물을 소유하게 된 것은 특정한 건축용 재료들을 어떤 방식으로 사용하면 건물부지의 면적을 절약하는 동시에 임대료 수입을 늘릴 수 있는지가 과학에 의해 증명됐기 때문일 것이다. 30층 높이의 건물이라고 해서 반드시 5층 높이의 건물보다 더 넓은 부지를 필요로 하는 것은 아니다. 구식의 건축 방법에 따라 지은 5층 높이의 건물 소유자는 25층 높이의 건물 소유자가 버는 소득과 같은 금액의 비용을 지출하고 있다고 볼 수 있다. 1만 2천 명의 종업원이 각각 하루에 10걸음씩 덜 걷게 한다면 전체적으로는 그동안 하루에 낭비되던 약 50마일의 이동 동작과 그로 인해 쓸데없이 사용되던 에너지를 절약할 수 있을 것이다.

이것이 내가 우리 공장의 생산을 조직할 때에 기본으로 삼은 원칙들이었다. 지금은 그 모든 것이 사실상 당연한 것으로 여겨진다. 처음에는 우리가 공작기계공을 구하려고 했다. 그러나 대량생산의 필요성이 커지면서 충분한 수의 공작기계공을 구할 수 없으리라는 점이 분명해졌을 뿐만 아니라 대량생산에는 숙련공이 필요하지 않으리라는 점도 분명해졌다. 이런 깨달음에서 내가 나중에 자세히 설명하고자 하는 하나의 원칙이 생겨났다.

이 세상의 대다수 사람들은 넉넉한 삶을 살아가기 위해 필요한 육체적 능력은 갖고 있을지 몰라도 그러기 위해 필요한 정신적 능력은 갖고 있지 않은 것이 분명하다. 다시 말해 대다수 사람들은 기계나 기술의 도움 없이 자기의 손만으로 만들어낸 것을 남에게 주는 대신에 자기가 필요로 하는 것을 손에 넣는 교환을 충분히 할 수 있기 위해 이 세상이 필요로 하는 재화를 만들어 공급할 능력을 가지고 있지 않다. 우리가 일에서 기술을 제거했다고 사람들이 주고받는 말이 내 귀에도 들려왔다. 사실 나는 그 말이 사람들이 일반적으로 가지고 있는 생각을 표현한 것이라고 생각한다. 그러나 우리는 그렇게 하지 않았다. 오히려 우리는 일에 기술을 집어넣었다. 우리는 계획, 경영, 도구제작에 고급의 기술을 집어넣었고, 그러한 기술이 낳은 결실은 기술을 가지고 있지 못한 사람들도 누리고 있다. 이에 대해서는 나중에 내가 더 자세히 이야기할 것이다.

사람들이 가지고 있는 정신적 능력은 고르지 않음을 우리는 인정해야 한다. 우리 공장의 일자리가 모두 다 기술을 필요로 했다면 그 공장 자체가 존재할 수 없었을 것이다. 훈련을 통해 충분히 숙련된 기술을 가진 사람들을 필요한 만큼 많이 확보하려면 100년으로도 시간이 모자랄 것이다. 손으로만 일하는 사람들을 100만 명 고용한다고 해도 그들 전부의 하루 생산량은 지금 우리의 하루 생산량에 근접하지도 못할 것이다. 게다가 100만 명의 종업원을 관리할 수 있는 사람은 아무도 없을 것이다. 그러나 그보다 더 중요한 것은 그 100만 명의 사람들이 기계의 도움 없이 손으로만 만들어낸 제품은 구매력에 부합하는 가격으로 판매될 수 없으리라는 점이다. 그리고 그러한 많은 수의 사람들을 한 곳에 모아서 관리하고 그들 사이에 협업관계를 만들어내는 일을 상상하는 것은 가능할지 몰라도 그들이 들어갈 공간이 어디에 있을 수 있겠는지를 생각해보라! 그들 가운데 얼마나 많은 사람들이 생산을 하는 일이 아니라 단지 다른 사람이 생산한 것을 이리저리 옮기는 일에 매달리게 되겠는가? 그러한 조건 아래에서 사람들에게 일당을 10센트나 20센트보다 더 많이 지급할 수 있으려면 어떻게 해야 하는지를 나는 도저히 알 수가 없다. 왜냐하면 임금은 고용주가 지불하는 게 아니라고 생각하는 것이 당연하기 때문이다. 고용주는 임금으로 지불되는 돈을 관리할 뿐이다. 임금은 제품이 지불하는 것이고, 제품이 임금을 지불할 수 있도록 생산을 돌보는 일을 경영진이 하는 것이다.

우리의 보다 경제적인 생산방법은 단번에 갑자기 시작되지 않았다. 그것은 점진적으로 시작됐다. 그 과정은 부품을 점진적으로 만들기 시작한 과정과 같았다. 모델 T는 우리가 보다 경제적인 생산방법으로 만든 최초의 자동차였다. 대폭적인 비용절감 노력이 조립 부문에서 시작된 다음에 다른 부문들로 확산됐다. 그래서 숙련된 기계공들이 지금도 우리에게 많이 있지만 이제는 자동차를 생산하는 일을 하지 않는다. 그들은 다른 사람들이 자동차를 쉽게 생산할 수 있도록 도와주는 일을 하고 있다. 우리의 숙련된 기계공들은 이제 도구 제작자, 실험 작업자, 공작기계 기술자, 주형 제작자로 일한다. 그들은 세계에서 가장 유능한 사람들이다. 사실 그들이 워낙 유능하다 보니 그들이 고안해낸 기계가 더 잘할 수 있는 일을 그들로 하여금 하게 하는 것은 낭비가 된다. 기술이 없는 보통 사람들이 우리 회사를 찾아온다. 그들은 우리 회사에 들어오면 해야 할 일을 어떻게 해야 하는지를 몇 시간이나 며칠 동안 배운다. 그 시간 안에 배워야 할 것을 배우지 못하는 사람들은 우리에게 아무런 소용도 없다. 그런 사람들 가운데는 외국인이 많다. 우리 회사를 찾아온 사람이 우리에게 고용되기 전에 요구받는 것은 오로지 우리 회사에 들어와 일하면서 차지하게 될 공간에 대한 간접비용을 벌충하기에 충분한 정도로 일을 할 잠재력을 가지고 있어야 한다는 것뿐이다. 반드시 육체적인 능력이 뛰어나야 할 필요는 없다. 우리 회사에는 육체적인 힘을 많이 써야 하는 일들이 있기는 하지만 그런 일은 빠르게 줄어들고 있다. 육체적인 힘을 거의 필요로 하지 않는 일들도 있는데, 그런 일들은 육체적인 힘만 가지고 말한다면 세 살짜리 어린아이에게도 맡길 수 있을 만한 것이다.

제조업의 발전과정 전부에 대해 그 각각의 부분들을 알 수 있도록 단계별로 하나하나 설명하는 것은 기술적인 과정에 깊숙이 들어가지 않고는 불가능하다. 나는 어떻게 해야 그렇게 할 수 있는지를 알지 못한다. 그동안 거의 매일 무슨 일인가가 일어났을 뿐만 아니라 지금 그런 일들을 모두 기억할 수 있는 사람도 없기 때문이다. 그러니 몇 가지 변화들만 무작위로 가려내어 살펴보자. 그러면 그 변화들로부터 대량생산이 이 세상의 기반이 되는 미래에 어떤 일이 일어날지를 다소나마 알 수 있게 될 뿐만 아니라 제품들에 대해 우리가 제값보다 얼마나 더 높은 가격을 지급하고, 노동자들이 받는 임금이 정당하게 받아야 할 수준보다 얼마나 많이 낮으며, 아직 개척되지 않고 남아있는 영역이 얼마나 광범한지도 알 수 있게 될 것이다. 포드 모터 컴퍼니는 그러한 여정을 단지 조금만 나아갔을 뿐이다.

포드 자동차 한 대에는 5천 개의 부품이 들어간다. 이는 나사와 너트까지 모든 부품을 하나하나 다 셈한 것이다. 부품 가운데 일부는 부피가 꽤 크지만, 그 나머지는 시계의 부품과 거의 같은 정도로 크기가 작다. 우리가 조립을 처음 시작할 때에는 공장 안의 한 곳에서 자동차 한 대를 다 조립했다. 어떤 부품이든 그것이 필요한 시점에 노동자가 그것을 그곳으로 들고 갔다. 그 과정은 집을 한 채 짓는 방식과 똑같았다. 우리가 부품을 만들기 시작했을 때에는 공장 안에 부품을 만드는 부서를 당연히 따로 두었지만, 작은 부품을 만드는 일은 보통은 부품별로 노동자 한 명이 다 했다. 생산의 속도에 대한 압박은 공장 안에서 노동자들이 서로 부딪히지 않게 하는 생산의 방식을 강구해야 할 필요성을 느끼게 했다. 적절한 작업지시를 받지 못하는 노동자는 일을 하는 데에 들이는 시간보다 더 많은 시간을 재료와 도구를 찾으려고 이리저리 걸어 다니는 데에 들인다. 이리저리 걸어 다니는 일은 높은 임금을 줄 수 있는 종류의 일이 아니므로 그런 노동자가 받는 임금은 적을 수밖에 없다.

조립에서 전진의 첫걸음은 우리가 일에 사람을 데려다주는 대신에 사람에게 일을 가져다주기 시작하면서 내디뎌졌다. 이제는 우리가 모든 작업에 두 가지 일반적인 원칙을 적용하고 있다. 그 가운데 하나는 한 사람이 한 걸음보다 더 많은 걸음을 걸어서는 안 된다는 것인데, 가능하다면 한 걸음도 걸을 필요가 없어야 한다. 다른 하나는 누구도 허리를 굽힐 필요가 없어야 한다는 것이다.

우리가 조립에 적용하는 구체적인 원칙은 다음과 같다.

(1) 마무리 공정 단계에서 각각의 부품이 가능한 최단 거리만 옮겨져도 되도록 도구와 인력을 작업순서에 따라 배치한다.
(2) 경사진 작업대나 그 밖의 어떤 형태든 다른 운반장치를 사용함으로써 각각의 노동자가 자신의 작업을 끝냈을 때에 부품을 언제나 같은 자리에 내려놓을(그 자리는 해당 노동자가 부품을 내려놓기에 언제나 가장 편리한 곳이어야 한다) 수 있게 할 뿐만 아니라 가능하면 중력에 의해 그 부품이 다음 차례의 노동자에게 옮겨져 그 노동자가 자신의 작업을 할 수 있게 한다.
(3) 경사진 조립라인을 사용함으로써 조립돼야 할 부품들이 편리한 거리 간격을 두면서 옮겨지게 한다.

이런 원칙을 적용해서 얻어지는 최종 결과는 노동자가 생각을 해야 할 필요성이 줄어드는 것과 노동자의 동작이 최소한으로 줄어드는 것이다. 노동자는 거의 하나의 동작만으로 하나의 일만 할 수 있게 된다. 차대의 조립은 기계공이 아닌 사람의 관점에서 볼 때에 우리의 작업 가운데 가장 흥미로운 것이자 아마도 가장 잘 알려진 것이기도 할 것이다. 그리고 한때에는 그것이 대단히 중요한 작업이었다. 지금은 우리가 부품들을 유통이 이루어지는 곳으로 보내어 그곳에서 조립이 이루어지게 하고 있다.

우리가 조립라인을 처음으로 시험해본 것은 1913년 4월 1일께였다. 우리는 플라이휠 마그네토(flywheel magneto)를 조립하는 작업에 조립라인을 적용해보는 시험을 했다. 우리는 처음에는 모든 것을 조금씩 시도한다. 기존의 방식이 무엇이든 그것보다 더 나은 방식을 발견하게 되면 기존의 방식을 제거하려고 하지만, 무엇이든 근본적인 변경을 하려고 한다면 그 전에 새로운 방식이 기존의 방식보다 나음을 확신할 수 있어야 한다.

내가 알기로는 그때에 우리가 시험한 플라이휠 마그네토 조립라인이 최초로 자동차 회사에 설치된 '움직이는 조립라인'이었다. 그 아이디어는 대체로 시카고의 쇠고기 가공업자들이 쇠고기를 다듬을 때에 머리 위의 공중에 매달아놓고 사용하는 쇠고기 이동용 트롤리에서 나왔다. 그 전에는 우리가 플라이휠 마그네토를 통상적인 방법으로 조립했다. 그래서 한 명의 노동자에게 그 조립을 통째로 맡긴다고 하면 그가 하루에 아홉 시간 일해서 플라이휠 마그네토를 35~40개 생산할 수 있었다. 한 개를 조립하는 데 20분 남짓이 걸리는 셈이었다. 우리는 그런 식으로 노동자가 혼자서 했던 일을 29개의 동작으로 나누었고, 이를 통해 조립시간을 13분 10초로 단축했다. 그 다음으로 1914년에는 우리가 조립라인의 작업대 높이를 8인치 높였고, 이를 통해 조립시간을 7분으로 훨씬 더 단축했다. 이어 우리는 작업대가 움직이는 속도에 대한 실험을 계속했고, 이를 통해 조립시간을 5분으로 더욱 단축했다. 결과를 간단히 요약하면, 과학적인 연구의 도움으로 이제는 한 사람이 불과 몇 년 전에 네 사람이 했던 일보다 조금 더 많은 일을 할 수 있게 됐다. 조립라인 시험은 그러한 방법의 효율성을 입증했고, 이제는 우리가 모든 것에 그러한 방법을 사용하고 있다. 엔진의 조립도 예전에는 한 사람이 다 했지만 이제는 84개의 작업으로 나뉘어 84명의 사람들이 예전에 그 세 배의 사람들이 했던 양의 일을 하고 있다. 우리는 얼마 지나지 않아 차대를 조립하는 데에도 그런 방법을 적용해

보았다.

움직이지 않는 조립라인에서 차대를 생산할 때에 우리의 최고 작업속도는 한 개당 평균 12시간 28분이었다. 우리는 차대를 묶은 로프를 도드래로 감을 수 있는 윈들러스(windlass)라는 장치를 이용해 250피트 길이의 조립라인을 따라 차대를 이동시키는 실험을 해보았다. 6명의 조립공이 그 차대를 따라 같이 이동하면서 조립라인 옆에 쌓아놓은 부품 더미에서 필요한 부품을 집어 들고 조립했다. 이러한 간단한 실험만으로도 차대 한 개당 작업시간이 5시간 50분으로 줄어들었다. 1914년 초반에는 우리가 조립라인 작업대의 높이를 올렸다. 우리는 작업하는 사람의 키에 적합하게 작업대의 높이를 조정한다는 정책을 채택했다. 이에 따라 바닥에서부터 높이가 26.75인치인 작업대와 24.5인치인 작업대를 가진 두 개의 조립라인을 설치하고 그 각각에 키가 큰 노동자들과 작은 노동자들을 배치했다. 이와 같은 허리 높이 작업대의 도입과 각 노동자의 이동거리를 줄이기 위한 작업의 세분화는 차대 한 개당 작업시간을 1시간 33분으로 줄여주었다. 당시에는 그와 같은 조립라인에서는 차대만 조립됐다. 차대 위에 차체를 얹는 작업은 하일랜드파크에 있는 우리의 여러 공장들 사이로 나 있는 존 아르 거리의 작업장에서 이루어졌다. 지금은 그와 같은 조립라인에서 자동차 전체가 조립된다.

그런데 이 모든 일이 일사천리로 빠르게 이루어졌다고 생각해서는 안 된다. 우리는 조립라인 작업대의 움직이는 속도를 신중하게 실험해봐야 했다. 플라이휠 마그네토의 경우에는 우리가 처음에 분당 60인치의 속도를 실험했다. 그것은 너무 빠른 속도였다. 그래서 우리는 분당 18인치의 속도를 실험했다. 그것은 너무 느린 속도였다. 결국에 우리가 결정한 속도는 분당 44인치였다. 그 바탕에 깔린 기본적인 생각은 각각의 노동자가 작업을 하면서 서두르게 되어서는 안 된다는 것이었다. 다시 말해 각각의 노동자에게 일 초라도 필요하다면 그 시간을 주어야 하지만 일 초라도 불필요하다면 그 시간을 주어서는 안 된다는 것이었다. 차대 조립라인에서 거둔 성과는 우리로 하여금 점진적으로 제조방법 전부를 뜯어고쳐 모든 조립라인을 기계적으로 움직이는 방식으로 바꿔야겠다는 생각을 갖게 했다. 그래서 우리는 조립라인 하나하나의 속도를 조정했다. 이에 따라 현재 예컨대 차대 조립라인은 분당 6피트의 속도로 움직이고, 앞차축 조립라인은 분당 189인치의 속도로 움직인다. 차대 조립라인에는 45개의 서로 구분된 작업지점이 있다. 자세히 말하면 첫 번째 작업지점의 노동자들은 흙받이 브래킷 4개를 차대의 틀에 붙이고, 열 번째 작업지점에서는 엔진이 부착되는 식이다. 한두 개의 작업만 하는 노동자도 있고, 이보다 더 많은 작업을 하는 노동자도 있다. 부품을 제자리에 올려놓는 일을 하는 노동자가 그것을 그 자리에 조여 붙여 고정시키는 일까지 하지는 않는다. 몇 단계의 작업이 더 진행되고 나야 제자리에 고정시킬 수 있는 부품도 있다. 볼트를 끼우는 노동자가 너트까지 끼우지는 않으며, 너트를 끼우는 노동자가 끼운 너트를 조이기까지 하지는 않는다. 34번째 작업지점에서는 이미 엔진이 장착되고 윤활유가 주입된 상태에서 연료통에 휘발유가 채워진다. 44번째 작업지점에서는 라디에이터에 물이 가득 채워지고, 45번째 작업지점에서는 자동차가 존 아르 거리로 운전되어 나간다.

엔진의 조립에도 기본적으로 같은 생각이 적용됐다. 1913년 10월에는 엔진 하나를 조립하는 데 9시간 54분의 노동시간이 필요했다. 그로부터 6개월 뒤에는 움직이는 조립라인 방식이 적용됨에 따라 같은 작업을 하는

데 드는 노동시간이 5시간 56분으로 줄어들었다. 공장 안에서 일감이 되는 부품은 하나하나가 다 움직인다. 부품들이 요구되는 순서에 정확히 맞춰 머리 위로 움직이는 체인에 걸려 있는 갈고리에 매달려 움직이기도 하고, 움직이는 작업대 위에 놓여 작업대와 함께 움직이기도 하며, 중력에 의해 저절로 움직이기도 한다. 중요한 점은 재료 말고는 아무것도 들어 올려지거나 실어 날라지지 않는다는 것이다. 재료는 포드 자동차의 차대를 축소시켜 만든 작은 차대가 장착된 소형 트럭이나 소형 트레일러에 실려 운반된다. 그 소형 트럭과 소형 트레일러는 그것이 가야 하는 모든 통로를 빠르게 왔다 갔다 하기에 충분한 이동성과 속도를 갖추고 있다. 노동자가 몸을 써서 무엇인가를 옮기거나 들어 올려야 할 일은 전혀 없다. 그런 일은 모두 별도의 부서, 즉 수송부서가 담당한다.

우리는 처음에는 자동차 조립을 하나의 공장에서 다 했다. 그런데 우리가 부품을 만들기 시작하면서 일을 부서별로 나누어 각각의 부서가 한 가지 일만 하도록 했다. 지금은 각각의 부서가 어느 하나의 부품만 만들거나 어느 한 부분만 조립하도록 공장이 조직돼 있다. 하나의 부서는 그 자체가 하나의 작은 공장이다. 부품이 원재료나 주물의 상태로 어떤 하나의 부서에 들어가면 거기에서 기계작업이나 열처리를 비롯해 필요한 가공의 과정을 거쳐 완성된 부품이 되어 그 부서를 떠난다. 우리가 제조를 시작했을 때에 부서들을 그룹별로 모아놓은 것은 오로지 수송의 편의를 위해서였다. 당시에 나는 나중에 실현된 정도까지 일을 세분화할 수 있으리라고는 생각하지 못했다. 생산량이 증가하고 부서의 수가 늘어나면서 우리는 사실상 자동차를 만드는 회사에서 부품을 만드는 회사로 바뀌었다. 그러는 과정에서 우리는 또 하나의 새로운 발견을 하게 됐음을 스스로 깨달았다.

그것은 모든 부품을 하나의 공장에서 전부 다 생산할 필요가 전혀 없다는 것이었다. 사실 그것은 굳이 발견이라고 할 만한 것은 아니었다. 그것은 엔진을 구입하고 부품도 아마도 90퍼센트를 구입해서 자동차를 제조하기 시작했던 초기의 상태에서 우리가 벗어나지 못하고 그동안 제자리걸음을 했다는 의미였다. 우리는 필요한 부품을 스스로 만들기 시작하면서도 하나의 공장에서 모든 부품을 다 만들어야 한다는 것을 사실상 당연한 일로 여겼다. 자동차 전체를 한 지붕 아래에서 제조하는 데에 어떤 특별한 가치가 있으리라고 여겼던 것이다. 이제는 우리가 그런 상태에서 이미 벗어났을 정도로 발전했다. 우리가 앞으로도 어떤 더 큰 공장을 짓게 된다면 그 이유는 오로지 어떤 하나의 부품이 엄청나게 많은 양으로 만들어야 하게 되어서 그런 큰 단위의 공장이 필요하게 된 데에 있을 것이다. 나는 세월이 더 흐르면 하일랜드파크에 있는 대규모 공장도 어떤 한 가지나 두 가지 일만 하게 될 것으로 예상한다. 주물을 만드는 작업은 이미 하일랜드파크의 공장에서 리버루지의 공장으로 옮겨갔다. 따라서 우리는 이제 필요한 부품을 외부에서 구매하는 대신에 외부에 있는 우리 자신의 공장에서 만들기 시작했다는 점만 제외하면 우리가 출발했던 지점으로 돌아가는 길에 접어들었다고 할 수 있다.

이는 이례적인 결과를 가져올 만한 발전이다. 왜냐하면 그러한 발전은 내가 나중에 자세히 설명하겠지만 고도로 표준화되고 고도로 분업화된 산업은 대규모 공장을 운영하는 데에 장해가 되는 인력 수송과 주거 제공의 불편함을 무릅쓰고 대규모 공장에 집중시켜야 할 필요가 더 이상 없게 됐음을 의미하기 때문이다. 하나의 공장에서는 1천 명이나 500명 정도의 노동자들만 일하게 하는 정도에 그쳐야 한다. 그렇게 하면 노동자들을 수송해서 출퇴근시키는 데 문제가 별로 없을 테고, 매우 큰 공장에서 거리가 그리 멀지 않은 지역 안에 그 공장의 노동자들이 집중적으로 거주할 경우에 불가피하게 일어나는 과도한 밀집에 따르는 슬럼화나 그 밖의 자연스럽지 못한 생활방식의 형성을 방지할 수 있을 것이다.

하일랜드파크의 공장에는 현재 500개의 부서가 있다. 예전에 피켓의 공장에는 18개의 부서만 있었고, 하일랜드파크의 공장에도 150개의 부서만 있었다. 이런 숫자는 우리가 부품의 제조에서 그동안 얼마나 많은 성장을 했는지를 알 수 있게 해준다.

기계나 공정에서 뭔가 개선이 이루어지지 않고 지나가는 주는 거의 없으며, '최선의 작업관행'이라고 불리는 것을 거스르는 개선도 종종 이루어진다. 언젠가 기계제작 담당자가 참석한 가운데 어떤 특수한 기계의 제작에 관한 회의가 열렸던 일을 나는 기억하고 있다. 설계도에는 그 기계가 시간당 200개의 생산속도를 낼 수 있어야 한다고 적혀 있었다. 기계제작 담당자는 이렇게 말했다.

"이건 오류예요. 하루에 200개이겠죠. 어떤 기계라도 한 시간에 200개나 생산할 수는 없어요."

회사에서 사람을 보내 그 기계를 설계한 사람을 데려오게 해서 그로 하여금 그 설계도에 적혀 있는 설명을 살펴보게 했다. 그는 이렇게 말했다.

"예, 살펴봤어요. 뭐가 문제죠?"

기계제작 담당자는 단호하게 말했다.

"그건 불가능해요. 어떤 기계도 그렇게 할 수 있게 만들 수는 없어요. 어림도 없어요."

설계자는 목소리를 높였다.

"어림도 없다고요? 저 아래 작업실에 가보세요. 거기에서 그렇게 하고 있는 그 기계를 볼 수 있을 거예요. 우리는 그런 기계를 만들 수 있는지를 알아보기 위해 시험 삼아 하나를 제작해보고 있는데, 지금 거의 완성 단계예요."

우리는 공장에 실험의 기록을 전혀 남기지 않는다. 공장에 어떤 일이 있었는지는 직공장과 공장장이 기억한다. 과거에 어떤 방법을 시도했다가 실패했다면 누군가는 그것을 기억할 것이다. 그러나 노동자들이 과거에 누군가가 시도했던 것을 기억하기를 나는 특별히 바라지 않는다. 노동자들이 그렇게 한다면 해봐야 안 될 것들이 빠르게 늘어날 수 있기 때문이다. 이는 뭐든지 다 기록하는 경우에 부닥치게 되는 문제점 가운데 하나다. 모든 실패를 다 기록하다 보면 얼마 지나지 않아 시도할 것이 아무것도 남아있지 않음을 보여주는 실패의 목록을 갖게 될 것이다. 그런데 어떤 한 사람이 특정한 방법을 시도했다가 실패했다고 해서 다른 사람이 그 방법을 시도해도 성공하지 못한다고 생각할 이유는 전혀 없다.

우리의 '순환사슬법'으로는 회주철을 만들 수 없을 것이라고 말하는 사람들이 있었다. 그 방법을 시도했다가 실패한 기록도 있으리라고 나는 생각한다. 그러나 우리는 지금 그 방법으로 회주철을 만들고 있다. 우리 회사에서 그 일을 해낸 사람은 이전의 기록에 대해 알지 못했거나 관심을 기울이지 않았을 것이다. 이와 마찬가지로 용광로에서 만들어진 쇳물을 곧바로 주형에 부어 넣는 것에 대해서도 불가능하다고 말하는 사람들이 있었다. 통상적인 방법은 쇳물을 주괴에 부어 넣고 일정 시간 동안 식혀 선철괴를 만든 다음에 선철괴를 다시 녹여 주형에 부어 넣는 것이었다. 그러나 리버루지에 있는 우리의 공장에서는 용광로의 쇳물을 용선로로 옮긴

다음에 그 용선로의 쇳물을 가지고 바로 주물을 만든다. 다시 말하면 실패의 기록은 젊은이들로 하여금 시도에 나서기를 주저하게 만드는데, 그 기록이 권위가 있고 널리 공인된 것일 경우에는 특히 더 그렇다. 우리가 거둔 최선의 결과 가운데 일부는 천사들이 걸어가기를 두려워하는 곳으로 바보들이 달려가는 것을 그대로 놔둠으로써 거두어졌다.

우리의 노동자 가운데 '전문가'는 한 사람도 없다. 대단히 안타까운 일일지 모르지만, 우리의 노동자 가운데 누구든 자기가 전문가라고 스스로 생각하게 되면 곧바로 그를 제거할 필요가 있음을 우리는 알게 됐다. 왜냐하면 자기의 일을 정말로 잘 아는 사람은 결코 자기를 스스로 전문가로 여길 리가 없기 때문이다. 자기의 일을 잘 아는 사람은 자기가 그동안 한 것보다 훨씬 더 많은 것을 해야 한다는 점을 알고 있고, 그래서 그는 항상 앞으로 더 나아가려고 하지 한순간이라도 어떻게 하면 일을 더 훌륭하게 효율적으로 할 수 있을지를 생각하기를 포기하지 않는다. 언제나 해야 할 일을 생각하고 더 많은 것을 시도해 보려고 하는 노력은 불가능한 것은 없다고 생각하는 심리상태를 가져온다. 그러나 자기는 '전문가'라고 생각하는 심리상태에 빠지는 순간에는 수많은 것들이 불가능해지고 만다.

나는 불가능한 것이 있다고 인정하기를 거부한다. 나는 무엇이 가능하고 무엇이 불가능한지를 단정적으로 말할 수 있을 정도로 이 세상의 어떤 것에 대해서든 충분히 잘 아는 사람이 있다고 생각하지 않는다. 적절한 종류의 경험과 적절한 종류의 기술훈련은 정신을 확장시켜주고 불가능한 것의 수를 줄여줄 것이 틀림없다. 그런데 유감스럽게도 경험과 기술훈련이 그런 역할을 전혀 하지 못하고 있다. 대부분의 기술훈련과 우리가 경험이라고 부르는 것 가운데 평균적인 것은 과거에 실패한 기록을 보게 한다.

그리고 그 기록 속의 실패는 그 나름의 가치를 가진 것으로 간주되기보다는 전진을 가로막는 절대적인 장해물로 간주된다. 권위자를 자처하는 어떤 사람이 이것 또는 저것은 할 수 없는 일이라고 말하면 생각 없이 그를 따르는 무리가 "그건 불가능한 일"이라고 합창하기 시작한다.

주물을 만드는 작업을 예로 들어보자. 주물을 만드는 일은 그동안 언제나 낭비적인 과정이었다. 그런데 그것은 오래 전부터 사람들이 해온 일이어서 그동안 누적된 전통적인 요소들을 많이 가지고 있고, 그런 전통적인 요소들이 그것을 개선하는 것을 대단히 어려운 일로 만들고 있다. 내가 기억하기로는 언젠가 우리가 주물을 만드는 과정에 관한 실험을 시작하기 전에 주물 제작의 한 권위자가 "누구든 반 년 안에 주물 제작의 비용을 줄일 수 있다고 말한다면 그는 자기 자신을 사기꾼으로 깎아내리는 것"이라고 단언했다.

우리의 주물 공장은 여느 주물 공장과 거의 같았다. 1910년에 우리가 모델 T의 실린더를 처음으로 주조할 때에 우리의 주물 공장에서도 노동자들이 모든 일을 수작업으로 했고, 그러다 보니 삽과 손수레가 많이 사용됐다. 그곳의 일 가운데는 숙련공이 해야 하는 것도 있었고, 비숙련공이 해도 되는 것도 있었다. 그래서 그곳에는 예컨대 주형공도 있었지만, 일반 노동자도 있었다. 지금은 우리의 주물 공장에서 일하는 노동자 가운데 5퍼센트 정도가 완전히 숙련된 주형공이나 중자(core) 배치공이고 나머지 95%는 비숙련공인데, 보다 정확하게 말하면 이들 95%는 아무리 아둔한 사람이라도 이틀 안에 배울 수 있는 작업 하나를 숙련되게 할 수 있어야 한다. 주형을 가지고 주물을 만들어내는 공정은 모두 기계에 의해 진행된다. 우리가 주조해야 하는 부품 하나하나에 대해 그것이 생산계획상 얼마나 많이 만들어져야 하느냐에 따라 상이한 수의 작업단위가 설정된다. 각각의 작업단위에는 그곳의 주조작업에 맞는 기계가 설치된다. 그리고 각각의 작업단위에서 일하는 노동자들은 항상 똑같은 하나의 작업을 한다. 머리 위로 설치된 공중철로 하나에 작업단위 하나가 설정된다. 그 공중철로에는 일정한 간격으로 주형을 올려놓은 작업대들이 매달려 있다. 기술적인 세부사항에까지 들어가지 않고 말한다면, 주형과 중자의 제작, 그리고 중자의 배치는 작업대 위의 작업 대상물이 움직이는 가운데 이루어진다. 작업 대상물이 움직이므로 쇳물을 부어 넣는 작업은 다른 지점에서 이루어진다. 쇳물을 부어 넣은 주형이 종착지점에 이르면 충분히 식은 상태가 되어 그때부터 세척, 기계가공, 조립이 자동적으로 진행된다. 그리고 작업대는 새로운 작업 대상물을 싣기 위해 처음의 위치로 돌아간다.

피스톤봉 조립 공정의 발전을 예로 들어보자. 과거의 방식 아래에서도 이 공정은 3분밖에 안 걸렸고, 그래서 신경을 쓸 거리가 아닌 것으로 여겨졌다. 그때에 이 공정에서는 모두 28명의 노동자들이 2개의 작업대에서 일했다. 노동자들은 하루에 9시간 일해서 175개의 피스톤봉을 만들었다. 한 개를 만드는 데 3분 5초가 걸린 셈이었다. 검사가 따로 이루어지지 않았으므로 이 공정에서 만들어진 피스톤봉 가운데 다수가 엔진 공정에서 결함부품으로 판정되어 되돌아왔다. 그 작업은 매우 단순했다. 노동자들은 피스톤에서 핀을 밀어내고, 핀에 기름을 바르고, 봉을 제자리에 놓고, 봉과 피스톤을 관통하도록 핀을 끼우고, 하나의 나사를 조이고, 다른 하나의 나사를 풀어주기만 하면 됐다. 그것이 작업의 전부였다. 그 작업을 살펴보던 직공장은 그 정도의 작업을 하는 데 개당 3분 이상이나 되는 시간이 걸려야 하는 이유를 알 수 없었다. 그는 스톱워치를 이용해 작업의 동작을 분석했다. 그는 하루 9시간의 노동시간 가운데 4시간이 걷는 데 쓰인다는 사실을 알아냈다. 조립공이 자리를 뜨는 일은 전혀 없지만 재료를 가져오고 조립이 끝난 것을 내보내기 위해 걸음을 옮겨야 했다. 각각의 노동자가 주어진 일을 다 하려면 6가지 작업을 해야 했다. 직공장은 새로운 작업방법을 고안했다. 그는 전체 작업을 세 부분으로 나누고, 작업대 위에 미끄럼판을 올려놓고, 그 양쪽에 각각 세 명의 노동자가 서게 하고, 맨 끝에 검사 담당자를 한 명 배치했다. 그러자 각각의 노동자가 작업을 처음부터 끝까지 다 하는 대신에 작업의 3분의 1만을 하면 됐다. 각각의 노동자가 이제는 걸음을 옮기지 않으면서 할 수 있는 일만 하게 된 것이었다. 이로써 그 공정에 필요한 인력의 수가 28명에서 14명으로 줄어들었다. 그 수가 28명이었던 이전의 생산량 기록은 하루에 175개였는데, 이제는 7명의 노동자가 8시간 동안 2600개를 만들어낸다. 여기에서 얼마나 절약이 이루어졌는지는 굳이 계산해볼 필요도 없을 정도다!

뒤차축에 페인트칠을 하는 공정은 한동안 다소 골칫거리였다. 예전에는 노동자가 손으로 뒤차축을 통에 담긴 에나멜 페인트에 담갔다. 이런 작업에는 여러 차례의 손놀림이 필요했고, 노동자 두 명이 붙어야 했다. 이제는 자체적으로 설계하고 만든 특수한 기계를 이용해 한 명의 노동자가 그러한 작업을 다 한다. 한 명의 노동자가 움직이는 체인에 뒤차축을 매달기만 하면 된다. 그러면 그 체인이 뒤차축을 페인트 통 위로 운반하고, 그때 두 개의 레버가 페인트 통을 매단 축의 양끝에 달린 고리를 밀고, 그러면 페인트 통이 6피트 높이로 올라와 뒤차축이 페인트에 담기게 한 뒤에 제자리로 되돌아가고, 뒤차축은 건조용 가마로 들어간다. 이제는 13초 만에 이 모든 과정이 한 차례 진행된다.

라디에이터를 만드는 것은 복잡한 일이었고, 그것을 만들기 위한 납땜에는 숙련된 기술이 필요했다. 한 개의 라디에이터에 95개의 관이 들어갔다. 이들 관을 제자리에 끼워 맞추고 납땜을 하는 것은 사람의 손으로 해야 했기에 시간이 오래 걸리고 기술과 인내를 필요로 하는 작업이었다. 이제는 기계가 그 모든 일을 다 해서 8시간에 1200개의 라디에이터 코어를 만들어낸다. 라디에이터 코어는 이어 컨베이어에 의해 화로를 통과하게 되는데 그때에 납땜이 이루어진다. 손으로 납땜을 하는 작업도 필요 없고, 숙련된 기술도 필요 없다.

크랭크실 암을 크랭크실에 부착시키는 작업은 예전에는 압축공기를 이용하는 해머로 했다. 당시에는 그렇게 하는 것이 가장 새로운 방법이었다. 그렇게 하려면 노동자 6명이 해머를 들고 또 다른 6명이 크랭크실을 붙잡고 있어야 했다. 해머가 때리는 소리는 귀를 찢을 정도였다. 이제는 노동자 한 명이 조작할 수 있는 자동 프레스가 사용된다. 노동자 한 명이 다른 일은 하지 않고 오직 자동 프레스만 조작하면서 예전에 12명이 했던 양의 일을 혼자 다 한다.

피켓의 공장에서는 실린더 주물이 마무리 과정에서 4천 피트를 이동했지만, 이제는 300피트 남짓만 이동한다.

이제는 재료를 손으로 다룰 일이 전혀 없다. 수작업은 단 하나도 없다. 어떤 기계든 자동화될 수 있는 것은 모두 자동화된다. 어떤 작업 하나도 최선인 동시에 가장 비용이 적게 드는 방식으로 이루어지고 있다고 간주되지 않는다. 게다가 우리의 도구 가운데 10퍼센트 정도만이 특별히 제작된 것이다. 나머지 90퍼센트 정도는 일반적인 기계를 각각의 특정한 작업에 맞춰 조정한 것이다. 그리고 우리는 기계들을 거의 잇달아 붙여놓다시피 배치했다. 우리가 공장 바닥의 면적 1평방피트당 배치한 기계의 수는 세계의 다른 어느 공장에 비해서도 많다. 공장 바닥의 전체 면적 가운데 사용되지 않는 부분은 모두 간접비용을 초래한다. 우리는 그러한 낭비가 제거되기를 원한다. 그러나 필요한 공간은 다 있다. 노동자 가운데 누구든 사용할 수 있는 공간이 너무 넓지도 않고 너무 좁지도 않다. 작업을 쪼개고 또 쪼개는 동시에 작업 대상물을 이동시키는 것, 바로 이것이 생산의 기본방침이 되고 있다. 그러나 모든 부품이 가장 쉽게 만들 수 있도록 설계돼야 한다는 점도 잊지 않고 있다. 우리가 이와 같이 해서 절약을 얼마나 했을까? 과거와 지금을 아주 정확하게 비교하기는 어렵지만, 그 차이는 놀랄 정도다. 우리가 자동차를 만들기 시작한 1903년에 고용한 노동자들은 지금과 달리 모두 조립라인에서만 일했지만, 어쨌든 그때에 자동차 생산량 1대당 고용한 노동자의 수를 지금 그대로 적용해서 우리가 노동자들을 고용한다면 어떻게 될까? 그사이에 우리의 생산속도가 무척 빨라졌다는 점을 고려하면 지금은 무려 20만 명 이상을 고용해야 할 것이다. 그러나 최근에 우리의 하루 평균 자동차 생산량이 4천 대로 최고 수준에 이르렀을 때에도 자동차를 생산하는 일을 하는 우리의 노동자 수는 5만 명 미만이었다!

| 6장 |

기계와 인간

많은 사람들을 한데 모아 놓고 일을 시킬 때에 가장 힘들게 맞서 싸워야 하는 문제는 과도한 조직과 그에 따르는 관료적 형식주의다. 내가 생각하기에는 흔히 '타고난 조직가 성향'이라고 불리는 것보다 더 위험한 성향은 없다. 대개는 이러한 성향이 가계도의 나무 그림이 그렇듯이 권위가 어떻게 가지를 쳤는지는 보여주는 매우 큰 도표로 귀결된다. 그 위계의 나무에는 훌륭한 둥그런 과일이 주렁주렁 매달려 있고, 그 과일의 하나하나에는 사람이나 자리의 이름이 붙어 있다. 사람마다 직함과 직무를 가지고 있는데, 그 직무는 각자에게 해당하는 과일 그림의 안쪽으로 그 범위가 엄격하게 국한된다.

현장의 감독대리가 공장장에게 어떤 말을 하고 싶다면 그 말이 부직공장, 직공장, 부서장, 그리고 여러 명의 부공장장을 거쳐 공장장에게 전달되게 해야 한다. 그러는 사이에 시간이 흘러서 그가 하고자 했던 말의 내용은 아마도 이미 과거지사가 돼버렸을 것이다. 위계의 나무에서 맨 아래의 구석에 있는 과일에 해당하는 사람이 한 말이 사장이나 이사회 의장에게 전달되는 데에는 6주 정도가 걸린다. 그리고 그런 높은 위치에 있는 임원 가운데 어느 한 사람에게라도 그 말이 전달됐을 때에는 그 말과 관련된 비판, 제안, 논평이 이미 수없이 쌓여 있을 것이다. '공식적인 검토'의 대상이 되는 것 가운데 실제로 시행돼야 하는 때를 훨씬 지난 뒤가 아닌 시점에 그렇게 되는 것은 지극히 적다. 서로 책임을 미루다가 결국은 책임을 지는 사람이 없게 된다. 이는 한 사람의 머리보다는 두 사람의 머리가 낫다는 게으른 관념에 모두가 젖어 있기 때문이다.

내가 생각하기에 사업체는 이제 기계가 아니다. 사업체를 사람들의 집단으로 본다면 그 사람들은 일을 하려고 모인 것이지 서로 편지를 주고받으려고 모인 것이 아니다. 어느 부서든 다른 부서가 무슨 일을 하는지를 알아야 할 필요가 없다. 어떤 사람이든 자기의 일을 하고 있다면 다른 누구의 일에 참견할 시간이 없을 것이다. 모든 부서가 동일한 목적을 향해 제대로 일을 하고 있는지를 확인하는 것은 일 전체를 계획하는 사람이 할 일이다. 개인들 사이나 부서들 사이에 친목을 도모하기 위한 회의는 열 필요가 없다. 사람들이 함께 일하기 위해 서로를 사랑해야 할 필요도 없다. 동료애가 과도하게 형성되는 것은 사실 아주 나쁜 일일 수 있다. 왜냐하면 과도한 동료애는 서로 간에 잘못을 덮어주려는 태도를 갖게 하기 때문이다. 그것은 서로에게 나쁘다.

우리는 일을 할 때에는 일만 해야 하고, 놀 때에는 놀기만 해야 한다. 그 두 가지를 섞어서 득이 될 것이 없다. 해야 할 일을 완수하고 그에 대한 보수를 받는 것이 유일한 목적이어야 한다. 해야 할 일을 완수하고 나면 놀아도 되지만 그 전에 놀아서는 안 된다. 그렇기에 포드 모터 컴퍼니의 공장과 사업체에는 조직이 없고, 지위에 따른 특수한 의무가 없고, 직위승계 순번이나 위계가 없고, 직함이 거의 없고, 회의가 없다. 도움이 절대적으로 필요하다면 사무원의 도움만 받으면 된다. 우리는 그 어떤 종류의 자세한 기록도 남기지 않으며, 따라서 우리에게는 관료적 형식주의가 없다.

우리는 개인별 책임성이 완전하게 실현되도록 한다. 노동자는 자기의 일에 대해 절대적으로 책임을 진다. 감독대리는 자기의 아래에 있는 노동자들에 대해 책임을 진다. 직공장은 자기가 맡은 그룹에 대해 책임을 진다. 부서장은 부서에 대해 책임을 진다. 공장장은 공장 전체에 대해 책임을 진다. 모든 사람이 자기의 영역에서 어떤 일이 진행되고 있는지를 알아야 한다. 나는 '공장장'이라는 말을 사용했지만, 공식적으로는 그러한 직함이 없다. 공장 전체에 대해 한 사람이 책임을 지는데, 우리는 여러 해 전부터 그래왔다. 그는 두 사람을 데리고 일하는데, 그 두 사람은 직무가 어떻게도 정해져 있지 않지만 각각 공장에서 이루어지는 작업 가운데 특정한 부분을 담당한다. 그 두 사람에게는 조수 격인 사람 대여섯 명이 딸려 있다. 그들은 정해진 직무를 가지고 있지 않다. 그들은 스스로 직무를 찾아서 하는데, 그들이 하는 직무에는 제한이 없다. 그들은 각자 자기에게 가장 잘 맞는 곳에서 일하면 된다. 재고의 과부족을 점검하는 일을 하는 사람도 있고, 완성된 부품을 검사하는 일을 하는 사람도 있다.

이는 엉성해 보일지 모르지만 사실은 그렇지 않다. 일을 완수하는 데 전적으로 집중하는 사람들의 집단은 그렇게 하는 데 아무런 어려움도 없다. 그들은 직함에는 전혀 신경을 쓰지 않으므로 권한의 한계는 그들에게 문제가 되지 않는다. 그들의 각각에게 직위나 그와 비슷한 것을 부여한다면 그들은 얼마 지나지 않아 그에 수반되는 일을 하는 데에 시간을 허비할 뿐만 아니라 왜 자기가 동료 가운데 다른 누군가보다 더 높은 직위에 오르지 못했는지를 고민하고 따지는 데에도 시간을 허비할 것이다.

직함도 없고 권한의 한계도 없으므로 관료적 형식주의의 문제도 없고 지켜야 할 위계질서도 없다. 어느 노동자든 누구에게나 가서 하고 싶은 이야기를 할 수 있다. 이런 관례가 잘 정착되어 이제는 노동자가 직공장을 건너뛰어 바로 공장장에게 가서 직접 하고 싶은 말을 하더라도 그 직공장이 화를 내지 않는다. 그러나 노동자가 실제로 그렇게 하는 경우는 드물다. 왜냐하면 직공장이 노동자를 부당하게 대하면 그런 사실이 매우 신속하게 적발되어 직공장 자리를 내놓아야 한다는 것을 직공장 스스로가 자기의 이름을 아는 만큼이나 잘 알고 있기 때문이다. 우리가 결코 용납하지 않으려고 하는 것 가운데 하나가 모든 종류의 불공정함이다. 누군가가 권위를 내세우기 시작하면 곧바로 그러한 사실이 적발되어 그는 회사에서 쫓겨나거나 기계를 돌리는 일로 돌아가야 한다. 많은 노동소요가 하급 관리자의 부당한 권위 행사에서 비롯된다. 나는 노동자가 정당한 대우를 받기가 도저히 불가능한 제조공장이 너무나 많은 게 아닌가 생각한다.

우리를 통제하는 것은 일이며 오직 일뿐이다. 이는 우리가 직함을 두지 않는 이유 가운데 하나다. 대다수의 사람들은 자기의 일을 스스로 잘 해낼 수 있음에도 직함에 눌려 꼼짝하지 못한다. 직함의 효과는 매우 특이하다. 직함은 일을 하지 않아도 된다는 신호로 남용돼왔다. 직함을 내세우는 것은 다음과 같은 문구가 새겨진 배지를 달고 다니는 것과 거의 같다.

"이 사람은 자기 자신을 중요한 존재로 여기고 다른 사람들 모두를 열등한 존재로 여기는 것 말고는 하는 일이 아무것도 없다."

직함은 그것이 부여된 사람에게 해로운 경우가 많을 뿐 아니라 다른 사람들에게도 나쁜 영향을 끼친다. 직함을 가진 사람이 항상 진정한 지도자인 것은 아니라는 사실이 사람들로 하여금 개인적인 불만을 품게 하는 원인 가운데 가장 중대한 원인이다. 진정한 지도자는 모든 사람이 알아본다. 그래서 계획을 세우고 지휘를 할 줄 아는 진정한 지도자라면 모두가 그를 지도자로 인정한다. 그런 진정한 지도자가 직함을 가지고 있음을 알게 된다면 그 직함이 무엇인지는 다른 누군가에게 물어봐야 할 것이다. 진정한 지도자는 자기의 직함을 자랑스레 내세우지 않기 때문이다.

그동안 사업체들에서 직함이 지나치게 남용돼왔고, 그 폐단이 사업체들을 괴롭혀왔다. 이로 인한 나쁜 추세 가운데 하나는 직함에 따라 책임이 나눠지는 것이다. 책임이 나눠지기를 거듭하다가 결국에는 책임이 전부 제거되는 지경에 이르기도 한다. 책임이 작은 조각들로 쪼개져서 다수의 부서들에 배분되면 각각의 부서가 나름대로 직함을 가진 부서장의 아래에 있게 되고 그 부서장은 나름대로 근사한 하위 직함을 가진 사람들에게 둘러싸이게 되어 진정으로 책임감을 가진 사람을 어디에서도 찾아보기가 어렵게 된다. '카드 패를 돌려야 할 차례에 돌리지 않고 넘기기'라는 말이 무슨 의미인지는 누구나 안다. 포커 게임의 이 규칙은 부서들이 책임을 떠넘기기만 하는 산업계 조직에서 유래한 것이 틀림없다. 어느 조직이든 그 건강은 모든 구성원이 사업의 번영과 관련된 것 가운데 자기의 눈에 보이는 모든 것을 자기의 일로 느끼는지에 달려 있다. 철도회사들이 망하는 과정은 그 부서들이 다음과 같이 말하면서 책임을 떠넘기는 가운데 진행됐다.

"아, 그건 저희 부서의 일이 아닙니다. 그 일은 100마일 떨어져 있는 X라는 부서가 담당하고 있습니다."

사업체의 간부들은 그동안 직함의 뒤로 숨지 말라는 충고를 수없이 받곤 했다. 그러한 충고가 필요했다는 사실 자체가 기존의 상태를 바로잡으려면 충고 이상의 조치가 필요했음을 보여준다. 그런데 그렇게 할 수 있는 조치는 하나뿐이다. 그것은 직함을 폐지하는 것이다. 극소수의 직함은 법률상 필요할 수도 있고, 대중에게 기업과 거래하는 방법을 알려주는 데 유용할 수도 있다. 그러나 그런 것들을 제외한 모든 직함에 대한 최선의 준칙은 '폐지한다'는 것이다.

사실 오늘날 사업들의 전반적인 실적은 직함의 가치를 크게 떨어뜨리고 있다. 파산한 은행의 은행장이라고 스스로 자랑할 사람은 아무도 없을 것이다. 전반적으로 보아 사업이라는 배의 키잡이를 자랑스럽게 여기기에 충분할 정도로 그 배의 조타가 그동안 능숙하게 이루어지지 않았다. 지금 직함을 가지고 있으면서 그래도 조금이라도 쓸모가 있는 사람들은 자기의 직함을 잊어버리고 사업의 밑바닥 토대로 내려가 허약한 부분을 찾고 있다. 그들은 자기가 윗자리로 오르기 전에 있었던 위치로 되돌아가 밑바닥에서부터 모든 것을 다시 쌓아 올리려고 한다. 그리고 진정으로 일을 하는 사람은 직함을 필요로 하지 않는다. 그가 하는 일만이 그를 명예롭게 한다.

우리 회사에서 일하는 사람들은 공장에서 근무하든 사무실에서 근무하든 모두 다 고용 담당 부서를 통해 들어왔다. 내가 앞에서 말했듯이 우리는 전문가를 고용하지 않는다. 또한 우리는 과거의 경험에 근거해 사람을 고용하지 않으며, 최하위직에 해당하는 자리에만 새로 사람을 고용한다.

우리는 과거의 경력을 보고 사람을 고용하지 않으므로 과거의 경력을 이유로 사람을 고용하기를 거부하지도 않는다. 나는 철저하게 나쁜 사람은 만나본 적이 없다. 나쁜 사람에게도 어느 정도는 좋은 점이 있기 마련이고, 기회만 주어진다면 나쁜 사람도 좋은 점을 보여줄 수 있게 된다. 우리가 사람을 고용할 때에 과거의 경력에 조금도 관심을 두지 않는 이유가 바로 여기에 있다. 우리는 사람의 경력을 고용하는 것이 아니라 사람을 고용하는 것이다. 어떤 사람이 감옥에 들어간 적이 있다는 것이 그가 다시 감옥에 들어갈 것이라고 말할 근거가 되지는 않는다. 오히려 반대로 그 사람은 기회만 주어진다면 감옥에 다시 들어가지 않으려고 특별한 노력을 기울일 가능성이 매우 높다고 나는 생각한다. 우리의 고용 담당 부서는 누구에게도 그의 어떤 과거 행적을 이유로 해서도 우리 회사에 고용될 기회를 차단하지 않는다. 싱싱 교도소 출신이든 하버드 대학 출신이든 누구나 똑같이 우리 회사에 들어올 수 있다. 우리는 입사 지원자에게 어느 지역에서 학교를 다녔는지도 묻지 않는다. 입사 지원자에게 요구되는 것은 오직 일을 하려는 의욕뿐이다. 포드 모터 컴퍼니의 공장에서는 누구나 다 일을 한다는 사실이 널리 잘 알려져 있으니 일을 하려는 의욕을 가지고 있지 않은 사람이 우리 회사에 입사 지원서를 낼 리도 없다.

반복해 다시 말한다면, 우리는 입사 지원자가 과거에 어떤 사람이었는지에 대해서는 관심을 갖지 않는다. 대학을 다닌 사람이라면 앞서서 나아갈 수 있겠지만 그런 사람도 일단은 밑바닥에서 시작한 뒤에 자기의 능력을 입증해야 한다. 각자의 미래는 전적으로 그 자신에게 달렸다. 사람들이 제대로 인정을 받지 못하는 것에 관한 헛된 말들이 많이 오가고 있다. 우리 회사에서는 모든 사람이 다 제 가치만큼 정당하게 인정을 받을 것이라고 누구나 믿어도 된다.

인정을 받고자 하는 욕구에 고려할 만한 특정한 요소들이 있는 것은 틀림없다. 현대의 산업 체계 전체가 그러한 욕구를 심하게 왜곡시키다 보니 이제는 그러한 욕구가 거의 강박증적인 집착이 됐다. 과거의 한때에는 한 사람의 개인적인 발전이 그 자신이 하는 일에만 전적으로, 그리고 직접적으로 의존했을 뿐 다른 어느 누구의 지원에도 의존하지 않았다. 그런데 오늘날에는 어떤 영향력 있는 사람의 주목을 받는 행운에 개인의 발전이 크게 의존하는 경우가 많다. 우리는 이런 경향에 맞서 성공적으로 싸워왔다. 누군가의 주목을 받겠다는 생각을 가지고 일하는 사람이라면 자기가 한 일로 인정을 받지 못하게 되는 경우에는 차라리 그 일을 엉터리로 하거나 아예 하지 않는 게 나았겠다고 생각할 것이다. 이처럼 일이 부차적인 고려사항이 되는 경우가 흔히 있다. 지금 하고 있는 일, 다시 말해 지금 만들고 있는 제품을 만드는 일이나 지금 하고 있는 특수한 종류의 기여를 하는 일은 주된 일이 아닌 것이 돼버리곤 한다. 그 대신에 개인적인 승진이 주된 일이 된다. 승진을 해야 누구로부터든 주목을 받기에 더 유리하다고 생각하기 때문이다. 일을 부차적인 것으로 끌어내리고 인정을 받는 것을 주된 것으로 끌어올리는 이러한 습관은 일을 부당하게 업신여기는 것이다. 그 습관은 인정을 받고 신용을 얻는 것을 진짜로 해야 할 일로 만든다. 그리고 그 습관은 노동자에게 불행한 결과를 가져다주기도 한다. 그 습관은 좋아 보이지도 않고 생산적이지도 않은 특이한 종류의 야망을 조장하고, 그리하여 '상사에게 잘 보이면' 남들보다 앞서나갈 수 있다고 생각하는 종류의 사람들을 만들어낸다. 어느 공장에나 이런 종류의 사람들이 있다. 그리고 지금의 산업 체계에는 그 최악의 측면으로 그러한 게임이 실제로 이득을 낳아주는 것처럼 보이게 하는 어떤 요소들이 있다. 직공장들도 사람일 뿐이다. 그들로 하여금 자기의 손 안에 노동자들의 행불행을 쥐고 있다고 믿게 만들면 그들이 우쭐해지는 것은 당연하다. 그리하여 그들이 아부에 넘어가기 쉽게 되면 그들에게 딸린 하위 노동자들이 각자 개인적인 이득을 위해 그들의 환심을 사려고 경쟁적으로 아부하게 되는 것도 당연하다. 내가 개인적인 요소를 가능한 한 최소화하기를 원하는 이유가 바로 여기에 있다.

우리 회사에서는 그런 것을 전혀 알지 못하는 사람이면 누구든 더 높은 지위로 올라가기가 훨씬 더 쉽다. 어떤 사람들은 일을 열심히 하려고 하지만 생각하는 능력을 갖고 있지 않고, 생각하기는 하지만 빠르게 생각하는 능력은 갖고 있지 못한 경우도 있다. 그러한 사람들은 각자의 능력에 걸맞은 정도까지만 승진한다. 근면하다는 장점을 가지고 있는 사람도 승진할 수는 있지만, 그러한 장점에 더해 리더십의 요소도 어느 정도 가지고 있지 않다면 실제로 승진하게 될 가능성이 없다. 우리가 살고 있는 이 세상은 꿈속의 세상이 아니다. 우리 공장에서는 그 안에서 작동하는 흔들어 털어내는 과정을 통해 결국에는 모든 사람이 각자에게 걸맞은 자리에 안착하게 되리라고 나는 생각한다.

우리는 우리 조직의 어느 부분에서라도 일이 이루어지는 모든 방식에 결코 만족하지 않는다. 우리는 언제나 모든 일이 더 나은 방식으로 이루어져야 한다고 생각하며, 결과적으로 그렇게 될 것이라고 생각한다. 앞으로 밀고 나아가려는 우리 조직의 정신은 높은 지위에 걸맞은 자질을 가진 사람이 결국에는 그러한 지위에 오르도록 한다. 나는 조직이라는 낱말을 사용하기를 좋아하지 않지만 어쨌든 이 낱말을 사용해서 말한다면, 조직이 언제든 고착되어서 틀에 박힌 절차와 짬밥 순서가 지배하는 상황에서는 아마도 높은 지위에 걸맞은 자질을 가진 사람이 그러한 지위에 오르지 못할 것이다. 그러나 우리에게는 직함이 거의 없기 때문에 지금 하고 있는 일보다 더 잘할 수 있는 일을 해야 하는 사람이 있다면 그는 지체 없이 그렇게 된다. 우리 회사에는 '직위'라는 것이 없으므로 그런 사람이 진급해서 갈 수 있는 직위가 '비어 있지 않다'는 사실이 그의 발목을 잡는 일이 없다. 우리에게는 고정불변의 자리가 없다, 가장 뛰어난 사람은 자기가 일할 자리를 스스로 만든다. 해야 할 일은 언제나 있으므로 그렇게 하기가 아주 쉽다. 승진을 바라는 사람에게 알맞은 직함을 찾아 주려고 하는 대신에 해야 하는 일을 누군가는 하도록 해야 한다고 생각한다면 승진이라는 문제를 처리하는 데에 어려움이 전혀 없다. 승진 그 자체는 공식적인 것이 아니다. 그저 자기가 하던 일이 아닌 다른 일을 하고 더 많은 보수를 받는다면 그게 승진이나 다름없다.

그러므로 우리 회사에서 일하는 사람들은 모두 밑바닥에서 시작해 위로 오른다. 기계공으로 시작한 사람이 공장장이 된다. 리버루지에 있는 큰 공장의 책임자는 주형공으로 시작했다. 주요 부서장 가운데 한 사람은 청소부로 시작했다. 연줄 없이 낯선 사람으로 입사하지 않은 사람은 우리 공장의 어디에서도 찾아볼 수 없다. 우리가 발전시킨 모든 것은 우리 회사에 들어와 같이 일하면서 그렇게 할 능력을 갖춘 사람들이 이뤄낸 것이다. 우리는 다행스럽게도 어떠한 전통도 이어받은 것이 없고, 어떠한 전통도 세우지 않는다. 그래도 우리에게 전통이 있다면 그것은 이것 하나뿐이다.

"우리는 언제나 모든 일을 지금 하고 있는 것보다 더 잘할 수 있다."

일을 더 낫게 더 빨리 해야 한다는 생각을 언제나 하게 하는 분위기는 공장에서 발생하는 거의 모든 문제를 해결해준다. 어떤 부서는 생산속도에서 앞서나간다. 생산속도와 생산비용은 서로 구별되는 요소다. 부서별 비용을 계속 점검하기만 하는 직공장이나 공장장은 시간을 낭비하고 있을 뿐이다. 그들은 어떤 비용 요소들, 이를테면 임금률, 간접비용, 재료가격 등은 전혀 통제할 수 없으니 그런 것에는 신경을 쓰지 않아도 된다. 그들이 통제할 수 있는 것은 관할 부서의 생산속도다. 개별 부서의 생산속도는 생산되는 부품의 수를 일손의 수로 나눠서 얻을 수 있다. 모든 직공장은 자기 부서를 매일 점검하고 그 생산속도와 관련된 수치를 기록한 서류를 늘 가지고 다닌다. 공장장은 모든 수치를 일람표로 작성한 것을 가지고 있다. 어떤 부서에 무언가 문제가 생기면 그 일람표의 생산량 기록이 그런 사실을 바로 알려준다. 그러면 공장장이 무슨 일인지를 알아보게 되고, 직공장이 정신을 차리고 바삐 움직인다. 더 나은 방법을 찾게 하는 유인 가운데 상당히 많은 부분이 이러한 단순한 생산속도 추산 방법에서 직접적으로 비롯된다. 직공장이 비용회계 전문가여야 할 필요는 없다. 직공장이 비용회계를 잘한다고 해서 더 나은 직공장이 되는 것은 아니다. 직공장이 책임지고 있는 것은 자기 부서의 기계와 사람이다. 자기 부서에 소속된 사람들이 최선을 다해 일하고 있다면 직공장은 자기가 해야 할 일을 다 하고 있는 것이다. 자기 부서의 생산속도는 그에게 안내지표가 된다. 그가 부수적인 문제에까지 자신의 에너지를 분산시킬 이유는 없다.

생산속도가 중시되는 이러한 시스템은 직공장으로 하여금 개인적인 것들은 잊어버리게 한다. 지금 하고 있는 일만 생각하고 다른 것들은 모두 잊어버리는 것이다. 직공장이 일을 가장 잘하는 사람들을 데리고 일하려고 하지 않고 자기가 좋아하는 사람들을 데리고 일하려고 한다면 그가 책임진 부서의 생산 기록이 그러한 사실을 금세 드러낼 것이다.

직공장이 데리고 일할 사람들을 고르는 데에는 아무런 어려움도 없다. 데리고 일할 사람들은 저절로 생겨난다. 왜냐하면 승진의 기회가 없다는 불평이 아무리 많이 들린다고 하더라도 보통의 노동자는 승진보다는 안정적인 일자리에 관심이 더 많기 때문이다. 돈을 더 많이 벌고 싶어서 더 높은 위치의 일자리에 수반되는 더 많은 책임과 더 많은 일까지 기꺼이 받아들이려고 하는 경우는 임금을 받기 위해 일하는 사람들 가운데서도 5퍼센트를 넘기 어렵다. 감독대리라도 되려고 하는 사람들은 25퍼센트 정도에 불과한데, 그 대부분은 기계를 직접 돌리는 일을 하는 것보다는 그 자리를 받아들이는 것이 보수를 더 많이 받을 수 있는 길이라고 생각하기 때문에 그러는 것이다. 기계를 만지기를 좋아하지만 책임을 지기는 싫어하는 사람들은 도구를 제작하는 부서로 가게 되는데, 이는 그렇게 하는 것이 기계를 돌려 생산을 하는 것보다 보수를 더 많이 받는 길이기 때문이다. 그러나 대다수의 사람들은 있던 자리에 그대로 있기를 원한다. 그들은 지휘를 받기를 원한다. 그들은 자기를 위해 모든 것이 갖추어져 있기를 바라면서 책임은 지지 않으려고 한다. 그러므로 아무리 많은 사람들이 있어도 그 가운데에서 승진시킬 사람을 찾기가 어려운 것이 아니라 승진시키는 것을 기꺼이 받아들이려고 하는 사람을 찾기가 어려운 것이다.

널리 받아들여지고 있는 이론은 모든 사람이 승진하기를 열망한다는 것이며, 이런 이론을 바탕으로 그럴 듯한 계획들이 수없이 많이 수립돼왔다. 이에 대해 내가 말할 수 있는 것은 우리는 그것이 사실에 부합하는 이론이라고 보지 않는다는 것뿐이다. 우리 회사에 고용된 미국인들은 승진하기를 원하기는 하지만 맨 꼭대기의 자리에까지 올라가기를 반드시 원하는 것은 아니다. 외국인들은 일반적으로 말해 감독대리의 자리에 머무르는 것으로 만족한다. 이 모든 것이 왜 그런지는 나도 알지 못한다. 나는 단지 사실을 사실대로 이야기할 뿐이다.

내가 이미 말했듯이 모든 사람은 각자의 일자리에서 모든 일이 이루어지고 있는 방식에 대해 마음을 열어 놓고 있다. 그래도 고정된 이론, 다시 말해 고정된 규칙이라고 할 만한 것이 있다면 그것은 현재 충분히 잘 이루어지고 있는 일은 없다는 것이다. 공장의 운영에 관한 제안이라면 어떤 것이든 환영을 받는다. 그리고 우리는 비공식적인 제안 제도를 가지고 있다. 어떤 노동자든 그러한 제안 제도를 통해 자신의 머릿속에 떠오른 어떤 생각이라도 다른 사람들에게 전달해서 그에 관한 조치가 내려지게 할 수 있다.

우리가 만드는 부품 한 개당 1센트의 절약도 분명한 가치가 있을 수 있다. 현재 우리의 생산속도에서 부품 한 개당 1센트의 절약이라면 1년이면 1만 2천 달러가 된다. 각각의 모든 부품에서 1센트씩 절약하면 1년에 몇백만 달러를 절약하게 된다. 그러므로 절약에 관한 비교를 할 때에는 그 계산이 1센트의 1천 분의 1 단위까지 이루어진다. 제안된 새로운 방식이 절약을 가져다주는 것이 분명하고 그 방식을 적용하는 데에 따르는 변화의 비용이 적당한 시일 안에, 이를테면 3개월 이내에 절약으로 메워진다면 그 변화는 당연히 실행된다. 이러한 변화는 결코 생산량을 늘려주거나 비용을 줄여주는 개선에 국한되지 않는다. 아주 많은 변화가 일을 더 쉽게 할 수 있게 해주는 방면에서 실행되며, 어쩌면 실행되는 변화의 대부분이 이런 것이라고 할 수 있을지도 모른다. 우리 회사에 고된 일, 살인적인 일이 있는 것을 우리는 원하지 않으며, 이제는 그런 일이 거의 없다. 그리고 일하는 사람이 더 쉽게 일할 수 있게 해주는 방식을 채택하면 그에 따라 비용도 줄어드는 것이 일반적으로 관찰된다. 괜찮은 일자리와 번창하는 사업 사이에는 매우 밀접한 관련성이 있다. 우리는 부품을 직접 만드는 것과 사다가 쓰는 것 가운데 어느 쪽이 비용이 덜 드는지를 소수점 이하 세 자리 끝까지 정밀하게 계산한다.

회사 안의 모든 곳에서 제안이 나온다. 제안을 하는 데서는 외국인 노동자 가운데 폴란드인이 가장 영리한 것으로 보인다. 어느 폴란드인은 영어로 말할 줄도 모르면서 자기가 다루는 기계 속의 어떤 도구를 특정한 다른 각도로 놓으면 소모가 덜 되어 더 오래 쓸 수 있다고 제안했다. 사실 절단용 도구인 그것은 네댓 번 사용하면 못 쓰게 되곤 했다. 그의 제안은 옳은 것이었고, 우리는 그 덕분에 그 도구를 바꿔주는 데 드는 비용을 많이 절약할 수 있었다. 드릴 프레스를 다루는 일을 하는 또 한 명의 폴란드인은 부품에 드릴 작업을 한 뒤에 그 부품을 추가로 다듬는 데에 손을 덜 써도 되게 해주는 작은 크기의 고정 장치를 고안했다. 그 고정 장치는 공장 전체에 채택됐고, 그 결과로 우리는 비용을 상당히 많이 절약했다. 노동자가 나름대로 작은 도구를 고안해서 기계에 부가해 사용해보는 경우가 종종 있다. 하나의 일에 집중하는 노동자는 개선의 방안을 궁리하는 정신만 가지고 있다면 대개는 그런 방안을 고안해낼 수 있다. 자기가 일할 때에 다루는 기계를 청결한 상태로 유지하는 것은 자기의 의무가 아닌데도 그렇게 하는 노동자들은 대체로 보아 영리한 사람이다.

제안의 사례를 몇 가지 들어보면 다음과 같다. 머리 위의 공중으로 컨베이어를 설치해서 그것을 이용해 주물을 만드는 공장에서 기계작업을 하는 공장으로 주물을 운반하자는 제안은 수송 부문의 인력을 70명 절감할 수 있게 해주었다. 기어의 절단 부위에서 거스러미를 제거하는 작업에는 지금보다 생산량이 적었던 과거에도 보통 17명이 배치됐고, 그 작업 자체가 힘들고 까다로운 일이었다. 그런데 어떤 노동자가 그 작업에 사용할 수 있는 특수한 기계의 구상도를 그렸다. 우리는 그의 아이디어를 발전시켜 그 기계를 제작했다. 그 덕분에 이제는 4명이 그 작업에 배치되어 과거에 17명이 하던 일의 양보다 몇 배나 더 많은 일을 하고 있다. 그리고 이제는 그 작업에 힘든 부분이 전혀 없다. 차대의 한 부분을 이루는 막대를 용접된 것으로 바꿔준 것은 지금보다 생산량이 적었던 당시에도 연간 50만 달러나 되는 비용절감으로 이어졌다. 몇 가지 관을 통상적인 방법 대신에 평판을 이용하는 방법으로 만들어서 엄청난 비용절감 효과를 얻기도 했다.

어떤 기어 하나는 예전의 방법으로 만들 때에는 네 가지 작업을 거쳤고, 그것 만들기 위해 재료로 투입된 철강의 12퍼센트가 스크랩으로 남았다. 우리는 스크랩의 대부분을 재활용하고 있고 향후에는 궁극적으로 그 전량을 재활용하게 되겠지만, 그렇다고 해서 스크랩의 발생을 줄이지 않을 이유가 없다. 작업 후 폐기물이 전부 다 최종적인 손실이 되지는 않는다는 사실이 폐기물이 많이 발생하는 것을 정당화하지는 않는다. 어떤 노동자가 그 기어를 만드는 새로운 방법을 고안했는데, 그 방법은 매우 간단하면서도 스크랩 발생률을 불과 1퍼센트로 낮추어주었다. 캠축도 예로 들 수 있다. 캠축은 그 표면을 단단하게 만들어야 하므로 열처리를 해주어야 하는데, 열처리용 가마에 들어갔다가 나오면 다소 비틀어졌다. 그래서 우리는 1918년까지도 비틀어진 캠축을 똑바로 펴는 작업에만 37명의 노동자를 고용했다. 몇몇 노동자들이 1년가량 실험을 한 끝에 새로운 형태의 열처리용 가마를 만들어냈는데, 그 가마는 캠축을 비틀어지게 하지 않았다. 1921년에는 1918년에 비해 생산량이 훨씬 증가했음에도 캠축을 열처리하는 공정에는 단지 8명만 고용하게 됐다.

누가 하는 어떤 작업에서든 기술의 필요성을 없애는 것도 시급한 일이다. 도구를 단단하게 만들기 위한 담금질은 과거에는 전문가가 해야 하는 일이었다. 담금질을 하는 사람은 적절한 가열온도를 판단해서 결정해야 했다. 그것은 두드려 맞추는 식의 일이었다. 그런데 신기하게도 가열온도를 곧잘 정확하게 맞추었다. 철강을 담금질하는 데에서 열처리는 매우 중요한 과정이고, 그래서 적절한 온도를 알아내어 그 온도로 열을 가해야 한다. 그런데 적절한 온도는 어림짐작으로는 알아낼 수 없다. 그것은 정확하게 측정돼야 하는 것이다. 우리는 용광로를 다루는 노동자가 온도에는 전혀 신경을 쓰지 않아도 되는 시스템을 도입했다. 이제는 노동자가 온도를 알려주는 고온계를 들여다보지 않는다. 전구의 불빛 색깔이 그에게 신호를 보내주기 때문이다.

우리가 만드는 기계 가운데 얼렁뚱땅 제작되는 것은 하나도 없다. 아이디어는 자세히 연구되고 나서야 실행에 옮겨진다. 때로는 나무로 모형을 만들어보기도 하고, 칠판에 해당 부품의 그림을 실제의 크기로 그려보기도 한다. 우리는 선례에 구애받지 않고, 어떤 것도 운에 맡기지 않는다. 우리는 설계된 목적에 맞는 기능을 발휘하지 못하는 기계는 만들어본 적이 없다. 모든 실험의 90퍼센트 정도는 성공적이었다.

제조기술의 발전은 모두 다 사람에 의해 이루어진 것이다. 방해를 받지 않고 일을 하면서 자기가 하는 일을 통해 기여를 하고 있음을 스스로 아는 사람들은 해야 하는 일의 가장 사소한 부분에까지 언제나 온 정신을 기울일 것이라고 나는 생각한다.

| 7장 |

기계에 대한 공포

하나의 일을 언제나 같은 방식으로 되풀이하는 이른바 반복노동을 해야 한다면 끔찍하게 생각하는 사람들이 있다. 나도 그렇다. 나는 도저히 똑같은 일을 매일같이 할 수 없을 것 같다. 그러나 어떤 사람들에게는, 아니 내가 보기에 대부분의 사람들에게는 반복적인 작업이 결코 두려운 것이 아니다. 사실 생각하기를 절대적으로 싫어하는 사람들도 있다. 그들에게 이상적인 일은 창조의 본능이 발휘돼야 할 필요성이 없는 일이다. 몸의 근육뿐만 아니라 머리까지 써야 하는 일을 스스로 나서서 하려는 사람은 그리 많지 않다. 어려운 일을 그것이 어렵기 때문에 좋아하는 사람은 언제나 부족하다. 유감스러운 사실이지만, 보통의 노동자는 몸을 많이 쓸 필요가 없는 일을 하기를 원하기도 하지만, 그보다 생각을 할 필요가 없는 일을 하기를 더 원한다. 이른바 창조적인 유형의 정신을 가지고 있으면서 단조로움을 지극히 혐오하는 사람은 다른 사람들도 모두 자기와 비슷하게 가만히 있지를 못한다고 상상하고 그래서 거의 정확하게 똑같은 작업을 매일같이 하는 노동자들을 오지랖 넓게 동정한다.

그런데 결론적으로 이야기하면, 대부분의 직업은 반복적인 일이다. 사업가에게는 대단히 정확하게 지키는 일과가 있다. 은행장이 하는 일은 거의 모두가 일정하게 정해져 있다. 은행의 하급 간부와 창구의 은행원이 하는 일도 그렇다. 사실 대부분의 목적을 위해서도 그렇지만 대부분의 사람을 위해서도 어떤 되풀이되는 일과를 정해두고 대부분의 움직임을 순전히 반복적인 것으로 만들 필요가 있다. 그렇게 하지 않으면 개개인이 자신의 노력으로 먹고 살기에 충분한 정도로 일을 하지 못할 것이다. 창조적인 정신을 가지고 있는 사람이라면 누구도 단조로운 직업에 종사해야 할 이유가 없다. 왜냐하면 어디에서나 창조적인 사람을 절실하게 필요로 하기 때문이다. 앞으로 기술을 가진 사람들을 위한 일자리는 결코 부족하지 않을 것이다. 그러나 기술을 가진 사람이 되겠다는 의지를 모든 사람이 다 갖고 있는 것은 아님을 우리는 알아야 한다. 그리고 그런 의지는 갖고 있지만 기술 연마를 위한 훈련의 과정을 겪어낼 용기는 갖고 있지 않은 사람들도 있다. 그런데 누구도 기술을 가진 사람이 되기를 바라는 것만으로는 그런 사람이 될 수가 없다.

인간의 본성이 어떠한 것인 게 분명하다는 식의 가설이 너무나도 많지만, 인간의 본성이 실제로 어떠한 것인지에 대한 연구는 충분히 이루어지고 있지 않다. 창조적인 일은 공상의 영역에서만 할 수 있다는 가설을 예로 들어보자. 우리는 음악과 미술을 비롯한 예술 분야에서 활동하는 창조적인 '예술가'에 관한 이야기를 흔히 한다. 우리는 마치 화랑의 벽에 걸리거나, 콘서트홀에서 연주되거나, 그렇지 않으면 한가하고 까다로운 사람들이 모여서 서로 다른 사람의 문화를 찬양하는 장소에 전시될 수 있는 작품을 만드는 데에만 인간의 창조적 능력을 한정하는 것처럼 여겨진다. 그런데 어떤 사람이 진짜로 중요한 일을 할 수 있는 영역을 원한다면 우리는 그를 소리, 선, 색의 법칙보다 더 차원이 높은 법칙을 다루는 영역으로 보내야 할 것이다. 다시 말해 그는 인간의 특성을 다루는 영역으로 가야 한다. 우리는 노사관계의 예술가를 원한다. 우리는 공장관리 방법의 장인을 원한다. 그런 사람은 생산자와 생산물의 관점에서 예술가이고 장인이어야 한다. 우리는 정치적, 사회적, 산업적, 도덕적 요소들을 지닌 대중을 건전하고 균형 잡힌 하나의 전체로 만들 수 있는 사람들을 원한다. 우리는 그동안 인간의 창조적인 능력을 너무 많이 제한하고 너무 사소한 목적에 사용해왔다. 우리는 우리의 삶에서 올바르고 좋고 바람직한 것을 만들어내기 위한 효과적인 설계를 창조할 수 있는 사람들을 원한다. 좋은 의도에 심사숙고된 효과적인 설계를 더한 것이 있다면 우리가 그것을 실행에 옮겨 성공시킬 수 있다. 노동자의 복리를 증진시키는 것은 노동자로 하여금 일을 덜 하게 하는 것을 통해서가 아니라 일을 더 많이 하도록 돕는 것을 통해 가능하다. 이 세상의 사람들이 서로 다른 사람들을 이롭게 할 계획을 만들어내는 데에 주목하고 관심을 갖고 에너지를 쏟는다면 그러한 계획이 실제적인 효과를 가져오게끔 수립될 수 있을 것이다. 그러한 계획은 오래도록 생명력을 가질 것이고, 인간적 가치와 경제적 가치의 두 측면 모두에서 그 무엇보다도 이로울 것이다. 지금의 세대에게 필요한 것은 산업에서 공정성, 정의, 인간애가 실현될 수 있다는 깊은 믿음, 다시 말해 철저한 확신이다. 만일 산업이 그와 같은 특성을 갖출 수 없다면 차라리 산업이 없어야 우리가 더 잘 살 수 있을 것이다. 사실 우리가 산업에 그런 특성을 실현시키지 못한다면 산업의 종말이 머지않아 닥칠 것이 분명하다. 그러나 우리는 산업이 그런 특성을 갖추게 할 수 있다. 우리는 그렇게 하고 있는 중이다.

어떤 사람이 기계의 도움을 받으면서 일을 하지 않고는 생계비를 벌 수 없다고 할 경우에 기계를 다루는 일이 단조로울 수 있다고 해서 그에게서 기계를 빼앗는 것이 그에게 이로울까? 그렇게 해서 그를 굶주리게 해야 할까? 아니면 그에게 먹고 살 수 있도록 도움을 주는 것이 나을까? 사람이 굶주리면서 더 행복할 수 있을까? 기계를 그 생산능력에 못 미치는 정도로만 사용하게 하면 더 행복하게 될 사람이 있다고 누가 말한다면, 나는 그렇게 하면 그의 생산량이 줄어들고 그에 따라 이 세상에서 교환되는 재화 가운데 그 자신이 얻을 수 있는 몫이 줄어들 텐데 그래도 그가 더 행복할지를 묻고 싶다.

반복적인 노동이 사람에게 어떤 식으로든 해를 입힌다는 증거를 나는 찾아낼 수 없었다. 실내에 앉아서 말이나 늘어놓기를 좋아하는 전문가들은 나에게 반복적인 노동은 사람의 육체뿐만 아니라 영혼까지 파괴한다고 이야기하곤 했다. 그러나 우리가 조사해본 결과는 그렇지 않았다. 일례로 하루 종일 기계를 작동시키기 위한 발판 밟기 외에는 하는 일이 거의 없는 사람이 있었다. 그는 그러한 동작이 자기의 몸을 한쪽으로 기울게 한다고 생각했다. 의사가 검진해 보았지만 그러한 동작이 그의 몸에 영향을 끼쳤음을 보여주는 증거는 나오지 않았다. 그러나 우리는 물론 몸의 다른 근육을 사용하는 작업을 하는 곳으로 그의 자리를 옮겨 주었다. 그런데 몇 주 뒤에 그는 전에 하던 일자리로 돌아가게 해달라고 요청했다. 일련의 몇 가지 동작을 매일 여덟 시간씩 계속 반복하는 것은 몸을 비정상적인 형태로 만들 것이라고 생각하는 것이 합리적이라고 여겨질지 모르지만, 우리가 실제로 그러한 경우를 본 적은 없다. 우리는 하는 일을 다른 것으로 바꿔달라고 요청하는 노동자가 있으면 언제나 그렇게 해준다. 우리는 또한 정기적으로 일자리를 재배치하기도 하지만, 노동자 자신이 재배치되기를 원하는 경우에 한해서만 그렇게 한다. 노동자들은 스스로 원하지 않은 일자리 변경을 좋아하지 않는다. 일부 작업들이 단조로운 것은 틀림없다. 작업이 너무나 단조로워 그 작업만 계속해서 오랫동안 하려고 할 사람이 있을 것 같지 않은 경우도 있다. 공장 전체에서 아마도 가장 단조로운 작업은 기어를 하나씩 쇠고리로 집어 올려 기름통에 담그고 흔들어준 뒤에 꺼내어 바구니에 넣는 일일 것이다. 그 작업의 동작에는 아무런 변화도 없다. 그에게 오는 기어는 정확하게 같은 위치에 온다. 그러면 그는 그것을 하나씩 집어 올려 기름통에 담그고 같은 횟수만큼 흔들어주고, 언제나 같은 위치에 있는 바구니에 그것을 넣는다. 근육으로 힘을 내야 할 일도 없고, 머리를 쓸 일도 없다. 쇠고리는 매우 가볍기 때문에 그가 하는 일은 두 손을 가볍게 이리저리 움직이는 것이나 다름없다고 할 수 있다. 그럼에도 지금 그 일을 하는 사람은 꼬박 8년간 그 일을 해왔다. 그는 그동안 받은 돈을 저축하고 투자해서 지금은 4만 달러가량의 돈을 가지고 있다. 그리고 그는 자기를 더 좋은 일자리로 보내려는 모든 시도에 완강하게 저항하고 있다!

가장 철저한 조사도 인간의 정신이 일 때문에 왜곡되거나 위축된 사례를 단 하나도 찾아내지 못했다. 반복적인 일을 좋아하지 않는 종류의 정신을 가진 사람은 그런 일을 하는 자리에 계속 머물러 있지 않아도 된다. 각 부서의 일은 그 자체가 요구되는 정도와 기술을 필요로 하는 정도에 따라 A 등급, B 등급, C 등급으로 나뉜다. 각 등급에 10~30가지의 상이한 작업이 있다. 고용 부서에서 보내온 신입사원은 일단 C 등급의 작업에 배치된다. 그는 작업에 익숙해지면 B 등급, A 등급으로 올라가고, A 등급 다음에는 도구를 제작하는 일을 하거나 감독을 하는 역할을 맡을 수 있다. 어느 자리로 가느냐는 그 자신에게 달려 있다. 그가 생산을 하는 일에 계속 머물러 있게 된다면 그것은 그 자신이 그런 일을 원했기 때문일 것이다.

앞의 장에서 나는 우리 회사에 들어와 일을 하겠다고 지원하는 사람 가운데 육체적인 상태를 이유로 퇴짜를 맞는 경우는 결코 없다고 했다. 우리는 이런 정책을 1914년 1월 12일부터 시행했다. 그와 동시에 최저임금을 하루 5달러, 노동시간을 하루 8시간으로 정했다. 전염병에 걸린 경우는 물론 예외였지만, 그런 경우가 아니라면 육체적인 상태는 해고의 사유가 될 수 없다는 원칙도 세웠다. 산업 분야의 조직이 그 역할을 제대로 다 하려면 거기에 고용된 사람들의 통계적 단면이 사회 전반의 통계적 단면과 인적 구성비의 측면에서 같아야 한다고 나는 생각한다. 우리는 언제나 신체장애인과 함께 일해 왔다. 신체장애로 인해 노동능력이 훼손된 사람들 모두를 돌보는 것은 사회의 책임이라고 여기고 그들에게 자선을 베풀어야 한다는 대단히 관대한 생각을 가진 사람들이 우리 사회에 존재한다. 나도 자선의 방식으로 돌봐줘야 하는 경우가 있다고는 생각한다. 예를 들면 백치가 그런 경우다. 그러나 그런 경우는 매우 드물며, 우리 회사 안의 어디에서든 수행돼야 하는 수없이 많은 상이한 업무 가운데에서 어떤 종류의 사람이든 맡아서 하면 생산의 측면에 도움을 줄 수 있는 업무를 찾아내는 것이 가능함을 우리는 알게 됐다. 맹인이나 절름발이도 각자가 배치된 특정한 일자리에서는 신체장애가 전혀 없는 정상인과 다름없이 일하고 똑같은 보수를 받을 수 있다. 그렇다고 우리가 신체장애인을 선호하는 것은 아니다. 하지만 우리는 신체장애인도 정상인과 똑같이 임금을 받으며 일할 수 있음을 증명했다.

일부러 신체장애인을 고용해서 임금을 적게 주는 대신에 그의 생산량이 적어도 신경 쓰지 않는 것은 우리가 하고자 하는 일의 취지에서 크게 벗어나는 것이다. 그렇게 하는 것은 신체장애인에게 직접적인 도움이 될 수는 있을지 몰라도 신체장애인을 돕는 최선의 방법은 아닐 것이다. 언제든 최선의 방법은 신체장애인이 정상인과 동등한 생산능력을 발휘할 수 있게 해주는 것이다. 이 세상에 자선을 필요로 하는 경우는 매우 적다고 나는 믿는다. 금품을 거저 준다는 의미로 자선이라는 말을 사용한다면 그렇다는 말이다. 사업과 자선이 결합될 수 없다는 것은 절대적으로 틀림없는 사실이다. 공장의 목적은 생산을 하는 것이고, 공장이 그 생산능력의 최대한까지 생산을 하지 않는다면 공동체 전체에 제대로 기여하고 있다고 말할 수 없다. 우리는 조사를 해보지도 않고 어떤 직무에 대해서나 신체적 능력을 완전하게 보유하고 있는 것이 그것을 최선으로 수행하는 데에 필요한 조건이라고 너무 쉽게 가정한다. 나는 실제의 상황이 정확히 어떤지를 알아보기 위해 우선 공장 안의 상이한 직무들 전부를 기계와 노동의 종류에 따라 분류했다. 그러고는 육체노동을 하면서 감당해야 하는 무게가 가벼운지 중간인지 무거운지, 액체를 다뤄야 하는 작업인지 아닌지, 액체를 다뤄야 한다면 그것이 어떤 종류의 액체인지, 깨끗한 작업인지 불결한 작업인지, 가마나 용광로의 곁에서 해야 하는 작업인지 아닌지, 작업장 안의 공기는 어떤 상태인지, 한 손만 써도 되는 작업인지 두 손을 다 써야 하는 작업인지, 서서 일하는 작업인지 앉아서 일하는 작업인지, 작업장이 시끄러운지 조용한지, 정확성을 요구하는지 아닌지, 조명이 자연조명인지 인공조명인지, 작업 대상물을 1시간당 몇 개씩 처리해야 하는지. 다뤄야 하는 재료의 무게가 얼마나 되는지, 노동자가 어느 정도의 작업부하를 받는지 등을 조사했다. 그 결과는 다음과 같았다. 당시에 공장 안에서 이루어지는 상이한 작업의 수는 7882개였다. 그 가운데 949개는 힘이 세고 신체의 기능에 이상이 없어 사실상 육체적으로 완벽한 사람이 해야 하는 중노동이었고, 3338개는 보통 수준으로 발달한 육체와 보통 수준의 힘을 가진 사람이면 할 수 있는 일이었다. 나머지 3595개는 육체적인 힘의 발휘를 요구하지 않으므로 아무리 허약한 사람이라도 할 수 있는 일인 것으로 드러났다. 그리고 그 대부분은 사실상 여자도 할 수 있고 어린아이도 너무 어리지만 않으면 충분히 할 수 있는 일이었다. 우리는 쉬운 작업 가운데 완전한 신체기능이 사용돼야 할 필요가 있는 것들은 얼마나 되는지를 알아보기 위해 보다 자세한 분류를 해보았다. 이를 통해 우리는 쉬운 작업 가운데 670개는 두 다리가 다 없는 사람도 할 수 있고, 2637개는 다리가 하나뿐인 사람도 할 수 있고, 2개는 두 팔이 없는 사람도 할 수 있고, 715개는 팔이 하나뿐인 사람도 할 수 있고, 10개는 눈이 멀어 앞을 못 보는 사람도 할 수 있음을 알게 됐다. 그러므로 7882개의 상이한 작업 가운데 힘을 필요로 하는 것과 그렇지 않은 것을 합해 4034개는 완전한 육체적 능력의 전부를 요구하지는 않는 것이었다. 다시 말해 발전된 산업은 특이하지 않은 그 어떤 공동체에서든 통상적으로 표준적인 범위에 드는 사람들보다 더 넓은 범위의 사람들에게 임금노동 일자리를 제공할 수 있다. 어떤 하나의 산업이나 하나의 공장에서 우리가 한 대로 직무를 분석한다고 할 때에 그 결과로 얻게 될 비율이 우리의 경우와 다를 수도 있을 것이다. 그러나 그런 곳에서도 작업이 충분히 세분화된다면, 다시 말해 최고의 경제성을 얻게 되는 정도까지 세분화된다면 육체적 능력이 훼손된 사람도 온전한 한 사람분의 노동을 하면서 온전한 한 사람분의 임금을 받을 수 있는 일자리가 결코 부족하지 않을 것으로 나는 확신한다. 신체장애인들을 부담으로 여기면서도 받아들여 놓고는 그들이 스스로 생계를 이어갈 수 있도록 돕지는 않고 그들이 절망에 빠지는 것을 막는다는 생각만으로 그들에게 바구니 짜기와 같이 돈도 별로 벌 수 없는 종류의 하찮은 손노동 일이나 가르치는 것은 경제적으로 큰 낭비다.

고용 부서에서 사람을 채용했다면 그의 조건에 맞는 일자리에 그를 배치하는 것이 당연하다. 일단 일자리에 배치된 사람이 거기에서 해야 하는 일을 할 능력이 없어 보이거나 그 일을 하기를 좋아하지 않는다면 그에게 전직카드가 발급된다. 회사에서는 그에 대해 조사를 해본 뒤에 그의 조건이나 성향에 더 잘 맞는 다른 일자리에 그를 재배치해 거기에서 일해 보게 한다. 보통의 육체적 기준에 미달하는 사람도 올바르게만 배치된다면 그 기준을 넘는 사람에게 못지않은 노동자가 될 수 있다. 예컨대 앞을 보지 못하는 맹인을 재고 부서에 배치해서 지사로 보낼 볼트와 너트의 수를 세도록 한 적이 있다. 그 작업에는 이미 신체에 아무런 문제가 없는 두 사람이 이미 배치돼 있었다. 그런데 불과 이틀 만에 그곳의 직공장이 그 두 사람을 내보내려고 하니 다른 부서로 재배치해 달라고 전직 담당 부서에 통보했다. 그곳에 배치된 맹인이 자기에게 할당된 일을 해내는 데에 그치지 않고 그 두 사람이 그동안 해온 일의 전부까지 혼자서 거뜬히 해냈기 때문이었다.

이와 같은 구제 방식은 더욱 폭넓게 활용될 수 있다. 누군가가 일을 하다가 부상을 입게 되면 무작정 그를 일터에서 빼주고 그에게 수당을 지급하는 것이 당연하다는 생각이 일반적이다. 그런데 부상자는 부상을 치료

받은 뒤에 반드시 일정한 회복기를 거쳐야 하며, 특히 골절상을 입은 경우에 그렇다. 부상자라도 회복기에 들어서면 일을 하기에 충분한 힘은 가지고 있게 되고, 사실 그때쯤이면 보통은 일터에 복귀하고 싶은 마음이 굴뚝같아진다. 사고에 따른 수당을 아무리 많이 지급받는다고 해도 그 금액이 일을 하고 받는 임금만큼 클 수는 없기 때문이다. 만약 사고 수당을 임금만큼 지급한다면 세금이 부과될 것이고, 그 세금은 제품의 비용에 반영될 것이다. 그러면 제품의 구매가 그만큼 적어질 것이고, 따라서 누군가의 일이 줄어들 것이다. 이는 언제나 명심하고 잊지 말아야 하는 필연적인 인과관계다.

우리는 부상을 당해 침대에 누워서 지내지만 일어나 앉을 수는 있는 사람들을 대상으로 실험을 해보았다. 침대에 기름 먹인 방수포를 덮어씌우고 그런 사람들로 하여금 그 위에 앉아서 작은 볼트에 너트를 돌려 끼우는 작업을 하게 했다. 그것은 일일이 손으로 해야 하는 작업이며, 마그네토 부서에서 15~20명의 노동자가 늘 바쁘게 매달려야 하는 일이다. 그런데 병원에 입원 중인 그들이 공장에서 일을 하고 있는 노동자들 못지않게 그 일을 잘해서 평소의 정상적인 임금을 다 받을 수 있었다. 내가 알기로는 사실은 그들의 생산량이 평소 공장의 생산량보다 20퍼센트 더 많았다. 그 일을 하기를 원하지 않는 사람이 있으면 그는 그 일을 해야 할 의무가 없었다. 그런데 그들은 모두 다 그 일을 하기를 원했다. 그리고 그들은 그 일을 하느라 지루해 할 틈이 없었다. 그들은 더 잘 자고 더 잘 먹었고, 그러다 보니 더 빠르게 건강을 회복했다.

듣기와 말하기를 제대로 하지 못하는 농아장애 노동자들에 대해서는 특별한 배려를 할 필요가 없다. 그들은 해야 할 일을 백 퍼센트 해낸다. 결핵에 걸린 노동자는 통상적으로 1천 명은 되는데, 그들은 대부분 재활용할 폐자재의 회수를 담당하고 있는 부서에서 일한다. 그들 가운데 전염성이 있다고 여겨지는 사람들은 특별히 설치된 작업장에서 함께 일한다. 그들 모두는 대체로 실외에서 일한다.

노동자들에 대해 가장 최근에 조사해서 분석한 결과를 보면 조사 시점에 육체적인 측면에서 표준에 못 미치는 사람은 9563명이었다. 그 가운데 123명은 팔이나 팔뚝이나 손이 잘려나가 없는 사람이거나 절름발이였다. 1명은 두 손이 다 없었다. 4명은 완전한 맹인이었고, 207명은 한쪽 눈을 완전히 실명했으며, 253명은 한쪽 눈이 거의 보이지 않는 상태였다. 37명은 청각장애와 언어장애를 동시에 가지고 있었고, 60명은 간질병을 앓고 있었고, 4명은 두 다리가 모두 없거나 두 발이 모두 없었고, 234명은 한쪽 다리나 발이 없었다. 그 밖의 나머지는 상대적으로 사소한 장애를 가진 사람들이었다.

각종의 직무에 숙달하는 데에 걸리는 시간은 대략 다음과 같다. 모든 직무 가운데 43퍼센트는 훈련에 걸리는 시간이 하루를 넘지 않는다. 36퍼센트는 하루 이상 일주일 이하, 6퍼센트는 한 주 내지 두 주, 14퍼센트는 한 달 이상 일 년 미만, 1퍼센트는 일 년 이상 6년 미만의 훈련시간이 필요한 직무다. 마지막으로 든 1퍼센트의 직무는 도구제작과 금형조각 등 높은 수준의 기술을 요구하는 일이다.

규율은 공장 전체에 걸쳐 엄격하다. 규칙 가운데 사소한 것은 없고, 공정성 논란을 빚을 만한 것도 없다. 회사는 해고의 권한을 고용 담당 간부에게만 부여함으로써 임의적 해고의 불공정성을 피하고 있을 뿐 아니라 고용 담당 간부도 그 권한을 드물게만 행사한다. 해고에 관한 통계 가운데에서는 1919년의 것이 가장 최근의 통계다. 그해에 피고용자 명부에 3만 155건의 변경이 있었다. 그 가운데 1만 334명은 열흘 넘게 무단결근해서 해고됐다. 3702명은 부여된 직무를 받아들이기를 거부하거나 이유를 대지도 않고 전직을 요구해서 해고됐다. 회사에서 제공한 학교에서 영어를 배우기를 거부한 38명 이상과 군에 입대한 108명도 회사를 떠났다. 3천 명가량은 다른 공장으로 전직됐다. 또 다른 3천 명가량은 귀향하거나 농장으로 가거나 장사를 시작하면서 회사를 그만뒀다. 82명의 여자들은 남편이 일을 하고 있어서 해고됐다. 우리는 남편이 직업을 가지고 있는 기혼의 여자를 고용하지 않기 때문이다. 일방적 해고라고 할 만한 것은 80건뿐이었다. 사유별로는 허위진술 56명, 교육부서의 요구 20명, 품행불량 4명이었다.

우리는 노동자들이 지시받은 대로 하기를 기대한다. 조직이 고도로 전문화되어 부분들 사이에 의존관계가 있기 때문에 잠깐이라도 노동자들이 제멋대로 하는 것을 허용할 수 없다. 대단히 엄격한 규율이 없다면 우리는 극도의 혼란에 빠질 것이다. 나는 산업에서 그렇지 않은 경우가 있다고 생각하지 않는다. 노동자들이 산업에 고용된 것은 가능한 최대량의 일을 하고 가능한 최고의 보수를 받기 위해서다. 각각의 노동자가 제멋대로 행동하도록 허용된다면 생산에 차질이 빚어지고 그 결과로 노동자들이 받는 보수가 깎일 것이다. 우리의 방식대로 일하고 싶지 않은 사람이라면 누구나 언제든 우리에게서 떠날 수 있다. 회사가 노동자들을 대하는 태도는 정확하고 불편부당해야 한다. 직공장과 부서장의 입장에서는 자기가 소속돼 있거나 관리하는 부서에서 방출되는 노동자의 수가 적을수록 좋은 것이 당연하다. 불공정한 대우를 받은 노동자는 자기의 이야기를 하고 싶은 만큼 완전히 다 할 기회를 갖는다. 다시 말해 완전한 항변권을 갖는 것이다. 물론 불공정성이 발생하는 것은 불가피하다. 직공장과 부서장도 인간이기 때문에 자기가 데리고 같이 일하는 노동자들에게 언제나 공정할 수는 없다. 인간의 본성에 내재한 결함이 우리의 좋은 의도가 그대로 실현되는 것을 때때로 방해한다. 직공장이 언제나 회사의 의도를 제대로 이해하고 있는 것도 아니며, 그것을 잘못 적용하기도 한다. 그러나 어쨌든 회사의 의도는 내가 앞에서 말한 대로이며, 우리는 모든 수단을 다해 직공장과 부서장들이 그것을 제대로 이해하게끔 노력한다.

결근이라는 문제에 대해서는 매우 끈질긴 대응이 필요하다. 노동자는 오고 싶으면 오고 가고 싶으면 가고 할 수 없다. 자리를 비우려면 직공장의 허락을 받아야 한다. 알리지도 않고 자리를 비운 사람은 돌아왔을 때에 자세한 조사를 받아야 하고, 때로는 의료 부서에 넘겨져 검사를 받기도 한다. 자리를 비운 이유가 정당했다면 하던 일을 계속할 수 있다. 그 이유가 정당하지 않았다면 해고될 수도 있다. 회사가 사람을 고용할 때에 수집하는 신상정보는 이름, 주소, 나이, 결혼 여부, 부양가족 수, 포드 모터 컴퍼니에서 일한 적이 있는지 여부, 시력과 청력 정도다. 과거의 경력에 관한 질문은 전혀 하지 않는다. 다만 우리는 '자기 장점 신고제'라는 제도를 운영하고 있다. 그러므로 우리 회사에 들어오기 전에 직업이 있었던 사람은 그 직업이 어떤 것이었는지를 고용 부서에 서류로 제출해야 한다. 이 제도가 있기에 우리는 어떤 종류의 일에서든 전문가가 필요하게 되면 해당 전문가를 생산 부서에서 바로 빼내어 쓸 수 있다. 이 제도는 도구제작공과 주형공이 높은 지위로 빠르게 승진할 수 있는 통로가 되기도 한다. 언젠가 내가 스위스 시계를 만들 줄 아는 사람을 찾은 적이 있다. 인사 카드를 뒤져보니 그런 사람이 하나 발견됐다. 그는 드릴 프레스를 다루는 일을 하고 있었다. 열처리 부서에서는 내화벽돌을 쌓는 기술을 가진 사람을 찾은 적이 있다. 그런 사람도 발견됐는데, 그도 드릴 프레스를 다루는 일을 하고 있었다. 그는 지금은 총감독으로 일하고 있다.

노동자끼리 개인적으로 만나는 일은 그리 많지 않다. 노동자들은 각자 자기가 해야 하는 일을 하고 나면 집으로 간다. 공장은 주택의 거실이 아니다. 그렇지만 우리는 이런 문제에도 공정하게 대응하려고 노력한다. 우리 회사에 업 삼아서 악수를 하는 사람이 없기도 하지만 노동자들이 서로 악수를 나누는 것에까지 우리가 간섭할 이유는 거의 없다. 그러나 사소한 개인적 충돌이 일어날 소지를 방지하는 데에는 우리가 신경을 쓴다. 우리 공장에는 수많은 부서들이 있어서 공장 자체가 거의 하나의 세계라고 할 수 있고, 온갖 종류의 사람들이 그 세계 안의 곳곳에 자리를 잡고 있다. 노동자들 사이에 벌어지는 싸움질을 예로 들어보자. 싸움질은 곧잘 벌어지는데, 대개의 경우 즉석에서 해고 조치가 내려지는 원인이 된다. 해고 조치를 내린다고 해서 싸움질을 그만두게 할 수는 없지만, 그렇게 하면 싸움질하는 사람들을 공장 안에서는 더 이상 보지 않아도 된다. 회사에서 이렇게 대응하다 보니 직공장들이 싸움질한 노동자의 가족이 아무것도 잃지 않게 하면서 싸움질한 노동자만 즉각적으로 응징할 수 있는 처벌 방법을 고안해내는 데에 능숙해졌다.

생산의 능률을 끌어올리는 데에는 물론이고 인간적인 생산과정을 실현하는 데에도 절대적으로 필요한 것 가운데 하나는 공장이 청결하게 유지되는 동시에 조명과 환기가 잘 돼야 한다는 점이다. 우리의 기계들은 서로 매우 가까이에 밀집하여 배치돼 있다. 공장 안의 모든 공간은 당연히 그 위치나 용도와 무관하게 바닥의 단위 면적당 동일한 간접비용을 발생시키기 때문이다. 기계들을 적절한 간격보다 6인치만 더 떨어뜨려 놓아도 소비자들은 그에 따르는 추가적인 간접비용과 추가적인 수송비용만큼 더 비싸진 가격을 지불해야 한다. 우리는 노동자 한 명이 필요로 하는 공간의 정확한 넓이를 모든 작업 하나하나에 대해 측정한다. 일하는 데에 방해가 될 정도로 그 공간이 비좁아서는 안 된다. 그래서는 낭비가 발생할 것이다. 그러나 노동자와 기계가 필요한 정도보다 더 넓은 공간을 차지한다면 그 역시 낭비를 발생시킬 것이다. 이런 고려에 따라 우리의 기계들은 전 세계의 다른 어느 공장에서보다도 더 촘촘하게 배치돼있다. 우리 공장을 방문한 외부 사람의 눈에는 기계들이 마치 쌓여 있는 것처럼 보일지도 모른다. 그러나 그 기계들은 과학적으로 배치된 것이다. 작업의 순서에 비추어도 그렇지만, 각각의 노동자와 기계에 필요한 면적을 꼭 알맞게 부여한다는 원칙에 비추어도 그렇다. 노동자가 필요로 하는 정도에 비해 과도하게 부여된 공간은 1평방피트도 없는 것은 분명하며, 우리는 더 나아가 가능하면 그런 공간이 1평방인치도 없게끔 하고 있다. 우리의 공장 건물은 공원으로 사용되게 하려고 지은 것이 아니다. 공장 안에 사람과 기계를 이처럼 촘촘하게 배치하려면 안전과 환기에 최대한으로 신경을 써야 한다.

기계의 안전은 그 자체로 중요하게 다뤄야 할 문제다. 우리는 어떠한 기계도 절대적으로 안전하지 않으면 적절한 기계로 간주하지 않는데, 이는 아무리 효율적으로 제 기능을 발휘하는 기계라고 해도 마찬가지다. 우리는 안전하지 않다고 여겨지는 기계는 전혀 가지고 있지 않지만, 그럼에도 기계와 관련된 사고가 드물게나마 일어나곤 한다. 우리는 모든 사고에 대해 그 원인을 조사하는데, 이는 아무리 사소한 사고라고 해도 마찬가지다. 사고의 원인을 조사하는 일은 그런 일만 전담하도록 고용된 기술자가 한다. 그리고 사고가 일어난 기계에 대한 연구를 통해 앞으로는 똑같은 사고가 일어나지 않게 할 대책을 강구한다.

우리가 처음에 몇 번에 걸쳐 건물을 지을 때에는 오늘날만큼 환기의 중요성을 알고 있지 못했다. 그러나 그 뒤로 건물을 지을 때에는 기둥의 속을 텅 비게 해서 거기를 통해 나쁜 공기를 내보내고 좋은 공기를 끌어들일 수 있게 했다. 또한 건물 안의 어느 곳에서나 일 년 내내 거의 같은 온도가 유지되도록 했고, 낮 시간대에는 어디에서도 인공조명이 필요하지 않도록 했다. 우리는 작업장을 청결하게 유지하고, 창문을 닦고, 페인트칠을 다시 하는 일만 하는 인력을 700명가량 두고 있다. 노동자들로 하여금 가래침을 뱉도록 유인하는 어두운 구석에는 흰색 페인트칠을 한다. 작업장이 청결하지 않으면 노동자들에게 일할 의욕이 생길 수 없다. 우리는 임시변통식 작업방법을 관용하지 않는 만큼이나 임시변통식 청결함도 관용하지 않는다.

공장에서 하는 일이 위험해야 할 이유는 전혀 없다. 노동자가 너무 열심히 일하거나 너무 오래 일하다 보면 사고를 불러들일 수 있는 정신상태에 빠진다. 사고를 예방하는 일을 부분별로 나눠보면 그것은 노동자가 사고를 불러들일 수 있는 정신상태에 빠지는 것을 막는 일, 부주의함을 방지하는 일, 오조작에 의한 사고가 절대로 일어날 수 없게끔 기계를 만드는 일 등으로 구성된다. 전문가들은 사고의 주된 원인을 다음과 같이 분류한다.

(1) 건축물의 결함, (2) 기계의 결함, (3) 불충분한 공간, (4) 안전장치의 부재, (5) 청결하지 못한 작업환경, (6) 열악한 조명, (7) 나쁜 공기,

(8) 부적합한 옷, (9) 부주의, (10) 무지, (11) 잘못된 정신상태, (12) 협력의 결여.

건축물의 결함, 기계의 결함, 불충분한 공간, 청결하지 못한 작업환경, 열악한 조명, 나쁜 공기, 잘못된 정신상태, 협력의 결여 등은 쉽게 해결할 수 있는 문제다. 사고를 낼 정도로 너무 열심히 일하는 사람은 아무도 없다. 정신적인 문제는 임금 지급방식 개선으로 10분의 9를 해결할 수 있고, 그 나머지는 건축물 개선으로 제거할 수 있다. 그렇다면 우리는 부적합한 옷, 부주의, 무지에 대한 대책을 강구하는 동시에 우리가 가지고 있는 모든 것을 오조작에도 안전한 것으로 만들어야 한다. 벨트를 사용하는 곳에서는 그렇게 하기가 더 어렵다. 우리가 새로 짓는 건물에 설치하는 기계들은 모두 개별적인 전기모터를 달고 있다. 그러나 지은 지 오래된 건물에서는 벨트를 사용하지 않을 수 없다. 우리는 모든 벨트에 대해 안전조치를 취했다. 자동으로 움직이는 컨베이어 벨트에 대해서는 그것을 가로질러 건너갈 수 있도록 그 위로 여러 개의 다리를 설치해서 누구도 위험한 지점에서 컨베이어 벨트를 밟고 건너가지 않아도 되게 했다. 금속 조각이 튀어 날아올 수 있는 곳에서 일하는 노동자는 반드시 눈 보호용 안경을 착용하도록 했고, 이에 함께 그런 위험성을 가지고 있는 기계를 그물로 둘러싸서 사고발생 가능성을 훨씬 줄였다. 뜨거운 용광로의 주위에는 난간을 둘러 세웠다. 옷자락이 끼여 들어갈 수 있는 기계의 틈새는 모두 막아 놓았다. 통로는 모두 청결한 상태로 유지된다. 드로 프레스의 작동 스위치에는 빨간색의 커다란 태그를 붙여 놓아서 그것을 떼어내지 않으면 스위치를 돌릴 수 없도록 했다. 이 조치는 부주의로 인해 기계가 엉뚱하게 작동되는 것을 막아준다. 노동자들은 흔히 작업을 하기에 적합하지 않은 옷을 입곤 한다. 도르래에 끼이기 쉬운 넥타이를 매거나, 소매가 너풀거리는 웃옷을 입거나, 그 밖에도 온갖 형태의 부적합한 복장을 하고 일하러 오는 것이다. 그래서 관리자가 노동자들의 복장을 잘 살펴서 규정위반자를 대부분 잡아낸다. 새로운 기계는 모든 측면에서 검사를 거친 뒤에야 그 설치가 허락된다. 이런 여러 가지 조치의 결과로 우리 공장에서 심각한 사고는 사실상 일어난 적이 없다.

산업이 반드시 인간의 희생을 필요로 하는 것은 아니다.

| 8장 |

임금

관습에 따라 사업을 운영한다는 것은 가당치도 않은 말이다. “나는 일반적으로 지급되는 수준의 임금을 지급한다”고 사업가가 말한다면 그건 귀담아 들을 것도 없다. 그렇게 말하는 사업가라도 “내가 파는 물건은 다른 어느 누가 파는 물건보다 더 좋거나 더 싸지 않다”고는 쉽게 말하지 못할 것이다. 제정신을 잃지 않은 제조업자라면 누구도 가장 저렴한 재료만 구매하는 것이 최선의 제품을 만드는 확실한 방법이라고 주장하지는 않을 것이다. 그런데 어째서 ‘노동자 청산’에 관한 이야기와 임금 삭감이 이 나라에 가져다줄 이득에 관한 이야기가 우리의 귀에 그토록 많이 들려오는 것일까? 그렇게 하는 것은 구매력 감소와 국내시장 위축을 의미할 뿐인데도 그렇다. 산업이 관련된 모든 사람에게 생계비를 벌게 해주지 못할 정도로 어설프게 경영된다면 무슨 쓸모가 있을까? 임금이라는 문제보다 더 중요한 문제는 없다. 이 나라의 국민 대부분은 임금에 의존해 살아간다. 그들이 생활하는 규모, 다시 말해 그들의 임금률이 이 나라의 번영을 결정한다.

포드 모터 컴퍼니가 운영하는 산업의 전반에 걸쳐 우리가 시행하고 있는 최저임금은 하루에 6달러다. 예전에는 우리의 최저임금이 5달러였다. 그보다 더 전에는 우리가 지급할 필요가 있다고 본 수준으로 임금을 지급했다. 과거와 같이 시장의 지급률에 따라 임금을 지급하는 방식으로 돌아가는 것은 도덕적으로 나쁜 일일 뿐 아니라 나쁜 사업방식 가운데서도 최악의 종류일 것이다.

먼저 관계에 대해 알아보자. 피고용자를 가리켜 동업자(파트너)라고 말하는 경우는 흔치 않다. 그런데 피고용자가 동업자가 아니면 무엇이란 말인가? 사업을 경영하는 일이 자기의 시간이나 체력에 과도한 부담이 된다는 것을 알게 된 사람이라면 누구나 그 일을 나누어 같이 할 조력자를 끌어들인다. 그런데 사업의 생산 부분이 자기의 두 손만으로는 감당할 수 없게 됐음을 알게 된 사람이 자기에게 와 그 생산 부분에서 도움을 주는 사람들에게 '동업자'라는 이름을 붙이기를 어째서 거부해야 한다는 것일까? 고용된 사람이 사업자를 포함해 둘 이상인 사업은 모두 일종의 동업이다. 어떤 한 사람이 자기의 사업을 도와달라고 다른 사람에게 요청한다면 비록 그 사람이 어린 소년이라고 할지라도 그 순간부터 그와의 동업에 들어가는 것이다. 그 자신이 여전히 사업의 재원에 대한 유일한 소유자인 동시에 그 사업의 운영에 대한 유일한 지시자일 수는 있지만, 이제는 완전한 독립성을 주장할 수 없다. 완전한 독립성은 그 자신이 유일한 경영자이자 유일한 생산자인 경우에만 주장할 수 있다. 자기를 도와주는 다른 사람에게 의존해야 하는 사람이라면 누구도 독립적이지 않다. 그것은 상호적인 관계다. 사장은 노동자의 동업자이고, 노동자는 사장의 동업자다. 그렇다면 양쪽 가운데 어느 한 쪽의 집단이 자기네만 없어서는 안 될 존재라고 생각하는 것은 아무런 쓸모도 없다. 양쪽 다 없어서는 안 된다. 어느 한 쪽이 과도하게 자기주장을 하고 나서는 것은 반드시 다른 쪽에 희생을 요구하게 되며, 궁극적으로는 자신들의 희생도 스스로 초래하게 된다. 자본가나 노동자가 각각 자기네 집단만 생각하는 것은 지극히 어리석은 일이다. 자본가와 노동자는 서로 동업자다. 양쪽이 서로에 대항해 밀고 당기고 한다면 서로 동업자로서 함께 일하는 곳이자 양쪽 모두에게 생계의 기반인 조직에 해를 입힐 뿐이다.

고용주는 지도자로서 자기가 운영하는 사업체와 유사한 종류의 다른 그 어떤 사업체에서 지급되는 임금보다 더 많은 임금을 지급하겠다는 야심을 품어야 하고, 노동자는 그러한 임금 지급이 가능해지게끔 하겠다는 야심을 품어야 한다. 물론 아무리 최선을 다해 일해 봐야 자기에게 이익이 되기는커녕 고용주에게만 이익이 될 것이라고 믿고 있는 것처럼 보이는 노동자들이 어느 공장에나 있다. 그러한 생각이 존재한다는 것은 유감스러운 일이다. 그러나 어쨌든 그러한 생각이 존재하는 것은 사실이며, 어쩌면 그러한 생각에 다소의 정당한 근거가 있을 수도 있다. 어떤 고용주가 노동자들에게 최선을 다하라고 채근했는데 얼마 뒤에 노동자들이 최선을 다해도 아무런 보상이 돌아오지 않는다는 것을 알게 된다면 당연히 그 노동자들은 '대충대충 시간이나 때우자'는 태도로 돌아갈 것이다. 그러나 노동자들이 임금이 들어있는 봉투를 받았는데 거기에서 고된 노동의 과실을 보게 된다면 그것은 그 노동자들에게 고된 노동은 더 높은 임금을 의미한다는 증거가 된다. 그렇게 되면 노동자들이 더 나아가 스스로 그들 자신이 사업의 일부이며 사업의 성공은 그들 자신에게 달려 있고 그들 자신의 성공은 사업에 달려 있음을 깨닫기 시작할 것이다.

"고용주는 보수를 얼마나 지급해야 하는가?"나 "피고용자는 보수를 얼마나 받아야 하는가?"는 부차적인 문제일 뿐이다. 기본적인 문제는 "사업은 어떻게 해야 지탱될 수 있는가?"다. 나가는 돈이 들어오는 돈보다 많은데도 지탱될 수 있는 사업은 없는 것이 분명하다. 우물에 물이 들어오는 속도보다 더 빠르게 물을 퍼낸다면 그 우물이 말라붙을 것이다. 그리고 우물이 말라붙으면 그 우물에 의존해 살아가는 사람들이 목마름에 시달리게 된다. 어쩌면 사람들이 우물이 말라붙으면 다른 우물로 가면 된다고 생각할지도 모르지만, 계속해서 그러기만 하면 모든 우물이 말라붙게 되는 것은 시간문제일 뿐이다. 보수를 보다 공정하게 배분하라는 요구가 폭넓게 제기되고 있지만, 보수에는 한계가 있음을 알아야 한다. 사업 그 자체가 그 한계를 설정한다. 10만 달러밖에 못 버는 사업에서 15만 달러를 보수로 나눠줄 수는 없다. 사업이 임금을 제한한다면 사업은 무엇이 제한하는 것일까? 사업이 나쁜 선례를 좇으면 사업이 자신을 스스로 제한하게 된다.

노동자들이 "고용주는 이렇게 저렇게 해야 한다"고 말하는 대신에 "사업은 이렇게 저렇게 할 수 있도록 북돋아지고 경영돼야 한다"고 말한다면 그들은 앞으로 나아가며 성과를 낼 수 있다. 왜냐하면 오직 사업만이 임금을 지급할 수 있기 때문이다. 사업이 보장하지 않는 임금을 고용주가 지급할 수는 없다. 그렇다면 사업이 높은 임금을 보장하는데 고용주가 높은 임금을 지급하기를 거부한다면 어떻게 해야 할까? 일반적으로 사업은 많은 사람들의 생계가 걸려 있는 것이기 때문에 함부로 다뤄서는 안 된다. 많은 수의 사람들이 노동을 제공하면서 자기의 유용함을 확인하고 생계유지의 수단도 얻을 수 있게 해주는 사업을 죽이는 것은 범죄나 마찬가지다. 파업이나 공장폐쇄로 사업을 죽이는 것은 누구에게도 도움이 되지 않는다. 고용주가 피고용자들을 내려다보면서 속으로 '저들이 가져가는 돈을 얼마나 줄일 수 있을까?' 하고 생각해서 얻을 수 있는 것은 전혀 없다. 피고용자가 고용주를 쏘아보며 속으로 '저 사람을 압박해서 나에게 얼마나 더 많은 돈을 주게 할 수 있을까?' 하고 생각하는 경우도 마찬가지다. 결국에는 양쪽 다 사업으로 눈을 돌리고 '어떻게 해야 이 사업을 안전하고 이익을 많이 내게 해서 우리 모두에게 확실하고 편안한 삶의 수단을 제공하게 할 수 있을까?' 하고 생각할 수밖에 없게 될 것이다.

그러나 모든 고용주 또는 모든 피고용자가 올바르게 생각하게 되는 일은 결코 없을 것이다. 근시안적으로 행동하는 습관은 깨뜨리기가 어렵기 때문이다. 그렇다면 어떻게 하면 될까? 별다른 방법이 없다. 그 어떤 규칙이나 법률도 고용주와 피고용자의 생각에 그러한 변화를 가져오지는 못할 것이다. 다만 계몽된 이기주의라면 그러한 변화를 가져올 수 있을 것이다. 계몽이 확산되는 데에는 시간이 다소 걸린다. 그러나 계몽이 확산될 것은 틀림없다. 왜냐하면 고용주와 피고용자 양쪽이 기여를 한다는 동일한 목적을 위해 같이 일하는 사업체는 사업에서 앞서나가게 돼있기 때문이다.

그런데 높은 임금이란 무엇을 의미하는 것일까?

우리는 10달 전이나 10년 전에 지급되던 임금에 비해 더 높은 임금이라는 의미로 높은 임금이라는 말을 사용한다. 이는 마땅히 지급돼야 하는 임금과 비교해서 하는 말이 아니다. 오늘날의 높은 임금도 10년 뒤에 가서 돌아보면 낮은 임금일 수 있다.

사업의 경영자가 더 많은 배당금이 지급되게 하려고 애쓰는 것이 옳다면 높은 임금이 지급되게 하려고 애쓰는 것도 전적으로 옳을 것이다. 그런데 높은 임금을 지급하는 주체는 사업의 경영자가 아니다. 사업의 경영자가 그렇게 할 수 있는데 하려고 하지 않는다면 물론 비난을 받을 수 있다. 그러나 그는 자기 혼자서는 결코 높은 임금을 가능하게 만들 수 없다. 높은 임금은 노동자들이 그만큼 벌어들이지 않는 한 지급될 수 없다. 노동자의 노동은 생산적인 요소다. 그러나 그것이 생산적인 요소로서 유일한 것은 아니다. 어설픈 경영이 노동과 재료를 낭비하고 노동자의 노력을 헛된 것으로 만들어버릴 수 있다. 그런가 하면 노동자는 좋은 경영의 결과를 허물어뜨릴 수 있다. 그러나 능숙한 경영과 성실한 노동이 동업의 관계를 이룬 곳에서는 높은 임금이 노동자에 의해 가능해진다. 노동자는 자기의 에너지와 기술을 투자하는데, 노동자가 그러한 투자를 성실하게 온 마음을 다해서 한다면 높은 임금이 그에게 보상으로 돌아오게 된다. 그렇다면 그때의 높은 임금은 노동자가 스스로 번 것일 뿐만 아니라 그 높은 임금을 창출하는 데에서 노동자가 큰 역할을 한 것이다.

그렇지만 높은 임금은 공장의 현장에서부터 시작되는 것이 명백하다. 거기에서 높은 임금이 창출되지 않는다면 임금봉투에 높은 임금이 들어갈 수가 없다. 일을 해야 할 필요성이 제거된 시스템은 결코 생겨날 리가 없다. 이 세상의 이치가 그렇게 돼있다. 우리 가운데 누구도 게으르게 놀리기만 해도 되는 손과 정신을 가지고 있지 않다. 일은 우리의 정신을 온전하게 하고, 우리로 하여금 자존감을 갖게 하며, 우리를 구원한다. 일은 우리에게 저주이기는커녕 가장 큰 축복이다. 엄정한 사회적 정의는 성실한 일에서만 흘러나올 수 있다. 많이 기여하는 사람이 많이 가져가야 한다. 그렇다면 임금의 지급에는 자선의 요소가 전혀 없다. 자기 안에 있는 것 가운데 최선의 것을 사업에 주는 노동자가 사업이 구할 수 있는 노동자 가운데 최선의 유형이다. 그런데 그런 노동자도 자신의 기여에 대한 인정을 제대로 받지 못한다면 무한정 그렇게 하리라고 그에게 기대할 수 없다. 자기가 가진 것을 사업에 아무리 많이 준다고 해도 궁핍에서 벗어난 상태를 유지하기에 충분한 정도의 보수를 받지 못하리라고 생각하면서 출근하는 사람에게는 그날그날 자기가 해야 하는 일을 할 마음이 생기지 않을 것이다. 그런 사람은 근심과 걱정에 빠져 있게 되고, 그런 심리상태는 그가 하는 일에 해로운 영향을 끼칠 것이다.

그러나 그날그날 하는 일이 자기가 살아가는 데에 기본적으로 필요한 것들을 얻게 해줄 뿐 아니라 어느 정도의 안락함도 가져다주며 자기가 일을 해서 버는 돈으로 자식들이 각자 나름의 기회를 누리고 아내가 다소나마 삶의 기쁨을 느끼게 해줄 수 있다고 생각하면서 출근하는 사람은 주어진 일을 자기에게 좋은 것으로 여기고 그 일을 하는 데에 최선을 다할 것이다. 그렇게 되는 것이 그 자신에게도 좋고 회사의 사업에도 좋다. 그날그날의 일에서 어떤 만족을 느끼지 못하는 사람은 보수에서 최선의 부분을 잃고 있는 것이다.

왜냐하면 그날그날의 일은 중대한 것, 그야말로 중대한 것이기 때문이다. 그것은 이 세상의 기본 중의 기본이고, 우리의 자존감에 근거가 된다. 그리고 고용주는 자기가 데리고 일하는 노동자 가운데 그 누구보다도 항상 더 열심히 그날그날의 일을 해야 한다. 이 세상에서 자기에게 주어진 의무를 다하려고 진지하게 노력하는 고용주라면 열심히 일하는 사람이 될 수밖에 없다. 고용주는 "나를 위해 일하는 사람들이 몇천 명이나 된다"고 말해서는 안 된다. 사실은 그 자신이 몇천 명이나 되는 사람들을 위해 일하는 것이다. 그리고 그들이 더 열심히 일할수록 고용주는 그들이 만들어낸 제품을 처리하기 위해 더 바빠진다. 임금과 봉급은 일정한 금액으로 정해진다. 계산의 기준이 필요하기 때문에 그렇게 할 수밖에 없다. 임금과 봉급은 일종의 미리 정해진 이익배분이다. 그런데 한 해의 사업을 마감하고 나서 임금과 봉급을 더 많이 지급해도 된다는 사실을 알게 되는 경우가 종종 있다. 그런 경우에는 임금과 봉급을 올려야 한다. 어떤 사업에서든 함께 일하는 사람들은 모두 다 어떻게든 이익을 공유해야 하며, 그 방식은 임금, 봉급, 상여금을 더 많이 지급하는 것이다. 이 점이 이제는 매우 일반적으로 인정되기 시작했다.

이제는 사업의 인간적인 측면이 그 물질적인 측면과 동등하게 중요한 위치로 끌어올려져야 한다는 요구가 분명하게 제기되고 있다. 그리고 실제로 그렇게 되고 있다. 그런 변화를 현명하게, 다시 말해 지금 우리를 떠받치고 있는 물질적인 측면을 보존하는 방식으로 이루느냐, 아니면 현명하지 못하게, 다시 말해 우리가 과거의 여러 해에 걸쳐 일한 결과로 얻은 편익을 잃어버리게 되는 방식으로 이루느냐가 문제일 뿐이다. 사업은 우리의 국가적 생계를 대표하고, 우리의 경제적 진보를 반영하며, 다른 많은 나라들 사이에서 우리의 나라가 차지하는 위치를 좌우한다. 우리는 그런 것들을 위태롭게 만들기를 원하지 않는다. 우리가 원하는 것은 사업의 인간적인 요소가 더 잘 인정되는 것이다. 그리고 그것은 분명히 혼란 없이, 어느 누구에게도 손실 없이 달성될 수 있고, 그야말로 모든 사람에게 증가된 편익이 돌아가게 하는 방식으로 달성될 수 있다. 그리고 그 모든 것을 이루는 비결은 사람들 사이에 파트너십이 존재함을 인정하는 데에 있다. 각자가 절대적으로 자기충족이 가능해져서 그 어떠한 능력을 가진 다른 그 어떠한 사람의 기여도 필요로 하지 않게 된다면 모를까 그렇게 되지 않는 한 우리는 파트너십의 필요성을 결코 무시할 수 없을 것이다.

바로 이것이 임금에 관한 근본적인 진실이다. 임금은 파트너십에 따른 배분이다.

어떤 경우에 임금이 적절하다고 할 수 있을까? 일을 해서 버는 돈으로 생활비 가운데 어느 정도를 충당할 수 있어야 한다고 생각하는 것이 합리적일까? 당신은 임금이 어느 정도의 역할을 하고 있다거나 해야 한다고 생각해본 적이 있는가? 임금으로 생활비를 감당할 수 있어야 한다는 것은 의미 없는 말이다. 생활비는 생산과 수송의 효율성에 크게 의존한다. 그리고 생산과 수송의 효율성은 경영자들의 효율성과 노동자들의 효율성을 더한 것이다. 노동자들이 일을 잘 하고 경영자들이 경영을 잘 하면 그 결과로 높은 임금과 낮은 생활비가 틀림없이 실현된다. 생활비에 근거해 임금을 조정하려고 해서는 좋은 결과를 얻을 수 없다. 생활비는 일종의 결과다. 결과를 만들어내는 요인들을 변경하기를 거듭하면서 결과가 아무런 변화 없이 그대로 유지되기를 기대할 수는 없다. 생활비에 따라 임금을 조정하려고 하는 것은 자기의 꼬리를 좇아 빙글빙글 도는 개를 흉내 내는 것이나 다름없다. 그리고 어쨌든 우리가 생활비를 계산할 때에 어떤 종류의 생활을 토대로 해야 하는지를 정확하게 말할 수 있을 정도로 유능한 사람이 과연 있을까? 우리의 시야를 넓혀서 노동자에게 임금이 무엇을 의미하고 있는지, 그리고 무엇을 의미해야 하는지를 살펴보자.

임금은 노동자가 공장의 바깥에서 짊어진 모든 의무를 이행할 수 있도록 뒷받침하고, 공장의 안에서는 기여와 경영에 필요한 모든 것이 이루어질 수 있도록 뒷받침한다. 그날그날의 생산적인 일은 그동안 발견된 부의 광산 가운데 가장 가치가 큰 것이다. 그것은 적어도 노동자가 공장의 바깥에서 짊어진 모든 의무를 이행할 수 있게 해주는 것이어야 함은 물론이다. 또한 그것은 노동자의 노후도 돌봐줄 정도는 돼야 하는 것이 틀림없다. 노후에는 노동자가 더 이상 노동을 할 수 없게 되기도 하지만 노동을 더 해야 할 필요가 없게 되기도 해야 하기 때문이다. 이런 것들만이라도 실현되게 하려면 산업이 생산, 분배, 보상에 관한 일종의 계획에 맞춰 조정돼야 하는데, 그 계획은 돈이 새어나가 생산에 도움이 되지 않는 사람들의 호주머니로 들어가는 것을 방지하는 것이어야 한다. 자비심이 있는 고용주의 선의와 이기적인 고용주의 악의 둘 다로부터 독립적인 시스템을 창출하기 위해서는 실제의 삶 그 자체의 사실들에서 그 토대를 찾아야 한다.

밀이 부셸당 2.5달러일 때에나 1달러일 때에나 하루의 일을 하는 데에는 육체적 힘이 똑같이 든다. 달걀은 12개짜리 한 묶음당 12센트일 수도 있고 90센트일 수도 있다. 그렇다고 해서 어떤 한 사람이 하루의 생산적인 일을 하는 데에 사용하는 에너지의 단위 수에 무슨 차이가 있겠는가? 그 사람 개인만 놓고 본다면 그 자신의 육체를 유지하는 데에 소요되는 비용과 그 자신이 거두어야 하는 이익이 각각 얼마인지는 간단한 문제일 것이다. 그러나 그는 한 개인이기만 한 것이 아니다. 그는 온 국민의 복리에 기여하는 시민이자 한 가족의 가장이다. 그는 아마도 자기가 벌 수 있는 만큼의 돈을 가지고 아이들을 쓸모 있는 사람으로 길러내야 하는 아버지일 것이다. 우리는 이런 사실들을 모두 감안해야 한다. 그가 하루에 하는 일에 그의 가정이 기여하는 부분은 어떻게 셈해야 할까? 다시 말해 그가 하는 일에 대해 보수가 지급되는 것인데 그 일에 그의 가정이 기여하는 몫은 얼마나 될까? 그의 가정은 그가 시민으로서 갖는 지위에, 그리고 아버지로서 갖는 지위에 얼마나 기여하는 것일까? 하루의 일을 그는 공장에서 하지만 그의 아내는 가정에서 한다. 그러니 공장은 부부 둘 다에게 보수를 지급해야 한다. 하루의 일에 대한 비용 계산서에 가정이 들어갈 자리가 있게 하려면 어떤 계산의 체계를 계산의 근거로 삼아야 할까? 그 개인의 생계비만을 '비용'으로 간주해야 할까? 그래서 그가 가정을 꾸리고 가족과 같이 살 수 있게 된 것은 '이익'일까? 하루의 일에 따른 이익은 현금 기준으로만 계산돼야 할까? 그렇게 해서 그 이익은 그 자신과 그의 가족이 필요로 하는 것들을 모두 충족시킨 뒤에 남는 금액이어야 할까? 그렇지 않으면 그런 모든 관계를 비용 항목에 다 들어가는 것으로 간주해서 이익을 전적으로 그런 모든 관계의 바깥에서 계산해야 할까? 다시 말해 그 자신과 그의 가족이 생계를 해결하고, 옷을 입고, 집을 마련하고, 아이들을 교육시키고, 나름의 생활수준에 걸맞은 삶을 누리는 데에서 그치지 않고 더 나아가 저축이라는 형태의 이익까지 확보할 수 있도록 해야 할까? 그리고 그 모든 것이 그가 하는 하루의 일에 비용으로 부과되는 것이 타당할까? 나는 그렇다고 생각한다. 그렇지 않다면 어린 아이들과 그들의 엄마들이 집밖으로 나가 일을 하도록 강요당하는 끔찍한 일이 벌어질 것이다.

이런 문제들은 정확한 관찰과 계산을 요구한다. 우리의 경제적 삶과 관련된 것 가운데 하루의 일이 감당해야 하는 부담이 정확히 얼마나 되는지를 아는 것보다 우리를 더 놀라게 할 것은 아마도 없을 것이다. 하루의 일이 노동자로 하여금 에너지를 얼마나 많이 사용하게 하는지를 정확히 계산하는 것은 하루의 일 그 자체를 계산하는 것과 상당히 얽힌 문제이기는 하지만 아마도 가능할 것이다. 그러나 그렇게 사용된 에너지 가운데 다음 날을 위해 그에게 얼마나 많이 돌려주어야 하는지를 정확하게 계산하는 것은 전혀 가능하지 않다. 또한 그렇게 사용된 에너지 가운데 그가 결코 돌려받을 수 없는 부분은 얼마나 되는지를 계산하는 것도 가능하지 않다. 경제학은 노동자의 힘이 줄어들면 그것을 보충하는 데 이용될 수 있는 노동력 적립기금 같은 것을 아직 고안해내지 못했다. 노령연금과 같은 형태로 그러한 종류의 적립기금을 설립하는 것은 가능할 것이다. 그러나 연금이라는 것은 삶의 간접비용 전부, 육체적 손실 전부, 육체노동자의 불가피한 체력 쇠퇴 등에 대응하기 위해 하루하루의 노동이 만들어내야 하는 이익에 주목하지 않는다.

지금까지 지급된 임금 가운데 가장 높은 임금도 마땅히 지급돼야 하는 수준에는 못 미쳤다. 마땅히 지급돼야 하는 수준의 임금을 지급하는 것을 가능하게 하기에 충분할 정도로 사업이 잘 조직된 적도 아직은 없고, 그렇게 되도록 사업의 목적이 분명하게 설정된 적도 아직은 없다. 그것은 우리가 앞으로 해야 할 일의 일부다. 임금 제도를 폐지하고 공동소유로 대체하자는 이야기는 해답을 찾는 데 도움이 되지 않는다. 임금 제도는 생산에 대한 기여가 그 가치에 따른 보상을 받게 하는 제도로서는 우리가 가지고 있는 유일한 것이다. 임금이라는 잣대를 제거하면 전반적인 불공정성이 우리에게 닥칠 것이다. 임금 제도를 완벽한 것으로 만들면 전반적인 공정성을 실현할 수 있다.

나는 그동안 오랜 기간에 걸쳐 임금에 대해 많은 것을 배웠다. 이와 관련해 무엇보다 먼저 말하고 싶은 것은 다른 모든 것을 제쳐놓고 보면 우리의 판매가 어느 정도는 우리가 지급하는 임금에 의존한다고 내가 믿게 됐다는 것이다. 우리가 높은 임금을 분배할 수 있다면 분배된 돈이 지출되게 되고, 그러면 그 돈이 다른 방면의 가게주인, 유통업자, 제조업자, 노동자가 보다 잘살게 되는 데 기여하며, 그들이 잘살게 되는 것은 우리의 판매에 영향을 미치게 된다. 나라 전체에서 높은 임금이 지급되면 나라 전체가 잘살게 된다. 이에는 물론 더 높은 생산성에 더 높은 임금이 지급돼야 한다는 단서가 필요하다. 높은 임금을 지급하고 생산성을 떨어뜨리는 것은 사업을 부진한 상태로 만드는 하강이 시작되게 한다.

우리가 임금과 관련된 우리 자신의 실정을 파악하는 데에는 어느 정도 시간이 걸렸다. 우리는 모델 T의 생산에 전면적으로 들어가고 나서야 비로소 임금이 어떤 수준으로 지급돼야 하는지를 파악할 수 있었다. 그 전에는 우리가 일종의 이익배분 방식을 적용했다. 우리는 과거의 몇 년 동안에는 매년 연말에 우리의 이익 가운데 일부를 종업원들에게 나누어주었다. 예를 들어 1909년에 우리는 근속연수를 기준으로 해서 모두 8만 달러를 배분했다. 근무를 시작한 지 1년이 된 사람은 연간 임금의 5퍼센트, 2년이 된 사람은 연간 임금의 7.5퍼센트, 3년이 된 사람은 연간 임금의 10퍼센트를 받았다. 그러한 방식은 하루의 일과 직접적인 관계가 전혀 없다는 반대의견이 나왔다. 사실 그것은 노동자가 자기가 해야 할 일을 다 하고도 오랫동안 이익 가운데 자기의 몫을 받지 못하다가 거의 선물을 받는 듯이 한꺼번에 받는 방식이었다. 임금이 자선의 색채를 띠게 하는 것은 언제라도 바람직한 일이 아니다.

그 당시에는 또한 임금이 직무에 과학적으로 맞춰지지 않았다. A라는 직무를 가진 사람에게 지급되는 임금보다 B라는 직무를 가진 사람에게 지급되는 임금이 더 높지만 실제로 보면 A라는 직무가 B라는 직무보다 기술과 노력을 더 많이 요구하는 것일 수도 있었다. 적용되는 임금률이 어림짐작이나 다름없는 것에 근거하여 결정된다는 것을 고용주와 피고용자 모두가 알아차리지 못한다면 편차가 큰 불공정성이 임금률에 끼어들 수밖에 없다. 그래서 1913년경부터 우리는 공장에서 이루어지는 몇천 가지의 작업 전부에 대해 시간연구를 시작했다. 시간연구를 하면 노동자 한 명당 생산량이 얼마나 돼야 하는지를 이론적으로 판단할 수 있다. 그런 다음에는 더 나아가서 여유시간을 많이 인정하는 가운데 만족할 만한 하루당 표준 생산량을 계산해내는 것이 가능하고, 기술을 고려해서 특정한 직무를 수행하기 위해 요구되는 기술과 노력의 양을 꽤 정확하게 반영하는 임금률을 계산해내는 것도 가능하다. 그리고 그 직무에 배치된 노동자가 그런 임금을 받는 것을 대가로 일을 얼마나 많이 해주기를 기대해야 하는지도 계산해낼 수 있다. 과학적 연구가 없다면 고용주는 자기가 어떤 수준의 임금을 왜 지급하고 있는지를 알 수 없고, 노동자는 자기가 왜 그 임금을 받고 있는지를 알 수 없다. 우리의 공장에서는 시간계산을 근거로 모든 직무가 표준화되고 임금률이 결정되고 있다.

우리는 생산량에 따라 임금을 결정하는 개수임금 제도는 채택하고 있지 않다. 하루당 임금률이 적용되는 경우도 있고 한 시간당 임금률이 적용되는 경우도 있지만 사실상 모든 경우에 요구되는 개인당 표준 생산량이 있으며, 노동자 가운데 어느 누구의 생산량도 그것에 미달해서는 안 되는 것으로 돼있다. 이렇게 하지 않으면 노동자도 경영자도 지급되는 임금만큼 회사가 돈을 벌고 있는지의 여부를 알지 못할 것이다. 하루의 일이 정해지고 나야 실제로 임금이 지급될 수 있다. 경비원은 자리를 지키는 대가로 임금을 받고 노동자는 일을 한 대가로 임금을 받는 것이기 때문이다.

우리는 이러한 사실들을 수중에 확보하고 나서 1914년 1월에 일종의 이익배분 제도를 선포하고 시행에 들어갔다. 이에 따라 노동자는 어떤 종류의 일을 어떤 조건 아래에서 하든지 하루 5달러의 최저임금을 보장받게 됐다. 이와 동시에 우리는 하루의 노동시간을 9시간에서 8시간으로 줄였다. 이로써 일주일의 노동시간은 48시간으로 줄어들었다. 이것은 전적으로 자발적인 조치였다. 우리가 적용한 모든 임금률도 자발적으로 정한 것이었다. 우리가 생각하기에 그렇게 하는 것이 사회적 정의에 부합하는 조치였고, 궁극적으로는 우리 스스로 마음의 만족을 얻기 위해 그런 조치를 취한 것이었다. 다른 사람들을 행복하게 만들어주었다는 느낌, 다시 말해 다른 사람들의 짐을 어느 정도는 가볍게 해주었다는 느낌, 다른 사람들에게 다소의 여유를 제공함으로써 그들이 그 여유를 활용해 삶의 즐거움도 누리고 저축도 할 수 있게 해주었다는 느낌은 행복감을 가져다준다. 좋은 평판은 정말로 중요한 몇 안 되는 인생의 자산 가운데 하나다. 굳은 결의를 가진 사람이라면 자기가 추구하는 것을 거의 다 획득할 수 있겠지만, 그렇게 하는 데 성공했어도 좋은 평판을 얻지 못했다면 인생에서 많은 이득을 취하지는 못한 것이다.

그러나 어떤 식으로든 자선이 관여된 부분은 없었다. 이 점은 널리 이해되지 못했다. 우리가 사업이 번창하니 광고를 하고 싶어서 그런 발표를 했을 뿐이라고 생각하는 다른 고용주들이 많이 있었다. 그리고 그들은 우리가 업계의 표준을 뒤흔들고 있다는 이유로, 다시 말해 노동자에게 가져갈 수 있는 최소한의 금액만을 임금으로 지급하는 관행을 어겼다는 이유로 우리를 비난했다. 그러한 표준과 관행에는 아무런 가치도 없다. 그런 것들은 다 쓸려나가야 한다. 언젠가는 그렇게 될 것이다. 그렇게 되지 않으면 우리는 빈곤을 없앨 수 없다. 우리가 그러한 변화를 실행한 것은 단지 우리가 더 높은 임금을 지급하기를 원했으며 실제로 그렇게 할 수 있다고 생각했기 때문만이 아니었다. 우리는 사업이 오래 지속되는 토대 위에 서게 하기 위해 그러한 임금을 지급하고자 한 것이다. 우리는 무엇이든 다 분배하려고 한 것이 아니라 미래를 향한 건설을 한 것이다. 낮은 임금에 의존하는 사업은 언제나 불안정하다.

산업계의 발표 가운데 우리의 이 발표보다 더 많은 전 세계적 논평을 불러온 것은 아마도 거의 없었을 것이다. 그리고 이 발표와 관련된 사실들을 아주 정확하게 파악한 사람도 거의 없었다. 노동자들은 거의 다 자기가 어떻게 일을 하든 무조건 하루에 5달러를 받을 수 있으리라고 믿었다.

실제의 사실들은 사람들이 일반적으로 받은 인상과 다소 달랐다. 그 계획은 이익을 배분하는 것이긴 했지만 이익이 실제로 날 때까지 기다리는 대신에 이익을 미리 근접하게 추정해서 일정하게 정해진 조건 아래 6개월 이상 우리 회사에서 피고용자로 일해 온 사람들에게 지급되는 임금에 나누어 얹어주는 것이었다. 그것은 피고용자를 다음과 같은 세 집단으로 분류해서 이익을 배분하는 방식이었다.

(1) 가족과 함께 살면서 가족을 부양하는 기혼 남자.
(2) 근검절약하는 습관을 가지고 있는 것으로 입증되고 22살 이상인 독신 남자.
(3) 22살 미만인 젊은 남자와 근친을 홀로 부양하는 여자.

각각의 노동자에게 우선 공정한 임금이 지급됐다. 당시에 우리가 공정한 임금으로 지급한 금액은 통상적인 시장임금에 비해 평균적으로 15퍼센트가량 높았다. 각각의 노동자는 이에 더해 그의 몫으로 배분되는 이익을 추가로 받을 수 있었다. 임금과 배분된 이익을 더해서 하루의 최저임금이 5달러가 돼야 하는 것으로 계산됐다. 이익배분율은 시간당 지급률로 환산해서 시간당 임금률에 산입했는데, 이때에 시간당 임금률이 가장 낮은 노동자에게 상대적으로 가장 많은 이익배분이 이루어지게 했다. 이렇게 배분된 이익은 2주에 한 번씩 임금과 함께 지급됐다. 예를 들어 시간당 34센트의 임금을 받는 사람은 시간당 28.5센트의 이익을 배분받았는데, 이로써 그는 하루에 5달러를 받게 되는 것이었다. 시간당 54센트의 임금을 받는 사람은 시간당 21센트를 받아서 하루에 모두 6달러를 받았다.

그것은 일종의 번영공유제였다. 그러나 이에는 조건이 있었다. 노동자와 그의 가정이 청결함과 시민정신에 관한 일정한 기준에 부합해야 했다. 온정주의적인 의도는 전혀 없었다! 실제로는 온정주의가 어느 정도 생겨났고, 그것이 그러한 제도 전체와 사회적 복리 관련 부서를 우리가 조정하게 된 이유 가운데 하나였다. 그러나 처음에 그 제도를 도입할 때에는 그것을 통해 더 나은 생활태도를 유인한다는 매우 명확한 의도가 있었고, 그렇게 유인하는 최선의 방법은 올바른 생활태도에 대해 금전적 보상을 얹어주는 것이라는 판단이 있었다. 올바른 생활태도로 살아가는 사람은 자기가 해야 하는 일을 올바르게 할 것이라고 생각했던 것이다. 그리고 우리는 또한 더 높은 임금을 준 결과로 노동자들이 일하는 수준이 낮아지게 될 가능성을 피하고 싶었다. 노동자의 임금을 너무 빨리 높이면 노동자의 탐욕만 키워서 결국에는 노동자의 수익창출력을 약화시키는 일이 종종 벌어진다는 것은 전쟁의 시기에 증명됐다. 처음에 우리가 그저 임금봉투에 더 많은 돈을 넣어주기만 하고 말았다면 노동자의 일하는 수준이 형편없이 하락했을 것이다. 새로운 제도가 도입됨으로써 우리의 노동자 가운데 대략 절반의 임금이 두 배로 올랐다. 그렇게 증가된 임금이 '쉽게 번 돈'으로 여겨질 수도 있었다. 봉급이 쉽게 번 돈으로 여겨지면 노동자들이 하는 일의 수준이 떨어진다. 어떤 노동자든 그에게 지급하는 임금을 너무 빨리 올려주는 것은 위험한 측면이 있다. 그 노동자가 하루에 1달러의 임금을 받던 사람이든 100달러를 받던 사람이든 마찬가지다. 사실 어떤 노동자가 하루당 임금이 100달러였다가 하룻밤 사이에 300달러가 됐다면 그는 아마도 시간당 임금이 1달러였다가 하룻밤 사이에 3달러가 된 노동자보다 스스로 더 어리석은 바보짓을 할 것이다. 돈을 더 많이 받는 노동자에게는 바보짓을 할 기회도 더 많다.

이러한 우리의 첫 이익배분제 아래에서 지속적으로 노동자들에게 요구된 기준은 때로는 별것 아닌 듯이 시행되기도 했지만 결코 사소한 것이 아니었다. 우리는 '사회부'에 50명 정도의 조사원을 두었다. 그들이 가지고 있는 상식의 수준이 매우 높기도 했지만, 오늘날에도 상식의 수준이 그들과 동등한 사람으로만 50명을 모으기는 불가능할 것이다. 그들은 종종 실수를 저질렀지만, 누군가가 실수를 저질렀다는 이야기는 언제나 흔히 듣게 되는 법이다. 당시에 우리의 노동자가 보너스를 받으려면 가족과 함께 살면서 가족을 잘 보살펴야 했다. 우리는 자기 집을 거주하는 곳이 아니라 돈을 버는 수단으로 여겨 하숙을 치는 많은 외국인 노동자들의 폐습을 깨뜨려야 했다. 18살 미만의 소년도 근친을 부양한다면 보너스를 받을 수 있었다. 건전한 생활을 하는 독신 남자도 이익배분의 대상이었다. 그 제도가 기본적으로 유익했음을 가장 잘 보여주는 증거는 기록이다. 그 제도가 시행에 들어갔을 때에 이익배분을 받을 직접적인 자격이 있는 사람들은 전체 노동자의 60퍼센트였다. 그런데 이익배분을 실제로 받은 사람들의 비율이 6개월 뒤에는 78퍼센트였고, 1년 뒤에는 87퍼센트로 더 올라갔다. 이익배분을 받지 못한 사람들의 비율은 1년 6개월이 채 되기도 전에 1퍼센트 미만으로 떨어졌다.

높은 임금은 그 밖에도 여러 가지 결과를 가져왔다. 그 제도가 처음 시작된 1914년에 우리의 종업원 수는 1만 4천 명이었는데, 그때에 같은 규모의 노동력을 항상 유지하기 위해서는 1년에 5만 3천 명에 해당하는 속도로 새로운 고용을 해야 할 필요가 있었다. 1915년에는 우리가 6508명만 고용하면 됐는데, 그 대부분은 우리의 사업이 성장했기 때문에 새로 고용된 인력이었다. 그 당시의 종업원 이직률을 지금 우리의 고용 규모에 적용해보면 1년에 거의 20만 명의 인력을 새로 고용해야 한다는 계산이 나온다. 그렇게 한다는 것은 그야말로 불가능에 가까운 이야기일 것이다. 우리의 공장에서 노동자들이 해야 하는 일의 거의 모두가 지시를 매우 적게만 해도 얼마든지 할 수 있는 것이기는 해도 우리가 아침마다, 주마다, 달마다 새로운 사람들을 고용할 수는 없는 노릇이었다. 새로 들어온 사람이 이삼 일 만에 그 정도면 됐다 싶을 만큼의 속도로 일을 할 수 있게 된다고 하더라도 그가 1년간 일하는 경험을 쌓은 뒤에는 처음보다 일을 더 잘 할 수 있게 되는 것이 분명하기 때문이었다. 그 제도를 시행한 뒤에는 높은 이직률이 더 이상 우리를 괴롭히는 문제가 아니게 됐다. 이에 관한 정확한 통계를 숫자로 제시하기는 어렵다. 우리가 공장을 완전가동에 못 미치는 상태로 돌릴 때에는 최대한 다수의 노동자들에게 일을 배분하기 위해 교대근무를 실시했기 때문이다. 이로 인해 자발적 퇴사와 비자발적 퇴사를 구별하기가 어렵다. 지금은 우리가 아예 이직에 관한 통계를 관리하지 않는다. 이제는 이직이 매우 적기 때문에 번거롭게 통계를 관리할 필요조차 없다고 생각하기 때문이다. 우리가 알고 있는 바로는 우리 회사의 이직률은 한 달에 3퍼센트와 6퍼센트의 사이에 있을 것이다.

우리는 그동안 그 제도에 변화를 주기는 했지만 하나의 원칙에서 벗어난 적은 없다. 그 원칙은 '노동자에게 시간과 에너지를 쏟아 일해 주기를 바란다면 그가 돈 걱정을 하지 않도록 고정임금을 정해서 지급해야 한다'는 것이다. 이렇게 하는 것은 사업에도 효과적이다. 괜찮은 임금과 보너스(그 제도에 변화를 주기 전에는 보너스로 1년에 1천만 달러 정도가 지출됐다)를 지급하고 남는 우리의 이익은 괜찮은 임금을 지급하는 것이 가장 수익성 있게 사업을 하는 방법임을 입증한다.

임금의 일부로 품행에 근거한 보너스 제도를 시행한 것에 대해 반대의 견도 있었다. 그런 제도는 온정주의의 성격을 갖고 있다는 것이었다. 그러나 산업에는 온정주의가 발을 붙일 여지가 없다. 피고용자의 사적인 문제를 들여다봐야 하는 복지사업은 시대에 뒤떨어진 것이다. 노동자들은 조언을 필요로 하고, 도움을 필요로 하며, 때로는 특별한 도움을 필요로 한다. 그리고 그 모든 것은 남에게 부끄럽지 않을 정도의 생활은 보장한다는 취지로 제공돼야 한다. 그런데 산업의 내부에서 투자와 이익배분과 관련된 제도가 폭넓게 잘 작동한다면 그것이 외부에서 실행되는 그 어떤 사회사업보다 산업을 굳건하게 하고 조직을 강화하는 데에 더 많은 역할을 할 것이다.

우리는 그동안 원칙을 바꾸지 않으면서 임금을 지급하는 방식을 변화시켜왔다.

| 9장 |

사업이 언제나 잘 굴러가지는 않는 이유

고용주는 1년 단위로 살게 돼 있다. 노동자도 1년 단위로 살 것이다. 그러나 고용주와 노동자 모두 일은 1주 단위로 한다. 일할 시간이 있고 제시된 가격이 수용할 만하다면 고용주는 주문을 받고 노동자는 일감을 받는다. 이른바 호황기에는 주문과 일감이 넘쳐난다. 불황기에는 주문과 일감이 말라붙는다. 사업은 언제나 풍년이거나 흉년이고, '호조'이거나 '부진'하다. 모든 사람이 이 세상의 재화를 너무 많이 누려서 누구나 다 너무 편안하거나 너무 행복한 시기는 결코 오지 않겠지만, 온 세상이 재화에 굶주리고 산업기계가 일감에 굶주리는데 수요와 그것을 충족시킬 수단은 화폐적 장벽으로 인해 서로 만나지 못하는 놀라운 광경이 펼쳐지는 시기는 온다. 제조와 고용은 둘 다 들쭉날쭉한 일이다. 우리는 앞으로 꾸준히 나아가기보다는 앞으로 나아가는 것 같기는 하지만 그 과정이 변덕스러우며, 어떤 때에는 너무 빨리 나아가고 어떤 때에는 완전히 멈춰 선다. 아주 많은 사람들이 구매를 하고자 할 때에는 재화가 부족하다고들 하고, 아무도 구매를 하고자 하지 않을 때에는 재화가 과잉생산됐다고들 한다. 나는 우리에게 재화가 언제나 부족했다고 알고 있지 과잉생산된 적이 있다고 믿지 않는다. 특정한 시점에 우리에게 잘못된 종류의 재화가 너무 많을 수는 있다. 그러나 그것은 과잉생산이 아니라 단지 생각 없는 마구잡이 생산일 뿐이다. 우리가 너무 높은 가격의 재고를 엄청나게 많이 가지고 있을 수도 있다. 그것도 과잉생산 탓이 아니라 제조의 잘못이나 금융의 잘못 탓일 것이다. 사업이 운에 따라 잘되거나 잘못되거나 할까? 우리는 주어진 조건들을 불가피한 것으로 받아들여야만 할까? 사업은 우리가 하기에 따라 잘되거나 잘못되거나 한다. 농작물을 기르거나 광산을 채굴하거나 제조를 하는 이유는 오로지 사람들이 음식을 먹거나 체온을 유지하거나 옷을 입거나 제품을 소비할 수 있게 하려는 데에 있다. 그 밖의 다른 이유는 있을 리가 없다. 그런데 그러한 이유가 뒷전으로 밀려나면서 그 대신에 우리는 기여를 한다는 목적을 위해서가 아니라 돈을 번다는 목적을 위해서 일을 하게 됐다. 이렇게 된 것은 우리가 화폐 제도를 발전시켜 왔기 때문인데, 그 제도는 편리한 교환의 수단이 되기도 하지만 때로는 교환에 대한 장벽이 된다. 이에 대해서는 나중에 더 자세히 이야기하겠다.

우리는 경영을 매우 잘못한 것만으로도 이른바 악운의 시기를 종종 겪는다. 농작물 흉년이 들면 나라 전체가 굶주리게 된다는 것은 얼마든지 예상할 수 있다. 그렇더라도 그렇게 된 것이 오로지 잘못된 경영 탓이라면, 특히 불합리한 금융구조와 연관된 잘못된 경영 탓이라면 우리가 굶주림과 빈곤을 어떻게 용납할 수 있을지 모르겠다. 물론 전쟁이 일어나도 나라의 모든 일이 뒤집힌다. 전쟁은 더 나아가 세계 전체도 뒤집어놓을 것이다. 경영이 보다 잘됐다면 전쟁은 일어나지 않았을 것이다. 그러나 전쟁만 탓할 수는 없다. 전쟁은 금융제도의 수많은 결함을 겉으로 드러냈는데, 그 가운데 특히 돈을 기반으로 해서만 지탱되는 사업이 얼마나 불안정한지가 겉으로 드러난 점이 중요하다. 나는 잘못된 사업이 잘못된 금융의 결과인지, 아니면 사업의 잘못된 동기가 잘못된 금융의 방법을 만들어낸 것인지는 잘 모르겠다. 그러나 현재의 금융제도를 뒤집어엎으려고 하는 것은 전혀 바람직하지 않겠지만 기여를 기반으로 해서 사업을 뜯어고치는 것은 전적으로 바람직하다는 것은 내가 알고 있다. 그렇게 하면 더 나은 금융 제도가 반드시 따라올 것이다. 현재의 금융 제도는 존재해야 할 이유가 더 이상 없을 것이기 때문에 사라질 것이다. 그런데 그 과정은 점진적인 것이어야 한다.

자기 자신의 일을 안정화시키는 첫걸음은 누구나 내디딜 수 있다. 누구든 자기 혼자만 나서서는 완전한 결과를 달성할 수 없지만, 그렇게 나선 사례가 널리 이해되기 시작하면 그 뒤를 따르는 사람들이 있을 것이다. 그러면 시간이 흐름에 따라 우리는 부풀려진 사업과 그 짝인 억눌린 사업 둘 다를 천연두와 같은 종류의 질병, 다시 말해 예방할 수 있는 종류의 질병으로 간주해도 되기를 기대할 수 있을 것이다. 사업과 금융은 반드시 재조직될 것인데, 그런 일이 일어나게 된다면 계절변화 그 자체야 없앨 수 없지만 계절변화의 악영향이 산업에 미치지 못하게 하는 것과 불황이 주기적으로 닥치지 못하게 하는 것은 완전히 가능해질 것이다. 농업은 이미 재조직의 과정에 들어섰다. 산업과 농업이 충분히 재조직되면 그 둘이 서로 보완하는 관계가 되어 따로 떨어져 움직이지 않고 함께 조화를 이루게 될 것이다. 하나의 예로 우리의 밸브 공장을 들어볼 수 있다. 우리는 밸브 공장을 18마일 떨어진 농촌 지역에 세웠는데, 이는 그곳의 노동자들이 농업도 병행할 수 있도록 하기 위해서였다. 농업에 기계가 사용되면 요구되는 시간이 지금 소비되는 시간보다 줄어들 것이다. 씨를 뿌리고 재배에 신경을 쓰고 수확을 하는 인간의 기여에 요구되는 시간에 비해 자연의 힘에 의해 농작물이 자라고 결실을 맺는 데에 요구되는 시간이 훨씬 더 길다. 부품의 크기가 크지 않은 많은 산업의 경우에는 부품이 어디에서 만들어지든 별 차이가 없다. 수력발전의 도움만 있다면 부품은 먼 농촌에서도 잘 만들어질 수 있다. 그렇기에 우리 회사는 가장 과학적이고 건강에 좋은 조건 아래에서 농장의 일과 공장의 일 둘 다를 하는 '농부 겸 공장노동자'를 흔히 알려진 정도보다 훨씬 더 많이 둘 수 있다. 이러한 고용제도는 일부 계절성 산업에 잘 어울릴 것이다. 그 밖에 제품 생산의 순서를 계절과 설비에 맞게 배열할 수 있는 산업도 있을 것이고, 보다 신중한 경영을 통해 계절에 따른 굴곡을 평탄하게 할 수 있는 산업도 있을 것이다. 어떠한 특수한 문제도 완전하게 연구하면 그것을 해결할 수 있는 방법이 찾아질 것이다.

주기적인 불황은 통제할 수 없을 정도로 광범위하게 찾아오기 때문에 보다 심각한 문제다. 전반적인 재조직이 이루어지기 전에는 주기적인 불황이 완전히 통제될 수 없을 것이다. 그러나 사업을 하는 사람들이 각자 자신을 위해서 무엇인가 필요한 일을 하기는 쉬울 것이고, 매우 물질적인 측면에서 자신의 조직에 유익한 일을 하면서 다른 사람들에게 도움을 주기까지 할 수 있을 것이다. 포드 모터 컴퍼니의 생산은 그동안 호황도 불황도 타지 않았다. 공장이 전쟁지원 작업으로 전환되어 운영된 1917년부터 1919년까지의 기간을 제외하고는 생산이 꾸준히 증가했다. 1912~13년은 이제 와서는 "정상적이었다"고 말하는 사람들도 있지만 당시에는 침체기로 여겨졌다. 그러나 그해에 우리의 판매 실적은 두 배로 증가했다.

1913~14년은 침체기였지만 그해에도 우리의 판매 실적은 33퍼센트 이상 증가했다. 1920~21년은 역사상 불황이 가장 심각한 해 가운데 하나였다고 하지만 그해에 우리의 판매 실적은 125만 대로 "정상적인 해였다"고들 하는 1913~14년에 비해 약 5배에 이르렀다. 이런 우리의 판매 실적에 특별한 비결은 없었다. 우리의 사업에서 실현된 다른 모든 것과 똑같이 그것도 어떤 사업에나 적용될 수 있는 하나의 원칙을 적용함으로써 얻어낸 필연적인 결과였다.

지금은 우리가 하루 6달러의 최저임금을 조건 없이 지급하고 있다. 사람들은 감독을 불필요하게 할 정도로 높은 임금을 받을 수 있도록 일을 하는 데에 충분히 익숙해졌다. 어느 노동자든 자기가 해야 하는 생산을 할 자격을 갖추면 곧바로 최저임금을 지급받게 되는데, 자기가 해야 하는 생산을 할 자격은 그 자신의 일하려는 의욕에 달린 문제다. 우리는 이익을 추정해서 임금에 산입해왔고, 지금은 전쟁 직후의 호황기 때보다 더 높은 임금을 지급하고 있다. 그러나 우리는 언제나 그랬듯이 지금도 일을 근거로 해서만 임금을 지급하고 있다. 그리고 노동자들이 실제로 일을 제대로 하고 있다는 것은 최저임금은 6달러이지만 노동자들의 대략 60퍼센트가 최저임금보다 더 높은 임금을 받고 있다는 사실에 의해 입증된다. 6달러는 균일임금이 아니라 최저임금인 것이다.

번영에 근본이 되는 것들을 먼저 생각해야 한다. 진보는 남들의 이목을 끌기 위한 행동의 연속에 의해 이루어지는 것이 아니다. 각각의 단계가 조율돼야 한다. 어느 개인도 생각을 하지 않으면서 자신의 진보를 이룰 수 없다. 진정한 번영의 시기는 가장 많은 수의 사람들이 정당하게 먹을 수 있는 것과 입을 수 있는 것들을 모두 얻어서 편안하다는 말의 모든 의미에서 편안한 시기일 것이다. 번영의 증거는 제조업자가 은행 계좌에 가지고 있는 잔액의 크기가 아니라 사람들이 전반적으로 느끼는 편안함의 정도다. 제조업자의 기능은 이런 편안함에 기여하는 것이다. 제조업자는 사회의 도구다. 제조업자는 대중에게 점점 더 좋은 제품을 점점 더 낮은 가격에 공급하는 동시에 자기의 사업에 참여한 모든 사람에게 각자가 한 일에 근거해 점점 더 높은 임금을 지급할 수 있도록 자기의 기업을 경영할 때에만 사회에 기여할 수 있다. 제조업자는 물론이고 사업을 하는 사람이라면 누구든 이런 방식으로, 오직 이런 방식으로만 자기의 존재를 정당화할 수 있다.

우리는 번영과 불황의 주기적 순환에 관한 경제학자들의 통계나 이론에는 그다지 관심을 갖고 있지 않다. 그들은 물가가 높은 시기를 '번영기'라고 부른다. 진정한 번영의 시기는 제조업자들이 제품에 붙이는 가격에 근거를 두고 판단할 수 있는 것이 아니다.

우리는 말장난에도 관심을 갖고 있지 않다. 재화의 가격이 사람들의 소득에 비해 높다면 재화의 가격을 낮추어야 한다. 통상적으로 사업은 제조의 과정에서 시작되고 소비자에게서 끝나는 것으로 여겨진다. 그런데 제조업자가 소비자에게 팔아야 하는 것을 소비자는 사고 싶어 하지 않고 그럴 돈도 가지고 있지 않을 경우에 제조업자가 소비자를 탓하면서 사업이 잘 안 된다고 말한다면 그것은 마차를 말의 앞에 매달고 가던 길을 계속 가면서 한탄을 하는 격일 것이다. 그것은 터무니없는 일이 아닌가?

제조업자가 소비자를 위해 존재할까, 아니면 소비자가 제조업자를 위해 존재할까? 제조업자가 공급하는 것을 소비자가 사려고 하지 않거나 살 수 없다고 한다면 그것은 제조업자 탓일까, 소비자 탓일까, 누구의 탓도 아닐까? 누구의 탓도 아니라면 그 제조업자는 사업을 그만두어야 한다.

그런데 그동안 과연 어떤 사업이 제조업자에게서 시작되어 소비자에게서 끝났던가? 사업을 굴러가게 하는 돈은 어디에서 나올까? 소비자에게서 나온다고 보는 것이 당연하다. 그리고 제조업의 성공은 오로지 소비자의 마음에 들게끔 소비자에게 기여를 할 능력에만 근거한다. 소비자에게 기여를 하는 일은 제품의 품질으로도 할 수 있고 제품의 가격으로도 할 수 있다. 가장 좋은 품질의 제품을 가장 낮은 가격에 공급하는 것이 소비자에게 가장 큰 기여를 하는 방법이다. 그리고 소비자에게 가장 좋은 품질의 제품을 가장 낮은 가격에 공급할 수 있는 사람이라면 누구든 그 자신이 만드는 제품의 종류와 무관하게 사업의 선도자가 될 수밖에 없다. 이것은 누구도 벗어날 수 없는 원리다.

그런데 왜 호경기를 기다리면서 허우적거리기만 하고 있는가? 더 나은 경영으로 비용을 낮추어라. 가격을 구매력에 걸맞은 수준으로 인하하라.

임금을 삭감하는 것은 비인도적인 방법이라는 것은 두말할 필요도 없고 상황에 대처하는 가장 손쉽지만 어설픈 방법이기도 하다. 그것은 사실상 사업 경영자의 무능함을 탓해야 할 일을 가지고 노동자에게 그 책임을 전가하는 것이다. 이 점을 제대로 이해하기만 한다면 모든 불황은 제조업자에게 자기의 사업에서 머리를 더 많이 써야 함을 알려주는 신호임을, 다시 말해 다른 사람들이 임금삭감을 통해 극복하려고 하는 것을 자기는 더 나은 경영을 통해 극복해야 하는 도전과제임을 알 것이다. 다른 모든 것에 앞서 임금을 먼저 만지작거리는 것은 순서가 뒤바뀐 것이며, 진짜 문제를 회피하는 것이다. 진짜 문제에 먼저 대응한다면 임금 삭감은 필요하지 않을 수 있다. 나의 경험이 그것을 말해준다. 가장 실제적인 문제는 조정의 과정에서 누군가는 손해를 봐야 한다는 것이다. 그런데 잃어버려도 될 만한 것을 가지고 있는 사람들을 제외하면 과연 누가 손해를 감수할 여유가 있을까? 하지만 '손해'를 본다는 표현은 오해를 불러올 소지가 있다. 사실은 손해를 볼 일이 전혀 없다. 그것은 단지 미래에 더 많은 이익을 얻기 위해 과거의 이익 가운데 일부를 포기하는 것일 뿐이다. 나는 얼마 전에 어느 작은 마을의 철물상과 대화를 나눈 적이 있다. 그때에 그는 다음과 같이 말했다.

"저는 지금의 재고에서 1만 달러의 손해를 볼 것으로 예상합니다. 하지만 당신도 아시겠지만, 실제로 제가 그런 금액의 손해를 다 볼 것이라는 이야기는 물론 아닙니다. 우리 철물상들은 그동안 호경기를 누렸습니다. 저의 재고는 대부분 높은 가격으로 산 것들이지만, 저는 그동안 여러 차례 재고를 판매로 소진했고 그에 따른 이익을 남겼습니다. 제가 예상한다고 한 손해액 1만 달러는 그동안 내가 가졌던 1만 달러와는 종류가 다른 돈입니다. 그 1만 달러는 어찌 보면 투기적인 돈입니다. 그것은 액면 가치를 다 인정받을 수 없는 돈입니다. 그러니 저의 손해액이 커보일지는 모르지만, 사실 그것은 큰 금액이 아닙니다. 게다가 저는 지금 우리 마을 사람들이 철물을 사는 데에 많은 돈이 들 것을 걱정하지 않고 집을 지을 수 있도록 하고 있습니다."

그는 현명한 상인이다. 그는 자기의 재고를 높은 가격에 묶어두면서 마을의 발전을 가로막는 대신에 이익을 덜 취하면서 사업이 굴러가게 하려고 한다. 그와 같은 사람은 마을의 자산이다. 그는 명석한 두뇌를 가지고 있다. 그는 배달 담당 직원들의 임금을 삭감하는 대신에, 다시 말해 그들의 구매력을 삭감하는 대신에 자기의 재고를 낮은 가격에 판매하기를 선택했고, 그렇게 함으로써 조정을 더 잘 해낸 것이다.

그는 자기의 가격을 고수하면서 눌러앉아서 무슨 일인가가 일어나주기를 기다리고만 있지 않았다. 그는 대부분의 사람들이 잊어버린 것처럼 보이는 것, 즉 때때로 돈을 잃는 것도 사업주가 감당해야 할 부분이라는 것을 알고 있었다. 손해를 받아들여야 할 때도 있는 것이다.

전반적인 판매 감소 속에서 우리의 판매도 마침내 감소했다. 그러자 우리에게 재고가 많이 쌓였고, 그 재고 속의 재료와 부품을 사들일 때에 지불한 원가를 생각하면 우리가 내걸고 있는 가격보다 낮은 가격으로는 자동차를 한 대도 만들어낼 수 없게 됐다. 그런데 우리가 내걸고 있는 가격은 사업 환경의 변화로 인해 사람들이 지불할 수 있거나 지불하고자 하는 수준보다 높았다. 우리는 공장가동을 멈추고 상황파악에 들어갔다. 우리는 재고에서 1700만 달러의 손실을 떠안고 사업을 계속하거나 그보다 훨씬 더 큰 손실을 떠안고 사업을 멈추어야 했다. 그러니 선택이고 자시고 할 것이 없는 상황이었다.

하지만 그것은 사업을 하는 사람이라면 언제나 직면할 수 있는 선택의 상황이다. 사업가는 회계장부에 손실을 기록하고 사업을 계속할 수도 있고, 휴업에 따르는 손실을 떠안기로 하고 사업을 멈출 수도 있다. 휴업을 하기로 하고 사업을 멈추는 데에 따르는 손실은 일반적으로 실제 금전상의 손실보다 더 크다. 왜냐하면 휴업을 하는 기간에는 두려움이 사업의지를 갉아먹고, 너무 오래 공장 문을 닫고 지내다 보면 다시 시작할 에너지가 남아있지 않게 되기 때문이다.

경기가 나아지기를 기다리기만 하는 것은 아무런 소용도 없다. 제조업자가 자기의 기능을 계속 수행하고자 한다면 사람들이 지불할 수 있는 수준으로 제품의 가격을 낮추어야 한다. 상황이 어떻든 간에 필수품의 경우에는 사람들이 지불할 수 있을 뿐 아니라 실제로 지불하려고 하는 가격이 언제나 있기 마련이며, 제조업자로서는 의지만 있다면 언제나 그런 가격에 제품의 가격을 맞출 수 있다.

품질을 낮추거나 근시안적인 절약을 해서는 그렇게 가격을 맞출 수 없을 뿐 아니라 노동자들의 불만만 초래할 것이다. 안달복달하거나 야단법석을 떠는 것으로도 그렇게 가격을 맞출 수 없다. 생산의 효율성을 높이는 것만이 그렇게 할 수 있는 방법이다. 그리고 이러한 관점에서는 이른바 경기의 불황은 모두 사업가 집단의 두뇌에 대한 도전으로 간주돼야 할 것이다. 사업가가 기여에 집중하는 대신에 가격에 집중한다면 그것은 그 자신이 사업주로서의 자기 존재를 정당화할 근거를 제시할 수 없는 부류임을 확실하게 드러내는 행동인 것이다.

이 이야기는 진정한 가치를 자연스러운 기반으로 해서 판매를 해야 한다는 말을 다르게 한 것일 뿐이다. 방금 말한 진정한 가치란 인간의 에너지를 교환과 거래가 가능한 제품으로 변환시키는 데에 들인 비용을 가리킨다. 그런데 그러한 단순한 공식은 사업에 어울리지 않는 것으로 여겨지고 있다. 그것은 충분히 복잡하지 않다는 것이다. 우리는 주위에서 '사업'이라는 미명 아래 인간의 모든 활동 가운데 가장 정직한 것을 일부 사람들의 투기적 기민함에 종속시키는 행위를 흔히 본다. 그들은 식량이나 그 밖의 다른 상품에 대해 거짓된 품귀 현상을 만들어낼 줄 아는데, 그렇게 함으로써 사회가 수요에 대한 불안감을 갖도록 부추긴다. 그들의 그러한 행위로 인해 사업이 거짓된 자극을 받기도 하고 거짓된 침체에 시달리기도 한다.

경제적 공정성은 끊임없이 침해되고 있으며, 우리가 순진한 어리석음에 갇혀 있는 가운데 타당한 이유도 없이 침해되는 경우가 아주 많다. 경제적 조건이 인류를 오늘날의 모습으로 만들었다고 말하는 사람도 있을 수 있고, 인류가 경제적 조건을 오늘날의 모습으로 만들었다고 말하는 사람도 있을 수 있다. 경제체제가 인류를 오늘날의 모습으로 만들었다고 주장하는 사람들을 우리는 많이 보게 된다. 그들은 우리가 인류 전체를 바라볼 때에 발견하게 되는 모든 결함을 산업체제 탓으로 돌린다. 그런가 하면 인류가 스스로 그들 자신의 조건을 만들어낸다고 말하는 사람들도 우리는 보게 된다. 그들은 경제체제, 산업체제, 사회체제가 나쁘다면 그것은 인류 자신의 모습이 반영된 것일 뿐이라고 말한다. 우리의 산업체제에 잘못된 점이 있다면 그것은 인류 자신의 잘못된 점이 반영된 것일 뿐이라는 것이다. 제조업자들은 오늘날 산업의 방법상 오류가 적어도 부분적으로는 그들 자신의 오류가 체제화하고 확장된 것임을 인정하기를 주저한다. 그러나 개개인의 직접적인 관심사에서 벗어나 넓은 시야에서 같은 문제를 바라본다면 그러한 점을 곧바로 충분히 인식할 수 있을 것이다.

인간의 본성에 결함이 보다 적었다면 보다 적은 결함만 가진 사회체제가 성장했을 것이 틀림없다. 거꾸로 인간의 본성이 더 나빴다면 더 나쁜 사회체제가 성장했을 것이다. 다만 그 더 나쁜 사회체제는 아마도 지금의 사회체제만큼 오래 유지되지는 못했을 것이다. 그런데 인류가 의도적으로 결함이 있는 사회체제를 만들고자 했다고 주장하는 사람은 거의 없을 것이다. 사회체제의 모든 결함은 인간 자신에게서 비롯됐다고 유보조건 없이 전적으로 인정한다고 해서 인간이 의도적으로 그 자신의 불완전한 것들을 조직하고 수립했다는 결론을 내릴 수 있는 것은 아니다. 우리는 무지를 많이 탓해야 할 것이다. 그리고 우리는 순진한 어리석음을 많이 탓해야 한다.

우리의 현재 산업체제가 어떻게 시작됐는지를 생각해보자. 그것이 어떻게 성장할 것인지를 예고하는 신호는 없었다. 새로운 발전이 이루어질 때마다 사람들은 그것을 환영했다. '자본'과 '노동'이 적대적인 이해관계 집단이라고 생각한 사람은 없었다. 성공이라는 사실 자체가 음흉한 위험을 수반하리라고는 누구도 예상하지 못했다. 그런데 성장과 더불어 체제 안에 잠복해 있던 불완전한 점들이 하나하나 그 모습을 드러내기에 이르렀다. 개인이 자기 혼자 하던 사업이 너무 많이 성장해서 자기를 도와주는 사람을 더 많이 필요로 하게 됐고, 마침내는 자기를 도와주는 사람들의 이름을 일일이 다 기억할 수 없게 됐다. 그러나 그러한 사실은 유감스러운 것으로 간주되기보다 오히려 환영의 대상이 됐다. 그러다가 결국에는 비인격적인 체제가 들어섰다. 그 체제 안에서는 노동자가 한 명의 개인보다 못한 어떤 것, 다시 말해 체제의 일부일 뿐인 것이 돼버렸다. 이러한 탈인간화의 과정이 의도적으로 창출된 것이었다고 믿는 사람은 물론 아무도 없다. 그것은 그냥 그렇게 성장한 것이다. 그것은 초기의 이 체제 전체 안에 잠복해 있었던 것이지만, 아무도 그것을 보지 못했고 아무도 그것의 성장을 예상하지 못했다. 전대미문의 엄청난 발전만이 그것을 겉으로 드러낼 수 있었다.

산업적 발상에 대해 생각해보자. 어떤 것이 산업적 발상일까? 진정한 산업적 발상은 돈을 벌자는 것이 아니다. 산업적 발상은 쓸모가 있을 만한 발상을 겉으로 표현하여 사람들에게 알리는 것이고, 유용한 발상을 필요로 하는 사람들의 수만큼 많이 유용한 발상을 복제하는 것이다.

생산을 하고 또 생산을 하는 것, 생산을 일종의 정밀기술과 같은 것으로 만들어주는 시스템을 구축하는 것, 생산을 확장하고 더 많은 공장을 지으면서 유용한 것을 더욱 더 많이 생산하기 위한 수단도 확보될 수 있을 정도로 생산을 고도화하는 것……. 그러한 것이 진정한 산업적 발상이다. 일에서 이익을 얻으려고 하는 대신에 투기에서 이익을 얻으려고 하는 노력은 산업적 발상에 대한 부정이다. 사업은 그 어떤 개인의 이익보다 큰 것임을 알아차리지 못하는 근시안적인 사람들이 있다. 사업은 주고받는 과정이고, 나도 살고 너도 살게 하는 과정이다. 사업은 수많은 세력들 사이의 협력이자 수많은 이해관계 집단들 사이의 협력이다. 강물의 유익한 흐름이 자기에게 도달하면 거기에서 멈춰야 한다는 사고방식이 있다. 사업이 그와 같은 강물과 같은 것이라고 믿는 사람이라면 그는 사업의 순환적 흐름을 멈추게 해도 사업을 살아있는 상태로 유지할 수 있다고 생각할 것이다. 그런 사람은 부의 생산을 멈추게 하는 것을 통해 부를 생산하려고 할 것이다.

기여의 원칙은 병든 사업을 치료하는 일에서 결코 실패하지 않는다. 그렇다면 이제는 우리가 기여의 원칙과 재무의 원칙이 실제로 어떻게 적용되는지를 알아봐야 할 차례다.

| 10장 |

제품 가격을 얼마나 낮출 수 있나?

가격이 충분히 낮다면 경기가 어떻든 간에 구매자는 언제나 있을 것임은 누구도 부인하지 않을 것이다. 그것은 사업의 기본적인 사실 가운데 하나다. 때로는 원자재의 가격이 아무리 낮더라도 원자재가 거래되지 않기도 한다. 우리는 지난해에 그러한 상황을 보았다. 하지만 그것은 제조업자와 유통업자들이 새로운 거래계약을 체결하기 전에 고비용 재고를 처분하려고 했기 때문이다. 시장은 침체됐지만 재화로 '포화된' 것은 아니었다. 이른바 '포화된' 시장이란 가격이 구매력에 비해 높은 시장만을 가리킨다.

과도하게 높은 가격은 언제나 어떤 비정상적인 상태에 기인한 것이므로 불건전한 사업의 징표다. 환자가 건강을 회복하면 체온이 정상이 된다. 건강한 시장은 정상적인 가격을 가지고 있다. 높은 가격은 품귀 현상에 관한 보도에 뒤따라 일어나는 투기 때문인 경우가 많다. 모든 것이 다 품귀 현상을 빚는 일은 없더라도 중요한 상품 몇 가지가, 아니 한 가지만이라도 품귀 현상을 빚으면 그로 인해 투기가 시작되곤 한다. 또한 재화는 전혀 부족하지 않은데 그와 같은 일이 벌어지기도 한다. 통화팽창이나 신용팽

창은 겉으로 보기에 구매력의 급증을 일으키며, 그에 따라 투기의 기회가 생긴다. 실제의 재화부족과 통화팽창이 결합되기도 하는데, 이런 일은 전쟁의 시기에 종종 일어난다. 그러나 과도하게 높은 가격의 그 어떤 상태에서도 그 진정한 원인이 무엇이든 간에 사람들은 재화부족이 일어나고 있다고 생각해서 그러한 높은 가격을 지급한다. 사람들은 나중에 곤란한 처지가 될까봐 아직은 필요하지도 않은 빵을 미리 사두기도 하고, 나중에 되팔아 이익을 남길 생각으로 그렇게 하기도 한다. 설탕이 품귀 현상을 빚을 것이라는 말이 나돌자 그동안 살아오면서 10파운드 이상의 설탕을 한꺼번에 산 적이 한 번도 없었던 주부들이 100파운드나 200파운드의 설탕을 사서 쟁여두려고 했다. 그리고 주부들이 그렇게 하는 동안에 투기꾼들은 설탕을 사들여 창고에 쌓아두었다. 전쟁의 시기에 우리에게 일어난 품귀 현상은 거의 모두가 투기나 사재기로 인해 일어났다.

어떤 품목의 공급이 아무리 부족하다고 하더라도, 더 나아가 정부가 그 품목에 대한 전면적인 통제에 나선다고 하더라도 어떻게든 그것이 공급된다면 그것을 사기 위해 돈을 지불할 용의가 있는 사람은 언제나 그것을 살 수 있을 것이다. 어떠한 상품에 대해서든 그것의 전국적인 재고가 실제로 얼마나 많거나 적은지를 아는 사람은 아무도 없다. 가장 근접한 숫자도 추측에 불과할 것이다. 특정한 상품의 세계 전체 재고에 대한 추정은 훨씬 더 제멋대로다. 특정한 날이나 특정한 달에 특정한 상품이 얼마나 많이 생산됐는지는 우리가 안다고 생각할 수 있다. 그러나 그렇다고 해서 그 다음 날이나 그 다음 달에 그 상품이 얼마나 많이 생산될 것인지를 우리가 알 수는 없다. 이와 마찬가지로 우리는 소비가 얼마나 많이 이루어지는지도 알지 못한다. 많은 돈을 쓰고 시간을 들여 조사를 한다면 특정한 기간에 특정한 상품이 얼마나 많이 소비됐는지에 관한 꽤 정확한 숫자를 얻을 수 있을지 모른다. 그러나 그 숫자가 집계된 시점에는 그것이 역사적인 자료로나 사용될 수 있을까 그 밖에는 전혀 쓸모가 없을 것이다. 왜냐하면 그 다음의 기간에는 소비가 두 배로 증가할 수도 있고 절반으로 감소할 수도 있기 때문이다. 사람들은 있던 자리에 그대로 머물러 있지 않는다. 이 때문에 사회주의나 공산주의의 정책 입안자를 비롯해 사회에 대한 이상주의적인 규율을 계획하는 사람들은 모두 골머리를 앓는다. 그들은 모두 사람들이 있던 자리에 그대로 머물러 있을 것으로 가정한다. 수구주의자도 똑같은 생각을 가지고 있다. 수구주의자는 모든 사람이 있던 자리에 그대로 머물러 있어야 한다고 주장한다. 그런데 그러는 사람은 아무도 없으며, 이에 대해 나는 오히려 감사하게 생각한다.

소비의 규모는 가격과 품질에 따라 달라진다. 그리고 미래의 소비가 얼마나 될지를 알거나 추정할 수 있는 사람은 아무도 없다. 가격이 낮아질 때마다 새로운 계층의 구매력이 등장하기 때문이다. 그것은 모두가 알지만, 자기 자신의 행동을 통해 그것을 인정하기는 대다수가 거부한다. 잘못된 가격으로 상품을 산 뒤에 그것이 팔리지 않으리라는 것을 알게 된 가게 주인은 그것이 팔릴 때까지 가격을 점점 낮추어간다. 그런데 현명한 가게 주인은 가격을 찔끔찔끔 내려서 고객들이 더 낮은 가격에 대한 기대를 마음속에 품게 하기보다는 가격을 한 번에 확 내려서 재고를 다 팔아치운다. 누구나 나름대로 할인판매를 하면서 손실을 감수한다. 할인판매에 따른 손실을 입은 뒤에 다시 많은 이익을 올려 그 손실을 메울 수 있으리라는 기대를 너도나도 하는 것이다. 그런 기대는 대체로 망상이다. 그러한 손실을 메워줄 이익은 할인판매 이전의 사업에서 가져와야 한다. 호황기의 높은 이익을 영구적인 이익으로 간주할 정도로 어리석은 사람들은 모두 이익이 감소하는 시기가 돌아왔을 때에 재무적인 곤경에 빠졌다. 그럼에도 사업은 이익과 손실이 교대하며 연속하는 과정으로 이루어지며 잘되는 사업이란 이익이 손실을 능가하는 사업이라는 믿음이 존재한다. 그렇기에 가능한 최고의 가격이 최선의 판매가격이라고 판단하는 사람들이 있다. 그것이 바람직한 사업관행이라고들 하는 것이다. 그런데 과연 그런가? 우리가 보기에는 그렇지 않다.

우리는 재료를 구매할 때에 당장에 필요하지 않은 것을 구매하는 것은 무가치한 행위임을 알게 됐다. 우리는 그때그때 수송의 상태를 고려하는 가운데 생산 계획에 부합하는 정도의 재료만 구매한다. 수송이 원활하고 재료가 공급되는 흐름이 고른 것이 확실하다면 재료의 재고를 조금이라도 유지하는 것이 필요하지 않을 것이다. 재료가 화물열차에 실려 계획된 순서와 양에 맞게 일정대로 도착해서 화물열차에서 생산의 현장으로 옮겨질 것이다. 그렇게 되면 재료의 순환이 매우 빠르게 이루어지고 그에 따라 재료에 묶이는 자금이 줄어들기 때문에 돈이 많이 절약될 것이다. 수송이 원활하지 않다면 재고를 많이 쌓아야 한다. 1921년에 재고에 대한 재평가가 실시됐을 때에 재평가된 가액이 과도하게 높았는데, 이는 당시에 수송의 상태가 아주 안 좋았기 때문이다. 그렇지만 우리는 이미 오래 전부터 투기적 목적을 위한 사재기는 결코 하지 말아야 한다고 생각하고 있었다. 가격이 오를 것 같으면 구매를 미리 일찌감치 해두고 가격이 이미 올라 있다면 구매를 가능한 한 적게 하는 것이 사업을 잘하는 것으로 흔히들 생각한다. 당신이 재료를 파운드당 10센트에 산 뒤에 그 가격이 파운드당 20센트로 오른다면 그때 파운드당 20센트의 가격에 그 재료를 살 수밖에 없는 사람에 비해 당신이 확실한 우위에 있게 된다는 것은 굳이 증명하려고 할 필요도 없다. 그러나 우리는 그렇게 구매를 미리 하는 것이 이득이 되지 않음을 알게 됐다. 그것은 알아맞히기 경쟁을 하는 것이지 사업을 하는 것이 아니다. 어떤 사람이 개당 10센트의 가격에 산 재료를 재고로 잔뜩 쌓아두었을 경우에 다른 사람이 그것을 사기 위해 개당 20센트의 가격을 지불하는 동안에는 그가 유리한 입장에 있을 것이다. 그런데 그가 그 재료를 개당 20센트의 가격에 더 많이 사들일 기회를 만나게 됐는데 모든 상황에 비추어 가격이 개당 30센트로 더 오를 것 같다면 그렇게 하는 것이 좋겠다는 생각이 들 것이다. 그는 이전의 판단으로 돈을 벌어서 크게 만족했기에 이번에도 당연히 그 재료를 개당 20센트의 가격에 더 많이 사게 된다. 그런데 가격이 오르기는커녕 오히려 떨어진다면 그는 처음에 출발한 지점으로 되돌아가게 된다.

우리는 여러 해에 걸쳐 주의 깊게 계산을 해본 결과로 당장에 필요하지도 않은 것을 미리 사두는 것은 이득이 되지 않는다는 결론을 내렸다. 어느 한 번의 구매에서 얻은 이익은 다른 한 번의 구매에서 입은 손실로 상쇄될 것이므로 그렇게 해서는 결과적으로 골치만 아프고 그에 상응하는 이득은 전혀 없게 된다고 생각하게 된 것이다. 그래서 우리는 재료를 구매할 때에 필요한 양의 재료에 대해서만 우리에게 최선의 가격을 확보하고자 할 뿐이다. 우리는 가격이 높다고 해서 구매를 덜 하지도 않고, 가격이 낮다고 해서 구매를 더 많이 하지도 않는다. 우리는 구매가격을 낮추기 위해 필요 이상으로 과다한 양의 재료를 구매하지 않도록 주의하고 있다. 그러한 결정에 이르기가 쉽지는 않았다. 그렇지만 궁극적으로 보면 투기는 그 어떤 제조업자도 망하게 할 것이다. 어떤 제조업자에게든 돈을 벌게 해줄 좋은 조건의 구매 기회를 몇 차례만 주어보라. 그러면 머지않아 그는 자기의 정당한 사업을 해서 돈을 벌 생각보다는 구매와 판매를 통해 돈을 벌 생각을 더 많이 하게 될 것이고, 그러다가 그는 결국 망하고 말 것이다. 사업에서 곤경에 빠지지 않기 위한 유일한 방도는 구매를 필요한 정도만큼만 하는 것이다. 구매를 필요한 정도보다 더 많이 하지도 말고 더 적게 하지도 말라. 그러면 사업에서 하나의 위험요소는 제거된다.

이렇게 우리의 구매 경험을 길게 이야기한 것은 그것이 우리의 판매 정책을 설명해주기 때문이다. 우리는 판매가격을 결정할 때에 경쟁업체나 수요에 주목하기보다는 우리가 팔아야 하는 것에 대해 가능한 한 많은 사람들이 지불하고자 하거나 지불할 수 있는 금액에 대한 추정을 하고 그 추정에 근거해 결정한다. 그리고 이러한 정책의 결과는 투어링 카의 가격과 그 생산량을 비교해 볼 수 있도록 작성한 다음 페이지의 표가 잘 보여줄 것이다.

1921년에 가격이 아직 높았지만, 그 전의 전시재정에 따른 인플레이션을 고려하면 실질적으로는 그렇게 높은 것이 아니었다. 내가 이 책을 쓰고 있는 지금의 가격은 497달러다. 이 가격은 그것이 주는 인상에 비해 실제로는 낮은 것이다. 왜냐하면 품질 개선이 꾸준히 이루어지고 있기 때문이다. 우리는 모든 자동차를 들여다보고 연구한다. 더 발전시키고 응용할 만한 특징이 있는지를 알아보기 위해서다. 누가 만든 자동차든 우리가 만든 자동차보다 무언가 더 나은 요소를 가지고 있다면 우리는 그것에 대해 알고자 하며, 그런 이유에서 우리는 새로 나온 자동차는 모두 한 대씩 구입한다. 우리는 그렇게 구입한 자동차를 보통은 한동안 사용해보고, 도로주행 시험으로 성능을 점검해보며, 분해해서 그 모든 부분이 무엇을 가

연도(년)	가격(달러)	생산량(대)
1909~10	950	1만 8664
1910~11	780	3만 4528
1911~12	690	7만 8440
1912~13	600	16만 8220
1913~14	550	24만 8307
1914~15	490	30만 8213
1915~16	440	53만 3921
1916~17	360	78만 5432
1917~18	450	70만 6584
1918~19	525	53만 3706
(위의 2년간에는 전쟁 중이어서 공장이 전시체제로 운영됐다.)		
1919~20	575~440	99만 6660
1920~21	440~355	125만

지고 어떻게 만들어졌는지를 살펴본다. 디어본 인근에는 아마도 지구상에 존재하는 거의 모든 종류의 자동차가 한 대씩은 있을 것이다. 우리가 새로 나온 자동차를 구입할 때마다 그러한 소식이 신문에 보도되고, 포드는 포드 자동차를 사용하지 않는다는 말이 나돈다. 지난해에는 우리가 대형 란체스터를 주문했다. 란체스터는 영국에서 가장 좋은 자동차라고들 한다. 나는 그것을 우리의 롱아일랜드 공장에 몇 달 동안 보관시켜 두었다가 디트로이트까지 몰고 가보기로 했다. 그때에 나를 포함해 몇 사람이 함께 작은 무리를 이루어 자동차 여행에 나섰다. 자동차는 란체스터 한

대, 패커드 한 대, 포드 한두 대를 동원하기로 했다. 내가 란체스터를 타고 가다가 뉴욕의 시내에 들어섰을 때였다. 기자들이 다가오더니 대뜸 내가 왜 포드 자동차를 타고 가지 않는지를 알고 싶다고 했다. 나는 이렇게 대답했다.

"아, 그건 이렇습니다. 저는 지금 휴가 중입니다. 그래서 서두를 일이 없습니다. 언제까지 집에 도착해야 한다는 생각은 할 필요가 없습니다. 그래서 포드 자동차를 타지 않았습니다."

이로써 '포드의 일화'가 하나 더 생겨났다!

우리의 정책은 가격을 낮추고, 사업을 확장하고, 제품을 개선하는 것이다. 방금 내가 가격을 낮추는 것을 가장 먼저 이야기했다는 점에 눈길이 갈 것이다. 우리는 그 어떤 비용도 결코 고정된 것으로 간주하지 않는다. 그래서 우리는 먼저 가격을 낮추되 그 결과로 판매가 증가하리라고 믿어지는 수준까지 낮춘다. 그런 다음에 낮춘 가격을 밀고나가 그 가격이 효과를 내며 안착하게 하려고 노력한다. 우리는 비용에 대해서는 고민하지 않는다. 새로운 가격이 비용을 끌어내린다. 보다 통상적인 방식은 비용을 먼저 생각하고, 그런 다음에 가격을 결정하는 것이다. 그런데 그러한 방식은 좁은 의미에서는 과학적일지 몰라도 넓은 의미에서는 과학적이지 않다. 어떤 비용을 들여서는 팔릴 수 있는 가격으로 제품을 제조할 수 없다는 것이 분명하다면 그 비용을 안다는 것이 도대체 무슨 소용이 있겠는가? 그러나 보다 중요한 것은 비용이 얼마인지는 계산할 수 있다고 해도, 그리고 우리는 모든 비용을 신중하게 계산하고 있지만, 비용이 얼마가 돼야 하는지를 아는 사람은 아무도 없다는 사실이다. 비용이 얼마가 돼야 하는지를 알아내는 한 가지 방법은 가격을 충분히 낮게 설정해서 그 가격이 회사

안의 모든 사람으로 하여금 최고의 효율을 내도록 하는 것이다. 낮은 가격은 모든 사람으로 하여금 어떻게 해서라도 이익을 내도록 한다. 우리는 그 어떠한 한가로운 조사와 연구의 방법에 비해서도 이러한 압박의 방법으로 제조와 판매에 대해 더 많은 것을 알아내고 있다.

높은 임금을 지급하는 것은 다행스럽게도 비용을 낮추는 데에 기여한다. 왜냐하면 노동자들이 높은 임금을 받으면 일터 바깥의 걱정을 덜게 되어 점점 더 효율적으로 일하게 되기 때문이다. 하루 8시간 노동에 5달러를 지급하기로 한 것은 우리가 그동안 채택한 비용절감 조치 가운데 가장 효과적인 것 가운데 하나였다. 그리고 하루 임금으로 6달러는 5달러보다 오히려 더 저렴하다고 할 수 있다. 이와 같은 임금 인상이 어디까지 가게 될지는 우리도 알지 못한다.

우리는 언제나 우리가 정한 가격에서 이익을 내왔다. 그리고 우리는 임금이 얼마나 높아지게 될 것인지를 전혀 알 수 없는 것과 마찬가지로 가격이 얼마나 낮아질 것인지도 전혀 알 수 없다. 그러나 이 점에 대해 신경을 써봐야 별다른 소용이 없다. 예를 들어 트랙터는 처음에 750달러에 판매됐다. 그 가격이 그 뒤에 850달러로 올랐다가 625달러로 내렸고, 우리는 얼마 전에 그 가격을 395달러로 37퍼센트 인하했다. 트랙터는 자동차와 함께 연관생산되지 않는다. 두 제품을 함께 만들 수 있을 정도로 넓은 공장은 없다. 실질적인 경제성을 얻기 위해서는 하나의 공장은 하나의 제품 생산에만 집중하도록 해야 한다.

대다수의 목적에는 기계를 사용하는 사람이 기계를 사용하지 않는 사람보다 낫다. 우리는 제품설계와 제조과정이 요구하는 바에 따라 인간의 육체적 노동력을 가장 많이 증폭시키는 종류의 기계를 노동자에게 제공할 수 있었다. 그리고 그렇게 해서 우리는 노동자에게 기여의 역할을 더 많이 부여했다. 이는 곧 노동자가 안락한 삶을 더 많이 누릴 자격을 얻게 됐다는 의미다.

우리는 그러한 원칙을 명심하고 있으므로 명확한 목표를 가지고 낭비를 없앨 수 있다. 우리는 우리의 시설에 쓸모없는 것은 아무것도 끼워 넣지 않으려고 한다. 우리는 우리의 성공을 자랑하기 위한 기념비로 정교한 건물을 지으려고 하지 않을 것이다. 그렇게 하는 데 투자하는 자금에 붙는 이자와 그런 건물을 유지하는 데 드는 비용은 생산되는 것의 비용을 쓸데없이 증가시키기만 할 것이다. 그러므로 성공의 기념비는 결국에는 무덤이 되기 십상이다. 경영과 관리 분야의 인력을 수용할 건물을 크게 짓는 것이 필요할지도 모르지만, 나는 그런 건물을 보게 되면 경영과 관리 분야의 인력이 너무 많은 것 아니냐는 의구심이 든다. 우리는 세세하고 정교한 경영과 관리의 필요성을 느껴본 적이 없으며, 우리가 제품을 만드는 장소가 주목받아서 광고가 되는 것보다는 우리가 만드는 제품이 주목받아서 광고가 되는 것이 낫다고 생각한다.

소비자들에게 큰 절약효과를 가져다주는 표준화는 생산자에게 큰 이익을 그 결과로 가져다준다. 그 이익은 생산자가 벌어들이는 돈을 가지고 무엇을 해야 할지를 알지 못할 정도로 매우 클 수도 있다. 그렇게 된다고 해도 생산자는 계속 진지하게, 공을 들여가며, 대담하게 노력해야 한다. 여섯 가지 모델을 단종하는 것과 같은 조치는 표준화가 아니다. 그렇게 하는 것은 사업을 제한하는 것에 불과할 수 있고, 대개는 실제로 그렇다. 생산자가 통상적인 이익을 전제로 해서 판매를 하고 있다면, 다시 말해 일부 모델을 단종함으로써 벌기를 포기하려고 하는 돈과 같은 금액의 돈을 소비자들로부터 더 거둬들이겠다는 생각으로 판매를 하고 있다면 소비자들이 더 넓은 범위의 선택지를 갖도록 하는 것이 마땅하다.

그러므로 표준화는 순서상 마지막 단계에 이루어져야 한다. 우리는 소비자로부터 시작한 뒤에 설계로 거슬러 올라가며 마지막으로 제조에 이른다. 제조는 기여라는 목표를 위한 수단이 된다.

이러한 순서를 명심하는 것이 중요하다. 아직은 이러한 순서가 완전히 이해되고 있지 않다. 특히 가격 관계가 제대로 이해되고 있지 않다. 가격은 높게 유지돼야 한다는 관념이 사라지지 않고 있다. 그러나 사업이 잘되게 하려면, 다시 말해 많은 소비를 유도하려면 그와 반대로 가격을 낮추어야 한다.

그리고 중요한 점이 또 하나 있다. 기여는 제공할 수 있는 기여 가운데 최선의 것이어야 한다. 설계를 때때로 변경하는 것이 윤리적으로 나쁜 일이 아니라 제조의 좋은 관행으로 여겨지고 있다. 설계를 변경하는 것은 기존의 모델을 더 이상 사용할 수 없는 것이 되게 하거나 사람들로 하여금 새로운 모델을 사게 하기 위해서다. 소비자가 기존의 모델을 수리하기 위한 부품을 더 이상 구할 수 없어서 부득이 새로운 모델을 사게 될 수도 있고, 생산자가 내세우는 새로운 모델의 장점이 설득력을 발휘해 소비자로 하여금 자기가 가지고 있는 모델을 처분하고 그 새로운 모델을 사게 할 수도 있다. 우리는 이렇게 하는 것이 사업을 잘하는 것이라는 말을 들어왔다. 사람들로 하여금 구매를 자주 하게 하는 것을 사업의 목적으로 삼는 것이 현명한 사업태도이며, 무엇이든 영구적으로 사용할 수 있는 것을 만든다면 그것을 산 사람이 다시는 그것을 사려고 하지 않을 테니 그렇게 하려고 하는 것은 잘못된 사업태도라는 것이다.

우리의 원칙은 정확히 그 반대다. 우리의 능력이 닿는 한 영구적으로 사용할 수 있는 것을 만들어 소비자에게 공급하지 않는다면 우리가 달리 어떻게 소비자에게 기여를 할 수 있을지를 우리는 도저히 생각해낼 수가 없다. 우리는 영구적으로 사용할 수 있는 종류의 기계를 만들고 싶어 한다. 자동차를 구매자의 수중에 있는 동안에 낡거나 단종되어 못 쓰게 되도록 만드는 것은 우리를 기쁘게 하지 못한다. 우리의 제품을 사는 사람은 우리에게서 같은 제품을 다시는 살 필요가 없기를 우리는 바란다. 우리는 기존의 모델을 못 쓰게 만드는 제품 개선은 절대로 하지 않는다. 우리가 공급한 어느 한 모델의 부품은 그 모델에 속하는 모든 자동차에 갈아 끼울 수 있을 뿐만 아니라 우리가 생산한 모든 자동차에 들어간 유사한 부품과 바꿔 사용할 수도 있다. 10년 전에 생산된 우리의 자동차가 있다면 오늘날에 생산된 부품을 구매하고 약간의 수리비만 더 지출하면 그 자동차를 오늘날에 생산된 자동차와 같은 것으로 변모시킬 수 있다. 우리에게는 이러한 목표가 있기에 비용을 낮춰야 한다는 압박을 항상 받고 있다. 게다가 우리는 가격을 꾸준히 낮추어간다는 정책을 고수하고 있기 때문에 그러한 압박이 사라지지 않는다. 때로는 그러한 압박이 더 커지기도 한다!

절약의 사례를 몇 가지 더 들어보겠다. 폐재료를 재활용하는 것만으로 1년에 60만 달러가 절약된다. 폐재료를 재활용하기 위한 실험이 부단히 이루어진다. 어느 한 스탬핑 작업에서 지름이 6인치인 원형 금속판이 잘려져 나온다. 전에는 이 금속판이 모두 쓰레기로 처리됐다. 노동자들이 이렇게 처리되는 데에 따르는 낭비를 걱정해서 그 용도를 찾아내고자 했다. 그들은 이 금속판이 그것에서 라디에이터 캡을 찍어내기에 적합한 크기와 형태를 가지고 있다는 사실에 주목했으나 두께가 충분하지 않은 게 문제였다. 이에 그들은 금속판을 2장씩 겹쳐서 실험을 해보았고, 그 결과로 금속판 1장으로 만든 라디에이터 캡보다 더 단단한 라디에이터 캡을 만들어낼 수 있었다. 이러한 원형 금속판은 우리의 공장에서 하루에 15만 장이 나온다. 우리는 그동안 그 가운데 2만 장에 대한 용도를 찾아냈고, 그 나머지에 대한 용도도 앞으로 찾아낼 수 있으리라고 기대하고 있다. 우리는 변속기를 구매하는 대신에 직접 만듦으로써 개당 10달러 정도의 비용을 절감했다. 또한 우리는 볼트에 대한 실험도 해서 '업세팅 머신'이라고 불리는 기계로 특수한 볼트를 만들어냈다. 그 볼트는 우리가 외부에서 구매할 수 있는 그 어떤 볼트보다 더 단단한 나사산을 가진 것이었다. 게다가 우리가 그 볼트를 만드는 데에 사용하는 재료의 양은 외부의 다른 제조업자들이 그것과 비슷한 볼트를 만드는 데에 사용하는 재료의 양에 비해 3분의 1 정도에 지나지 않았다. 그 한 가지 모양의 볼트를 만들게 된 것만으로 우리는 1년에 50만 달러를 절약하게 됐다. 우리는 예전에는 자동차 조립을 디트로이트에서 했다. 조립된 자동차를 화물열차에 싣는 데에 특수한 적재 기법을 적용했지만, 그러고도 화물열차 한 칸에 실을 수 있는 자동차는 5~6대에 불과했다. 이 때문에 우리는 하루에 수백 칸의 화물열차가 필요했다. 그래서 화물열차가 끊임없이 들어왔다 나갔다 했다. 한번은 하루에 무려 1천 칸에 해당하는 화물열차에 자동차를 실었다. 물류의 정체가 어느 정도는 불가피했다. 수송되는 동안에 손상되지 않도록 자동차를 해체해서 함에 넣어 수송하는 것은 수송비를 제쳐 놓고 봐도 비용이 많이 드는 방식이다. 지금은 우리가 디트로이트에서는 하루에 300대나 400대 정도만 조립한다. 이는 그 지역의 수요에만 대응하기에 충분한 수준으로 정한 양이다. 우리는 이제 미국의 전역과 사실상 전 세계의 곳곳에 설치한 조립기지로 부품을 보내어 그곳에서 자동차를 조립하게 한다. 어느 한 지사에서 특정한 부품을 만드는 데에 드는 비용이 디트로이트에서 그 부품을 만들어 그 지사에 보내는 데에 드는 비용보다 적다고 하면 우리는 그 지사로 하여금 그 부품을 직접 만들게 한다.

영국의 맨체스터에 있는 공장은 자동차 한 대의 거의 전부를 독자적으로 만들고 있다. 아일랜드의 코크에 있는 트랙터 공장은 트랙터 한 대의 거의 전부를 독자적으로 만들고 있다. 이는 우리에게 엄청난 비용절감을 가져다주고 있으며, 복합적인 제품을 구성하는 부분들이 각각 가장 경제적으로 만들어질 수 있는 곳에서 만들어지는 경우에 산업 전반에 걸쳐 어떤 결과가 실현될 수 있는지를 보여준다. 우리는 자동차에 들어가는 모든 재료에 대해서도 부단히 실험하고 있다. 우리는 우리가 사용하는 목재의 대부분을 우리가 소유하고 있는 숲에서 구한다. 우리는 하루에 약 4만 야드의 인조가죽을 사용하기 때문에 인조가죽을 제조하는 방법에 관한 실험도 하고 있다. 여기에서 한 푼 절약하고 저기에서 한 푼 절약하다 보면 1년이면 엄청난 금액의 비용을 절약할 수 있다.

그러나 가장 큰 발전은 리버루지 공장에서 이루어졌다. 리버루지 공장은 그것이 완전가동에 들어간다면 우리가 만드는 모든 것의 가격을 다양한 측면에서 대폭 낮출 수 있게 해줄 것이다. 트랙터 공장 전부가 지금 그곳에 있다. 리버루지 공장은 디트로이트 외곽의 강변에 위치해 있다. 그 공장의 부지 면적은 665에이커에 이른다. 미래의 발전 가능성을 감안해도 충분한 면적이다. 그 공장은 선박 수리를 위한 대규모 선양장과 선박이 돌아 나갈 수 있는 선회장을 갖추고 있으며, 그 선양장과 선회장은 호수를 운항하는 모든 증기선을 수용할 수 있다. 또한 질러가는 운하를 그 근처에 설치하고 준설을 조금만 더 하면 디트로이트 강을 통해 호수로 직접 연결되는 수로가 확보될 것이다. 우리는 석탄을 많이 사용한다. 석탄은 우리가 운영하는 광산에서 캐내어 우리가 통제하는 '디트로이트 털리도 아이언턴 철도'를 통해 하일랜드파크 공장과 리버루지 공장으로 곧바로 수송한다. 수송된 석탄 가운데 일부는 증기기관을 돌리는 용도로 사용되고, 다른 일부는 리버루지 공장에 설치된 부산물 회수식 코크스로에 투입된다. 여기에서 생산된 코크스는 기계적 운반장치에 의해 용광로로 옮겨진다. 용광로에서 나오는 저휘발성 가스는 가스관을 통해 발전소 보일러로 보내지고, 거기에서 차체 공장(우리의 모든 차체 생산은 이 공장으로 이관됐다)에서 나온 톱밥 및 대팻밥과 섞인다. 뿐만 아니라 이제는 코크스를 만드는 과정에서 나오는 가루인 코크스 분말도 불을 때는 데에 사용되고 있다. 이렇게 되지 않았으면 폐기물로 버려졌을 것들이 이제는 증기발전소에서 불을 때는 데에 사용되는 연료의 거의 전부를 차지하고 있다. 여기에서 나오는 동력은 거대한 증기터빈에 곧바로 연결된 발전기를 통해 전기로 변환된다. 트랙터 공장과 차체 공장에 있는 모든 기계는 바로 이 전기로 가동되는 각각의 전동기에 의해 돌려진다. 앞으로 언젠가는 사실상 하일랜드파크 공장 전체를 돌리기에 충분할 만큼의 전기가 만들어질 것으로 기대된다. 그렇게 되면 우리는 석탄을 구하는 데에 드는 비용을 크게 줄일 수 있을 것이다.

코크스로에서 나오는 부산물 가운데 가스가 있다. 이 가스는 가스관을 통해 리버루지 공장과 하일랜드파크 공장으로 보내져 그 두 곳에서 열처리, 도색건조, 소성 등의 목적으로 사용된다. 우리는 예전에는 이 가스를 구입해야 했다. 황산암모늄은 비료로 사용되고, 벤졸은 발동기 연료로 사용된다. 코크스 가운데 크기가 작은 것은 용광로에 사용하기에 적합하지 않아서 직원들에게 판매한다. 우리는 그것을 정상적인 시장가격보다 훨씬 저렴한 가격으로 판매하고 집까지 무료로 배달해준다. 코크스 가운데 크기가 큰 것은 용광로에 들어간다. 사람의 손으로 다루어야 할 것은 없다. 우리는 용광로에서 만들어진 쇳물을 곧바로 커다란 국자 모양의 쇳물목에 담아서 옮긴다. 쇳물목은 공장 안으로 들어가 쇳물을 곧바로 주형에 쏟아 넣는데, 이때에 쇳물에 다시 열을 가할 필요가 없다. 이렇게 함으로써 우리는 우리 자신의 설계도와 시방서에 맞춰 우리 자신이 직접 통제하는 가운데 균일한 품질의 철물을 얻게 됐을 뿐만 아니라 선철을 녹이는 과정을 생략하고 사실상 제조의 전 과정을 단축하는 동시에 버려지던 쇠붙이 조각들도 모두 다 사용할 수 있게 됐다.

이 모든 것이 절약의 관점에서 금액으로 얼마나 될 것인지는 우리도 모른다. 다시 말해 얼마나 큰 절약이 이루어질지를 알 수 없다는 것이다. 왜냐하면 공장이 아직은 그 결과로 어떤 성과가 실현될지에 관한 징후 이상의 보다 분명한 예고를 해주기에 충분할 정도로 오래 가동되지는 않았을 뿐 아니라 우리가 워낙 많은 방면에서 절약을 하고 있기 때문이다. 우리는 수송, 동력과 가스의 생산, 주물의 제작 등 다양한 방면에서 소요되는 비용을 절약하고 있다. 게다가 부산물과 작은 크기의 코크스를 판매해서 얻는 수입도 고려해야 한다. 이러한 여러 가지 목표를 달성하기 위해 실행한 투자는 지금까지 모두 4천만 달러를 넘을 것이다.

우리가 이렇게 비용의 원천으로 돌아가 파고드는 일을 얼마나 더 해나갈 수 있을지는 전적으로 상황에 달려 있다. 미래의 생산비용에 대해 추측 이상의 것을 정말로 할 수 있는 사람은 아무도 없다. 과거에 비해 미래에는 더 많은 것이 실현될 것임을 인정하는 게 현명할 것이다. 우리는 매일 전날에 비해 뭔가 개선된 방법을 사용하고 있는 것이다.

그런데 대량생산의 경우는 어떨까? 모든 생활필수품이 아주 저렴하게 대량으로 생산된다면 얼마 지나지 않아 이 세상이 너무나 많은 재화로 짓눌리게 되지 않을까? 가격과는 무관하게 사람들이 이미 갖고 있는 것 말고는 더 이상 아무것도 원하지 않게 되는 때가 오지는 않을까? 그리고 제조의 과정에 사용되는 인력이 점점 더 적어진다면 거기에 고용됐던 사람들은 어떻게 될까? 그들은 어떻게 일자리를 구해서 먹고 살아갈 수 있을까?

두 번째 문제를 먼저 생각해보자. 수많은 기계와 수많은 방법이 수많은 인력을 대체하고 있다고 말하면 이런 질문을 던지는 사람이 있다.

"알겠습니다. 사업주의 관점에서는 그렇게 되게 한다는 것이 매우 좋은 생각이겠지요. 그러나 그로 인해 일자리를 잃게 될 불쌍한 사람들은 어떻게 합니까?"

충분히 일리가 있는 질문이기는 하지만, 굳이 이런 질문을 던져야 하는지는 다소 의문이다. 산업공정의 개선으로 인해 사람들이 정말로 실직자가 된 적이 있는가? 철도가 등장하면서 역마차 마부들이 일자리를 잃었다. 그렇다고 우리가 철도를 금지해서 역마차 마부들의 일자리를 지켜줘야 했을까? 철도와 관련된 일을 하게 된 사람들의 수보다 역마차와 관련된 일을 하던 사람들의 수가 더 많을까? 택시의 등장이 가두마차 마부들의 밥줄을 끊었다고 해서 우리가 택시를 금지해야 했을까? 지금 돌아다니는 택시의 수를 가두마차의 전성기 때 수와 비교하면 어떨까? 신발 제조용 기계가 등장하면서 손으로 신발을 만들던 사람들이 대부분 가게 문을 닫았다. 그런데 신발을 손으로 만들던 시절에는 매우 부유한 사람들만 신발을 두 켤레 이상 가질 수 있었고, 노동자들은 여름이면 대부분 맨발로 다녔다. 지금은 신발을 한 켤레만 가지고 있는 사람이 거의 없으며, 신발 제조가 하나의 큰 산업이 돼있다. 이뿐만 아니라 두 사람이 하던 일을 한 사람이 하도록 개선을 이룰 때에는 언제나 그 개선이 나라의 부를 증가시켜 일자리를 잃은 사람들에게 더 나은 새로운 일자리의 기회가 생겨난다. 모든 산업이 하루아침에 다 바뀐다면 잉여 인력의 처리가 문제가 될 수 있을 것이다. 그러나 이런 변화는 그렇게 빠르게 일어나지 않고 점진적으로 일어난다. 우리 자신의 경험을 돌아보면 더 나은 공정으로 인해 일자리를 잃어버린 사람에게는 언제나 새로운 일자리의 기회가 생겼다. 그리고 우리의 공장에서 일어난 일은 모든 산업의 어디에서나 일어난다. 철강산업을 보더라도 모든 작업이 손으로 이루어지던 시절에 고용되어 일하고 있었던 사람들의 수에 비해 오늘날 고용되어 일하고 있는 사람들의 수가 몇 배는 될 정도로 더 많다. 그럴 수밖에 없다. 언제나 그랬고, 앞으로도 언제나 그럴 것이다. 누구든 이런 점을 알아차리지 못하고 있다면 그것은 그가 자기 코끝까지만 보고 더 멀리는 내다보지 않으려고 하기 때문일 것이다.

이번에는 포화의 문제에 대해 이야기해보자. 우리는 이런 질문을 끊임없이 받는다.

"당신네 회사는 언제 과잉생산에 도달하겠습니까? 자동차를 사용하는 사람의 수보다 자동차의 수가 더 많아질 때는 언제이겠습니까?"

언젠가는 모든 재화가 매우 저렴하게 대량으로 생산되어 과잉생산이 현실이 될 수도 있다고 우리는 생각한다. 그러나 우리의 입장을 말한다면 우리는 그러한 상태가 오는 것을 두려워하지 않는다. 오히려 우리는 그러한 상태가 오면 매우 만족스러워할 것이다. 모든 사람이 자기가 원하는 모든 것을 가지는 세상보다 더 근사한 것은 없을 것이다. 우리가 두려워하는 것은 그러한 상태의 도래가 너무 늦어지는 것이다. 우리의 제품을 놓고 본다면 그러한 상태의 도래는 아직도 요원하다. 한 가족이 우리가 만드는 자동차를 몇 종류로 몇 대나 사용하기를 원하게 될지는 우리도 알지 못한다. 우리가 아는 것은 자동차의 가격이 낮아지면서 그동안 자동차를 한 대 사용하던 농부가 이제는 자동차를 두 대 사용하기도 할 뿐만 아니라 추가로 트럭을 한 대 구입하기도 한다는 사실이다. 불과 얼마 전까지만 해도 '농촌의 자동차 시장'은 누구도 들어본 적이 없는 말이었음을 상기할 필요가 있다. 그 당시에 똑똑한 통계전문가라는 사람들은 모두 이 나라 전체를 놓고 볼 때에 백만장자의 수와 비슷한 수준에서 자동차의 판매가 한계에 부닥칠 것이라고 했다. 앞으로는 노동자들을 한 대의 자동차에 태우고 여기저기에 흩어져 있는 일터에 일일이 데려다주는 대신에 각각의 노동자로 하여금 자기 자동차를 타고 일터로 가게 하는 것이 비용이 더 적게 드는 날이 아마도 올 것이다. 영업사원의 경우에는 이미 그런 일이 일어나고 있다. 대중은 자신들의 소비욕구를 어김없이 자각하고 드러내고 있다. 우리는 이제 더 이상 자동차와 트랙터의 완성품을 만들지 않고 완성품을 조립하는 데에 필요한 부품만을 만들고 있다. 그런데 우리가 지금 갖추고 있는 설비만으로는 1천만 대의 자동차에 대한 부품교체 수요도 충족시키지 못할 것이다. 이런 점에서는 그 어떤 사업도 마찬가지일 것이다. 가격만 적절하다면 앞으로 상당기간 동안에는 과잉생산이 빚어질 가능성을 걱정할 필요가 없다. 진정한 사업을 실제로 촉진하는 것은 가격 때문에 구매하기를 거부하는 사람들의 태도다. 그러므로 우리가 사업을 제대로 하고 싶다면 품질을 떨어뜨리지 않으면서 가격을 낮춰야 한다. 그러면 낮아진 가격이 우리로 하여금 더 개선되고 덜 낭비적인 생산방법을 알아내도록 압박하게 된다. 산업에서 어떤 것이 '정상적'인지를 알게 되는 데에는 일을 하는 더 나은 방법을 찾아낼 줄 아는 경영자들의 재능이 큰 영향을 미친다. 이익을 더 이상 내지 못하거나 손해를 보게 되는 정도까지 판매가격을 낮추는 사람이 있다면 그는 자기가 판매하는 제품의 품질을 유지하면서 그 제품을 만들 수 있는 더 나은 방법을 찾도록 하는 압박을 받게 될 것이다. 그리고 그가 찾아내는 새로운 방법은 그에게 이익을 가져다주지만 그 이익이 임금을 줄이거나 대중이 부담하는 가격을 올리는 데에서 나오는 것은 아닐 것이다.

노동자나 구매자로부터 이익을 끌어내는 것은 좋은 경영이 아니다. 경영 자체가 이익을 창출하도록 해야 한다. 제품을 싸구려로 만들거나, 임금을 깎거나, 대중에게 바가지를 씌우지 말라. 방법을 찾는 데에 머리를 쓰고, 더 쓰고, 다시 더 많이 써서 언제나 종전보다 더 나은 방법으로 일이 이루어지도록 해야 한다. 이렇게 하는 것이 사업과 관련된 모든 사람에게 기여를 하고 이득을 가져다주는 길이다.

그리고 이 모든 일은 언제든지 이루어질 수 있다.

| 11장 |

돈과 재화

제조를 하는 사업의 으뜸가는 목적은 생산을 하는 것이며, 이런 목적이 언제나 유지된다면 재무는 그 대부분이 장부작성과만 관련된 전적으로 부차적인 문제가 된다. 나 자신의 재무적인 업무도 매우 단순하다. 나는 구매와 판매를 현금으로 한다는 방침을 가지고 사업을 시작했고, 그래서 언제나 큰 규모의 현금을 보유하고, 가능한 할인은 모두 완전하게 활용하며, 은행 잔액에서 이자 수입을 올린다. 나는 은행이란 주로 돈을 보관하기에 안전하고 편리한 곳이라고 생각한다. 경쟁자의 사업에 돈을 쓰면 우리의 사업이 돈을 잃는다. 우리가 재무의 전문성을 높이는 데에 돈을 쓰면 생산에서 돈을 잃게 된다. 제조업에 돈을 대주는 곳은 공장이지 은행이 아니다. 사업가는 재무에 대해서는 아무것도 알 필요가 없다고 말하려는 것이 아니다. 그렇지만 사업가는 재무에 대해 너무 많이 아는 것보다는 너무 적게 아는 것이 낫다. 왜냐하면 사업가가 재무에 대해 지나치게 전문성을 갖게 되면 돈을 버는 대신에 빌릴 수 있다는 사고방식에 빠지게 되고, 더 나아가 빌린 돈을 갚기 위해 더 많은 돈을 빌리게 되기 때문이다. 그러다 보면 그는 더 이상 사업가가 아니라 마치 여러 개의 공을 공중에 돌려가며 띄우는 저글러처럼 채권과 어음을 발행하고 돌려 막기에 애쓰는 재무 저글러가 된다.

그가 정말로 전문성이 있는 재무 저글러라면 그런 식의 저글링을 오랫동안 계속할 수 있을지 모르지만, 그래도 언젠가는 실수를 저질러서 쌓아 올린 것이 모두 무너져내리는 상황에 직면하게 될 것이다. 제조를 금융과 혼동해서는 안 된다. 그런데 내가 보기에 너무나 많은 사업가들이 사업을 금융과 뒤섞고 너무나 많은 은행가들이 금융을 사업과 뒤섞는 경향이 있다. 이러한 경향은 사업과 금융 둘 다의 진정한 목적을 왜곡시키고, 둘 다에 해를 입힌다. 돈은 은행이 아니라 공장에서 나와야 한다. 그리고 나는 있을 수 있는 모든 자금상의 필요에 공장이 부응해준다는 것을 알게 됐다. 한번은 우리 회사가 다소 심각한 자금부족 상태에 빠진 것으로 여겨졌는데, 그때에도 우리는 이 나라의 그 어떤 은행이 빌려줄 수 있는 돈보다 더 많은 돈을 공장에서 끌어낼 수 있었다.

우리가 재무적인 문제에 휘말렸던 것은 대부분 헛소문이 돌아 그것을 부인하는 과정에서였다. 몇 년 전에 우리는 포드 모터 컴퍼니가 스탠더드 오일 컴퍼니의 소유로 넘어갔다는 소문을 부인해야 했고, 편의상 이와 연관된 갖가지 소문도 부인하기 위해 우리 회사는 다른 그 어떤 회사와도 관계가 없고 우편판매로 자동차를 팔 생각도 전혀 가지고 있지 않다고 발표해야 했다. 지난해에는 우리가 월스트리트로 가서 돈을 구하러 다닌다는 소문이 널리 퍼졌다. 나는 그 소문을 굳이 부인하려고 하지 않았다. 모든 소문을 일일이 다 부인하려면 너무나 많은 시간을 써야 한다. 그 대신에 우리는 돈이 궁하지 않음을 증명해 보였다. 그 뒤로는 우리가 월스트리트로부터 자금지원을 받는다는 소문이 더 이상 들려오지 않았다.

돈을 빌리는 것에 대해 우리가 반대하는 것은 아니다. 은행가들에 대해 우리가 혐오감을 가지고 있는 것도 아니다. 우리는 빌린 돈으로 일을 대체하려고 하는 것에 대해 반대한다. 우리는 사업을 자기네가 잘라가서 먹을 멜론이나 되는 것처럼 여기는 부류의 은행가들에 대해 혐오감을 가지고 있는 것이다. 중요한 것은 돈과 차입과 재무를 제자리에 위치시키는 것이다. 그리고 그렇게 하기 위해서는 무엇을 하는 데에 돈이 필요한지, 빌린 돈은 어떻게 갚아야 할 것인지를 정확하게 염두에 두고 있어야 한다.

사업에서 돈은 하나의 도구일 뿐이다. 그것은 기계의 일부일 뿐이다. 사업 내부에 문제가 있다면 10만 대의 선반을 빌리는 것이나 10만 달러의 돈을 빌리는 것이나 마찬가지다. 선반이 더 많이 있다고 해서 문제를 해결할 수 있는 것이 아니듯이 돈이 더 많이 있다고 해서 문제를 해결할 수 있는 것도 아니다. 오직 머리를 더 많이 쓰고, 생각을 더 많이 하고, 현명한 용기를 더 많이 내는 것만이 사업 내부의 문제를 해결할 수 있는 방법이다. 가지고 있는 것을 잘못 사용하는 사업은 새로 얻을 수 있는 것도 실제로 얻게 되면 계속해서 잘못 사용할 것이다. 바로 그런 잘못된 사용을 바로잡는 것이 중요하다. 그렇게만 된다면 사업은 필요한 돈을 스스로 벌어들이기 시작할 것이다. 이는 마치 인간의 몸을 치료하면 몸이 스스로 깨끗한 피를 충분히 만들어내기 시작하는 것과 같다.

차입은 문제를 파고들지 않는 것에 대한 변명이 되기 쉽다. 차입은 게으름과 자만심을 달래주는 것이 되기 쉽다. 너무나 게을러서 작업복을 입고 현장에 가서 무엇이 문제인지를 확인하려고 하지 않는 사업가들이 있다. 자만심이 너무 커서 자기가 시작한 일이 무엇이든 그것이 잘못될 수 있다는 생각을 용인하지 않으려는 사업가들도 있다. 그러나 사업의 법칙은 중력의 법칙과 같아서 그것을 거스르는 사업가는 그것의 힘을 느끼게 된다.

사업을 확장하기 위한 차입과 잘못된 경영과 낭비를 얼버무리고 벌충하기 위한 차입은 상이한 것이다. 후자의 이유로는 돈이 필요하지 않다. 그런 일은 돈이 할 수 있는 것이 아니기 때문이다. 낭비는 절약을 해야 시정되고, 잘못된 경영은 머리를 써야 시정된다. 이 두 가지 시정책은 돈과 아무런 관계도 없다. 사실 어떤 상황에서는 그러한 시정에 돈이 장해가 되기도 한다. 자기가 가진 자본 가운데 가장 좋은 것은 자기의 머리이지 은행에서 빌린 돈이 아님을 사업상의 위기를 겪은 덕분에 깨닫게 됐다면서 그러한 위기를 겪게 해준 자기의 운명에 감사해 하는 사업가들이 많다. 어떤 상황에서는 차입이 숙취를 없애려고 또 술을 마시는 술꾼의 행위와 똑같다. 그것은 기대한 효과를 내주지 않는다. 그것은 곤경을 가중시킬 뿐이다. 사업의 느슨한 부분을 조이는 것이 7퍼센트의 이자로 얼마든 새로운 자본을 차입하는 것보다 훨씬 더 이득이 된다.

무엇보다 사업 내부의 질병에 주의를 기울여야 한다. 대중과 거래를 하는 것이라는 의미의 '사업'은 대체로 대중의 욕구를 충족시켜야 하는 일이다. 대중이 필요로 하는 것을 만드는 사업가라면, 그리고 그것을 사서 소유하는 것이 대중에게 어려운 일이 아니면서 도움이 되게 할 만한 수준의 가격으로 판매하는 사업가라면 해야 할 사업이 존재하는 한 사업을 계속해나갈 수 있을 것이다. 사람들은 물을 마시는 것과 꼭 마찬가지로 당연히 자기에게 도움이 되는 것을 구매한다.

그러나 제품을 만드는 과정은 끊임없는 주의를 요구할 것이다. 기계는 소모되므로 복구를 필요로 한다. 사람은 우쭐대게 되거나, 게으르게 되거나, 부주의하게 된다. 사업은 사람과 기계를 결합해서 상품을 생산하는 과정인데, 사람과 기계 둘 다의 수선과 교체를 필요로 한다. '높은 자리'에 앉아있는 사람들이 개조해야 할 필요성이 가장 큰 존재인 경우도 종종 있다. 그런데 그런 사실을 인식하는 데에 가장 굼뜬 사람들이 바로 그들이다. 사업이 잘못된 방법들로 가득 차 꼼짝도 할 수 없게 된다면, 사업이 그 기능 가운데 적어도 하나 이상에 대한 주의가 결여된 탓에 병증을 드러내게 된다면, 임원들이 자기네가 수립한 계획이 영속적으로 자기네를 앞으로 나아가게 해주기나 할 것처럼 의자에 깊숙이 편안하게 앉아있기만 한다면, 사업이 해나가야 할 큰 과제가 아니라 자리 잡고 살아갈 식민지 농장에 불과한 것이 된다면 그때에는 사업에 위기가 닥칠 수 있다. 그러면 어느 날의 상쾌한 아침에 눈을 뜨고 나면 자기가 그 전의 어느 때보다도 일을 더 많이 하는데도 손에 들어오는 것은 점점 더 적어지고 있다는 자각이 들 것이다. 자기가 자금부족 상태에 빠졌음을 알아차리게 될 수도 있다. 돈이라면 빌리면 된다. 그리고 실제로 돈을 빌릴 수 있을 것이고, 그러는 것은 아주 쉽다. 사람들이 너도나도 돈을 빌려주겠다고 한다. 그것은 특히 젊은 사업가에게는 물리치기 어려운 유혹이다. 그러나 그렇다고 돈을 빌리는 것은 무엇이든 잘못된 것을 더욱 조장하는 행위일 뿐이다. 그것은 병을 키우는 행위다. 남에게서 빌린 돈을 가지고 사업을 하는 사람이 자기의 돈만 가지고 사업을 하는 사람보다 더 현명할까? 일반적으로 보아 그렇지 않다. 그러한 상황에서 돈을 빌리는 것은 줄어들고 있는 재산을 저당 잡히는 것이다.

사업가가 돈을 빌려야 할 때를 굳이 찾는다면 그것은 돈이 필요하지 않을 때다. 다시 말해 그 자신이 해야 하는 일을 대체해줄 것으로 돈을 필요로 하는 경우가 아닌 때에만 돈을 빌려야 한다. 사업이 아주 잘 굴러가서 확장을 해야 할 필요가 있을 때에 돈을 빌리는 것은 비교적 안전하다. 그러나 사업이 잘못 경영된 탓에 돈을 필요로 하게 된 때에 해야 하는 일은 사업을 파고 들어가 그 내부의 문제를 시정하는 것이지 외부에서 빌려온 돈으로 내부의 문제를 땜질하는 것이 아니다.

나의 재무 정책은 판매 정책의 결과다. 나는 이익을 많이 붙여 제품을 적게 파는 것보다 이익을 적게 붙여 제품을 많이 파는 것이 낫다는 생각을 가지고 있다. 그렇게 하는 것이 더 많은 사람들로 하여금 구매를 할 수 있게 하는 길이고, 더 많은 사람들에게 괜찮은 수준의 임금이 지급되는 일자리를 제공하는 길이다. 그리고 그렇게 해야 생산을 계획할 수 있고, 불황을 타지 않을 수 있으며, 공장을 놀리면서도 유지해야 하는 데에 따르는 낭비를 없앨 수 있다. 그 결과로 얻어지는 것은 적절하고 지속적인 사업이다. 이러한 점을 잘 생각해보면 이른바 긴급한 자금조달의 대부분은 계획에 따른 지속적인 사업이 제대로 실현되지 못해서 필요해진 것임을 알게 된다. 근시안적인 사람들은 가격을 낮추는 것을 사업의 수입을 줄이는 것과 같은 것으로 여긴다. 그러한 종류의 사고방식을 가진 사람은 사업이 무엇인지에 대한 배경지식도 전혀 갖고 있지 못하며, 그래서 그런 사람을 다루기는 매우 어렵다. 예를 들어 예전에 내가 자동차의 가격을 80달러 인하하는 방안을 검토하고 있을 때에 누군가가 나에게 50만 대의 자동차를 생산하는 회사에서 가격을 그렇게 인하하면 수입이 4천만 달러 감소하게 되는 것 아니냐고 질문했다. 물론 새로운 가격으로 자동차를 50만 대만 판다면 수입이 4천만 달러 감소하는 것이 당연할 것이다. 이는 산수 문제로는 혹시 흥미로울지 모르지만 사업과는 아무런 관계도 없는 것이다. 왜냐하면 제품의 가격을 낮추지 않는다면 판매가 지속적으로 증가하지 않을 것이며, 그 결과로 사업의 안정성이 확보되지 않을 것이기 때문이다.

사업이란 성장하지 않으면 쇠퇴할 수밖에 없는 것인데, 쇠퇴하는 사업은 언제나 많은 금액의 자금조달을 필요로 한다. 과거의 사업은 가격이 사람들의 구매를 중단시키지 않는 최고의 수준으로 언제나 유지돼야 한다는 이론에 근거했다. 진정한 현대의 사업은 그와 정반대의 견해를 취한다.

은행가와 법률가 가운데 이러한 사실을 제대로 평가할 수 있는 사람은 드물다. 그들은 관성을 안정과 혼동한다. 그들은 가격은 자발적으로 인하해야 하는 것이라는 점을 전혀 이해하지 못한다. 통상적인 유형의 은행가나 법률가를 사업의 경영에 끌어들이면 재앙을 자초하게 되는 이유가 바로 여기에 있다. 가격을 인하하면 판매량이 증가하는데, 그에 따라 필연적으로 늘어나는 이익을 더 많은 사업이나 더 나은 사업을 할 수 있게 해주는 일종의 신탁자금으로 간주한다면 자금조달의 필요성이 없어진다. 우리는 사업의 회전이 빠르고 판매량이 크기 때문에 제품이 어떤 가격으로 판매되느냐와 무관하게 언제나 많은 이익을 내왔다. 우리의 제품 1개당 이익은 적지만 총이익은 큰 금액이다. 이익이 일정하게 고정되어 변동하지 않는 것은 아니다. 가격을 인하한 뒤에는 한동안 이익이 줄어든다. 그러나 필연적인 절약효과가 생겨나기 시작하면서 이익이 다시 늘어나게 된다. 늘어난 이익은 배당으로 분배되지 않는다. 나는 언제나 배당을 조금만 지급해야 한다는 입장을 지켜왔으며, 지금 우리 회사의 주주 가운데 이와 다른 정책을 원하는 사람은 아무도 없다. 사업의 이익 가운데 적은 일부만을 제외한 나머지 대부분은 주주보다는 사업 자체에 귀속돼야 한다고 나는 생각한다.

사업에 적극적으로 참여해 활동하고 회사를 돈 버는 기계로 보기보다 기여의 도구로 보는 사람들만이 주주가 돼야 한다는 것이 나의 생각이다. 이익이 많이 났다면, 더구나 기여를 하기 위해 일을 한 결과로 이익이 늘어났다면 이익 가운데 일부는 사업으로 되돌려 사업이 기여를 하기에 더 나은 상태가 될 수 있게 하고 다른 일부는 구매자들에게 넘겨야 한다. 어떤 해에는 우리의 이익이 기대한 정도보다 훨씬 더 많이 나서 우리가 자발적으로 자동차 한 대당 50달러씩을 구매자에게 환급했다. 우리가 스스로 의식하지 못하면서 구매자들에게 그만큼 과도한 가격을 치르게 했음을 뒤늦게 알아차렸던 것이다. 몇 년 전에 우리 회사를 상대로 더 많은 배당금 지급을 강요하기 위한 소송이 제기된 적이 있다. 그 소송이 진행되는 과정에서 나의 가격 정책이 거론됐고, 그러다 보니 나의 재무 정책도 거론되기에 이르렀다. 나는 증언대에 서서 당시에 실행하고 있었던 나의 정책을 설명했는데, 그 정책은 지금도 그대로 실행되고 있다. 그것은 다음과 같은 것이다.

무엇보다 먼저 나는 많은 이익을 붙여 자동차를 적게 파는 것보다 적절하게 적은 이익만 붙여 자동차를 많이 파는 것이 낫다고 생각한다.

내가 이와 같은 생각을 가진 것은 그렇게 하는 것이 많은 사람들로 하여금 자동차를 구매해 사용하도록 할 수 있고, 많은 사람들에게 괜찮은 임금이 지급되는 일자리를 제공할 수 있기 때문이다. 이 두 가지는 내 인생의 목표다. 내가 이 두 가지 목표를 달성하는 동시에 나 자신의 몫과 사업상 나와 함께 일하는 사람들의 몫으로 꽤 많은 이익을 남기지 못한다면 나는 성공했다고 여겨지지 않을 것이며, 사실상 완전히 실패했다고 여겨질 것이다.

나의 이와 같은 정책은 효과 있게 잘 작동하기 때문에 사업상 좋은 정책이라고 할 수 있다. 우리는 해마다 점점 더 많은 수의 사람들이 구매할 수 있는 가격으로 우리의 자동차를 만들어 내놓을 수 있었고, 점점 더 많은 사람들에게 일자리를 제공할 수 있었으며, 그와 동시에 사업의 규모가 커짐에 따라 처음에 우리가 시작할 때에는 기대하기는커녕 꿈꾸지도 못했던 정도로 우리 자신의 이익을 늘릴 수 있었다.

자동차의 품질을 떨어뜨리지 않으면서 가격을 낮추어 가면 그렇게 할 때마다 자동차를 구매할 수 있는 사람들의 수가 늘어난다는 점에 주목해야 한다. 자동차 한 대를 구매하기 위해 440달러를 지불하려고는 하지 않아도 360달러라면 지불하려고 하는 사람들이 많이 있다. 대략적으로 추정해 보니 우리에게는 440달러의 가격에서 50만 명의 구매자가 있다. 그러므로 가격을 360달러로 더 낮추면 연간 80만 대까지 자동차 판매를 늘릴 수 있다는 것이 나의 계산이다. 그렇게 하면 자동차 1대당 이익은 적어지겠지만 판매량이 늘어나고 노동자 고용도 증가할 것이며, 결과적으로는 우리가 거둬야 한다고 생각하는 이익을 모자람 없이 다 거두게 될 것이다.

여기에서 내가 해두고 싶은 말이 있다. 나는 우리가 자동차를 만들어 팔아 그렇게 엄청난 이익을 내야 한다고 생각하지 않는다. 적정한 이익을 내는 것이 옳다. 너무 많은 이익을 내는 것은 옳지 않다. 그래서 생산이 허용하는 한 가급적 신속하게 자동차의 가격을 인하해서 자동차 사용자와 노동자에게 그에 따른 이득을 돌려주는 것이 나의 정책이 돼왔는데, 그 결과로 우리 자신에게도 커다란 이득이 돌아왔다.

이러한 정책은 사업이란 주주들이 가능한 최대 금액의 현금을 가지고 갈 수 있게 한다는 목적에 맞춰 경영돼야 하는 것이라는 일반적인 의견에 배치된다. 그렇기 때문에 나는 주주라는 말의 통상적인 의미에서는 주주가 있는 것을 원하지 않는다. 그런 주주는 기여를 할 능력을 강화하는 데에 도움이 되지 않는다. 나의 포부는 점점 더 많은 사람들을 고용하는 것과 우리가 일을 통해 세우고자 하는 산업 시스템의 혜택을 나의 능력이 닿는 한 널리 확산시키는 것이다. 다시 말해 우리는 사람들이 자기의 삶을 개선하고 가족을 부양하는 데에 도움을 주고자 한다. 그렇게 하려면 이익의 대부분이 생산적인 사업에 재투자돼야 할 필요가 있다. 그러므로 우리 회사에는 일을 하지 않는 주주가 와서 앉아 있을 자리가 없다. 일을 하는 주주는 배당을 챙기기보다는 기여를 할 기회를 더 많이 갖기를 원한다.

임금을 삭감하는 것과 배당을 폐지하는 것 가운데 하나를 선택하는 것이 문제가 되는 때가 언제든 온다면 나는 배당을 폐지하는 쪽을 선택할 것이다. 그러나 그러한 양자택일의 상황에 직면할 일은 없을 것이다. 왜냐하면 내가 이미 지적했듯이 임금을 낮춘다고 비용이 절약되는 것이 아니기 때문이다. 임금을 삭감하는 것은 구매력도 줄이게 된다는 점에서 바람직하지 못한 재무 정책이다. 리더십에는 책임이 따른다는 생각을 가지고 다른 사람들을 이끄는 사람이라면 자기가 이끄는 사람들이 벌어먹고 살 기회를 충분히 갖도록 신경 쓰는 것도 그러한 책임의 일부로 여겨야 할 것이다. 재무는 회사의 이익 창출이나 지불능력 유지와만 관련된 것이 아니다. 회사가 임금 지급을 통해 사회에 되돌리는 돈이 얼마나 되는지도 재무의 영역에 포함된다. 여기에 자선의 요소는 전혀 없다. 적절한 임금에는 자선이 끼어들 여지가 없다. 각각의 종업원에게 충분한 양의 일을 하고 넉넉한 임금을 벌 기회를 제공할 수 있을 정도로 잘 경영되지 않는 회사는 안정된 회사라고 할 수 없다.

임금에는 뭔가 신성한 측면이 있다. 임금은 가정과 가족, 그리고 집안의 운명을 나타낸다. 임금을 다룰 때에는 매우 조심스럽게 접근해야 한다. 임금은 비용계산서에서는 단지 숫자일 뿐이지만 현실의 세상에서는 상자에 넣어두는 빵, 통에 저장하는 석탄, 아기를 눕힐 요람, 아이가 받을 교육이다. 다시 말해 임금은 가족의 편안하고 만족스러운 삶을 가능하게 하는 것이다. 다른 한편으로 일을 생산적인 것으로 만드는 수단을 제공하는 데에 사용되는 자본에도 마찬가지로 뭔가 신성한 측면이 있다. 우리의 산업들에서 자본이 다 빨려나가 없어지는 것은 그 생명력 유지를 위한 혈액을 잃는 것과 같은데, 그렇게 되는 것은 누구에게도 도움이 되지 않는다. 많은 사람들을 고용하는 공장도 가정만큼 신성한 측면을 가지고 있다. 공장은 가정이 의미하는 고귀한 것들 전부를 떠받치는 기둥이다. 가정이 행복하기를 원한다면 공장이 계속 바쁘게 돌아가도록 해야 한다. 공장에서 창출되는 이익에 대한 정당화의 근거는 그 공장에 생계를 의존하는 가정들을 더욱 안전해지도록 뒷받침하고 더 많은 사람들을 위한 일자리를 만들어내기 위해 그 이익이 사용된다는 데에서만 찾을 수 있다. 이익은 특정한 개인의 재산을 불리는 데에 사용될 수도 있겠지만 사업의 기반을 더욱 건전하게 하고, 노동조건을 개선하고, 임금을 인상하고, 고용을 늘리는 데에 사용될 수도 있을 것이다. 이익이 사용되는 이 두 가지 방식은 판이한 것이다. 후자의 방식으로 사용되는 이익은 부주의하게 건드려서는 안 되는 자본이다. 그것은 어느 한 사람의 지휘 아래에 있을 수도 있지만, 그렇더라도 모든 사람에게 기여를 하기 위한 것이기는 마찬가지다.

이익은 세 곳에 귀속된다. 이익은 우선 사업을 안정적이고 발전성이 있으며 건전하게 유지하기 위한 재원으로서 사업에 귀속된다. 이익은 그것의 창출을 도운 노동자들에게도 귀속된다. 이익은 또한 그 일부가 대중에게 귀속된다. 성공적인 사업은 이 세 곳에 해당하는 이해관계자들, 즉 계획자, 생산자, 구매자 모두에게 이익을 가져다준다.

그 어떠한 건전한 기준으로 따져 봐도 과도한 이익을 거둔 사람들이 가장 먼저 가격을 낮춰야 한다. 그러나 그들은 결코 그렇게 하지 않는다. 그들은 추가적으로 들어간 비용의 전부를 제품의 가격에 얹어서 그 모든 부담을 소비자로 하여금 짊어지게 한다. 그뿐만 아니라 그들은 늘어난 부대비용의 일부까지 소비자에게 부과한다. 그들의 사업 철학은 오로지 '거둬들일 수 없는 상황이 되기 전에 거둬들일 것을 다 거둬들여라'일 뿐이다. 그들은 투기자이자 착취자이며 정당한 사업에 언제나 해를 끼치는 못된 존재다. 그들에게 기대할 것은 아무것도 없다. 그들에게는 비전이 없다. 그들의 눈에는 자기의 금전등록기 말고는 보이는 것이 없다.

이런 사람들은 이익을 10퍼센트나 20퍼센트 줄인다는 말보다는 임금을 10퍼센트나 20퍼센트 깎는다는 말을 더 쉽게 입에 올린다. 그러나 사회의 모든 이해관계를 고려하며 사회 전체를 살피고 사회에 기여를 하기를 원하는 사업가라면 사회의 안정을 위해서도 나름의 기여를 할 줄 알아야 한다.

우리는 언제나 큰 규모의 현금을 보유하는 것을 정책으로 삼아왔다. 최근 몇 년 동안에는 우리가 보유한 현금 잔액이 대체로 5천만 달러를 넘었다. 그 현금은 이 나라 전역의 다수 은행들에 예치돼 있다. 우리는 차입을 하지는 않지만 신용한도는 설정해 두었다. 우리가 자금난을 심각하게 걱정하게 되는 경우에 은행에서 거액의 자금을 차입할 수 있기 위해서다. 그러나 보유하고 있는 현금 잔액을 그대로 유지해 나간다면 실제로는 차입을 할 필요가 없을 것이다. 이러한 우리의 모든 조치는 비상상황에 대응하기 위한 준비일 뿐이다. 내가 적절한 차입에 대해 편견을 가지고 있는 것은 아니다. 나는 단지 사업에 대한 통제권을 다른 사람들에게 빼앗기고 그에 따라 내가 전념하고 있는 기여와 관련된 내 나름의 생각을 내 마음대로 실천하지 못하게 될 위험을 무릅쓰고 싶지 않을 뿐이다.

재무의 상당부분은 계절에 따른 조업의 변동을 극복하는 데에 맞춰진다. 돈의 흐름이 거의 막힘없이 이어져야 한다. 일을 해서 이익을 내려면 일을 꾸준히 해야 한다. 공장의 문을 닫는 것은 커다란 낭비를 수반한다. 공장의 문을 닫으면 노동자의 실업, 설비의 유휴라는 낭비는 물론이고 생산이 중단되는 경우에 불가피하게 따르는 가격 상승으로 인한 미래 판매의 제한이라는 낭비도 발생한다. 이것은 그동안 우리가 대응해야 하는 문제 가운데 하나였다. 우리는 봄이나 여름보다 자동차 구매가 적은 겨울의 몇 달 동안에 자동차를 제조해 재고로 쌓아둘 수 없었다. 50만 대나 되는 자동차를 어디에 어떤 방법으로 재고로 보관해둘 수 있겠는가? 설령 그렇게 할 수 있다고 하더라도 판매가 많이 되는 계절이 왔을 때에 그것들을 어떻게 다 배로 수송할 수 있겠는가? 게다가 그렇게 많은 자동차의 재고를 보관할 수 있다고 하더라도 그렇게 하는 데에 따르는 비용을 댈 돈을 어떻게 조달할 수 있겠는가?

계절의 제약을 받는 일에는 노동력을 유지하기가 힘들다. 훌륭한 기계공은 연중 일부 기간에만 주어지는 일자리는 받아들이지 않으려고 할 것이다. 노동자들이 해마다 열두 달 내내 전력을 다해 일을 해야 하는 공장에서만 유능한 노동자들이 유지되고, 영속적인 제조 조직이 구축되며, 제품이 지속적으로 개선될 수 있다. 공장에서 일하는 노동자들은 중단 없이 계속 일하는 것을 통해 자기가 하는 일에 점점 더 익숙해지기 때문이다.

공장, 영업부서, 판매점 모두가 자동차 사업에서 끌어낼 수 있는 최대한의 이익을 누리고자 한다면 자동차를 공장은 만들고, 영업부서는 팔고, 판매점은 사기를 연중 내내 중단 없이 해야 한다. 소매업자들이 '시즌'이 아닐 때에는 자동차를 사기를 고려하지 않으려고 한다면 자동차가 시즌에 한정해서만 가치를 갖는 것이 아니라 연중 내내 가치를 갖는다는 점을 그들에게 깨우쳐주기 위한 교육 캠페인을 벌일 필요가 있다. 그리고 그러한 교육이 진행되는 동안에도 향후의 사업을 내다보면서 제조업체는 자동차를 계속 만들고 판매점은 자동차를 사기를 계속해야 한다.

자동차 사업에서는 우리가 가장 먼저 이러한 문제에 대응해야 했다. 지금은 포드 자동차를 파는 일이 일종의 공급계획 제안과 같다. 그러나 모든 자동차가 주문에 따라 제작되는 가운데 한 달에 50대의 자동차를 제작하면 대량생산이라고 했던 시절에는 판매가 이루어진 뒤에 판매점이 주문을 하는 것이 합리적이었다. 그리고 제조업체는 주문이 들어온 뒤에 제작에 들어갔다.

우리는 주문제작 방식으로는 사업을 해나갈 수 없음을 아주 빨리 깨달았다. 3월부터 8월까지에 주문이 들어온 자동차들을 전부 다 그 기간에 만드는 것이 설령 바람직했다고 하더라도 그렇게 하기에 충분한 정도로 넓은 공장을 지을 수는 없었다. 그래서 우리는 여러 해 전에 포드 자동차는 여름에만 사용하는 사치품이 아니라 연중 내내 사용하는 필수품임을 이해시키기 위한 교육 캠페인을 시작했다. 또한 그것과 더불어 딜러들에 대한 교육도 실시했다. 이는 딜러의 입장에서 자동차를 여름에 파는 만큼 많이 겨울에도 팔지는 못한다고 하더라도 여름에 대비해서 겨울에 자동차의 재고를 쌓아둠으로써 언제나 배달을 즉각적으로 할 수 있는 상태를 유지하는 것이 유리함을 그들에게 인식시키기 위한 것이었다. 두 가지 교육 다 효과가 있었다. 이제는 미국의 대다수 지역에서 자동차가 여름에 사용되는 만큼 많이 겨울에도 사용되고 있다. 자동차가 눈길, 얼음길, 진흙길 등 어떠한 상태의 길도 달릴 수 있다는 점에 사람들이 눈을 뜬 것이다. 그래서 겨울철 자동차 판매가 갈수록 늘어나 딜러들이 계절별 자동차 수요 변동에 따른 부담을 일부 덜게 됐다. 그리고 그들은 수요를 예상하고 미리 구매를 해두는 것이 이익이 됨을 알게 됐다. 이에 따라 우리의 공장에 계절이 따로 없게 되어 최근 몇 년 동안에는 해마다 재고관리를 위해 실시하는 조업중단을 제외하고는 생산이 지속적으로 이루어졌다. 심각한 불황이 닥친 시기에 공장 가동을 멈춘 적이 한 번 있었다. 그러나 그것은 시장의 상황에 맞추어 우리 자신을 재조정하는 과정에서 필요하다고 판단해서 취한 조치였다.

우리는 지속적인 생산을 달성하고 그렇게 함으로써 지속적인 자금순환이 이루어지게 하기 위해 극단적인 주의를 기울여 우리의 작업을 계획해야 했다. 영업부서와 생산부서는 수송 중인 자동차들을 가지고 주문에 대응하기에 충분할 정도로 생산이 이루어지게 한다는 목표 아래 생산계획을 매우 주의 깊게 수립한다. 이는 우리가 조립까지 마친 완성된 자동차를 배에 실어 보내던 시절에도 대단히 중요한 일이었는데, 그 이유는 완성된 자동차를 보관해둘 곳이 없다는 데에 있었다. 지금은 우리가 완성된 자동차가 아니라 부품을 배에 실어 보내고 조립은 디트로이트 일대에 공급해야 할 필요가 있는 수량만큼만 하고 있다. 그래도 여전히 생산계획을 주의 깊게 수립하는 일은 대단히 중요하다. 생산의 흐름과 주문의 흐름이 엇비슷하지 않게 되면 미처 판매되지 못한 부품들이 잔뜩 쌓이거나 주문에 대응하는 시간이 늦어지게 되기 때문이다. 하루에 4천 대의 자동차를 만들 수 있는 부품을 생산하는 상황에서 조금만 부주의해서 주문량을 과다하게 추정하면 완성된 자동차의 재고가 몇백만 대로 급증할 수 있다. 그러다 보니 작업들이 서로 균형을 잃지 않도록 하는 일이 매우 까다로운 문제가 된다.

우리는 적은 마진으로 적정한 이익을 얻기 위해 재고의 회전율을 높여야 한다. 우리가 자동차를 만드는 것은 팔기 위해서이지 재고로 쌓아두기 위해서가 아니다. 한 달 치의 생산량이 팔리지 않고 전부 재고로 쌓인다면 거기에 묶이는 자금에 대한 이자만 해도 엄청난 금액에 이를 것이다. 생산은 1년 전에 계획되고, 각각의 달에 생산할 자동차의 대수가 그때에 결정된다. 이렇게 하는 이유는 물론 원재료와 우리가 아직 외부에서 구매해야 하는 부품이 유입되는 흐름이 생산의 흐름과 부합되게 하는 것이 큰 문제라는 데에 있다. 우리는 원재료의 재고를 많이 쌓아둘 여력도 없지만 완성된 자동차의 재고를 많이 쌓아둘 여력도 그에 못지않게 없다. 모든 것이 멈추지 않고 흘러 들어오고 흘러 나가야 한다. 그런데 몇 번인가는 이런 흐름이 엉키는 위기를 가까스로 모면했다. 몇 년 전에 다이아몬드 매뉴팩처링 컴퍼니의 공장이 화재를 당해 문을 닫았다. 그 공장은 라디에이터 관련 부품과 황동관, 황동주물을 만들어 우리에게 공급하는 곳이었다. 우리가 빨리 움직이지 않으면 커다란 손실을 입을 판이었다. 우리는 모든 부서장과 주형제작자, 기계설계제도사들을 불러 모았다. 그들은 사람에 따라 짧게는 24시간, 길게는 48시간 동안 쉬지 않고 일해서 새로운 주형을 만들었다. 그리고 다이아몬드 매뉴팩처링 컴퍼니는 공장을 하나 임차하고 급하게 일부 기계들을 들여놓았다. 우리는 그곳에 그 밖의 다른 필요한 설비를 제공했다. 이로써 다이아몬드 매뉴팩처링 컴퍼니는 20일 만에 우리에게 부품을 공급할 수 있게 됐다. 당시에 우리는 7~8일 정도는 공급이 중단되더라도 버틸 수 있을 만큼의 재고를 가지고 있었는데, 그 화재는 우리로 하여금 10~15일 동안 자동차를 만들어 내보낼 수 없도록 했다. 사전에 가지고 있었던 재고가 없었다면 우리는 20일 동안 손을 놓고 있어야 할 뻔했다. 그리고 그러는 동안에도 우리의 비용지출은 계속됐을 것이다.

거듭 말하지만, 필요한 자금은 공장 안에서 조달해야 한다. 이런 측면에서 공장이 우리를 실망시킨 경우는 그동안 전혀 없었다. 실제로 우리가 자금난에 빠졌다고 여겨졌을 때에 외부에서 차입을 하는 것보다 내부에서 자금을 조달하는 것이 얼마나 더 좋은지를 공장이 우리에게 확실하게 증명해주었다.

| 12장 |

돈은 주인인가 종인가?

1920년 12월에는 이 나라 전역에 걸쳐 사업이 지지부진했다. 문을 여는 자동차 공장보다 문을 닫는 자동차 공장이 더 많았다. 그리고 문을 닫은 다수의 자동차 공장이 은행에 의한 관리에 완전히 들어가게 됐다. 거의 모든 제조 기업에 대해 재무상태가 나쁘다는 소문이 떠돌았다. 그 가운데 포드 모터 컴퍼니가 자금난에 빠졌을 뿐만 아니라 필요한 자금을 구하지도 못하고 있다는 보도가 특히 끈질기게 이어졌다. 사실 나는 그동안 우리 회사에 대한 온갖 종류의 소문에 익숙해졌다. 워낙 익숙해지다 보니 이제는 내가 그 어떤 종류의 소문에 대해서도 부인하고 나서는 일이 드물다. 그러나 자금난 운운하던 그때의 보도는 그 전의 다른 모든 보도와 확연히 다른 것이었다. 그 보도는 매우 정밀하고 사실적이었다. 그 보도에 따르면 내가 차입에 대한 편견을 극복했고, 그래서 이제는 거의 어느 날에든 월스트리트에 가면 거기에서 모자를 벗어 손에 들고 누구에겐가 돈을 빌려달라고 부탁하고 있는 나를 볼 수 있다는 것이었다. 소문은 이런 보도에서 훨씬 더 나아가 나에게 돈을 빌려줄 사람은 아무도 없을 것이며, 따라서 내가 파산을 선언하고 사업을 접어야 할지도 모른다고 했다.

우리에게 문제가 있었던 것은 사실이다. 우리는 1919년에 포드 모터 컴퍼니의 지분을 100퍼센트까지 다 사들이기 위해 어음을 담보로 해서 7000만 달러를 차입했다. 그 가운데 우리가 갚지 않고 남겨둔 부분은 3300만 달러였다. 우리가 정부에 내야 하는 것으로 확정됐거나 곧 확정될 소득세는 1800만 달러였고, 그해의 통상적인 보너스를 노동자들에게 지급하기로 예정하고 있었는데 그 금액은 700만 달러였다. 이 세 가지를 더하면 5800만 달러인데, 이것이 우리가 1921년 1월 1일부터 4월 18일까지 지출해야 하는 금액이었다. 그런데 우리가 은행에 넣어 두고 있는 현금은 2000만 달러에 불과했다. 우리의 대차대조표는 어느 정도는 공개된 정보였으므로 우리가 차입을 하지 않는다면 모자란 3800만 달러를 달리 구할 데가 없으리라는 것은 당연한 일로 여겨졌을 것으로 생각된다. 왜냐하면 그것은 매우 큰 금액이었기 때문이다. 월스트리트의 도움을 받지 않고는 그러한 거액을 우리가 쉽사리 신속하게 구할 수 없을 것으로 여겨졌을 것이다. 그러나 당시에 우리의 자금상황은 완전하게 양호했다. 2년 전에 7000만 달러를 차입했지만 우리의 재산 가운데 저당 잡힌 것이 전혀 없었을 뿐 아니라 상거래상 부채도 전혀 없었기 때문에 통상적으로는 우리에게 그만한 금액의 돈을 빌려줄 곳을 찾는 것은 얼마든지 가능한 일이었다. 사실 우리에게 그런 대출을 하는 것은 은행의 입장에서 좋은 사업상 거래였을 것이다.

그런데 나는 우리가 돈을 필요로 한다는 것을 파산이 임박한 증거로 간주하는 소문이 끈질기게 유포되고 있다는 점에 주목하기 시작했다. 이어 나는 이 나라 전역에서 발송되는 긴급뉴스에서 그러한 소문이 언급되고 있었지만 어쩌면 그것이 단일한 원천에서 시작된 소문일 수도 있다는 의심을 품기 시작했다. 배틀크리크 지역에서 어느 매우 뚱뚱한 경제뉴스 편집자가 우리의 재무상태가 심각한 상황이라는 내용의 속보를 발송하고 있다는 사실을 알게 되면서 나의 그러한 의심은 확신으로 굳어졌다. 그래서 나는 그러한 내용의 소문을 단 하나도 부인하지 않기로 했다. 우리는 이미 재무계획을 수립해 놓고 있었는데, 거기에 차입은 들어있지 않았다.

돈을 빌리기에 최악의 시점은 자신이 돈을 필요로 한다고 은행 사람들이 생각할 때다. 이 점을 어떻게 해야 최대로 강조할 수 있을지를 나는 알지 못한다. 나는 앞의 장에서 우리의 재무원칙을 개략적으로 설명했다. 우리는 그러한 원칙을 그대로 적용했을 뿐이다. 우리는 철저한 내부정리를 계획했다.

조금 더 전으로 돌아가서 당시의 상황을 돌이켜보자. 1920년 초반의 어느 시점엔가 전쟁이 불러일으킨 과열된 투기적 사업이 지속되지 못하리라는 신호가 처음으로 감지됐다. 전쟁에서 생겨났지만 실제적인 존재의 이유를 갖고 있지 못한 몇몇 기업들이 파산했다. 사람들은 구매의 속도를 늦추었다. 우리 회사의 판매는 호조세를 유지하고 있었지만 조만간 감소하게 될 것임을 우리는 알고 있었다. 나는 가격을 인하하는 방안을 진지하게 검토했지만, 제조의 온갖 비용에 대한 통제는 가능하지 않았다. 노동자들이 높은 임금을 그대로 받으면서 제공하는 노동의 양은 점점 더 줄어들었다. 원재료의 공급자들은 현실로 돌아올 생각을 하려고도 하지 않았다. 폭풍이 불어 닥칠 조짐이 매우 쉽게 알아차릴 수 있는 정도로 드러났지만 누구도 그런 조짐에 주의를 기울이려고 하지 않았다.

6월이 되자 우리의 판매가 그 영향을 받기 시작했다. 6월부터 9월까지 매달 판매가 줄어들었다. 우리의 제품을 대중의 구매력 범위 안으로 끌어들이기 위해 뭔가 조치를 취해야 했다. 그뿐만 아니라 우리가 그러한 조치를 실제로 추진하고 있으며 그것이 한낱 속임수가 아님을 대중에게 증명해 보이기에 충분할 정도의 뭔가 획기적인 조치를 취해야 했다. 그리하여 9월에 우리는 투어링 카의 가격을 575달러에서 440달러로 인하했다. 가격을 생산비용보다 낮은 수준으로 인하한 셈이었다. 그렇게 할 수 있었던 것은 우리가 고물가의 시기에 사서 아직 보유 중인 재료 등의 재고를 가지고 자동차를 만들고 있었기 때문이다. 우리의 가격 인하는 상당한 관심과 반응을 불러왔다. 우리는 꽤 많은 비판을 받았다. 우리가 판을 흔들려고 한다는 말도 들렸다. 사실 우리가 하려고 한 것은 정확하게 그런 것이었다. 우리는 가격을 인위적으로 높여진 수준에서 자연스러운 수준으로 끌어내리는 데에서 우리의 몫을 하고자 했다. 그 당시에나 그보다 전에 제조업자와 유통업자들이 모두 가격을 대폭 인하하고 철저한 내부정리를 단행했다면 우리가 그렇게 오래 불경기를 겪지 않았을 것이라는 의견을 나는 강하게 가지고 있다. 그들이 버티면서 높은 가격을 유지하려고 한 탓에 조정이 늦어졌던 것이다. 그럼에도 그들 가운데 누구도 자기가 바란 만큼 가격을 올리지는 못했다. 그들이 일제히 가격을 인하하고 손실을 감수했다면 이 나라의 생산력과 구매력이 서로 조화를 이루게 됐을 뿐만 아니라 이번의 기나긴 전반적 유휴의 시기를 겪지 않아도 됐을 것이다. 그들이 버티면서 높은 가격을 유지한 것은 손실만 더 키웠을 뿐이다. 왜냐하면 그렇게 버틴 사람들은 높은 가격에 사서 보유 중인 재고에 대한 이자를 지급해야 했을 뿐만 아니라 합리적인 기반 위에서 일을 했다면 얻을 수 있었을 이익도 얻지 못했기 때문이다. 실업은 임금 분배액을 감소시켰고, 이로 인해 구매자들과 판매자들이 서로 점점 더 격리됐다. 유럽에 막대한 금액의 신용을 제공하는 방안에 관한 논의가 어수선하게 일어났다. 그렇게 하면 높은 가격에 사서 보유 중인 재고의 부담을 유럽에 떠넘길 수 있다는 것이 그 바탕에 깔린 발상이었다. 물론 그와 같은 제안이 그렇게 조잡한 형태로 노골적으로 표현되지는 않았다. 그리고 해외에 거액의 신용을 제공하면 설령 그 원금이나 이자가 상환될 것으로 예상되지 않는다고 해도 미국의 산업이 그에 따른 이득을 어느 정도는 누리게 될 것이라고 진지하게 믿는 사람들이 내가 보기에 아주 많았다. 그러한 신용 제공을 미국의 은행들이 떠맡아 실행했다면 높은 가격에 사서 보유 중인 재고가 있는 업체들은 이익을 내면서 그 재고를 털어버릴 수도 있었던 것은 사실이다. 하지만 그렇게 하면 미국의 은행들은 상환될 전망이 없어 동결된 신용채권을 대규모로 보유하게 되어 은행이기보다는 마치 얼음 저장고와 같은 꼴이 됐을 것이다. 최후의 순간까지 이익의 가능성을 포기하지 않고 붙잡고 있는 것은 사업가로서는 자연스러운 일이긴 하지만 사업을 잘하는 방식은 아니다.

우리의 판매는 가격 인하 이후에 늘어났으나 얼마 지나지 않아 다시 줄어들기 시작했다. 우리가 사람들이 쉽게 구매를 할 수 있게 할 정도로 충분히 가격을 내려 이 나라의 구매력 범위 안으로 끌어들이지 못한 탓이었다. 시장의 일반적인 소매가격이 아직은 바닥까지 내려가지 않은 상태였다. 대중은 모든 가격을 불신했다. 우리는 또 한 번의 가격 인하를 계획하면서 한 달에 10만 대의 자동차를 만들어내는 우리의 생산속도를 유지했다. 우리의 판매는 그러한 속도의 생산을 정당화하지 못하고 있었다. 하지만 우리는 조업을 중단하기 전에 우리가 보유 중인 원재료를 가능한 한 많이 완성된 제품으로 변환시키고자 했다. 우리는 재고조사와 내부정리를 하기 위해 조업을 중단해야 한다는 것을 알고 있었다. 우리는 조업을 중단한 뒤에 재개하는 시점에 또 한 번의 대폭적인 가격 인하를 단행하고자 했고, 그래서 그때의 수요에 맞게 공급할 수 있는 양의 자동차를 미리 만들어 놓고자 했다. 그리고 그 뒤에는 낮아진 가격으로 구매한 재료 등을 가지고 자동차를 만들 수 있으리라고 생각했다. 우리는 자동차의 가격을 더 낮추기로 확정했다.

12월에 우리는 2주가량으로 예정하고 조업중단에 들어갔다. 그런데 조업중단 기간에 우리가 해야 할 일이 너무나 많음을 알게 됐고, 이로 인해 실제로는 거의 6주 뒤에나 조업을 재개할 수 있었다. 우리가 조업중단에 들어가자 우리의 재무상태에 관한 소문이 더욱 난무했다. 당시에 우리가 돈을 구하러 돌아다니기를 바라는 사람들이 많았다고 나는 알고 있다. 그들이 왜 그랬느냐 하면 우리가 돈이 궁해져야 타협적인 태도를 취하게 될 것이라고 생각했기 때문이다. 그러나 우리는 돈을 구하러 다니지 않았다. 우리는 돈이 궁하지 않았다. 우리에게 돈을 빌려주겠다는 제안이 한 번 들어온 적이 있다. 뉴욕에 있는 어느 은행의 간부가 나를 찾아와 거액의 대출을 포함한 금융계획을 내밀었다. 거기에는 은행 쪽의 대표가 재무관리자가 되어 회사의 재무에 관한 일을 맡아서 하겠다는 내용도 들어있었다. 은행 쪽의 사람들이 좋은 뜻에서 그러한 제안을 해온 것이었다고 나는 믿는다. 우리는 당시에 돈을 빌리고 싶은 마음은 가지고 있지 않았지만, 마침 그 시점에 재무관리자 자리가 비어 있었다. 거기까지는 그들이 우리의 상황을 정확하게 상상한 셈이었다. 나는 아들인 에드셀에게 회사의 재무관리자 겸 사장의 자리를 맡아달라고 했다. 그것으로 재무관리자 문제가 해결됐다. 이에 따라 은행 사람들이 우리를 위해 해줄 수 있는 일은 더 이상 아무것도 남아있지 않게 됐다.

이어 우리는 내부정리 작업에 착수했다. 전쟁의 시기에 우리는 전쟁과 관련된 일을 여러 가지로 해야 했고, 그러다 보니 단일한 제품을 생산한다는 우리의 원칙에서 벗어나지 않을 수 없었다. 이로 인해 새로운 부서들이 많이 생겨났다. 사무직 인력이 확대됐고, 분산된 생산의 낭비적인 측면이 점점 부각됐다. 전쟁을 지원하기 위해 하는 일은 급하게 하는 일이어서 낭비가 심한 일이 되기 마련이다. 우리는 자동차를 생산하는 데에 도움이 되지 않는 것은 무엇이든 다 치워버리기 시작했다.

정해진 일정에 따라 당장 지급해야 하는 돈은 우리가 순전히 자발적으로 우리의 노동자들에게 보너스로 지급하기로 한 700만 달러가 전부였다. 그것을 반드시 지급해야 할 의무가 우리에게 있는 것은 아니었다. 하지만 우리는 그 돈을 1월 1일에 지급하고 싶었고, 실제로 바로 그날에 보유하고 있는 현금으로 다 지급했다.

우리는 미국의 전역에 35개의 지사를 두고 있다. 그것들은 모두 조립공장이지만 그 가운데 22개의 지사에서는 부품도 만들고 있다. 그런 지사들이 당시에는 부품을 만드는 일을 중단하고 자동차를 조립하는 일만 하게 됐다. 조업을 중단한 시점에 디트로이트에는 우리가 자동차를 사실상 한 대도 가지고 있지 않았다. 부품도 모두 배에 실어 보낸 상태였다. 그래서 1월에는 디트로이트 지역의 딜러들이 그 지역의 수요에 대기 위한 자동차를 구하려고 실제로 시카고와 콜럼버스에까지 가야 했다. 지사들은 딜러별 연간 할당량을 한도로 해서 각각의 딜러에게 한 달간의 판매량에 미달하지 않을 정도로 충분한 양의 자동차를 보내주었다. 딜러들은 자동차를 판매하는 일을 열심히 했다. 1월의 후반기에 우리는 직공장, 부직공장, 대리직공장이 대부분인 1만 명의 빠듯한 인력으로 조직을 꾸려 하일랜드파크 공장에서 생산을 재개했다. 우리는 해외에 예치해 두었던 자금을 거둬들이고 각종의 부산물을 매각했다.

그렇게 함으로써 우리는 완전가동 생산을 하기 위한 준비를 마쳤다. 이어 우리는 이익을 낼 수 있는지를 보아가며 점진적으로 완전가동 생산을 향해 나아갔다. 그동안 가격을 높이고 이익을 흡수해가던 낭비는 내부정리를 통해 제거됐다. 우리는 쓸모없는 것들은 다 매각했다. 우리가 하루에 자동차 한 대를 만드는 데에 그 전에는 15명의 노동자를 고용했지만 이때부터는 9명의 노동자만 고용해도 됐다. 이것이 노동자 15명 가운데 6명이 일자리를 잃었다는 의미는 아니다. 그만한 인력이 더 이상 비생산적이지 않게 됐다는 의미일 뿐이다. 우리는 사물이든 사람이든 모두 생산을 해야 하며 그렇게 하지 못하면 회사 밖으로 쫓겨나야 한다는 규칙을 적용하는 것을 통해 그러한 조직 감축을 이루었다.

우리는 사무직 인력을 절반으로 줄였고, 사무직 노동자들에게 공장의 더 나은 일자리를 제안했다. 그들은 대부분 우리가 제안한 일자리를 받아들였다. 우리는 자동차 생산에 직접적으로 도움이 되지 않는 작업지시 용지와 통계처리 양식을 모두 폐지했다. 우리는 그때까지 통계에 흥미를 느끼고 엄청난 양의 통계를 수집했다. 하지만 통계가 자동차를 만들어주는 것은 아니며, 그래서 통계도 배척됐다.

우리는 회사 내 전화선도 60퍼센트를 없앴다. 전화는 어느 조직에서나 비교적 소수의 사람들에게만 필요하다. 우리는 예전에는 노동자 5명당 1명의 직공장을 두었는데, 지금은 노동자 20명당 1명의 직공장을 두고 있다. 줄어든 수만큼의 직공장들은 이제는 기계를 다루는 일을 하고 있다.

우리는 자동차 1대당 간접비용을 146달러에서 93달러로 줄였다. 하루당 4천 대 이상의 자동차에 대해 간접비용을 이만큼 줄였다는 것이다. 이런 사실을 안다면 절약도 아니고 임금 삭감도 아닌 낭비 제거를 통해 '불가능'해 보이는 가격이 어떻게 실현될 수 있었는지를 이해할 수 있을 것이다. 무엇보다 중요한 점은 우리의 사업에서 회전율을 높임으로써 돈을 적게 사용하는 법을 우리가 알아냈다는 것이다. 그리고 회전율을 높이는 데에서 가장 중요하게 다룬 요소 가운데 하나는 우리가 사들인 디트로이트 톨레도 아이언턴 철도였다. 이 철도는 절약의 계획에서 큰 비중을 차지했다. 철도 그 자체에 대해서는 나중에 다른 장에서 설명하도록 하겠다.

우리는 약간의 실험을 거쳐 제조의 주기를 22일에서 14일로 단축하기에 충분할 정도로 화물수송을 개선할 수 있음을 알아냈다. 다시 말해 원재료를 구매하고 그것을 가지고 제조를 한 다음에 완성된 제품을 유통업자에게 넘겨주는 데에 걸리는 시간을 종전보다 대략 3분의 1만큼 단축한 것이었다. 우리는 생산이 중단되지 않고 계속 진행되도록 하기 위한 보장책으로 6천만 달러어치가량의 재고를 보유하고 있었다. 제조의 주기를 3분의 1만큼 단축함으로써 2천만 달러의 자금이 덜 묶이게 됐는데, 이는 곧 1년에 120만 달러의 이자를 절감할 수 있게 됐다는 이야기다. 또한 완성된 제품의 재고 감축을 계산하면 대략 800만 달러가 추가로 절약된 셈이다. 따라서 우리는 2800만 달러의 자본을 덜 써도 되는 상태가 됐고, 그에 대한 이자도 절약할 수 있게 됐다.

1월 1일에 우리는 2000만 달러의 현금을 가지고 있었다. 4월 1일에는 우리의 현금 보유액이 8730만 달러였다. 이는 우리의 모든 부채를 다 해소하는 데에 필요한 금액보다 2730만 달러 더 많은 금액이었다. 이것이 우리가 사업 자체를 파고 들어가 얻어낸 결과였다! 그러한 금액의 유래를

항목별로 보면 다음과 같다.

1월 1일의 현금 보유액	2000만 달러
1월 1일부터 4월 1일까지의 주식 현금화	2470만 달러
재화수송 속도 제고로 풀려난 돈	2800만 달러
외국 대리점에서 회수한 돈	300만 달러
부산물 판매액	370만 달러
공채인 리버티 본드 매각 대금	790만 달러
합계	8730만 달러

이상의 모든 것을 내가 이야기한 것은 내 자랑을 하기 위해서가 아니라 차입을 하지 않고도 사업 그 자체 안에서 사업에 필요한 자금을 찾아낼 수 있음을 알려주기 위해서다. 또한 돈이 사용되는 형태가 차입을 중시하게 하는 것은 아닌지, 그리고 그런 이유에서 은행가들이 과도하게 높은 지위를 누리는 것은 아닌지에 대해 조금은 생각해보도록 하기 위해서다.

우리는 필요한 금액보다 많은 4천만 달러를 차입할 수도 있었다. 우리가 차입을 했다고 가정하면 어떤 일이 일어났을까? 우리가 우리의 사업을 계속해나가는 데에 더 적합해졌을까, 아니면 덜 적합해졌을까? 차입을 했다면 우리는 비용을 덜 들이고 생산을 하는 방법을 찾아낼 필요성을 느끼지 못했을 것이다. 6퍼센트의 일률적인 금리로 돈을 구할 수 있었다면 어떻게 됐을까? 우리가 지급해야 하는 수수료 등의 부대비용이 그보다 더 컸을 것이라는 점은 제쳐놓고 이자만 계산해 봐도 연간 50만 대의 자동차를 생산한다고 할 때에 이자의 부담이 자동차 한 대당 4달러 정도가 됐을 것이다. 그러므로 차입을 했다면 지금쯤 우리는 생산의 개선에 따른 이득은 누리지도 못하면서 무거운 빚의 부담에 시달리고 있었을 것이다. 그리고 우리의 자동차를 제조하는 데에 드는 비용이 지금의 실제 비용보다 1대당 100달러는 더 높았을 것이다. 그렇다면 우리의 자동차를 구매하려는 사람들의 수가 지금보다 적었을 것이므로 우리는 지금의 실제 수준보다 생산을 덜 하고 노동자를 덜 고용했을 것이다. 간단히 말하면 우리가 사회에 최대한의 기여를 할 수 없었을 것이라는 이야기다. 금융업자들은 방법을 개선하는 것을 통해서가 아니라 대출을 하는 것을 통해 문제를 해결해주겠다고 제안했다는 점에 주목해야 한다. 그들은 기술자를 투입하자고 제안하지 않고 재무관리자를 투입해주겠다고 했다.

사업에 은행가들을 끌어들이는 것의 위험성은 바로 그런 것이다. 그들은 오로지 돈의 관점에서만 생각한다. 그들은 공장이 재화를 만들어내는 곳이 아니라 돈을 만들어내는 곳이라고 생각한다. 그들은 생산의 효율성을 살피지 않고 돈을 살피려고 한다. 그들은 사업이란 결코 제자리에 그대로 서있지 못하고 전진해야 하며 그렇지 않으면 후퇴할 수밖에 없는 것임을 이해하지 못한다. 그들은 가격의 인하가 사업을 쌓아나가는 것이 아니라 이익을 내다버리는 것이라고 생각한다.

사업의 경영에서 은행가들이 너무 큰 역할을 맡고 있다. 사업가들을 사적으로 만나 물어보면 대부분이 그러한 사실을 인정할 것이다. 그들이 공개적으로 그러한 사실을 인정하는 경우는 드물다. 자기가 거래하는 은행가들을 두려워하기 때문이다. 돈을 다루어서 큰돈을 버는 것은 생산을 다루어서 큰돈을 버는 것보다 능숙한 기법을 덜 필요로 한다. 평균적으로 보아 성공한 은행가는 결코 성공한 사업가만큼 총명하지도 않고 수완이 좋지도 않다. 그럼에도 은행가는 신용에 대한 통제권을 이용해 보통의 사업가들을 사실상 통제한다.

지난 15~20년 사이에, 그중에서도 특히 전쟁의 시기 이래로 은행가들의 손길이 미치는 범위가 크게 넓어졌고, 연방준비제도가 한동안 거의 무한한 신용공급 권한을 손에 쥐었다. 내가 이미 지적했듯이 은행가는 그가 받은 훈련과 그의 입장 때문에 산업의 경영에는 전적으로 부적합하다. 그렇다면 최근에 신용 통제자인 은행가들이 방금 내가 말한 것과 같은 매우 큰 권력을 획득했다면 그것은 금융제도가 잘못된 탓에 산업에서 기여가 아닌 재무가 지배적인 힘을 갖게 됐다는 신호라고 봐야 하지 않을까? 은행가들이 산업의 경영에 관여하게 된 것은 그들 자신의 산업적 통찰력 때문이 아니었다. 이에 대해서는 모든 사람이 인정할 것이다. 그들이 원했든 그러지 않았든 간에 산업의 경영에 끼어들게 된 것은 시스템 그 자체에 의해서였다. 그렇기에 나는 개인적으로 우리가 과연 최선의 금융제도 아래에서 일을 하고 있는지를 알고 싶다.

그런데 여기에서 곧바로 은행가들에 대한 나의 반감은 그들의 인격과는 아무런 관계도 없다는 말을 해야겠다. 나는 그들이 은행가이기 때문에 그들에 대해 반감을 갖고 있는 것이 아니다. 우리는 금융에 대해 잘 아는 사려 깊은 사람들을 대단히 필요로 한다. 금융제도 없이는 이 세상이 굴러갈 수가 없다. 우리에게는 돈이 있어야 하고 신용도 있어야 한다. 그렇지 않으면 생산의 과실이 교환되지 못할 것이다. 우리에게는 자본이 있어야 한다. 자본이 없다면 생산이 있을 수 없을 것이다. 그러나 우리의 금융과 우리의 신용이 올바른 토대 위에 서 있느냐는 완전히 다른 문제다.

나는 우리의 금융제도를 공격할 생각이 전혀 없다. 나는 금융제도에 참패를 당해서 복수하고자 하는 사람의 입장에 있지 않다. 은행가들이 무슨 일을 하는지는 개인으로서의 나에게는 아무런 상관도 없는 문제다. 왜냐하면 우리는 외부의 금융적 도움을 받지 않으면서 우리의 일을 잘 관리해 올 수 있었기 때문이다. 내가 금융제도에 대해 품게 된 의문은 그 어떤 개인적인 동기에 의해 유발된 것이 아니다. 나는 단지 최대 다수에게 최선의 것이 제공되고 있는지를 알고 싶을 뿐이다.

어느 한 부류의 생산자들을 다른 한 부류의 생산자들보다 선호하는 금융제도가 좋은 금융제도일 리가 없다. 우리는 부를 창출하는 일에 근거하지 않은 권력을 제거하는 것이 과연 불가능한지를 알고 싶다. 계급적인 입법은 어떠한 종류든 해롭다. 이 나라의 생산이 그 방법의 측면에서 많이 변화해서 이제는 생산을 측정하는 데에 금이 최선의 수단이 아니게 됐을 뿐만 아니라 신용에 대한 하나의 통제장치인 금본위 제도가 현재 운영되는 대로라면(그리고 나는 그렇게 운영될 수밖에 없다고 생각하지만) 그 제도가 특정한 사람들에게 계급적인 우위를 가져다준다는 것이 나의 생각이다. 지금 신용에 대한 최종적인 견제의 고삐는 나라 안에 존재하는 부의 양과는 무관하게 나라 안에 존재하는 금의 양이다.

나는 돈이나 신용이라는 주제에 대해 독단적인 의견을 제시하려고 하지 않는다. 돈과 신용에 대해서는 지금까지 누구도 독단적인 의견을 제시하기에 충분한 정도로 그것을 알지 못했다. 이 문제 전체에 대해서는 실제적인 중요성을 가진 다른 모든 문제에 대해서와 마찬가지로 해답이 나와야 할 것이며, 그것도 신중하고 근거가 잘 갖춰진 실험에 의해 그렇게 돼야 할 것이다. 나 자신도 신중한 실험을 넘어 더 나아가고 싶지 않다. 우리는 한 걸음 한 걸음 매우 주의 깊게 앞으로 나아가야 한다. 이 문제는 정치적인 것이 아니다. 그것은 경제적인 것이다. 그리고 나는 사람들이 이 문제에 대해 생각을 하도록 돕는 것은 전적으로 유익하다고 완전히 확신하고 있다. 사람들에게 지식을 전파하기 위한 노력이 진지하게 기울여진다면 그들이 충분한 지식 없이 행동에 나서서 재난을 불러오려고 하지는 않을 것이다. 돈 문제는 지위와 권력의 모든 계층에 걸쳐 수많은 사람들의 마음속에서 첫 번째 자리를 차지하고 있다. 그런데 모든 문제를 해결한다고 하는 시스템의 대부분은 한 번만 얼른 보기만 해도 얼마나 모순적인지를 알 수 있다. 그런 시스템은 우선 인간은 정직하다고 가정하는데, 이것이 그런 시스템의 주된 결함임은 물론이다. 모든 사람이 정직하다면 우리의 현재 시스템조차도 훌륭하게 작동할 것이다. 사실 돈 문제는 전체의 95퍼센트가 인간 본성의 문제다. 그러므로 시스템이 성공적이려면 인간 본성에 의존하지 않고 오히려 그것을 견제해야 한다.

사람들은 늘 돈 문제에 대해 생각을 한다. 그런데 돈의 달인이 보기에 사람들이 잘못된 길로 가지 않으려면 특정한 정보를 가지고 있어야 하는 게 분명한데 그 자신은 그 정보를 이미 가지고 있다면 지금이야말로 그 정보를 사람들에게 전달해야 할 때다. 신용 축소에 대한 두려움이 활용될 수 있고 장황한 구호가 두려움을 불러일으키는 시절은 빠르게 지나가고 있다. 사람들은 자연적으로 보수적이다. 그들은 금융업자들보다 더 보수적이다. 금융업자들이 인쇄기로 우유 배급표를 찍어내듯이 돈을 찍어내는 것을 자신들에게 허용하도록 사람들을 쉽게 유도할 수 있으리라고 믿는다면 사람들을 제대로 이해하지 못한 것이다. 금융업자들이 교묘한 속임수를 쓰면서 고도의 전문적인 용어로 그런 속임수를 보이지 않게 가리는데도 우리가 사용하는 돈이 건전하게 유지되는 것은 사람들의 타고난 보수성 덕분이다.

사람들은 건전한 돈을 편든다. 사람들이 워낙 변함없이 건전한 돈을 편들기 때문에 그들 자신의 삶을 지배하는 시스템을 잘 아는 자들이 그 시스템을 가지고 무엇을 할 수 있는지를 알게 될 경우에 그 시스템을 어떻게 생각할지가 중대한 문제가 될 수 있다.

지금의 화폐제도는 연설, 정치적 선정주의, 경제적 실험 등에 의해서는 바뀌지 않을 것이다. 그것은 여건의 압력을 받으면 바뀌겠지만, 그 여건은 우리가 통제할 수 없고 그 압력도 우리가 통제할 수 없다. 그런데 지금 우리는 그러한 여건 속에 있고, 그러한 압력이 우리에게 가해지고 있다.

사람들이 돈에 대해 자연스러운 사고를 하도록 도울 필요가 있다. 돈이 무엇인지, 돈을 돈으로 만드는 것은 무엇인지, 나라들과 사람들을 소수의 통제 아래 들어가게 하는 현재의 시스템이 부릴 수 있는 속임수가 무엇인지를 사람들에게 말해주어야 한다.

돈은 어쨌든 지극히 단순한 것이다. 그것은 우리가 가지고 있는 수송 시스템의 일부다. 그것은 이 사람에게서 저 사람에게로 재화가 옮겨 가게 하는 하나의 단순하고 직접적인 방법이다. 돈은 그 자체로만 보면 매우 경탄할 만한 것이다. 그것은 꼭 있어야 하는 것이다. 그것은 본래부터 나쁜 것이 아니다. 그것은 사회적 삶에서 가장 유용한 도구 가운데 하나다. 애초부터 하도록 돼있는 기능만 한다면 그것은 전적으로 도움이 될 뿐이지 장해물은 되지 않는다.

그렇지만 돈은 언제나 돈이기만 해야 한다. 1피트는 언제나 12인치인데, 1달러는 언제나 1달러인가? 석탄 저장소에서 톤이라는 중량의 단위가 달라진다면, 생필품 가게에서 펙(peck)이라는 부피의 척도가 달라진다면, 잣대에 표시된 1야드의 길이가 오늘은 42인치인데 내일은 33인치가 된다면 '교환거래'라고 불리는 어떤 신비한 과정을 통해 사람들이 순식간에 그런 것들을 바로잡으려고 할 것이다. 과거에 미국의 금화와 은화가 그랬듯이 1달러가 언제나 1달러이기만 하지 않게 된다면, 그래서 1달러가 100센트였다가 65센트가 되고, 50센트가 되고, 47센트가 된다면 '싼 돈' 또는 '감가된 돈'에 대해 언성을 높여봐야 무슨 소용이 있겠는가? 언제나 16온스로 머물러 있는 파운드와 언제나 36인치로 머물러 있는 야드와 마찬가지로 언제나 100센트로 머물러 있는 달러가 필요한 것이다.

정직하게 금융업을 하는 은행가라면 지역은행에서 통하는 방법의 구사에 달인이 되는 데에 만족하기보다는 자기가 당연히 누구보다도 먼저 우리의 화폐제도를 들여다보고 이해해야 하는 입장에 있다고 스스로 생각해야 한다. 그리고 그런 정직한 은행가들의 집단이 은행계좌에 예치된 잔액을 가지고 도박을 벌이는 자들에게서 '은행가'라는 이름을 박탈하고 그러한 이름이 그들에게 부여한 영향력을 행사할 수 있는 자리에서 그들을 완전히 내쫓는다면 금융업이 마땅히 해야 하는 공적 기여를 실제로 하는 사업으로 복원되고 확립될 것이며, 지금의 화폐제도와 금융수단들이 사람들에게 부과하는 부당한 부담이 제거될 것이다.

이에는 물론 전제해야 할 조건이 있지만, 그 조건이 극복할 수 없는 문제인 것은 아니다. 지금으로서는 상황이 꼬여 있는 것이 사실인데, 만약 전문성을 가지고 있는 사람들이 상황을 개선하는 일에 나서지 않는다면 전문성을 가지고 있지 못한 사람들이 그렇게 해볼 수도 있을 것이다. 어떤 계급이든 진보가 자기들에 대한 공격이라고 생각하는 것보다 더 어리석은 것은 없다. 어떤 계급이든 진보는 전반적인 발전을 위해 그들 자신의 경험을 제공해달라는 요청일 뿐이라고 생각해야 한다. 현명하지 못한 사람들만이 진보를 가로막고 그렇게 함으로써 진보의 희생양이 되려고 할 것이다. 우리 모두는 이 세상에서 함께 살아가고 있고, 우리 모두는 함께 앞으로 나아가야 한다. 어떤 사람이든, 그리고 어떤 계급이든 진보의 시동에 분개하는 것은 어리석기 짝이 없는 일이다. 금융업자들이 진보란 마음이 약한 사람들이 가만있지 못하고 들썩거리는 것일 뿐이라고 생각하고 모든 개선의 제안을 개인적으로 모욕이라고 여긴다면 그 무엇보다도 바로 그들이 그러는 것이 그들 자신은 선도자의 역할을 계속 맡아 수행하기에 부적합한 존재일 수 있음을 입증하는 것이다.

결함이 있는 현재의 시스템이 보다 완벽한 시스템에 비해 어느 한 금융업자에게 더 많은 이익을 가져다준다면, 그리고 그 금융업자가 더 나은 시스템이 수립되게 하는 데에 도움을 주어서 전 세계의 삶에 기여하는 것에 따르는 영예에 비해 자기의 얼마 안 되는 여생에 누릴 수 있는 개인적인 이익을 훨씬 더 가치 있게 생각한다면 그가 이익의 충돌에 직면하게 되는 것을 막을 도리가 없을 것이다. 하지만 그러한 금융업자들 전체의 이기적인 이해관계를 놓고 볼 때에 그들이 만약 어떤 하나의 시스템이 자기들에게 이익이 된다고 해서 그 시스템을 영속적으로 유지시키기 위한 싸움을 벌인다고 한다면 그것은 그들이 질 수밖에 없는 싸움이라고 말하는 것이 타당하다. 금융이 무엇을 두려워하랴? 미래에도 이 세상은 여기에 그대로 있을 것이다. 사람들은 사업을 하며 서로 거래를 할 것이다. 돈은 없어지지 않고 그대로 있을 것이고, 돈의 메커니즘을 잘 아는 이 분야의 달인에 대한 수요도 계속 있을 것이다. 복잡한 엉킴과 얽힘이 풀리는 것 말고는 사라질 것이 아무것도 없다. 어떤 재조정이 당연히 있을 것이다. 은행이 산업의 주인 자리를 지키지 못하고 산업의 종이 될 것이다. 돈이 사업을 통제하는 대신에 사업이 돈을 통제할 것이다. 파멸을 불러오는 이자제도는 크게 수정될 것이다. 금융업은 위험의 요소가 아니라 기여의 요소가 될 것이다. 은행들은 사람들을 위해 지금 하고 있는 일보다 더 많은 일을 하기 시작할 것이다. 또한 은행은 이 세상에서 경영의 측면에서는 가장 비용이 많이 들지만 배당의 측면에서는 가장 이익을 많이 내는 사업이기를 중단하고 경영의 측면에서 비용이 덜 드는 사업이 되는 동시에 그 활동에서 나오는 이익이 기여의 대상으로서의 사회공동체에 돌아갈 것이다.

옛 질서에는 두 가지 기본적인 사실이 있다. 그 가운데 하나는 나라 안에서 금융통제의 권한이 가장 크고 집중화된 금융기관의 수중으로 들어가는 경향이 있다는 것이다. 그 금융기관은 정부의 은행일 수도 있고 서로 긴밀한 관계를 맺고 있는 한 집단의 민간 금융업체들일 수도 있다. 사적 이해관계나 준공적 이해관계에 따라 신용이 분명하게 통제되는 일은 모든 나라에 언제나 있다. 또 하나의 기본적인 사실은 세계 전체에서도 한 나라에서와 똑같은 집중화의 경향이 작동한다는 것이다. 미국의 신용은 뉴욕의 이익집단에 의해 통제된다. 전쟁이 일어나기 전에 세계의 신용은 런던에서 통제됐다. 그때에는 영국 파운드화가 세계 무역의 교환기준이었다.

우리가 채택할 수 있는 개혁의 방법에는 두 가지가 있다. 하나는 밑에서 시작하는 방법이고 다른 하나는 위에서 시작하는 방법이다. 후자가 더 질서 있게 개혁을 하는 방법이지만, 러시아에서는 전자의 방법이 시도되고 있다. 우리의 개혁이 위에서 시작돼야 한다면 사회적 비전과 진지하고 강렬한 이타적 열정이 필요할 것인데, 그러한 열정은 이기적 기민함과는 결코 양립할 수 없는 것이다.

세계의 부는 세계의 돈에 있지 않고 그것으로 적절히 표현되지도 않는다. 금 그 자체는 가치가 있는 상품이 아니다. 모자 보관표는 모자가 아닌 것과 마찬가지로 금은 부가 아니다. 그러나 금이 부의 신호로 취급되다 보니 그것을 소유하고 있거나 지배하고 있는 사람들의 손에 진정한 부를 만들어내는 사람들이 필요로 하는 신용에 대한 통제권이 쥐어진다. 교환을 위한 상품인 돈을 다루는 것은 수익성이 매우 좋은 사업이다. 돈 그 자체가 상거래의 대상이 되고 그것이 매매돼야만 진정한 부의 이전이나 교환이 이루어질 수 있게 된다면 고리대금업자와 투기자들이 생산에 세금을 부과하는 것이 허용될 것이다. 돈이 세계의 진정한 부를 나타내는 것으로 간주되고 있다고 하지만 존재하는 돈보다 훨씬 더 많은 부가 언제나 존재하는데, 진정한 부는 종종 돈의 시중을 들도록 강요되고 그래서 세계가 부로 가득 차 있으면서도 결핍에 따른 고통에 시달리는 대단히 역설적인 상황이 빚어진다. 이런 사실을 상기한다면 돈의 지배자들이 생산력에 대해 유지할 수 있는 장악력이 더욱 강력해 보일 것이다.

이러한 사실들은 숫자로 파악해 정리해두어야 하는 회계적인 것에 그치지 않는다. 거기에는 인간의 운명이 가득 차 있고, 거기에서는 피가 흐른다. 세계의 빈곤이 재화의 부족 때문에 초래되는 경우는 드물다. 그것은 '돈의 핍박' 때문에 초래된다. 나라들 사이의 상업적 경쟁이 국제적 대결과 반목으로 이어지고 더 나아가 전쟁을 초래하게 되는 것도 그와 같은 사실들에 내포된 인간적 의미의 일부다. 그러므로 빈곤과 전쟁이라는 두 가지 커다란 해악이 하나의 뿌리에서 자라나는데, 둘 다 우리가 예방할 수 있는 것이다.

더 나은 방법으로 나아가는 첫걸음을 내디딜 수는 없는지를 알아보자.

| 13장 |

가난은 무엇 때문일까?

가난에는 수많은 원인이 있는데 그 가운데 중요한 것들은 우리가 통제할 수 있다. 특권에 대해서도 같은 말을 할 수 있다. 나는 가난과 특권 둘 다를 없애는 것이 얼마든지 가능한 일이라고 생각한다. 그리고 그 둘을 없애는 것이 바람직하다는 것은 의문의 여지가 없다. 둘 다 자연스러운 것이 아니다. 그런데 우리가 그 둘이 없어지는 결과를 얻게 해줄 것은 일이지 법이 아니다.

내가 가난이라는 말을 사용할 때에 그 의미는 개인이나 가족에게 그런대로 충분한 만큼의 의식주가 결여된 상태다. 삶을 유지하는 데에 의식주가 어느 정도나 필요한지에는 편차가 있을 수밖에 없다. 사람들은 정신적으로나 육체적으로나 동등하지 않다. 사람들이 동등하거나 동등해야 한다는 가정에서 출발하는 계획은 그게 무엇이든 다 자연스럽지 않고, 그래서 효과를 내지 못한다. 하향평준화의 과정 가운데 실행해볼 만하거나 바람직한 것은 없다. 그러한 경로를 밟는 것은 가난을 예외적인 것으로 만들기보다 보편적인 것으로 만듦으로써 더욱 촉진할 뿐이다. 효율적인 생산자에게 비효율적인 생산자가 되도록 압박을 가한다고 비효율적인 생산자를 보다 효율적인 생산자로 만들지는 못한다. 가난은 풍요에 의해서만 제거될 수 있다. 그리고 우리는 생산의 과학에서 지금까지 많은 발전을 이루어왔으므로 이제는 모두가 능력과 근면의 정도에 따라 필요한 의식주를 누릴 수 있도록 생산과 분배를 과학화하게 될 날이 머지않았다.

극단적인 사회주의자들은 산업은 필연적으로 노동자들을 궤멸시킬 것이라고 추리한 점에서 엄청난 착각을 저질렀다. 현대의 산업은 노동자들과 세계를 점점 더 위로 들어 올리고 있다. 이제 우리는 계획과 방법에 대해 더 많이 알기만 하면 된다. 최선의 결과는 개인의 주도와 창의, 다시 말해 지능적이고 개인적인 리더십에 의해 얻어질 수 있으며, 실제로 그렇게 될 것이다. 정부는 기본적으로 소극적이기 때문에 그 어떤 진정으로 건설적인 프로그램에도 적극적인 도움의 손길을 내밀어줄 수 없다. 정부는 진보에 대한 장해물을 제거하고 공동체에 짐이 되기를 그만두는 것을 통해 소극적인 도움만 우리에게 줄 수 있다.

내가 아는 한 가난의 근본적인 원인은 산업과 농업 둘 다에서 생산과 분배 사이의 조정이 잘못 이루어지는 데 있다. 이는 동력의 생성과 그 사용 사이의 조정이 잘못 이루어지는 것과 같다. 조정의 결여에 기인하는 낭비는 엄청나다. 기여에 헌신하는 현명한 지도자들 앞에서는 이 모든 낭비가 무릎을 꿇을 것이 틀림없다. 지도자들이 기여에 대해서보다 돈에 대해서 더 많이 생각하는 한 낭비는 계속될 것이다. 낭비는 멀리 내다볼 줄 아는 사람들에 의해 예방되며, 근시안적인 사람들에 의해서는 예방되지 않는다. 근시안적인 사람들은 돈을 먼저 생각한다. 그들의 눈에는 낭비가 보이지 않는다. 그들은 기여를 이 세상에서 가장 실용적인 것이라고 생각하지 않고 이타적인 것이라고 생각한다. 그들은 큰 것들을 보기 위해 작은 것들로부터 충분히 멀리 떨어지지를 못한다. 그러니 가장 큰 것, 즉 '순전한 돈의 관점에서 이루어지는 기회주의적인 생산은 수익성이 가장 낮다는 사실'을 보지 못한다.

기여가 이타심에 기반을 둘 수 있기는 하지만, 일반적으로 그런 종류의 기여는 최선의 기여가 아니다. 감정적인 것은 실용적인 것을 방해한다.

그렇다고 산업 분야의 기업들이 스스로 창출하는 부의 일부를 공정하게 분배하지 못한다는 이야기는 아니다. 생산된 제품이 보통은 완전히 다 소비되지 못하게 할 만큼 높은 가격에 판매된다는 사실에도 불구하고 낭비가 너무 커서 생산에 참여한 모든 사람이 전체적으로 충분한 몫을 분배받지 못한다는 이야기일 뿐이다.

낭비의 예를 몇 가지 들어보겠다. 우선 동력의 낭비가 있다. 미시시피 계곡에서는 석탄이 나지 않는다. 그 한가운데로 몇백만 마력의 잠재적 동력을 갖고 있는 미시시피 강이 쏟아져 내리듯이 흐른다. 그런데 그 강의 유역에 사는 사람들은 동력이나 열이 필요하면 몇백 마일 떨어진 곳에서 수송돼온 석탄을 구매한다. 그 석탄은 멀리에서 수송돼온 탓에 그것으로 얻을 수 있는 동력이나 열의 가치보다 훨씬 가격이 높다. 그곳의 사람들이 이런 값비싼 석탄을 구매할 여유가 없을 때에는 나무를 베어다 사용하며, 그렇게 해서 수력을 보존해주는 거대한 자원 가운데 하나를 스스로 잃어버린다. 초기비용 외에는 거의 비용을 들이지 않고도 그 계곡에 터 잡은 대규모 인구가 난방, 조명, 요리, 일을 하는 데에 이용할 수 있는 동력원이 그들의 거주지 근처에 있음에도 불구하고 그들은 최근까지도 그것을 이용할 생각을 하지 못했다.

빈곤에 대한 해결책은 개인적인 절약에 있지 않고 더 나은 생산에 있다. '절약'이라는 말은 그동안 너무나 많이 사용되어 이제는 그 말로 표현되는 관념이 진부하게 느껴질 정도다. 절약이라는 말은 일종의 두려움을 내비친다. 이는 낭비의 매우 비참한 실상이 어떤 상황으로 인해, 보통은 매우 물질적인 종류의 상황으로 인해 사람의 마음속에 각인됐기 때문이다. 그렇게 된 사람은 마음속에 사치에 대한 격렬한 반발이 생겨서 '절약'의 관념에 집착하게 된다. 그러나 이는 단지 큰 해악에서 작은 해악으로 도피하는 것일 뿐이다. 그렇게 해서는 오류를 떠나 진실로 가는 여정을 완전히 다 가지 못한다.

절약은 정신이 절반만 깨어있는 사람들의 규범이다. 절약이 낭비보다 낫다는 데에는 의문의 여지가 없지만, 절약이 사용만큼 좋지는 않다는 데에도 의문의 여지가 있을 리가 없다. 자기가 절약을 한다고 자랑하는 사람들은 절약을 하는 것을 일종의 미덕으로 간주한다. 그러나 가난에 쪼들리는 사람이 동전 몇 닢을 끌어안고 풍요로운 세월을 그냥 흘려보내는 모습보다 더 가엾은 것이 있을까? 생활필수품까지 줄이고 줄여서 최소한으로만 사용하려고 안간힘을 쓴다고 해서 무슨 좋은 일이 있겠는가? 자기가 숨을 쉬는 데에 필요한 공기조차 아까워하고 어떤 것에 대해서든 칭찬하거나 감사하는 데에도 인색해 보이는 '검소한' 사람들이 있다는 것을 우리 모두가 안다. 그런 사람들은 몸도 마음도 시들면서 쪼그라든다. 절약은 낭비다. 다시 말해 절약은 삶의 과즙과 생명의 수액을 낭비하는 것이다. 낭비에는 두 가지 종류가 있다. 하나는 흥청망청하며 살면서 자기의 재산을 써버리는 방탕한 사람들의 낭비이고, 다른 하나는 자기의 재산을 전혀 사용하지 않아 썩어버리게 하는 게으른 사람들의 낭비다. 엄격한 절약자는 게으름뱅이와 같은 부류로 분류될 수 있다. 사치는 대개 지출에 대한 억제가 초래하는 반작용이고, 절약은 사치가 초래한 반작용인 경우가 많다.

이 세상의 모든 것은 우리에게 사용하라고 주어진 것이다. 그런데 우리가 겪는 해악 가운데 잘못된 사용으로 인해 생겨나지 않은 것이 없다. 우리의 일반적인 삶 속에 존재하는 것에 대해 우리가 저지를 수 있는 최대의 죄악은 그것을 잘못 사용하는 것이다. '잘못된 사용'은 포괄범위가 넓은 말이다. 우리는 '낭비'라는 말을 쓰기를 좋아하는데, 낭비는 잘못된 사용의 한 측면일 뿐이다. 낭비는 모두 잘못된 사용이고, 잘못된 사용은 모두 낭비다.

절약의 습관을 과도하게 강조하게 될 수도 있다. 모든 사람이 각자 나름대로 여분을 남기는 것은 온당하고 바람직하다. 여분을 남길 수 있음에도 남기지 않는 것은 그야말로 낭비다. 그러나 여분을 너무 많이 남기게 될 수 있다. 우리는 아이에게 돈을 저축하라고 가르친다. 생각 없이 이기적인 지출을 하지 못하게 하려고 그러는 것이라면 그 나름의 가치가 있다. 그러나 그렇게 하는 데에 적극적인 가치가 있지는 않다. 그렇게 해서는 자기표현이나 자기헌신이라는 안전하고 유익한 길로 아이를 이끌 수 없다. 아이에게 돈을 투자하거나 사용하라고 가르치는 것이 저축하라고 가르치는 것보다 낫다. 돈을 몇 푼이라도 열심히 저축하는 대다수 사람들은 그렇게 하는 것보다 그 몇 푼의 돈을 우선은 자기에게 투자하고 그런 다음에 어떤 유용한 일에 투자하는 것이 나을 것이다. 그러면 결과적으로는 저축할 수 있는 돈을 더 많이 갖게 될 것이다. 젊은 사람들은 저축보다는 투자를 해야 한다. 그들은 자기에게 투자를 해서 자기의 창조적 가치를 높여야 하고, 그렇게 해서 자기를 최고로 유용한 존재로 끌어올려야 한다. 그렇게 한 다음에는 고정불변의 방침으로 소득에서 상당한 부분을 떼어내어 저축할 생각을 할 시간을 넉넉하게 가질 수 있을 것이다. 저축을 하느라고 자기가 보다 더 생산적인 사람이 되는 것을 스스로 가로막고 있다면 그건 진정한 저축을 하고 있는 것이 아니다. 그런 경우라면 실제로는 자기의 궁극적인 자본을 깎아내고 있는 것이고, 따라서 자연의 투자 가운데 하나의 가치를 떨어뜨리고 있는 것이다. 사용의 원리가 진정한 안내자다. 사용은 적극적이고, 활동적이며, 활력을 전파한다. 사용은 생명력을 가지고 있다. 사용은 좋은 것들의 총량을 증가시킨다.

개인적인 결핍은 전반적인 상태를 변화시키지 않고도 회피될 수 있다. 임금 인상이나 가격 인상, 그 밖에 여기나 저기에 돈이 흘러가게 하기 위해 설계된 모든 인상은 이 계급 또는 저 계급이 다른 모든 사람에게 무슨 일이 일어나는지는 돌아보지도 않고 자기들만 위급한 상황에서 벗어나기 위한 시도일 뿐이다. 돈만 손 안에 넣을 수만 있다면 폭풍은 어떻게든 견뎌낼 수 있다는 어리석은 믿음이 존재한다. 노동자들은 임금만 더 많이 벌 수 있다면 폭풍도 견뎌낼 수 있다고 믿는다. 자본가들은 이익만 더 많이 벌 수 있다면 폭풍도 견뎌낼 수 있다고 믿는다. 돈이 할 수 있는 것에 대한 가련한 믿음이 존재한다. 돈은 평상시에 매우 유용하지만 사람들이 생산을 통해 그것에 집어넣은 가치보다 더 많은 가치를 가질 수는 없는데, 그래서 오히려 잘못 사용될 수 있다. 돈은 진정한 부의 대체물로서 미신적인 숭배의 대상이 되어 진정한 부의 가치를 모두 파괴하게 될 수도 있다.

산업과 농장 사이에 본질적인 갈등이 존재한다는 관념이 끈질기게 존속하고 있다. 그러나 실제로는 그러한 갈등이 존재하지 않는다. 도시가 너무 많은 사람들로 과도하게 붐비기 때문에 모든 사람이 다 농장으로 돌아가야 한다고 말하는 것은 터무니없는 일이다. 모든 사람이 다 그렇게 한다면 농업은 이내 만족스러운 직업으로서는 쇠퇴할 것이다. 모든 사람이 다 제조가 이루어지는 마을에 모여 산다는 것도 그리 합리적이지 않다. 농장들이 버려진 곳이 된다면 제조업자들이 다 어디에 쓸모가 있겠는가? 농업과 제조업 사이에는 일종의 상호적인 관계가 있을 수 있다. 농부가 훌륭한 농부가 되기 위해 필요로 하는 것을 제조업자가 줄 수 있고, 제조업자가 훌륭한 제조업자가 되기 위해 필요로 하는 것을 농부와 그 밖의 원재료 생산자가 줄 수 있다. 그렇게 된다면 수송을 중간의 전달자로 해서 우리가 기여에 토대를 둔 안정되고 건전한 시스템을 갖게 될 것이다. 우리가 삶의 긴장도가 그리 높지 않은 보다 작은 공동체 속에서 산다면, 그리고 논밭과 정원에서 생산되는 것을 그렇게 많은 중간이익 취득자의 간섭 없이 얻을 수 있다면 빈곤이나 불만이 거의 없을 것이다.

계절을 타는 일과 관련시켜 이 모든 문제를 들여다보자. 계절을 타는 직업의 한 사례로 건축을 들어보겠다. 건축 일을 하는 사람들이 겨울 내내 건축의 계절이 오기만을 기다리면서 동면을 하게 하는 것은 얼마나 많은 힘의 낭비가 되겠는가!

또한 겨울철의 손실을 피하기 위해 공장으로 들어간 경험 많은 건축 기술자들이 다시 겨울철이 왔을 때에 공장의 일자리에 복귀하지 못할 수도 있음을 두려워한다고 해서 그들로 하여금 건축의 계절이 올 때까지 어쩔 수 없이 공장에 머물러 있게 하는 것도 마찬가지로 기술의 큰 낭비일 것이다. 그동안 이런 식으로 일 년 내내 연속되는 시스템이 그 얼마나 낭비였는가! 농부가 농작물을 심고 기르고 수확하는 계절은 어쨌든 일 년 가운데 작은 일부에 지나지 않는데, 그 계절에 농부가 자기의 농장을 경작하기 위해 공장을 떠나 있을 수 있다면, 그리고 건축 일을 하는 사람이 건축의 계절에 자기의 유익한 직업에 종사하기 위해 공장을 떠나 있을 수 있다면 농부와 건축 일을 하는 사람의 삶이 얼마나 더 많이 나아질 수 있을 것이며, 이 세상이 얼마나 더 많이 순조롭게 발전하게 될 것인가.

우리 모두가 해마다 봄과 여름에는 야외로 거처를 옮겨서 석 달이나 넉 달 동안 건강에 좋은 야외의 삶을 산다고 생각해보자! 그러면 우리에게 '한가한 철'이라는 것이 있을 수가 없을 것이다.

농장에는 휴한기라는 것이 있다. 그때는 농부가 공장으로 와서 자기가 농장을 경작하는 데에 필요한 것들이 생산되도록 도움을 줄 시기다. 공장에도 비수기라는 것이 있다. 그때는 노동자가 들판으로 가서 식량이 생산되도록 도움을 줄 시기다. 그렇게 하면 우리가 일에서 한가한 철을 없애고 인공적인 것과 자연적인 것 사이의 균형을 회복시킬 수 있을 것이다.

그런데 우리가 그렇게 함으로써 삶에 대해 얻게 되는 보다 균형 잡힌 관점도 적지 않은 이득이다. 기술의 혼합은 물질적인 측면에서 유익할 뿐만 아니라 마음의 폭을 넓혀주고 공정한 판단을 할 수 있게 해주기도 한다. 오늘날 우리가 겪는 불만표출은 대부분 선입견에 사로잡힌 편협한 판단의 결과다. 각자가 하는 일이 보다 다양해진다면, 삶의 보다 많은 측면을 보게 된다면, 이 세상의 요소들이 서로 간에 얼마나 필요한지를 알게 된다면 우리는 보다 균형 잡힌 관점을 갖게 될 것이다. 누구나 일정한 기간에 야외에서 일을 하면 심신이 건강해진다.

그것은 결코 불가능한 일이 아니다. 바람직하고 올바른 것은 결코 불가능하지 않다. 그것은 약간의 협동작업만 할 수 있으면 되는 일이다. 탐욕스러운 야심에는 조금 덜 집중하고 삶 자체에 조금 더 집중하기만 하면 된다.

부유한 사람들은 일 년 중 서너 달 동안은 근사한 겨울철 휴양지나 여름철 휴양지로 가서 한가롭게 빈둥거리는 것이 바람직하다는 것을 안다. 미국의 보통 서민들은 그렇게 할 수 있는 입장이라고 하더라도 그런 식으로 시간을 낭비하려고 하지 않는다. 그러나 일정한 계절에 야외의 일터에서 하는 협동작업이라면 마다하지 않을 것이다.

우리가 주위에서 보게 되는 불만표출은 많은 경우에 비자연적인 삶의 양식에 따른 결과임은 의심할 여지가 거의 없다. 일 년 내내 똑같은 일을 계속하면서 건강에 좋은 햇볕도 쬐지 못하고 드넓은 야외와 차단된 상태로 지내는 사람들이 매사를 삐딱한 시각으로 본다고 해서 그들을 탓하기는 어렵다. 이는 자본가와 노동자 양쪽 모두에게 똑같이 적용되는 말이다.

우리의 삶 속에서 무엇이 정상적이면서 건강에도 나쁘지 않은 삶의 양식을 방해하는 것일까? 그리고 모든 기술 분야가 돌아가며 각각 그 분야에 도움을 줄 자격을 갖춘 사람들의 주목을 받게 되는 상황을 상정해본다면 우리의 산업 속에 그러한 상황과 양립하지 못하는 것이 있을까? 해마다 여름에 산업의 노동력이 공장에서 빠져나가게 하는 것에 대해 그것은 생산을 저해할 것이라는 반대의견이 있을 수 있다. 그러나 우리는 이 문제를 전반적인 관점에서 바라봐야 한다. 우리는 산업의 노동력이 서너 달 동안 야외의 일을 하고 돌아오면 그들의 에너지가 증가돼 있을 것이라는 점을 고려해야 한다. 우리는 또한 그들이 들판으로 가는 경우에 그 결과로 나타날 생활비 절감 효과도 고려해야 한다.

내가 앞에서 시사했듯이 우리는 그동안 농장과 공장의 그러한 결합을 실현하기 위한 노력을 기울여 완전히 만족스러운 결과를 얻었다. 디트로이트에서 멀지 않은 노스빌이라는 곳에 밸브를 만드는 우리의 작은 공장이 하나 있다. 그 공장은 규모는 작지만 많은 양의 밸브를 만들어낸다. 그 공장은 한 가지 부품만 만들기 때문에 경영과 운영구조가 비교적 단순하다. 우리는 숙련된 기술을 갖춘 인력을 찾을 필요가 없다. 기술은 기계에 내장돼 있다. 주위의 농촌 사람들이 자기의 시간을 나누어 일부 시간은 공장에서 일하는 데에 쓰고 나머지 시간은 농장에서 일하는 데에 쓴다. 그들이 이렇게 할 수 있는 것은 농업이 기계화된 덕분에 이제는 예전처럼 매우 고된 일이 아니게 됐기 때문이다. 공장에서 사용되는 동력은 수력발전으로 얻어진다.

디트로이트에서 15마일 정도 떨어진 플랫록이라는 곳에는 규모가 조금 더 큰 공장이 있다. 우리는 그곳의 강에 댐을 세웠다. 그 댐은 바로 그 위치에 새로운 다리 설치를 필요로 했던 디트로이트 톨레도 아이언턴 철도를 위한 다리의 역할도 해주게 됐고, 사람들이 강을 건너다니는 길로도 이용되고 있다. 댐을 하나 세워서 그 모든 일이 한꺼번에 이루어진 것이다. 우리는 그곳에서 유리를 만들려고 한다. 댐을 세움으로써 그곳의 강이 그 공장에서 우리가 사용할 원재료의 대부분을 배로 실어 오기에 충분한 정도의 수량을 갖게 됐다. 그 댐은 또한 수력발전을 통해 우리가 필요로 하는 동력을 얻을 수 있게 해주었다. 게다가 그 공장은 농촌 지역의 한가운데에 있기 때문에 대규모 인구 집중에 따르는 과밀이나 그 밖의 폐해가 조금이라도 생겨날 가능성이 전혀 없다. 노동자들은 공장의 일자리를 갖는 동시에 경작지나 농장을 갖게 될 것이다. 그들의 경작지나 농장은 공장에서 15마일이나 20마일 떨어진 곳에까지 흩어져 있어도 된다. 왜냐하면 오늘날에는 당연히 노동자들이 자동차를 타고 공장에 일하러 올 수 있기 때문이다. 그곳에서는 우리가 농업과 산업의 결합을 실현할 것이고, 집중에 따른 폐해는 전혀 없을 것이다.

산업국가는 산업들을 집중시켜야 한다는 믿음은 근거가 부족하다는 것이 나의 의견이다. 집중은 산업 발전의 한 단계에 불과하다. 우리가 제조업에 대해 더 많이 배우고 서로 교환되는 부품들을 가지고 제품을 만드는 법을 알게 되면 그러한 부품들이 각각 가능한 최선의 조건 아래에서 만들어지게 할 수 있다. 방금 말한 가능한 최선의 조건이란 피고용자의 관점에서 그러한 조건이라는 것인데, 그것은 제조업의 관점에서도 가능한 최선의 조건이다. 작은 개울 옆에 큰 공장을 지을 수는 없다. 작은 개울 옆에는 작은 공장만 지을 수 있다. 그러나 각각 단일한 부품을 만드는 그러한 작은 공장을 많이 지어 결합한다면 대규모 공장 하나에서만 생산을 할 때보다 전체적인 비용이 줄어들 것이다. 이에는 예외가 있는데, 그 가운데 대표적인 것이 주물을 만드는 공장이다. 그러한 경우에 해당하는 리버루지의 공장에서는 우리가 금속을 생산하는 일과 그것을 가지고 주물을 만드는 일을 결합하려고 하고, 이와 더불어 버려지고 있는 동력을 전부 다 사용하려고 한다. 그렇게 하기 위해서는 대규모의 투자가 필요할 뿐 아니라 상당한 규모의 인력을 한 곳에 모아야 한다. 그러나 그러한 결합은 법칙이라기보다는 예외에 해당하며, 산업의 집중을 해체해가는 과정에 심각한 간섭이 될 정도로 그러한 결합이 많이 필요한 것도 아니다.

산업은 탈집중화할 것이다. 어떤 도시라도 파괴된다면 지금과 똑같은 모습으로 재건되지는 않을 것이다. 이러한 사실을 이야기하는 것 자체가 우리의 도시들에 대해 우리가 어떻게 평가하는지에 관한 솔직한 고백이다. 도시에는 채워야 할 공간이 있고 해야 할 일이 있다. 도시가 없었다면 농촌 지역이 지금과 같은 정도로 살 만한 곳이 되지 못했으리라는 것은 의심의 여지가 없다. 사람들은 밀집해서 살게 되면서 그동안 몰랐던 것들을 알게 됐다. 각자가 시골에서 홀로 살았다면 그렇게 되지 못했을 것이다. 위생시설, 조명기구, 사회조직 등이 모두 도시생활 경험의 산물이다. 하지만 오늘날 우리가 겪고 있는 사회적 질병도 모두 규모가 큰 도시에서 유래한 것이며 그런 도시에 집중돼 있다. 규모가 작은 공동체는 계절변화와 조화를 이루고 살아가고, 극단적인 빈곤이나 극단적인 부를 만들어내지 않으며, 그래서 우리의 많은 인구를 괴롭히는 격렬한 동요와 불안정이 전염되지 않는다. 100만 명이 모여 사는 도시에는 뭔가 제어되지 않고 위협적인 분위기가 있다. 그러나 그로부터 30마일 떨어진 곳의 농촌 마을에서 행복해하고 만족하며 살아가는 사람들은 도시의 광란적인 삶을 신문이나 책을 통해서나 접할 뿐이다! 대도시는 그야말로 어찌해볼 도리가 없는 하나의 덩어리다. 도시에서 사용되는 모든 것은 다른 곳들로부터 그곳으로 수송돼야 한다. 수송이 중단되면 도시가 더 이상 돌아가지 않는다. 그렇게 되면 도시의 주민들은 가게의 선반 위에 진열됐던 것들만 가지고 살아야 한다. 그런데 가게의 선반은 아무것도 생산해내지 못한다. 도시는 의식주의 문제를 스스로 해결하지 못하는 것이다. 도시의 노동조건과 생활조건은 너무나도 인공적이어서 때때로 본능이 그 부자연스러움에 반기를 든다.

그리고 마지막으로 말하고 싶은 것은 대도시에서 살거나 사업을 하는 데에 드는 간접비용이 감당할 수 없을 정도로 커지고 있다는 점이다. 그러한 간접비용이 대도시에서의 삶에 무거운 세금처럼 부과되어 먹고 살아가는 데에 필요한 잉여가 남지 않는다. 정치인들은 돈을 쉽게 빌릴 수 있다는 것을 알고 있고, 이미 더 이상 빌릴 수 없을 정도까지 빌렸다. 최근의 10년 사이에 도시를 운영하는 데에 드는 비용이 이 나라의 모든 도시에서 엄청나게 증가했다. 그러한 비용의 지출 가운데 상당한 부분은 빌린 돈에 대한 이자를 갚기 위한 것이었다. 그리고 빌린 돈은 벽돌, 석재, 모르타르와 같은 비생산적인 것을 사거나 상하수도와 같은 도시생활의 필수 시설을 터무니없는 수준의 비용을 들여 설치하는 데에 사용되면서 소진됐다. 이러한 기반시설을 유지하는 데에 드는 비용, 다시 말해 대규모의 사람들과 교통을 질서 있게 유지하는 데에 드는 비용은 도시의 공동체적 삶에서 비롯되는 이득에 비해 훨씬 크다. 현대의 도시는 그동안 낭비가 심했고, 그래서 오늘날 파산지경에 이르렀으며, 미래에는 더 이상 존재하지 않게 될 것이다.

저렴하고 편리한 동력을 대규모로 공급하는 것은, 물론 그것을 모두 한꺼번에 공급하지 않고 사용되는 속도에 맞춰 적절히 공급하는 경우에 그렇겠지만, 삶을 균형 잡히게 하고 빈곤을 조장하는 낭비를 줄이는 데에 그 무엇보다도 효과적일 것이다. 동력의 원천을 단 하나만 가지고는 요구되는 동력을 다 공급할 수 없다. 탄광의 입구에 화력발전소를 짓고 거기에서 전기를 만들어내는 것이 가장 경제적으로 동력을 공급하는 방법이 될 것 같은 지역공동체도 있을 것이고, 수력발전소로 동력을 만들어내는 것이 가장 좋을 것 같은 지역공동체도 있을 것이다. 그런데 분명한 점은 모든 지역공동체의 각각에 저렴한 동력의 중앙 공급기지가 있어야 한다는 것이다. 그것은 철도나 상수도와 같이 필수적인 것으로 간주돼야 한다. 그리고 우리는 자본을 얻기 위해 들여야 하는 비용의 방해만 받지 않았다면 동력의 거대한 원천들을 모두 활용해서 동력을 만들어내어 공동의 이익을 증진시키는 방향으로 사용되게 할 수 있었을 것이다. 자본에 대한 우리의 관념 가운데는 올바른 방향으로 수정해야 할 것들이 있다고 나는 생각한다.

사업이 스스로 만들어내는 자본, 노동자의 기회를 확장하고 노동자의 안락과 번영을 증진하는 데에 활용되는 자본, 점점 더 많은 사람들에게 일자리를 제공하는 데에 사용되는 동시에 대중에 대한 기여의 비용을 줄여주는 자본 등과 같은 종류의 자본은 그것이 비록 단일한 통제 아래에 있다고 하더라도 인류에 대한 위협이 되지 않는다. 그것은 신탁된 잉여 자본으로서 매일같이 모두에게 이익이 되도록 사용된다. 그러한 자본을 가지게 된 사람이 그것을 개인적인 보상으로 간주하기는 어려울 것이다. 그러한 잉여를 자기의 것으로 여길 수 있는 사람은 아무도 없다. 왜냐하면 그것은 어느 누구 혼자서 창출한 것이 아니기 때문이다. 자본 소유자의 잉여는 그의 조직 전체가 공동으로 만들어낸 것이다. 소유자의 발상이 모든 에너지와 지향이 표출되도록 했을지는 모르지만 모든 에너지와 지향을 공급한 것은 아님이 틀림없다. 모든 노동자가 그러한 창조를 같이 한 동반자다. 어떤 사업도 오늘의 현황과만 관련지어, 또는 거기에 참여한 개인들과만 관련지어 생각할 수는 없다. 사업을 계속 해나갈 수단이 그 안에 있어야 한다. 최고의 임금이 지급돼야 한다. 사업에 참여한 모든 사람에게 각자의 역할과 무관하게 적절한 생계가 보장돼야 한다. 그런데 어떤 사업에 참여해서 일을 하는 사람들의 삶을 뒷받침할 능력을 그 사업이 갖추게 되려면 잉여가 어딘가에 유보돼 있어야 한다. 진정으로 정직한 제조업자는 자기의 잉여 이익을 그렇게 신탁해 둔다. 그러한 잉여가 어디에 유보돼 있고 누구에 의해 통제되느냐는 궁극적으로는 문제가 되지 않는다. 중요한 것은 그것이 어떻게 사용되느냐다.

끊임없이 더 좋은 일자리를 더 많이 만들어내지 못하는 자본은 모래 알갱이만큼도 쓸모가 없다. 노동자의 일상적인 노동과 관련해 노동조건을 개선하고 노동에 대한 보수의 지급을 보다 공정하게 하려는 노력을 부단히 기울이지 않는 자본은 그 최고의 기능을 다하지 않는 것이다. 자본의 용도 가운데 최고의 것은 더 많은 돈을 버는 것이 아니라 돈으로 하여금 삶의 개선에 더 많은 기여를 하도록 하는 것이다. 우리가 우리의 산업에서 일하면서 사회적인 문제가 해결되도록 돕고 있지 못하다면 우리의 주된 일을 하고 있다고 말할 수 없다. 그렇다면 우리는 충분한 기여를 하고 있지 못한 것이다.

| 14장 |

트랙터와 기계화 농업

우리가 '포드슨(Fordson)'이라고 부르는 우리의 트랙터는 연합국의 전시 식량위기 때문에 계획한 일정보다 일 년 정도 앞당겨 생산에 들어갔으며, 시운전이나 실험을 목적으로 제작한 것은 물론 제외하고 초기에 생산된 것은 전부 곧바로 영국으로 수송됐다는 사실은 널리 알려지지 않았다. 잠수함이 바다 속을 가장 활발하게 돌아다닌 1917~18년의 긴박한 시기에 우리는 모두 5천 대의 트랙터를 배에 실어 바닷길로 수송했다. 그 트랙터들은 단 한 대의 예외도 없이 무사히 영국에 도착했다. 영국 정부의 관리들은 그 트랙터의 도움이 없었다면 영국이 식량위기에 제대로 대응하지 못했을 것이라고 솔직하게 말해왔다.

그 트랙터들은 영국에서 대부분 여자들이 운전해서 묵은 땅과 골프장을 갈아 경작지로 만들고 전국 각지의 땅에 곡식을 심고 기르는 일에 사용했다. 그 트랙터들 덕분에 그런 일을 시키려고 전선의 전투병력 가운데 일부를 빼내어 데려오거나 군수품 공장의 노동인력을 줄이지 않아도 됐다.

포드슨을 서둘러 생산해 영국에 보내게 된 배경은 다음과 같았다. 1917년에 우리가 참전하게 됐을 즈음에 독일의 잠수함들이 거의 매일 어뢰로 화물선을 공격해서 그렇지 않아도 이미 줄어든 선박수송 능력이 더욱 줄어들고 있었다. 그러다 보니 미국의 병력을 바다 건너에 있는 전쟁터로 수송하고 그 병력과 연합국 병력에 필수적인 군수품을 대주고 전투 병력에 식량을 날라다주는 동시에 영국 본토의 인구에 충분한 양의 식량을 공급하기에도 선박수송 능력이 머지않아 절대적으로 부족하게 되리라는 것을 영국의 식량 당국이 알게 됐다. 영국이 식민지 거주자의 아내 등 가족을 나라 밖으로 실어 나르기 시작하고 국내에서 곡물을 재배하려는 계획을 세운 것은 바로 그때였다. 그런데 상황이 심각했다. 식량 수입 수요를 조금이라도 줄일 수 있을 정도로 곡물을 많이 기르기 위해 땅을 갈아 경작을 하는 데에 투입할 수 있는 가축이 영국 전체를 통틀어도 충분하지 않았다. 기계화 농업은 거의 알려지지 않은 상태였다. 왜냐하면 전쟁이 시작되기 전에는 영국의 농장들이 무겁고 값비싼 농업기계를 구매해도 될 정도로 크지 않았을 뿐더러 무엇보다도 적은 임금만 주고도 고용할 수 있는 농업노동자가 많았기 때문이다. 영국의 여러 기업들이 트랙터를 만들었지만, 그 트랙터들은 무거웠고 대부분 증기기관으로 구동되는 것이었다. 실제로 사용될 수 있는 트랙터의 수가 충분하지도 않았고, 모든 공장이 군수품 생산에 매달리고 있어서 트랙터를 더 많이 만들어내기도 쉽지 않았다. 설령 더 많이 만들어냈다고 하더라도 그 트랙터들은 보통의 경작지에서 사용하기에는 너무 덩치가 크고 엉성할 뿐 아니라 기술자의 관리가 필요했을 것이다. 우리는 우리의 맨체스터 공장에서 시연용 트랙터를 몇 대 조립했다. 그것은 사실상 미국에서 제작한 것이었고, 영국에서는 조립만 했다. 영국 정부의 농업위원회가 왕립농업협회에 우리의 트랙터에 대한 점검을 하고 그 결과를 알려달라고 요청했다. 점검을 의뢰받은 사람들이 보고한 내용은 다음과 같았다.

> 영국 왕립농업협회의 요청에 따라 우리는 25마력급 포드 트랙터 두 대로 땅을 갈아보는 시험을 했습니다.
> 먼저 오래 묵어 황폐한 상태로 굳은 휴경지와 덜 굳었지만 잡초가 무성하게 자란 경작지를 번갈아 갈면서 비교해보았습니다. 평평한 곳과 경사진 곳을 비교하며 갈아볼 수 있는 땅에서 시험했습니다.
> 첫 번째 시험에서는 2련식 올리버 쟁기로 평균적으로 깊이 5인치, 폭 16인치인 고랑을 팠고, 또한 3련식 콕셔트 쟁기로 깊이는 같지만 폭은 조정해서 10인치인 고랑을 팠습니다.
> 두 번째 시험에서는 3련식 쟁기를 사용해 평균적으로 깊이가 6인치인 고랑을 팠습니다.
> 두 경우 모두에 트랙터는 해줘야 하는 일을 쉽게 해냈고, 1에이커의 땅을 가는 데에 시간은 1시간 30분이 걸렸으며, 연료는 2갤런의 등유가 소비됐습니다.
> 이런 결과는 우리가 보기에 매우 만족스러운 것입니다.
> 시험에 사용된 쟁기들이 갈아야 하는 땅에 꼭 알맞은 것은 아니었고, 이로 인해 트랙터가 다소 불리한 조건 아래에서 운전됐습니다.
> 연료와 물을 가득 채운 트랙터 한 대의 총 무게는 우리가 재어보니 23.25센텀웨이트(1181킬로그램)였습니다.
> 트랙터는 낼 수 있는 힘에 비해 가볍습니다. 그렇기에 땅 위에서 가

볍게 움직여서 쉽게 운전할 수 있고, 회전반경이 작으며, 땅의 가장 자리에 갈지 못한 땅을 조금만 남깁니다.

트랙터의 발동기는 소량의 휘발유만으로도 신속하게 시동이 걸립니다.

우리는 이러한 시험을 한 뒤에 맨체스터의 트래퍼드 파크에 있는 포드 씨의 공장으로 갔습니다. 그곳에는 우리가 해체해서 자세히 검사할 수 있도록 여러 대의 발동기가 수송되어 도착해 있었습니다.

우리는 그 발동기가 많은 힘을 내면서 최고 수준의 기능을 할 수 있도록 설계됐음을 확인했습니다. 우리는 구동바퀴가 다소 가볍다고 생각했지만, 앞으로 새롭고 더 강력한 것이 공급될 것이라고 들었습니다.

트랙터는 순전히 땅을 가는 일에 적합하게 설계됐습니다. 바퀴에는 톱니같이 튀어나온 부분들이 있기 때문에 도로를 통해 트랙터를 이 농장에서 저 농장으로 이동시킬 수 있도록 어떤 보호장치가 제공돼야 할 것입니다.

위에서 이야기한 점들을 감안해서 우리는 현재의 상황 아래에서는 이 트랙터가 즉시 가능한 한 많이 만들어지게 하는 것이 바람직하므로 그렇게 되도록 필요한 조치를 취할 것을 권고합니다.

이 보고서에는 기술 전문가인 W. E. 돌비와 F. S. 커트니, 기술과 농업 전문가인 R. N. 그리브스, 농업 전문가인 로버트 W. 홉스와 헨리 오버먼, 명예이사인 길버트 그리널, 그리고 간사인 존 E. 크로스가 서명했다.

이 보고서가 제출된 뒤에 거의 곧바로 우리에게 다음과 같은 전보가 날

아왔다.

코크에 공장을 짓는 데 필요한 철강과 설비의 수송에 관한 구체적인 통보를 전혀 받지 못했습니다. 최선의 상황에서도 코크 공장의 생산 개시는 다음 봄 이전에는 가능하지 않을 것 같습니다. 영국에서는 식량을 생산하는 것이 절박하게 필요한 일이 됐습니다. 목초지로 사용되고 있는 땅을 개간해서 가을밀을 파종하려면 가능한 한 빨리 트랙터가 대량으로 공급되어 사용될 수 있어야 합니다. 고위 당국자로부터 포드 씨에게 도움을 요청해달라는 부탁을 받았습니다. 소렌슨과 그 밖의 몇 사람을 필요한 모든 도면과 함께 영국 정부에 보내주어 여기 영국에 있는 공장에서 소렌슨의 지도 아래 트랙터의 부품이 제작될 수 있도록 조치해주실 수 있을지를 여쭙습니다. 이 제안은 국가적인 이익도 증진하는 것이며 실행된다면 그 어떤 제조업자나 자본가의 이해관계도 개입하지 않고 그 어떤 이익집단도 이익을 챙길 수 없는 방식으로 정부가 국민을 위해서 하는 일이 될 것이라는 점을 확실하게 보장할 수 있습니다. 이 사안은 매우 긴급한 것입니다. 적어도 몇천 대의 트랙터가 공급돼야 하는데 그 많은 물량을 다 미국에서 만들어 배로 실어 나르는 것은 불가능합니다. 포드 트랙터가 최선이며 유일하게 적절하게 설계됐다고 여겨지고 있습니다. 그러므로 영국은 국가적으로 필요한 것을 전적으로 포드 씨의 설계에서 구할 수밖에 없습니다. 저는 여기에서 맡고 있는 일 때문에 미국으로 건너가 이 제안을 직접 전달할 수가 없습니다. 매우 중요한 나날이 하루하루 지나가고 있으니 긍정적인 검토와 조속한 결정이 이루어지기를 바랍니다. 여기의 생산시설은 공정한 정부의 통제를 받게 될 것이니 믿으셔도 됩니다. 소렌슨을 비롯해 지원과 지도의 임무를 띠고 파견되는 사람이라면 누구든 환영받을 것입니다. 페리 씨, 답신 전보는 런던의 하딩 프로돔 전교로 보내주시기 바랍니다. 프로돔 올림.

이 전보가 우리에게 날아온 것은 영국 내각의 지시에 따른 것이라고 나는 생각했다. 우리는 곧바로 필요하다고 한 도면, 우리가 그동안 쌓아온 경험, 생산을 진행하는 데에 필요한 모든 인력을 다 기꺼이 제공하겠다는 내용의 전보를 보냈다. 그리고 우리는 지체 없이 배편으로 모든 도면과 함께 찰스 E. 소렌슨을 보냈다. 소렌슨 씨는 맨체스터에 공장을 설치하고 가동하는 일을 했던 사람이어서 영국의 상황을 잘 알고 있었다. 그가 영국에서 트랙터를 만드는 일에 대한 책임을 맡았다.

소렌슨 씨는 영국에서 부품을 만들어 트랙터를 조립하기 위한 일을 영국의 관리들과 함께 시작했다. 우리가 사용하는 재료 가운데는 특별한 것이어서 영국에서 구할 수 없는 것이 많이 있었다. 주물과 기계를 만들기 위한 설비를 갖춘 영국의 공장들은 전부 다 밀려드는 군수품 주문을 처리하는 데 급급해 다른 데로 눈길을 돌릴 여유가 없었다. 정부 당국이 입찰 공고를 내봐야 어떤 내용으로든 입찰 서류가 들어오기가 지극히 어려운 상황인 것이 분명했다. 그런 상황에서 6월이 되자 일련의 파괴적인 공습이 런던을 덮쳤다. 위기였다. 뭔가 조치가 필요했다. 마침내 우리 직원들이 영국의 모든 공장 가운데 절반을 돌아다닌 끝에야 정부 당국에 입찰 서류가 들어가게 할 수 있었다.

밀너 경이 소렌슨 씨에게 정부 당국에 들어온 입찰 서류들을 보여주었다. 그 가운데 가장 잘 작성된 것을 보니 트랙터의 대당 가격이 인도 기한에 대한 확실한 언급도 없이 1500달러나 됐다.

소렌슨 씨가 말했다.

"그 가격은 터무니없는 것입니다. 대당 700달러를 넘어서는 안 됩니다."

밀너 경이 대답했다.

"그렇다면 당신네 회사에서는 그런 가격에 5천 대를 만들 수 있다는 겁니까?"

"그렇습니다."

"인도할 때까지는 시간이 얼마나 걸리겠습니까?"

"60일 안에 선적을 시작할 수 있습니다."

두 사람은 그 자리에서 바로 계약을 체결했다. 계약서에 대금 총액의 25퍼센트를 선불로 지급한다는 조건이 명기된 것이 주목됐다. 소렌슨 씨는 자기가 어떤 일을 했는지를 알리는 내용의 전보를 우리에게 보내고는 곧바로 배를 타고 귀국했다. 말이 나온 김에 이야기하자면, 우리는 그 25퍼센트의 선불금을 일종의 신탁기금에 예치해 두고 계약을 완전히 이행할 때까지 건드리지 않았다.

트랙터를 생산할 준비가 된 공장은 아직 없었다. 하일랜드파크 공장의 설비를 손봐서 거기에서 트랙터를 생산할 수도 있었지만, 그때에 거기에 있는 모든 기계는 긴요한 전쟁용 군수품을 만드는 일에 밤낮 없이 매달리고 있었다. 방법은 하나뿐이었다. 우리는 디어본에 있는 공장을 서둘러 확장했고, 전보로 주문하고 급행으로 배달된 기계들을 거기에 설치했다. 그러고는 60일의 기한이 도래하기 전에 뉴욕 항의 부두에서 첫 번째 트랙터를 영국 당국에 인도했다. 화물선의 적재공간을 확보하는 데에 시일이 좀 걸리기는 했지만, 마침내 1917년 12월 6일에 다음과 같은 전보를 받을 수 있었다.

1917년 12월 5일 런던에서.
소렌슨 씨 앞.
포드슨, 디어본 화물.
첫 번째 트랙터 도착했음. 스미스와 그 밖의 사람들은 언제 떠날지 전보 바람.
페리.

5천 대의 트랙터를 모두 배에 실어 보내는 데에 석 달이 걸렸다. 우리의 트랙터가 미국 안에서 제대로 알려지기보다 훨씬 전에 영국에서 먼저 사용되기 시작한 이유가 바로 여기에 있었다.

사실 내가 트랙터를 만들려고 계획한 것은 자동차를 만들려고 계획한 것보다 먼저였다. 농장에서 살던 시절에 내가 처음으로 실험해본 것은 트랙터였다. 그리고 나는 증기기관 트랙터를 만드는 업체에 한동안 고용되어 일했던 경험도 잊을 수 없다. 그 트랙터는 덩치가 크고 무거운 도로주행 겸 탈곡기 운반용이었다. 그러나 나는 그때에 대형 트랙터에서 그 어떤 미래도 찾을 수 없었다. 그때의 트랙터는 소규모 농장에서 구매해 사용하기에는 너무 비쌌고, 운전과 관리에 너무 많은 기술이 요구됐으며, 그 견인력에 비해 너무나 무거웠다. 그리고 어쨌든 대중은 자기를 끌고 갈 수 있는 것보다 자기를 태우고 다닐 수 있는 것에 더 흥미를 느꼈다.

그래서 말이 없는 마차가 대중의 상상력을 더 많이 자극했다. 그리고 그랬기에 나는 자동차의 생산에 들어가기까지는 트랙터에 관한 일에서 사실상 손을 놓고 있었다. 농장에서 자동차가 사용되게 되면서 트랙터가 필수적으로 갖춰야 할 기계가 됐다. 농부들이 동력 활용의 이점을 알게 됐기 때문이다.

농부에게는 새로운 도구가 필요하기보다는 이미 가지고 있는 도구를 움직여줄 동력이 더 많이 필요하다. 나는 쟁기를 앞세우고 그 뒤를 따라 걷기를 지겹도록 많이 해봤기 때문에 그것이 얼마나 고된 일인지를 안다. 천천히 움직이는 몇 마리의 말 뒤를 따라 걸으면서 할 수 있는 일의 여섯 배를 같은 시간 안에 트랙터 한 대로 해치울 수 있다면 인간이 말 뒤를 따라 걸으며 세월을 보내는 것이 얼마나 큰 낭비이겠는가! 그동안 농부들이 모든 일을 천천히 손으로만 하다 보니 보통의 농부가 근근이 생계를 이을 수 있는 수준을 넘는 소득을 벌기가 어려웠고, 농장들이 생산해야 하는 만큼 많은 농작물을 생산해서 충분히 낮은 가격으로 팔 수가 없었다.

자동차와 마찬가지로 트랙터의 경우에도 우리에게 필요한 것은 힘이지 무게가 아니었다. 트랙터 제작자들은 마음속에 무게에 대한 뿌리 깊은 고정관념을 가지고 있었다. 무게가 더 나간다는 것은 견인력이 더 좋다는 의미라고 생각한 것이다. 다시 말해 기계가 무겁지 않으면 그것을 가지고 뭔가를 붙잡아 끌어당기지 못한다고 생각했다. 고양이는 별로 무겁지 않은데도 높은 곳까지 잘 타고 올라간다는 사실을 알고 있으면서도 그렇게 생각했던 것이다. 나는 무게에 대한 나의 생각을 앞에서 이미 이야기했다. 내가 개발할 가치가 있다고 생각한 유일한 트랙터의 종류는 가볍고 힘이 세면서 누구든지 운전할 수 있을 정도로 단순한 것이었다. 뿐만 아니라 그것은 아주 저렴해서 누구나 살 수 있는 것이어야 했다. 우리는 이러한 목표를 염두에 두고 거의 15년 동안 설계 작업을 하고 실험에 몇백만 달러를 지출했다. 우리는 자동차의 경우와 정확하게 똑같은 경로를 밟았다. 각각의 부품은 가능한 한 튼튼하게 만들어야 했고, 부품의 가짓수는 적어야 했으며, 완성품은 대량생산이 가능해야 했다. 우리는 어쩌면 자동차의 엔진을 트랙터에 장착해도 될는지 모르겠다는 생각을 잠시 했고, 그래서 그렇게 해보는 실험을 몇 차례 했다. 그러나 결국에는 자동차와 우리가 원하는 종류의 트랙터는 사실상 공통점을 전혀 갖고 있지 않다고 확신하게 됐다. 이에 따라 트랙터를 만드는 일을 자동차를 만드는 일과 분리된 사업으로 추진하고 그 제작도 별도의 공장에서 한다는 것이 처음부터 우리의 의도가 됐다. 그런데 두 가지 제품을 다 만들 수 있을 만큼 큰 규모의 공장은 없었다.

자동차는 무언가를 실어 나르도록 설계되고, 트랙터는 무언가를 끌어당기고 경사진 곳을 올라가도록 설계된다. 그리고 그러한 기능상의 차이는 구조상의 모든 차이를 가져온다. 어려운 문제는 견인하중을 견뎌낼 베어링을 확보하는 것이었다. 우리는 마침내 그러한 베어링을 확보하는 동시에 모든 조건에서 최상의 평균 성능을 내줄 것으로 보이는 구조를 알아냈다. 우리는 시동 걸기는 휘발유로 하고 그런 다음에 구동은 등유로 하는 4기통 엔진을 쓰기로 결정했다. 필요한 힘을 유지하면서 우리가 얻을 수 있는 가장 가벼운 무게는 2425파운드였다. 붙잡는 힘은 고양이에게는 발톱에 있듯이 트랙터에는 구동바퀴의 톱니 모양 돌출부분에 있다.

트랙터가 가장 크게 도움이 되게 하려면 견인이라는 주된 기능 외에 도로나 들판에 나가지 않았을 때에 벨트로 연결해 기계를 돌리는 데에 사용될 수 있는 붙박이 엔진의 기능도 갖도록 설계돼야 한다. 간단히 말해 트랙터는 소형 다목적 발동기여야 한다. 트랙터는 실제로 그래왔다. 트랙터는 땅을 갈고 써레질하고 경작하고 수확을 하는 데에 사용돼왔을 뿐만 아니라 탈곡을 하고, 제분소와 제재소, 그 밖의 각종 농림공장의 기계를 돌리고, 나무를 베어내고 남은 밑동을 뽑아내고, 제설작업을 하고, 양털 깎기에서 신문 인쇄에 이르기까지 적당한 동력만 있으면 공장에서 할 수 있는 거의 모든 일을 하는 데에도 사용돼왔다. 트랙터에는 그것을 이용해 도로 위로 무언가를 끌고 가기 위해 무거운 하중을 견디는 타이어가 끼워지기도 하고, 목재나 얼음을 실어 나르기 위해 눈썰매가 매이기도 하고, 철도 위를 달리기 위해 쇠로 만든 바퀴 테가 장착되기도 한다. 디트로이트에 있는 공장들이 석탄 공급의 부족으로 문을 닫았을 때에 우리는 전기제판 공장에 트랙터를 한 대 보내서 그것을 가지고 〈디어본 인디펜던트〉를 찍어냈다. 그 트랙터를 통로에 세워 놓고 4층 높이까지 벨트로 연결한 뒤에 트랙터의 동력으로 인쇄용 판을 만든 것이다. 트랙터가 95가지의 상이한 용도로 이용될 수 있다는 사실에 우리는 주목해왔는데, 그렇더라도 우리는 아직 트랙터의 용도 가운데 일부만을 알고 있을 것이다.

트랙터는 자동차에 비해 그 메커니즘이 훨씬 단순하고, 자동차와 정확하게 같은 작업 방식으로 생산된다. 올해까지는 트랙터의 생산이 적절한 공장의 결여로 인해 제한돼왔다. 초기의 트랙터들은 지금은 실험기지로 사용되는 디어본의 공장에서 만들어졌다. 그 공장은 대규모 생산의 경제성에 변화를 가져오기에 충분할 정도로 넓지 않고 넉넉하게 확장시킬 수도 없을 것 같았다. 트랙터는 리버루지의 공장에서 만드는 것이 우리의 애초 계획이었기 때문에 그렇게 된 것이었다. 그래서 올해까지는 그 공장이 완전히 가동되지 못했다.

그런데 이제는 그 공장이 트랙터를 만들기 위한 공장으로 완전히 탈바꿈했다. 작업의 흐름은 자동차의 경우와 정확하게 똑같다. 각각의 부품을 만드는 부서가 따로 있다. 각각의 부품이 완성되면 컨베이어 시스템으로 들어가며, 그 시스템은 각각의 부품을 그것을 필요로 하는 1차 조립이 이루어지는 곳으로 보내고 최종적으로는 마지막 조립이 이루어지는 곳으로 보낸다. 모든 것이 이동하는 가운데 조립이 진행되며 숙련된 기술이 필요한 작업은 없다. 현재 공장의 트랙터 생산능력은 연간 100만 대까지다. 이것은 우리가 만들게 되리라고 예상하는 트랙터의 대수다. 우리가 이렇게 예상하는 것은 지금 세계가 과거의 그 어느 때보다도 가격이 비싸지 않은 범용 발동기를 필요로 하기 때문이다. 그리고 지금 세계는 그러한 발동기를 원하게 될 만큼 지식을 갖춘 상태이기도 하다.

우리가 처음으로 만든 트랙터들은 내가 앞에서 이미 이야기했듯이 영국으로 보내졌다. 미국에서는 우리가 1918년에 그 트랙터를 대당 750달러의 가격으로 시장에 내놓았다. 그 다음해에는 비용의 상승으로 인해 가격을 885달러로 올릴 수밖에 없었다. 그러나 그해의 중반에 가격을 출시 당시에 책정했던 750달러로 되돌릴 수 있었다. 1920년에는 우리가 790달러의 가격을 적용했다. 그 다음해에는 우리가 생산에 충분히 익숙해짐에 따라 가격을 인하하기 시작했다. 이에 따라 우리는 1921년에 가격을 625달러로 인하했고, 이어 1922년에는 리버루지 공장의 원활한 가동에 힘입어 가격을 395달러까지 인하할 수 있었다. 이 모든 사실은 과학적인 생산에 들어가는 것이 가격에 어떤 효과를 내주는지를 보여준다. 나는 포드 자동차가 궁극적으로 얼마나 저렴하게 만들어질 수 있는지에 대해 전혀 알 수 없는 것과 꼭 마찬가지로 트랙터가 궁극적으로 얼마나 저렴하게 만들어질 수 있는지에 대해서도 전혀 알 수 없다.

트랙터는 저렴하게 만들어져야 한다는 것이 중요하다. 그렇지 않으면 모든 농장에 동력이 들어가지 못할 것이다. 그런데 농장들은 모두 동력을 가져야 한다. 몇 년 안에 말과 손의 힘에만 의존하는 농장은 트레드밀에 의해 가동되는 공장과 마찬가지로 신기한 구경거리가 될 것이다. 농부는 동력을 채택할 수밖에 없고 그렇게 하지 않으면 파산하게 될 것이다. 이는 농장의 일에 소요되는 비용에 관한 숫자로 보아 필연적이다. 전쟁의 시기에 정부가 포드슨 트랙터를 이용해 일을 하는 경우의 비용이 말을 이용해 일을 하는 경우의 비용과 비교해 어떠한지를 알아보기 위한 시험을 해본 적이 있다. 트랙터를 구매하는 데 드는 비용은 가격이 높았을 때의 그 가격에 수송에 드는 비용을 더한 것으로 했다. 감가상각과 수리비용 항목은 보고된 것만큼 크지는 않았지만, 설령 그 정도로 컸다고 하더라도 그동안 가격이 절반으로 인하됐으므로 감가상각과 수리비용의 부담이 절반으로 줄어들었을 것이다. 그 숫자들은 다음과 같다.

■ **포드슨의 가격은 880달러, 마모수명은 시간당 0.8에이커의 속도로 3840에이커의 땅을 갈아서 4800시간.**

— 880달러에 산 포드슨으로 3840에이커를 가니 에이커당 감가상각비는 0.221달러

— 3840에이커를 가는 동안 수리비가 100달러이니 에이커당 수리비는 0.026

— 연료인 등유는 에이커당 2갤런 들고 가격은 갤런당 19센트이니 에

이커당 등유비는 0.38

— 윤활유는 8에이커당 1갤런이 드니 에이커당 윤활유비는 0.075

— 운전사가 하루에 8에이커를 갈면 일당을 2달러 지급하니 에이커당 운전사비는 0.25

— 따라서 포드슨으로 땅을 가는 데 드는 비용은 에이커당 0.95달러

■ **말 8마리의 가격은 1200달러, 작업수명은 시간당 0.8에이커의 속도로 4000에이커의 땅을 갈아서 5000시간.**

— 1200달러에 산 말 8마리로 4000에이커를 가니 에이커당 감가상각비는 0.30달러

— 작업일 100일 동안의 에이커당 사료비는 0.40

— 노는 날 265일 동안의 에이커당 사료비는 0.265

— 말꾼 2명이 쟁기 2조를 가지고 일하게 하는 일당은 에이커당 0.50

— 따라서 말로 땅을 가는 데 드는 비용은 에이커당 1.46달러

지금의 비용으로는 땅을 가는 데에 에이커당 약 40센트가 들고 그 가운데 감가상각비와 수리비는 2센트에 불과할 것이다. 그러나 이는 시간 요소를 고려하지 않고 계산한 수치다. 땅을 가는 작업에 걸리는 시간이 4분의 1로 줄어들었을 뿐더러 작업 자체도 이제는 트랙터를 조종하는 데 사용할 육체적 에너지만 가지고 있으면 누구나 할 수 있다. 땅을 가는 일이 트랙터를 몰고 들판을 가로지르면 되는 일로 바뀐 것이다.

구식의 농업은 과거에 대한 목가적인 기억 속으로 들어가며 현실에서는 빠르게 사라지고 있다. 그렇다고 해서 농장에서 일이 제거될 것이라

는 말은 아니다. 그 어떤 생산적인 삶에서도 일이 제거될 수는 없다. 그러나 기계화 농업을 한다는 것은 농장에서 고된 일은 실제로 제거된다는 의미를 갖는다. 기계화 농업을 한다는 것은 간단히 말해 인간의 육신이 짊어졌던 짐을 철강에 옮겨 지우는 것이다. 우리는 지금 기계화 농업이 개막되는 시기를 살고 있다. 트랙터라는 자동차가 현대 농촌의 삶에 혁명을 일으켰는데, 이는 그것이 탈것이기 때문이 아니라 힘을 가지고 있기 때문이었다. 농업은 시골의 직업 이상의 의미를 가진 것이어야 한다. 농업은 우리가 먹을 것을 길러내는 일종의 사업이어야 한다. 그리고 농업이 실제로 사업이 된다면 보통의 종류에 속하는 농장에서 실제로 농업과 관련된 일을 하는 데에는 1년 중 24일이면 충분할 것이니 그 나머지 날들은 다른 종류의 사업에 투입할 수 있을 것이다. 농업은 계절을 너무 많이 타는 직업이기 때문에 누구든 자기가 사용할 수 있는 시간을 전부 다 농업에만 쏟을 수 없다.

농업은 모든 가족이 필요로 하는 적정한 식량을 충분히 공급받을 수 있게 해주는 가운데 충분한 양의 식량을 생산해서 유통시키게 된다면 식량을 공급하는 하나의 사업으로 정당화될 것이다. 우리가 모든 종류의 식량을 조작과 착취가 불가능할 만큼 압도적으로 많이 생산한다면 식량 독과점이 있을 수 없을 것이다. 경작 규모를 스스로 제한하는 농부는 투기꾼들의 놀잇감이 된다.

그리고 아마도 우리는 소규모 제분 사업의 부활을 목격하게 될 것이다. 농촌 마을에서 제분소가 사라진 것은 좋지 않은 일이었다. 앞으로는 협동농업이 발달하게 되면서 농부들의 조합이 농부들이 직접 기른 돼지를 자체 가공공장에서 햄과 베이컨으로 가공하고 농부들이 직접 재배해 수확한 곡물을 자체 제분소에서 식품재료로 가공하는 모습을 우리가 보게 될 것이다.

우리는 텍사스에서 기른 소를 시카고로 옮겨 도축한 뒤에 보스턴으로 옮겨 식탁 위에 올리고 있는데, 굳이 그렇게 해야 할까? 보스턴에서 식용으로 필요로 하는 소를 모두 보스턴 인근에서 기를 수 있다면 그렇게 해야 할 이유가 없다. 식품제조 산업의 집중화는 수송과 조직에 엄청난 비용이 들기 때문에 너무나 낭비적이어서 발전된 사회에서는 오래 계속될 수가 없다.

우리는 지난 20년 동안에 제조업에서 이룬 발전만큼이나 큰 발전을 앞으로 20년 동안에 농업에서 이루게 될 것이다.

| 15장 |

자선이 왜 필요한가

문명화된 공동체에 자선의 필요성이 과연 있을까? 내가 반대하는 것은 자선을 베풀려는 마음이 아니다. 우리가 곤궁한 이웃에게 냉랭해지는 것은 하늘도 금지한다. 인간적 동정심은 너무나 고귀한 것이어서 그것이 냉랭하고 계산적인 태도에 자리를 내주게 해서는 안 된다. 위대한 발전 가운데 배후에 인간적 동정심이 깔려 있지 않은 것은 거의 찾아볼 수 없다. 모든 주목할 만한 기여는 사람들을 돕기 위해 실행된 것이다.

문제는 우리가 이런 위대하고 고귀한 추동력을 너무나도 작은 목적을 위해 사용해왔다는 것이다. 인간적 동정심이 우리로 하여금 굶주리는 사람에게 먹을 것을 주라고 자극하는데 우리 사이에 굶주림이 아예 존재할 수 없게 하겠다는 더 큰 소망을 우리에게 불러일으키지 않을 리가 없다. 사람들이 어려운 처지에서 벗어나게끔 돕겠다는 동정심이 우리에게 있다면 애초에 사람들이 어려운 처지에 빠지지 않게끔 하겠다는 동정심도 우리에게 당연히 있어야 할 것이다.

기부를 하기는 쉽다. 기부를 불필요하게 만드는 것이 기부를 하는 것보다 어렵다. 특정한 개인에 대한 기부를 불필요하게 만들기 위해서는 우리가 그 개인만 보지 말고 그 개인이 곤경에 빠지게 된 원인까지 봐야 한다. 물론 그러는 사이에도 그 개인을 구호하는 데 주저해서는 안 될 뿐 아니라 일시적으로만 구호하는 데 그쳐서도 안 된다. 개인을 넘어 원인을 보는 데에 어려움이 있는 것 같다. 사람들이 빈곤 자체를 제거하는 쪽으로 마음을 먹게 되기보다는 어느 한 빈곤한 가족을 돕는 쪽으로 마음을 먹게 되기가 쉽다.

나는 직업적인 자선이나 어떤 종류든 상업화된 인도주의는 참고 봐줄 수가 없다. 인간적 도움이 체계화, 조직화, 상업화, 직업화되는 순간에 그것의 본질적 핵심이 소멸되어 그것이 냉랭하고 음습한 것이 돼버린다.

진정한 인간적 도움은 결코 카드식 목록화나 광고의 대상이 될 수 없다. 공적 시설에서 보살핌을 받는 고아들보다는 민간의 가정에서 애정이 담긴 보살핌을 받는 고아들이 더 많다. 우리가 양로원에 가면 볼 수 있는 노인들보다는 친구의 도움으로 거처를 얻어 살고 있는 노인들이 더 많다. 대출기관에 의한 대출보다는 이웃끼리의 대출이 부조의 기능을 더 많이 한다. 다시 말해 인도주의적 토대를 가진 인간 사회가 스스로를 돌보고 있는 것이다. 자연적인 자선 본능이 상업화되는 것에 대해 우리가 어디까지 동의해줘야 하는지는 중대한 문제다.

직업적인 자선은 냉랭할 뿐더러 수혜자에게 도움을 주기보다 상처를 입힌다. 그것은 수혜자의 품위를 떨어뜨리고 그의 자존감을 마비시킨다. 이에 가까운 것으로 감상적 이상주의가 있다. '복지'는 우리가 우리 자신을 위해 실행되기를 기대해야 하는 어떤 것이라는 생각이 널리 퍼진 것은 그리 오래된 일이 아니다. 헤아릴 수 없이 많은 사람들이 나름대로 좋은 의도로 실행되는 '사회복지'의 수혜자가 됐다. 우리의 인구를 구성하는 어느 집단에서나 사람들이 사회복지에 길들여져 어린아이처럼 무기력하게 두 손을 놓고 앉아서 도움의 손길만 기다리는 상태가 됐다. 그러다 보니 자선을 통해 사람들을 돕는 일을 정규적으로 하는 직업이 생겨났다. 이런 직업은 사람들에게 도움이 되는 일을 하고자 하는 칭찬할 만한 욕구에 배출구가 돼주었다. 하지만 그것은 사람들의 자립적인 삶에 기여하는 것이 전혀 없을 뿐만 아니라 그러한 자선에 대한 수요가 억제됐던 상태에서 벗어나 오히려 증가하게 한 조건들을 바로잡는 데에 기여하는 것도 전혀 없다.

자립과 자족을 위한 훈련이 이루어지는 대신에 이처럼 도움의 손길을 기다리며 칭얼거리는 어린아이와 같은 심리가 조장된 것보다 더 나쁜 것은 거의 모든 자선의 대상자에 대해 분개하는 감정이 생겨난 것이다. 사람들은 종종 자기가 도와준 사람의 '고마워할 줄 모르는 태도'에 대한 불평을 늘어놓는다. 그러나 그것보다 더 자연스러운 것은 없다. 왜냐하면 첫째로 우리의 이른바 자선 가운데 관심과 동정이 가득한 마음에서 우러나와 실천되는 진정한 자선은 거의 없기 때문이다. 그리고 둘째로 어쩔 수 없어서 도움을 받아야 하는 처지가 된 것을 스스로 좋아하는 사람은 아무도 없기 때문이다.

그러한 '사회사업'은 불편한 관계를 초래한다. 생활보조금을 받는 사람은 그것을 받으면서 자기가 별 볼 일 없는 인간이 됐다고 느낀다. 그런데 생활보조금을 주는 사람도 그것을 주면서 자기가 별 볼 일 없는 인간이 됐다고 느껴야 하는 것은 아닐까? 자선은 결코 문제가 해결된 상황을 가져오지 못한다. 자선 제도가 스스로를 불필요한 것으로 만들겠다는 목표로 실행되는 것이 아니라면 실제로는 기여를 하지 못한다. 그러한 자선 제도는 그 자신을 위한 일자리를 만들 뿐이고 생산적이지 않은 것의 목록에 추가된 또 하나의 항목에 불과할 뿐이다.

생계비를 벌 수 없을 것 같은 사람들을 비생산적인 계급에서 벗어나 생산적인 계급에 들어가게 한다면 자선이 불필요해질 것이다. 나는 앞에서 산업이 충분히 세분화되면 거기에 신체장애인, 절름발이, 맹인으로 채워질 수 있는 일자리들이 생긴다는 것을 우리의 공장에서 실시된 실험이 어떻게 증명했는지를 이야기했다. 과학적인 산업은 그 근처로 가는 사람들을 모두 집어삼키는 괴물이 돼야 한다는 것이 아니다. 그렇게 된다면 그 산업이 사람들의 삶에서 제 역할을 하지 못하는 것이다. 산업의 안팎에는 힘이 센 사람이 자기의 힘을 다 써야 하는 일자리도 있지만 그렇지 않은 일자리도 있고, 그 가운데는 중세의 장인이 갖고 있었던 기술보다 더 수준 높은 기술을 필요로 하는 일자리도 많다. 산업의 세분화는 힘이 센 사람이나 기술을 가진 사람이 언제나 자기의 힘이나 기술을 사용할 수 있게 해준다. 손으로만 작업하던 과거의 산업에서는 기술을 가진 사람이 기술이 필요 없는 일을 하는 데에 많은 시간을 써야 했다. 그것은 일종의 낭비였다. 그런데 그 시대에는 모든 과업이 기술이 필요한 노동과 기술이 필요 없는 노동 둘 다를 한 사람이 할 것을 요구했기 때문에 기술을 익히지 못할 정도로 아둔한 사람이나 직업으로 삼을 만한 일을 배울 기회를 얻지 못한 사람이 끼어들 자리가 거의 없었다.

기계공이라도 두 손만 쓰는 일을 하는 사람은 최저 수준의 생계나 겨우 유지할 정도로만 돈을 벌 수 있다. 그런 사람은 잉여를 남길 수 없다. 기계공이 노년에 들어서면 자식들의 부양을 받아야 하고 자식이 없으면 공공의 짐이 되는 수밖에 없다는 것이 당연한 생각으로 여겨져 왔다. 그럴 필요가 이제는 전혀 없게 됐다. 산업의 세분화가 사실상 누구를 고용해도 되는 일자리들을 만들어냈다. 세분화된 산업에는 맹인을 고용해도 되는 일자리의 수가 맹인의 수보다 많다. 또한 신체장애인을 고용할 수 있는 일자리의 수가 신체장애인의 수보다 많다. 그리고 근시안적으로 보면 자선의 대상으로 여겨질 수 있는 사람도 누구나 그런 일자리에 고용되면 가장 열심히 일하고 몸도 가장 튼튼한 사람과 마찬가지로 생활비를 충분히 벌 수 있다. 신체장애인도 몸이 튼튼한 사람만큼 잘할 수 있는 일을 몸이 튼튼한 사람더러 하라고 하는 것은 낭비다. 맹인에게 바구니를 짜는 일을 시키는 것은 엄청난 낭비다. 죄수로 하여금 돌을 깨는 일, 대마를 뽑는 일, 또는 그 밖의 어떤 종류든 사소하고 쓸모없는 일을 하게 하는 것은 낭비다.

잘 운영되는 감옥이라면 독립적으로 운영돼야 할 뿐 아니라 거기에 수감된 죄수가 자기의 가족을 부양할 수 있어야 하고, 가족이 없다면 자기가 거기에서 나갈 때에 자립해서 살아가기에 충분한 금액의 돈을 모을 수 있어야 한다. 내가 지금 죄수에게 강제노동을 시키거나 죄수를 사실상 노예로 농장에 보내야 한다고 주장하고 있는 것이 아니다. 그러한 계획은 입에 올리기도 싫을 정도로 혐오스러운 것이다. 어쨌든 우리의 감옥 산업은 지나치게 커졌고, 이 점에서는 우리가 애초부터 잘못한 것이다. 하지만 우리가 이미 감옥을 가지고 있으니 그것을 전반적인 생산체제에 안성맞춤이 되도록 끼워 넣어서 그것이 대중의 짐을 덜어주는 기능을 하는 동시에 죄수들에게도 이익이 돌아가게 하는 생산적인 단위가 되게 할 수 있을 것이다. 나는 감옥의 산업적 활동을 규제하는 법률이 있다는 것을 알고 있다. 생각이 없는 사람들이 그런 어리석은 법률을 통과시켰다. 그런 법률의 대부분은 이른바 노동운동 세력의 요구에 따라 통과된 것이다. 그런 법률은 실제로 일하는 노동자들을 위한 것이 아니다. 공동체에 더 무거운 짐을 지우는 것은 공동체 안의 어느 누구에게도 이익이 되지 않는다. 기여라는 관념을 염두에 두고 본다면 어느 공동체에서든 해야 하는 일의 양은 일을 할 수 있는 사람의 수보다 언제나 많다.

기여를 위해 조직된 산업은 '박애주의 활동(philanthropy)'의 필요성을 없앤다. 박애주의 활동은 그 동기가 아무리 고귀한 것이라고 하더라도 자립을 가져오지는 못한다. 우리는 자립적인 삶을 살아야 한다. 공동체는 스스로 가지고 있는 것에 대해 불만스러워하고 그것으로 만족하지 못하는 것이 낫다. 나는 지금 옹졸하고, 매일같이 일상적으로 표출되고, 듣기 싫은 소리를 해대고, 신경을 건드리는 종류의 불만을 이야기하는 것이 아니라 대범하고 용감한 종류의 불만, 다시 말해 실행되는 모든 것을 결과적으로 더 낫게 할 수 있을 뿐만 아니라 실제로 그렇게 해야 한다는 믿음에 근거를 둔 불만을 이야기하는 것이다. 기여를 위해 조직된 산업에서는 지도자와 노동자 모두가 기여를 하게 될 것이 틀림없겠지만, 어쨌든 그러한 산업은 모든 가족이 자립도 하고 자기부양도 할 수 있게 해주기에 충분할 정도로 높은 임금을 지급할 수 있다. 이 세상 사람들이 각자 스스로 더 많은 것을 하도록 돕는 데에 시간과 돈을 쓰는 종류의 박애주의 활동이 기부만 하고 그렇게 해서 게으름을 조장하는 종류의 박애주의 활동보다 훨씬 낫다. 박애주의 활동은 다른 어떤 것도 마찬가지이지만 생산적이어야 하며, 나는 그것이 그렇게 될 수 있다고 믿는다. 나는 개인적으로 직업학교와 병원을 실험해왔는데, 이는 흔히 시혜적인 일을 하는 것으로 간주되는 그러한 조직들도 자립적으로 운영될 수 있는 것이 아닌지를 알아보기 위한 것이었다. 그 결과로 나는 그러한 조직들이 그렇게 운영될 수 있음을 알게 됐다.

나는 요즘 일반적으로 조직되고 있는 직업학교에 대해 공감하지 않는다. 그러한 직업학교에서는 아이들이 수박 겉핥기 정도의 지식만 주입받을 뿐 아니라 주입받은 지식을 사용하는 법을 배우지도 못한다. 직업학교는 기술대학과 일반 학교의 어중간한 잡종이어서는 안 된다. 직업학교는 아이들이 생산적이 되도록 가르치는 수단이어야 한다. 아이들에게 쓸모없는 과제를 수행하게 하는 것으로는, 다시 말해 이런저런 물건을 만들고 나서 그것을 내버리게 하는 것으로는 그들로 하여금 흥미를 갖게 하거나 그들이 갖춰야 할 지식을 습득하게 할 수 없다. 그리고 학교에 다니는 동안에 아이들이 생산적이지 않다. 그러므로 학교는 자선의 경우가 아닌 한 아이들을 부양할 준비가 돼있지 않다. 하지만 부양을 받을 필요가 있는 아이들이 많이 있다. 그런 아이들은 가장 먼저 손을 대게 된 일을 계속하지 않을 수 없다. 그들은 이런저런 일을 비교해보고 선택을 할 기회를 갖지 못한다.

이렇게 해서 훈련을 제대로 받지 못한 상태로 사회생활에 들어간 아이들은 그렇지 않아도 심각한 유능한 노동력 부족이라는 문제를 더욱 악화시킨다. 현대의 산업은 학교에 다니기를 일찍 중단해도 그렇지만 학교에 오래 다닌다고 해도 익힐 수 없는 정도의 능력과 기술을 요구한다. 보다 진보적인 학교 제도는 아이들의 흥미를 유지시키고 그들에게 수공예를 훈련시키기 위한 수공예 훈련 학부를 도입해온 것이 사실이지만, 이런 학부들도 대개는 아이들의 창조적 본능을 만족시키지는 못하고 그런 본능에 영합하기만 하기 때문에 미봉책에 불과한 것이 분명하다.

1916년에 '헨리 포드 직업학교'가 설립된 것은 이러한 상태에 대응하기 위해서였다. 다시 말해 그 목적은 아이들의 교육적 가능성을 완전히 실현시키는 동시에 아이들이 건설적인 방면으로 산업적 훈련의 첫 단계를 밟게 한다는 것이었다. 우리는 이러한 노력과 관련해서는 박애주의 활동이라는 말을 사용하지 않는다. 그것은 형편상 학교를 일찍 떠날 수밖에 없는 아이들을 돕고 싶다는 소망에서 자라나온 것이었다. 그 소망은 공장에 훈련된 도구제작자들을 공급해야 할 필요성과 편리하게도 맞아떨어졌다. 우리는 처음부터 세 가지 기본 원칙을 고수했다. 그것은 첫째로 소년은 소년답게 유지돼야 하며 조숙한 노동자로 바뀌어서는 안 된다는 것, 둘째로 학문적 훈련이 산업적 학습과 병행돼야 한다는 것, 셋째로 실제로 사용될 물건을 가지고 훈련을 함으로써 자기가 하는 일에서 자긍심과 책임감을 느끼게 해야 한다는 것이다. 이에 따라 아이들은 산업적 가치를 인정받은 물건으로 훈련을 받는다. 이 학교는 현재 사립학교 법인으로 돼있고, 12살에서 18살까지의 소년을 학생으로 받아들이고 있다. 이 학교는 장학금 제도를 토대로 해서 조직되어 모든 학생에게 입학과 동시에 연간 400달러의 장학금을 수여한다. 장학금은 성적에 따라 차등적으로 증액되며, 가장 좋은 성적을 거둔 학생에게는 가장 많은 600달러가 수여된다.

교실에서 하는 공부와 공장에서 하는 일의 성취도는 물론이고 그 양쪽에서 보여주는 근면성의 정도도 학생별로 평가되고 기록된다. 개인별 장학금 액수를 조정하는 데에 기준으로 사용되는 것은 근면성 점수다. 각각의 학생은 장학금 외에 자기의 저축계좌에 예치해야 하는 적은 금액의 돈을 매달 받는다. 이렇게 적립되는 돈은 학생이 긴급한 상황에 대처하기 위해 꺼내어 사용해도 좋다는 허락을 학교 당국으로부터 받는 경우를 제외하고는 학교를 떠나지 않는 한 은행에 예치된 상태로 유지된다.

학교의 운영과 관련된 문제들이 하나하나 해결돼가면서 그 목적을 달성하는 데에 더 나은 방법들이 도입됐다. 처음에는 학생들로 하여금 하루의 낮 시간 가운데 3분의 1은 교실수업에, 나머지 3분의 2는 공장일에 쓰게 하는 것을 관례로 삼았다. 그런데 매일같이 그렇게 시간을 배분하는 것이 학생의 발전에 방해가 되는 것으로 드러남에 따라 훈련의 효과를 높이기 위해 시간을 주 단위로 묶어 배분하게 됐다. 이에 따라 이제는 학생들이 1주일 내내 교실수업을 받으면 그 다음 2주일 내내 공장일을 하는 방식으로 훈련을 받는다. 하지만 교실수업은 중단 없이 계속 진행되며, 학생들이 여러 그룹으로 나뉘어서 돌아가며 교실수업을 받는다.

이 학교가 구할 수 있는 최선의 교사는 회사의 직원이고, 그 교과서는 포드 자동차를 만드는 공장이다. 우리의 공장은 대부분의 대학보다 학생들이 실용적인 교육을 받는 데 필요한 자료를 더 많이 제공한다. 수학 강의는 공장의 구체적인 문제를 가지고 이루어진다. A와 B가 배를 타고 노를 저어 앞으로 갈 때에 B가 2마일을 가는 동안에 4마일을 갈 수 있는 A가 누구인지를 묻는 식의 추상적인 문제로 아이들이 정신적 고문을 당하는 일은 더 이상 없다. 아이들은 실제의 과정과 실제의 조건을 제시받고 관찰을 하는 법을 배운다. 도시들은 더 이상 지도 위의 검은 점이 아니고, 대륙들은 더 이상 책 한 권의 부분들이 아니다. 공장에서 생산되어 싱가포르로 가는 배에 선적된 화물, 아프리카와 남아메리카에서 보내와 공장에서 인수한 재료 등이 아이들에게 제시된다. 세계는 교사의 책상 위에 놓인 색칠된 지구본이 아니라 사람들이 거주하는 지구가 된다. 물리학과 화학 수업에서는 산업의 공장이 실험실이 되어 거기에서 이론이 실천이 되고, 배운 것이 실제 경험이 된다. 펌프의 작동이 수업의 주제인 경우를 예로 들면, 교사가 펌프의 각 부분과 그 기능에 대해 설명하고 학생들의 질문에 대답해주고 나면 교사와 학생들이 모두 공장의 기관실로 가서 커다란 펌프를 직접 들여다본다. 학교는 정기적으로 가장 우량한 장비를 가지고 워크숍을 연다. 학생들은 기계들을 하나하나 정밀하게 관찰한다. 학생들은 회사가 필요로 하는 부품과 제품만 가지고 공부를 하지만, 우리가 필요로 하는 것은 매우 다양하므로 그 목록에 학생들이 배워야 할 것들이 거의 모두 들어있다. 학생들이 만든 작품 가운데 검사를 통과한 것은 포드 모터 컴퍼니가 구입하며, 따라서 검사를 통과하지 못한 것은 당연히 학교에 손실이 된다.

학습의 성취단계에서 가장 많이 나아간 학생들은 정교한 미세작업을 할 줄 알게 되고, 모든 작업을 그것에 관련된 목적과 원리를 분명하게 이해한 상태에서 하게 된다. 학생들은 자기가 다루는 기계를 스스로 수리하며, 기계 주위에서 자기 몸을 안전하게 돌보는 법을 익힌다. 그들은 주형제작을 공부하며, 청결하고 조명이 잘 된 방에서 교사들과 함께 성공적인 직업인으로 살아가기 위한 기초를 닦는다.

학생들이 졸업할 때에는 괜찮은 임금을 받을 수 있는 공장의 일자리에 취업할 기회가 언제나 주어진다. 학교에서는 학생들의 사회적, 정신적 복리에 관심을 기울이되 그 관심이 겉으로 드러나 눈길을 끌게 하지는 않는다. 학생들에 대한 감독은 권위적인 것이 아니라 우애적인 관심의 성격을 가진 것이다. 학교는 학생 하나하나의 가정형편을 아주 잘 파악하고 있고, 각자의 성향을 주의 깊게 관찰한다. 학생을 오냐오냐하며 대해서 응석받이로 만들려고 하지 않는다. 학생을 연약하게 만들려고도 하지 않는다. 언젠가 두 학생이 서로 싸움을 벌일 지경에 이르렀을 때에 학교는 그들에게 싸움의 사악함에 대해 가르치려고 하지 않았다. 그러는 대신에 그들에게 싸움 말고 더 나은 방법으로 의견 차이를 해소해보라고 권했다. 그런데 그 두 학생이 여느 소년답게 보다 원시적인 문제해결 방법을 선택했고, 그래서 그들에게 권투장갑을 주고 공장의 한 구석에서 권투로 싸우게 했다. 그들에게 부과된 유일한 조건은 거기에서 싸움을 끝내고 공장 밖에 나가서 다시 싸우지는 말라는 것이었다. 그 결과는 잠깐 동안의 권투와 좋은 친구 관계의 회복이었다.

학생들은 소년으로 다뤄진다. 그들의 소년다운 본능 가운데 바람직한 요소는 장려된다. 공장이나 교실에서 그들을 보는 사람이라면 누구든 그들의 눈에서 그들이 장차 훌륭한 기술자가 될 것임을 알려주는 가능성의 빛이 반짝이는 것을 놓치기 어려울 것이다. 그들은 '소속감'을 가지고 있다. 그들은 스스로 뭔가 가치가 있는 일을 하고 있다고 느낀다. 그들은 적극적인 소년이라면 누구나 배우고 싶어 하는 것을 배우고, 자기가 그동안 주위 사람들에게 끊임없이 물어보았지만 고향의 가족이나 이웃 가운데서는 아무도 대답해주지 못한 문제에 대해 배운다. 그렇기에 그들은 열심히 배우고 금세 깨우친다.

6명으로 시작한 이 학교의 학생 수가 이제는 200명이 됐다. 이 학교는 매우 실용적인 교육 시스템을 갖추고 있어서 학생 수가 앞으로 700명까지도 늘어날 수 있을 것이다. 이 학교는 처음에는 적자로 시작했지만, 무엇이든 그 자체로 가치가 있는 것이라면 자기유지가 가능한 것으로 만들 수 있다는 것이 나의 기본적인 생각 가운데 하나이므로 그렇게 그 운영절차를 발전시켜서 이제는 재정의 측면에서 자립적으로 운영되고 있다.

우리는 아이들이 각자 자기의 소년시절을 소년답게 보내게 해주고 있다. 그 아이들은 공부를 하고 나서 노동자가 되겠지만 소년시절을 소년답게 보내는 것이 어떠한 것인지를 잊지 않을 것이다. 그것이 가장 중요한 것이다. 그들은 시간당 19~35센트를 번다. 이는 그들이 자기 나이 또래들이 취업할 수 있는 종류의 일자리에 취업해서 벌 수 있는 돈보다 많은 돈이다. 그들로서는 학교에 다니기를 도중에 그만두지 않고 계속하는 것이 학교를 그만두고 다른 데에 가서 일하는 것보다 가족의 생계에 더 큰 도움을 줄 수 있다. 그들은 학교에서 배우는 과정을 다 마치면 일반적인 교육을 충분히 받았고 기술교육의 첫 단계도 밟은 셈이 되기 때문에 노동자가 갖춰야 할 기술을 갖춘 사람이 돼있고, 따라서 원하기만 한다면 계속해서 교육을 더 많이 받을 자유를 누리기에 충분한 임금을 벌 수 있다. 그리고 교육을 더 많이 받기를 원하지 않는 경우에도 최소한 어디에 가서든 높은 임금을 받을 수 있는 기술은 갖게 된다. 그들이 반드시 우리의 공장에 취업해야 하는 것은 아니다. 그럼에도 그들 가운데 대부분은 그렇게 한다. 왜냐하면 다른 어디로 가야 더 좋은 일자리를 얻을 수 있을지를 알지 못하기 때문이다. 우리는 우리가 제공하는 모든 일자리가 거기에 취업하는 사람에게 좋은 일자리가 되기를 바란다. 하지만 아이들을 구속하는 조건은 전혀 없다. 그들은 자기가 써야 할 돈을 스스로 벌기에 빚을 질 필요가 없고, 그래서 누구에게도 갚아야 할 채무를 가지고 있지 않다. 자선은 전혀 없다. 취업하면 자립할 수 있다.

'헨리 포드 병원'도 다소 비슷한 방침 아래에서 추진됐다. 그러나 전쟁으로 인해 정부로 넘겨져 '종합병원 36번'으로 지정되어 1500명가량의 환자를 수용하게 되면서 차질이 빚어져 이 계획은 절대적으로 분명한 결과를 낼 수 있을 정도까지는 진전되지 못했다. 내가 이 병원을 처음부터 계획적으로 짓기 시작한 것은 아니었다. 원래는 1914년에 '디트로이트 종합병원'을 설립하는 방안으로 시작됐고, 필요한 자금은 대중적인 모금 방식으로 조달하는 것으로 계획됐다. 나도 다른 사람들과 같이 기부를 했고, 병원 건물을 짓는 공사가 시작됐다. 처음에 공사에 들어간 건물들의 완공이 아직 먼 시점에 자금이 고갈됐고, 나에게 추가로 기부를 해달라는 요청이 왔다. 나는 그 요청을 받아들이기를 거부했다. 그 경영자들이 병원 건물을 짓는 데에 돈이 얼마나 들 것인지를 착공하기 전에 알았어야 한다고 생각했기 때문이었다. 그리고 시작이 그런 식이라면 건물 완공 이후의 병원 경영에 대해 그다지 신뢰할 수가 없었다. 그 대신 나는 그동안 그 병원에 기부된 돈을 모두 돌려주면서 그 병원을 통째로 인수하겠다고 제안했다. 이 제안이 그대로 받아들여짐에 따라 우리는 건물 공사를 계속하는 등 병원을 열기 위한 작업을 진행했다. 그러던 중인 1918년 8월 1일에 병원 전체가 정부에 넘어갔다. 병원은 1919년 10월에 우리에게 반환됐고, 같은 해의 11월 10일에 민간인 환자가 처음으로 입원했다.

이 병원은 디트로이트 시의 웨스트 그랜드 거리에 위치해 있고, 병원 부지의 넓이가 20에이커에 이르므로 확장을 위한 여유 공간이 넉넉하다. 우리는 병원의 운영 실적이 시설 확장을 정당화하는 대로 시설 확장에 나설 생각이었다. 병원의 애초 설계는 전면 폐기됐고, 우리는 설계와 경영의 두 측면 모두에서 새로운 종류의 병원을 만들기 위해 노력했다. 부자들을 위한 병원은 많이 있고, 가난한 사람들을 위한 병원도 많이 있다. 하지만 그리 많지 않은 금액은 낼 수 있지만 스스로 자선의 수혜자가 됐다는 느낌을 갖지 않고 그런 금액을 내고 싶어 하는 사람들을 위한 병원은 없다. 병원이 기여도 하고 자립도 하기는 불가능하다는 것이 당연한 생각으로 여겨져 왔다. 다시 말해 병원은 민간의 기부에 의해 운영되는 기관일 수밖에 없고, 그렇게 운영되지 않으면 이익을 위해 경영되는 민간 요양원과 같은 종류로 변질된다는 것이었다. 그러나 이 병원은 자립할 수 있도록 설계됐다. 따라서 최소의 비용으로 최대의 기여를 하고 자선의 색채는 조금도 띠지 말아야 했다.

우리가 세운 새로운 건물들에는 질환별로 여러 명의 환자들을 동시에 수용하는 다인실은 없다. 환자의 방은 모두 일인실이고 방마다 욕조 하나씩이 설치돼 있다. 환자의 방은 24개씩 구역화돼 있고, 모든 방이 크기와 설비 등의 측면에서 똑같게 생겼다. 환자에게는 방을 선택할 권리를 주지 않는다. 병원 안에서는 어떤 것에 대한 선택권도 인정하지 않는 것으로 계획됐다. 모든 환자는 다른 모든 환자와 동등한 권리를 갖는다.

일반적으로 병원들이 지금 경영되고 있는 상태로 볼 때에 병원이 환자를 위해 존재하는지 의사를 위해 존재하는지가 도무지 분명하지 않다. 유능한 내과의사나 외과의사가 자선의 목적으로 많은 시간을 쓰고 있는 것을 내가 모르는 것이 아니다. 그러나 나는 외과의사가 받는 진료비가 환자의 재산 상태에 따라 조정돼야 한다고는 믿지 않으며, 이른바 '같은 직업을 가진 사람들끼리의 예의'는 인류에 대한 모독이자 의학의 발전을 저해하는 것이라는 확신을 가지고 있다. 의학적 진단은 그리 많이 발전하지 않았다. 나는 어느 한 명의 의사가 진단한 환자의 문제에 대해 치료가 이루어지는 것이 아니라 환자가 실제로 가지고 있는 문제에 대해 치료가 이루어지도록 보장하기 위한 모든 조치를 취하지 않는 병원의 소유자 가운데 한 사람이 되고자 하지 않는다. 같은 직업을 가진 사람들끼리의 예의는 잘못된 진단이 바로잡히는 것을 매우 어렵게 한다. 내과의사의 자문에 응해 주는 내과 고문의사는 임기응변에 뛰어난 사람이 아닌 한 자기에게 자문을 한 내과의사가 자기의 의견과 완전히 일치하는 의견을 밝히지 않는 경우에는 진단이나 처방을 변경하려고 하지 않으며, 진단이나 처방이 변경된다면 대개는 환자가 모르는 상태에서 그렇게 된다. 환자는 의사의 소유물이 되며 특히 병원 안에서는 그렇게 되는 것이 당연하다는 관념이 있는 것 같다. 양심적인 의사는 환자를 착취하지 않는다. 양심이 부족한 의사가 그렇게 한다. 그런데 많은 내과의사들이 자기의 진단을 유지하는 것을 환자의 건강회복 못지않게 중요한 일로 여기는 것 같다.

이런 모든 관행을 배척하고 환자의 이익을 가장 우선하는 것이 그동안 유지돼온 우리 병원의 목표다. 그렇기에 그것은 이른바 '닫힌' 병원으로 운영된다. 모든 내과의사와 간호사가 1년 단위로 고용되며, 우리 병원의 바깥에서는 의료 활동을 할 수 없다. 우리 병원에는 인턴을 포함해 모두 21명의 내과와 외과 의사가 재직하고 있다. 우리는 이들 인력을 매우 신중하게 선발하고, 그들이 따로 개업해서 성공적으로 의료 활동을 할 경우에 통상적으로 벌게 될 금액에 적어도 미달하지는 않는 수준의 봉급을 지급한다. 그들 가운데 누구도 어느 환자에 대해서든 아무런 금전적 이해관계도 갖지 않는다. 외부에서 의사를 초청해 환자를 치료하게 하는 일은 없다. 우리는 가족 주치의에 대해 그 역할과 유용성을 기꺼이 인정한다. 우리 병원은 가족 주치의를 대체하려고 하지 않는다. 우리는 가족 주치의가 치료를 하다가 중단한 지점에서 환자에 대한 치료를 넘겨받고 가능한 한 신속하게 환자를 돌려보낸다. 우리의 시스템은 필요 이상으로 오래 환자를 붙잡고 있는 것을 바람직하지 못한 일로 만든다. 그래서 우리는 그러한 종류의 의료 장사를 할 필요가 없다. 또한 우리는 환자의 상태에 대해 우리가 알게 된 모든 것을 가족 주치의와 공유하고자 하지만, 환자가 우리 병원에 있는 동안에는 우리가 그 환자에 대해 모든 책임을 진다. 우리 병원은 우리와 협력하기를 바라는 가족 주치의에 대해서는 협력의 문호를 닫는 일이 전혀 없지만, 외부 의사들의 관행에 대해서는 '닫힌' 곳이다.

환자의 입원을 허락하는 과정은 흥미롭다. 환자가 내원하면 먼저 수석 의사에게 진찰을 받게 한 다음에 3~4명 또는 몇 명이든 필요하다고 여겨지는 수의 다른 의사들에게도 진찰을 받게 한다. 한 환자를 복수의 의사들이 진찰하는 이러한 절차는 환자가 내원한 이유와 무관하게 진행된다. 왜 이렇게 하느냐면 우리가 서서히 알게 됐듯이 중요한 것은 어떤 하나의 질병을 치료하는 일이 아니라 환자의 완전한 건강을 회복시켜주는 일이기 때문이다. 한 환자에 대해 각각의 의사가 완전하게 진찰을 하고 나면 그 환자를 진찰한 다른 의사들 가운데 누구와도 상의할 기회를 갖지 못한 상태에서 자기가 진찰한 내용을 기록해 수석 의사에게 보낸다. 이렇게 해서 적어도 3명 이상, 때로는 6~7명의 의사들이 보낸 절대적으로 완전하고 절대적으로 독립적인 진단들이 병원의 수석 의사의 수중에 모인다. 그 진단들은 환자의 상태에 대한 하나의 완전한 진료기록을 이룬다. 이러한 조심스러운 과정을 거치는 것은 오늘날의 지식의 한계 안에서 그나마 정확한 진단을 보장하기 위한 것이다.

지금은 우리 병원에 약 600개의 병상이 있다. 모든 환자가 병실료, 식사비, 진료비, 간호비를 비롯해 항목별로 정해진 수가표에 따라 계산된 수가를 낸다. 그 밖에 추가로 내야 하는 돈은 없다. 한 사람의 환자만 전담해 돌보는 간호사는 없다. 어떤 환자의 상태가 그가 있는 구역을 맡고 있는 간호사들이 제공할 수 있는 간호보다 더 많은 간호를 필요로 한다면 간호사가 추가로 배치되지만, 그렇게 한다고 해서 그 환자에게 돈을 조금이라도 더 내게 하지는 않는다. 그러나 그렇게 할 필요가 있는 경우는 드물다. 왜냐하면 환자들이 필요로 하는 간호의 양에 따라 환자들을 나누어 그룹화하기 때문이다. 환자 두 명에 간호사 한 명이 배치될 수도 있고, 환자 다섯 명에 간호사 한 명이 배치될 수도 있다. 환자의 유형별로 필요한 간호의 양이 다른 것이다. 간호 인력이 이런 방식으로 운영되기 때문에 간호사 한 명이 중환자가 아닌 환자라면 일곱 명의 환자도 쉽게 돌볼 수 있다. 간호사 한 명이 환자 여덟 명 이상을 돌보는 경우는 없다. 보통의 병원에서는 간호사들이 쓸데없이 많이 걸어 다녀야 한다. 간호사들이 걸어 다니는 데에 들이는 시간이 환자를 돌보는 데에 들이는 시간보다 더 많다. 우리 병원은 걸음이 절약되도록 설계됐다. 각각의 층은 그 자체로 완결적이다. 그리고 우리는 공장에서 낭비적인 동작의 필요성을 제거하려고 노력해온 것과 꼭 마찬가지로 병원에서도 낭비적인 동작을 제거하기 위해 노력해왔다. 환자가 방 하나를 쓰면서 간호와 치료를 받기 위해 내야 하는 돈은 하루에 4.5달러다. 앞으로 병원의 규모가 커지면 이 금액이 더 줄어들 것이다. 큰 수술에는 125달러의 수가가 부과된다. 가벼운 수술에 대한 수가는 정해진 수가표에 따른다. 부과되는 모든 수가는 잠정적인 것이다. 이 병원은 공장과 똑같은 비용 시스템을 가지고 있다. 수가는 병원 전체의 수지가 적자를 내게 되지 않는 범위 안에서 조정될 것이다.

이러한 실험이 성공을 거두지 못할 합당한 이유는 없는 것으로 보인다. 그것이 실제로 성공할지는 순전히 경영과 산수에 달린 문제다. 공장으로 하여금 최대한의 기여를 할 수 있도록 하는 경영과 같은 종류의 경영이 이루어지는 병원이라면 최대한의 기여를 할 수 있게 될 것이며, 그것도 가격을 누구나 부담할 수 있는 범위 이내로 낮게 유지하는 가운데 그렇게 될 것이다. 병원의 회계와 공장의 회계 사이에 존재하는 유일한 차이는 내가 병원에 대해서는 이익을 내주기를 기대하지 않는다는 것이다. 우리는 병원이 감가상각을 메울 수 있을 정도의 이익만 내면 된다고 생각한다. 이 병원에 투자된 금액은 지금까지 약 900만 달러에 이른다.

우리가 자선의 필요성에서 벗어날 수 있다면 현재 자선사업에 들어가는 자금의 방향을 생산증대 쪽으로, 다시 말해 재화를 저렴하게 대량으로 만드는 쪽으로 돌릴 수 있다. 그리고 그렇게 한다면 우리는 공동체에서 세금 부담을 제거해서 사람들이 그 부담에서 벗어나게 해줄 수 있을 뿐만 아니라 전반적인 부의 증가도 이룰 수 있을 것이다. 우리는 하나의 이해관계 집단으로서의 우리 자신을 위해 해야 하는 일을 너무 많이 개인적인 이해관계에 맡겨두고 있다. 우리는 공적 기여의 영역에서 건설적인 생각을 더 많이 해야 한다. 경제적 사실들에 대한 일종의 '보편적 교육훈련'이 필요하다. 무책임한 노동자들의 비합리적인 요구뿐만 아니라 투기적 자본의 과도한 야심도 삶의 경제적 토대에 대한 무지에서 비롯되는 것이다. 삶이 생산할 수 있는 것보다 더 많은 것을 삶에서 얻을 수 있는 사람은 아무도 없다. 그럼에도 거의 모든 사람이 자기는 그렇게 할 수 있다고 생각한다. 투기적 자본이 더 많은 것을 원하고, 노동자가 더 많은 것을 원하고, 원재료 공급자가 더 많은 것을 원하고, 구매를 하는 대중이 더 많은 것을 원한다. 어느 가족이든 소득을 넘는 생활은 할 수 없다는 것을 알고 있고, 심지어는 아이들도 그런 사실을 알고 있다. 그런데 대중은 소득을 넘는 생활을 할 수 없다는 것, 다시 말해 생산하는 것보다 더 많은 것을 가질 수 없다는 것을 배우지 못한 것 같다.

자선의 필요성을 완전히 없애는 문제와 관련해 우리가 염두에 두어야 할 것은 생존과 관련된 경제적 사실들만이 아니다. 그러한 사실들에 대한 지식의 결여가 두려움을 조장한다는 점도 고려해야 한다. 두려움을 몰아낸다면 우리는 자립을 얻을 수 있다. 자립이 자리 잡은 곳에는 자선이 존재하지 않는다.

두려움은 무언가 외부적인 것에 대한 의존, 이를테면 직공장의 선의, 공장의 번영, 시장의 안정 등에 대한 의존에서 생겨나는 것이다. 다시 말해 자기가 어떤 일을 하며 어떻게 살게 될지는 이 세상에서 자기가 처한 환경에서 벗어나지 못한다고 인정하는 사람은 누구나 두려움을 갖게 된다. 두려움은 육신을 영혼보다 우위에 서게 한 결과인 것이다.

실패의 습관화는 순전히 정신적인 것이자 두려움의 어머니다. 실패가 습관화된 사람들은 비전을 갖고 있지 않아서 그렇게 된 것이다. 그들은 A까지 갈 수도 있고 궁극적으로는 Z까지 갈 수도 있는 어떤 일의 여정을 시작한다. 그런데 그들은 A로 가는 데에 실패하거나, B로 가다가 비틀거리거나, C로 가다가 극복하기가 불가능한 곤경처럼 보이는 것과 만난다. 그러면 그들은 "졌다"고 외치고는 하고자 한 일 전부를 내팽개친다. 그들은 자기 자신에게 정말로 실패할 기회를 주지 않는다. 그들은 자기 자신의 비전에 그것이 입증되거나 반증될 기회를 주지 않는다. 그들은 모든 종류의 노력에 당연히 수반되는 곤경이 자기 자신을 패배시키도록 놔둘 뿐이다.

실패하는 사람보다 패배하는 사람이 더 많다. 패배하는 사람에게 필요한 것은 지혜나 돈이나 총명함이나 '연줄'이 아니라 그저 강단이라는 자신의 힘뿐이다. 우리가 '끈덕짐'이라고 부르는 이 거칠고 단순하고 원시적인 힘은 노력의 세계에서는 무관의 제왕이다. 사람들은 모든 것을 비딱하게 보고 비아냥거리곤 하는데 이는 완전히 잘못된 태도다. 사람들은 남이 거둔 성공을 보면 그것이 어쩐지 쉽게 거둔 성공인 것 같다고 생각한다. 하지만 그렇게 보는 것은 사실과 대단히 거리가 멀다. 쉬운 것은 실패다. 성공은 언제나 어렵다. 누구나 실패는 쉽게 할 수 있다. 하지만 성공할 수 있으려면 자기가 가진 것과 자기 자신의 전부를 쏟아 붓지 않으면 안 된다. 그렇기에 누가 성공을 거두었다고 해도 그 성공이 유익하거나 희망적이지 않은 종류의 것이라면 측은해 보이는 것이다.

산업의 상황을 끊임없이 두려워하는 사람이라면 그것에 의존하지 않도록 자기의 삶을 변화시켜야 한다. 땅은 언제나 존재하지만 지금 땅을 경작하며 살아가는 사람들의 수는 어느 때보다도 적다. 자기에 대한 고용주의 호의에 변화가 있을까봐 두려워하며 사는 사람이라면 그 어떤 고용주에 대한 의존에서도 스스로 벗어나야 한다. 그는 자기 자신의 고용주가 될 수 있다. 그렇게 하는 경우에 자기를 고용했던 사람보다 가난한 자기를 고용주로 삼아야 하고 수입도 훨씬 줄어들지 모르지만, 적어도 가장 성가시던 두려움의 그림자는 벗어버릴 수 있다. 그에게는 그렇게 되는 것이 돈과 지위를 얻는 것보다 훨씬 더 가치가 있다. 그가 매일 자기의 운을 시험해볼 수 있는 환경 속에서 두려움을 극복함으로써 자기의 한계를 넘고 하고자 하는 일을 해낸다면 더욱 좋은 일일 것이다. 애초에 자기의 자유를 포기했던 곳에서 자유인이 돼라. 싸움에서 패배한 곳에서 싸움을 다시 해서 이겨라. 그러면 자기의 외부에 올바르지 못한 것이 아무리 많았다고 하더라도 사실은 자기의 내부에 올바르지 못한 것이 더 많았음을 알게 될 것이다. 그리고 자기 내부의 올바르지 못한 것이 자기 외부의 올바른 것까지 망친다는 사실도 알게 될 것이다.

인간은 각자가 여전히 지구상에서 가장 우월한 존재다. 무슨 일이 일어나도 인간 개인은 인간이기를 멈추지 않는다. 사업은 내일 부진해질 수 있는데, 그렇더라도 인간 개인은 여전히 인간이다. 인간 개인은 기온의 변동을 겪듯이 환경의 변화를 겪지만, 그래도 여전히 인간이다. 이러한 생각이 자기 안에서 부활하게 할 수만 있다면 그 생각이 자기 자신의 존재 안에 새로운 우물과 광산을 열어줄 것이다. 자기의 외부에는 그 어떤 안전의 보장도 없다. 자기의 외부에는 부가 존재하지 않는다. 두려움을 제거하는 것이 안전의 보장과 재화의 공급을 확보하는 길이다.

모든 미국인이 지나친 보호의 손길을 단호하게 뿌리쳐야 한다. 미국인이라면 자기를 나약하게 만드는 지나친 보호의 손길에 대해 분개해야 한다. 그것은 마약이다. 똑바로 서서 버텨야 한다. 자선은 허약한 사람들만 받아들이라고 하자.

| 16장 |

철도

하나의 사업이 기여의 기능에서 어떻게 벗어날 수 있는지를 철도보다 더 잘 보여주는 사례는 이 나라에서 찾아볼 수 없다. 우리에게는 철도가 문제가 되고 있고, 이 문제의 해결을 위해 학식 있는 전문가들이 많은 생각과 토론을 해왔다. 모든 사람이 철도에 대해 불만스러워한다. 대중은 철도의 여객요금과 화물요금 둘 다가 너무 높다고 불만이다. 철도회사의 직원들은 임금은 너무 낮고 근무시간은 너무 길다고 불만이다. 철도 소유자들은 투자한 돈에 대해 충분한 수익이 실현되고 있지 않다고 불만이다. 적절하게 경영되는 사업이라면 그 모든 관련자가 만족해야 한다. 어떤 사업과 관련된 대중, 직원, 소유자가 그 사업 덕분에 더 잘살게 됐다고 느끼지 않는다면 그 사업이 운영되는 방식에 뭔가 매우 잘못된 점이 틀림없이 있을 것이다.

나는 철도의 권위자인 척할 마음을 전혀 가지고 있지 않다. 철도의 권위자가 있을 수도 있지만, 오늘날에 미국의 철도가 제공하는 기여가 그동안 철도에 관해 축적된 지식의 결과라면 나는 그 지식의 유용성을 존중하는 마음을 크게 가질 수 없다. 나는 철도의 현직 경영자들, 다시 말해 지금 실제로 철도를 운영하는 사람들이 철도의 모든 관련자가 만족하도록 그것을 운영할 능력을 완전하게 가지고 있다는 것에 대해서는 조금도 의심하지 않는다. 그리고 나는 그와 같은 현직 경영자들이 일련의 환경들로부터 압박을 받아 어쩔 수 없어서 경영자의 역할을 제대로 하기를 거의 중단했다는 것에 대해서도 마찬가지로 조금도 의심하지 않는다. 그런데 바로 거기에 문제의 대부분이 생겨난 원천이 있다. 철도 운영에 대해 잘 아는 사람들이 철도를 경영하도록 허용되지 않은 것이다.

나는 앞에서 재무에 관한 이야기를 하던 중에 돈을 무분별하게 차입하는 것에 수반되는 위험에 대해 자세히 설명했다. 경영의 오류를 덮기 위해 자유롭게 차입을 할 수 있는 사람이라면 누구나 오류를 바로잡기보다는 차입을 하게 되는 것이 필연적이다. 우리의 철도 경영자들은 사실상 차입을 하지 않을 수 없는 입장이 돼왔다. 왜냐하면 철도가 놓이기 시작할 때부터 그들은 자유로운 행위주체가 아니었기 때문이다. 철도를 이끌어온 주체는 철도인이 아니라 은행가다. 철도의 신용도가 높았던 시기에 철도회사가 대중에 대한 기여를 통해 벌어들인 돈보다 채권발행과 증권투기를 통해 벌어들인 돈이 더 많았다. 철도 운영을 통해 벌어들인 돈 가운데 아주 적은 일부만이 철도시설 복구를 위해 재투입됐다. 능숙한 경영자들 덕분에 주식에 대한 배당을 상당한 금액으로 지급하기에 충분한 정도로 순수입이 증가했을 때에 그 배당은 먼저 철도의 재무정책을 통제할 권한을 가진 내부 투기자들에 의해 악용됐다. 그들은 그 배당을 전면에 내세워 주식의 가치를 부풀린 뒤에 자기네 지분을 팔아치웠고, 그런 다음에는 늘어난 이익을 전면에 내세워 높이 끌어 올린 신용도를 기반으로 채권발행에 나섰다. 이익이 감소하거나 인위적으로 억제됐을 때에는 내부 투기자들이 주식을 되사들이고 시간을 흘려보낸 다음에 다시 주식의 가치를 부풀린 뒤에 자기네 지분을 팔아치우는 일을 반복했다. 미국의 철도회사 가운데 한 번 이상 법정관리에 들어간 적이 없는 곳이 거의 없다. 이는 재무적 이익을 위해 증권을 거듭해서 마구 발행하다가 결국에는 재무구조가 균형을 잃고 무너지는 일이 잇달아 벌어진 탓이었다. 그런데 내부 투기자들은 법정관리 과정에도 끼어들어서 잘 속아 넘어가는 증권 보유자들을 희생시키면서 또 돈을 벌었다. 그러고는 다시 위와 같은 전래의 피라미드 게임을 처음부터 다시 시작하곤 했다.

은행가에게 자연스럽게 협력을 제공하는 동맹자는 법률가다. 철도를 놓고 벌어진 것과 같은 게임에는 전문적인 법률적 조언이 필요하다. 은행가와 마찬가지로 법률가도 사업에 대해서는 아는 것이 전혀 없다. 법률가들은 사업이 법률의 테두리를 벗어나지 않고 진행되거나 법률이 사업의 현안 과제에 맞게 수정되거나 해석될 수만 있다면 그 사업은 적절하게 굴러가고 있다고 상상한다. 그들은 법률의 규칙에 기대어 살아간다. 은행가들은 경영자의 손에서 재무를 떼어냈다. 그들은 법률가를 투입해서 철도회사가 법률을 어기지는 않았는지를 오로지 법률의 관점에서만 살펴보게 했고, 이에 따라 철도회사의 법률 관련 부서들이 엄청나게 확대됐다. 모든 철도가 상식의 규칙 아래에서 환경의 변화에 대응하며 운영되는 대신에 법률고문의 조언에 따라 운영되기에 이르렀다. 법률의 규칙이 조직의 모든 부분에 스며들었다. 그런 다음에는 주정부와 연방정부의 규제가 눈사태와 같이 밀려들었다. 그 결과로 오늘날에 우리는 철도가 온갖 규칙과 규제에 손발이 묶인 모습을 하고 있는 것을 눈앞에 보고 있다. 철도회사의 내부에는 법률가와 금융업자들이 있고, 외부에는 다양한 주정부 위원회들이 있다. 그래서 철도회사의 경영자는 그들에 의해 안팎으로 에워싸여 운신하기가 어렵다. 철도가 안고 있는 문제는 바로 이런 것이다. 그러나 사업은 법률로 할 수 있는 것이 아니다.

우리는 디트로이트 톨레도 아이언턴 철도의 사례에서 은행가와 법률가 집단에 사업이 영구양도된 상태에서 벗어나는 것이 무엇을 의미하는지를 우리 스스로 확인할 기회를 가질 수 있었다. 우리는 그 철도에 부여된 선로부설권이 우리의 리버루지 공장을 개선하는 작업의 일부에 장해가 되는 것을 알게 되어 아예 그 철도를 매입했다. 그것을 매입한 것은 투자가 아니었다. 다시 말해 그것이 우리의 산업시설에 부속물이 되는 것도 아니었고, 그것의 전략적 위치 때문에 우리가 그것을 매입한 것도 아니었다. 그 철도의 탁월하게 좋은 입지는 우리가 그 철도를 매입한 뒤에야 비로소 누가 봐도 명백해 보였다. 그러나 지금 여기에서는 그것이 중요한 점은 아니다. 우리가 그 철도를 매입한 것은 그것이 우리의 계획에 장해가 됐기 때문이었다. 그 철도를 매입한 뒤에는 우리가 그것을 가지고 무엇이든 해야 했다. 유일하게 할 수 있는 일은 우리가 운영하는 산업의 모든 부서에 적용되는 원칙과 정확하게 똑같은 원칙을 적용해서 그것을 하나의 생산적인 사업으로 운영하는 것이었다. 지금까지 우리는 그 철도에 대해 그 밖의 어떤 종류든 특별한 노력을 기울이지는 않았고, 무릇 철도란 어떻게 운영돼야 하는지를 보여주는 모범으로 그 철도를 내세우지도 않았다. 최소의 비용으로 최대의 기여를 한다는 원칙을 적용한 것이 그 철도의 수입이 지출을 능가하게 하는 결과를 가져온 것은 사실이다. 그리고 그러한 결과는 그 철도가 다른 철도들에 비해 대단히 특이한 상태가 됐음을 말해

준다. 그러나 우리가 만들어낸 변화는 순전히 일상적인 업무의 결과 가운데 일부로 이루어진 것임을 기억할 필요가 있다. 어쨌든 그 변화는 혁명적인 것이지만 특이한 사례에 불과하며 철도 경영 전반에 적용될 수 있는 것은 아니라고들 했다. 하지만 나의 개인적인 생각으로는 우리의 짧은 철도 노선이 다른 긴 철도 노선들과 그렇게 많이 다르지는 않은 것 같다. 우리 자신의 일에서는 우리가 우리의 원칙이 옳다면 그 원칙이 적용되는 범위는 중요한 문제가 아님을 언제나 확인해왔다. 규모가 큰 하일랜드파크 공장에서 우리가 사용한 원칙은 우리가 설립한 모든 공장에서 똑같이 잘 작동하는 것으로 여겨졌다. 우리가 하는 것을 5배로 확대하든 500배로 확대하든 아무런 차이가 없었다. 어쨌든 규모는 구구단 곱셈표와 관련된 문제일 뿐이다.

디트로이트 톨레도 아이언턴 철도 회사는 20여 년 전에 조직됐고, 그 뒤로 지금까지 몇 년마다 한 번씩 재조직됐다. 가장 최근의 재조직은 1914년에 있었다. 그 뒤로는 전쟁과 연방정부의 철도 통제로 인해 재조직이 기존의 주기대로 이루어지지 못했다. 이 철도는 간선이 343마일, 지선이 52마일이며, 다른 철도 45마일에 대한 공동이용권을 가지고 있다. 이 철도는 디트로이트에서 거의 정남쪽으로 오하이오 강변에 있는 아이언턴까지 놓여 있어 웨스트버지니아의 탄광에서 캐낸 석탄을 수송하는 데에 이용될 수 있다. 이 철도는 대부분의 장거리 간선 철도들과 교차한다. 따라서 이 철도는 일반적인 사업의 관점에서 볼 때에 수지가 맞아야 한다. 그리고 실제로 이 철도는 수익을 내왔다. 은행가들의 입장에서 볼 때에 그랬다는 이야기다. 이 철도의 마일당 순자본은 1913년에 10만 5000달러였고, 그 뒤의 법정관리 때에는 4만 7000달러로 감소됐다. 이 철도 자체의 강점에 근거해 모두 얼마의 자금이 조달됐는지는 내가 알지 못한다. 내가 아는 것은 1914년의 재조직 때에 채권보유자들의 채권에 대한 평가가 이루어졌고, 그들이 거의 500만 달러에 이르는 채권을 국고에 넣게 됐다는 것이다. 바로 이 금액이 내가 이 철도 전체를 매입하면서 지불한 돈의 액수다. 우리는 그 가운데 저당채권 잔량에 대해서는 달러당 60센트를 지급했다. 이 저당채권의 가치는 우리가 매입하기 직전의 시세로는 달러당 30센트와 40센트의 사이였지만 우리는 그보다 높은 가격을 지불한 것이다. 그리고 보통주에 대해서는 한 주당 1달러, 우선주에 대해서는 한 주당 5달러를 지불했다. 우리가 채권과 주식에 대해 지불한 이와 같은 가격은 채권에 대한 이자가 지급된 적이 없고 주식에 대한 배당이 지급될 가능성이 매우 낮다는 점을 고려하면 공정한 가격으로 여겨졌다. 철도차량은 약 70량의 기관차, 27량의 여객차, 2800량 전후의 화물차로 구성돼 있었다. 이들 철도차량은 모두 지극히 노후한 상태였으며, 그 가운데 전혀 운행하지 못할 것들도 상당량 있었다. 철도 역사들도 모두 불결하고 페인트칠이 벗겨진 상태였으며 전반적으로 낡은 상태였다. 철도 자체는 녹슨 철의 긴 줄이라고 하기보다는 다소 나았지만 철도라고 하기보다는 다소 못한 상태였다. 정비공장들은 인력은 과다하고 기계는 부족했다. 사실상 철도 운영과 관련된 모든 일이 최대한의 낭비가 이루어지는 가운데 수행되고 있었다. 그럼에도 경영 및 관리와 관련된 부서의 규모는 대단히 컸고, 법률 담당 부서도 당연히 있었다. 법률 담당 부서에서만 한 달에 거의 1만 8000달러를 쓰고 있었다.

우리는 이 철도를 1921년 3월에 인수했다. 우리는 산업의 원칙을 적용하기 시작했다. 디트로이트에 경영진의 사무실이 들어 있는 본사 건물이 있었다. 우리는 그 건물을 폐쇄하고 관리 업무를 한 사람이 다 맡아 처리하도록 조치했으며, 화물처리 사무소에 있는 안내 데스크의 평평한 상판 가운데 절반을 그의 자리로 배정했다. 법률 담당 부서는 임원실과 합쳤다. 철도를 운영하는 일과 관련해 그렇게 많은 소송이 있어야 할 이유가 없었다. 우리 회사의 직원들은 엄청나게 쌓여 있었던 미해결 사건들을 전부 다 신속하게 해결했다. 그 가운데는 처리되지 않은 채 여러 해를 끌어온 것들도 있었다. 새로운 분쟁사건이 발생하면 우리는 즉시 사실에 근거해서 관련된 문제를 해결했고, 그러다 보니 법률 관련 지출이 한 달에 200달러를 넘는 경우가 드물게 됐다. 불필요한 회계와 형식적 절차는 모두 폐기됐고, 이에 따라 급여지급 대상 직원의 수가 2700명에서 1650명으로 줄어들었다. 우리의 일반적인 정책에 따라 법률상 꼭 필요한 것을 제외하고는 직함과 직무를 모두 없앴다. 보통의 철도회사 조직은 경직적이다. 보고는 일정한 권위의 사다리를 타고 올라가야 하며, 누구든 상급자의 명확한 지시 없이는 어떤 일도 해서는 안 된다. 나는 어느 날 아침 일찍 철도를 둘러보러 나갔다가 사고열차 처리용 열차가 증기를 뿜어내며 서 있는 것을 보게 됐다. 승무원이 타고 있는 그 열차는 출발할 준비를 마친 상태였다. 그 열차는 거기에서 '지시를 기다리며' 30분 동안 그렇게 서 있었다. 우리는 그곳으로 내려가 지시가 아직 내려오지 않았어도 사고열차를 치우도록 했다. 이는 개인책임이라는 관념이 조직에 스며들기 전에 일어난 일이었다. '지시'를 기다리는 습관을 깨는 일은 다소 어려웠다. 처음에는 노동자들이 책임을 지기를 두려워했다. 그러나 우리의 방식에 따른 철도 운영을 계속 해나가자 노동자들도 그 방식을 점점 더 좋아하게 되는 것 같았고, 이제는 아무도 자기의 의무를 제한하지 않는다. 노동자는 하루 8시간의 노동에 대한 임금을 지급받으므로 그 8시간 동안에는 일을 해야 한다. 기관사인 노동자가 먼저 4시간 만에 열차를 운행하는 일을 마쳤다면 그 다음의 4시간 동안에는 무슨 일이든 자기를 필요로 하는 일을 해야 한다. 노동자가 8시간 이상 일을 한다고 해서 초과근무 수당을 받을 수는 없다. 대신 초과근무 시간만큼 그 다음 근무일에 일을 덜 하거나 초과근무 시간을 모아서 유급휴일을 얻을 수 있다. 우리의 8시간 노동제는 하루에 8시간 동안 일하는 제도이지 보수를 계산하는 기준이 아니다.

최저임금은 하루에 6달러다. 여분의 인력은 없다. 우리는 사무실과 공장에서, 그리고 철도에서 인력을 줄였다. 한 공장에서는 이전에 59명이 했던 일보다 더 많은 양의 일을 지금 20명이 하고 있다. 얼마 전에 직공장 한 명과 15명의 노동자들로 구성된 우리의 선로조가 어느 병행선로 옆에서 작업을 하고 있었는데, 그곳에서 40명의 노동자들로 구성된 다른 회사의 선로조가 똑같은 선로 수리와 자갈 깔기 작업을 하고 있었다. 5일 동안 우리의 선로조가 다른 회사의 선로조보다 전봇대 두 개에 해당하는 거리만큼 더 많은 일을 했다!

철도는 복구되고 있다. 선로의 거의 전부에 자갈을 다시 깔았고, 몇 마일 정도는 철도를 새로운 것으로 바꾸었다. 기관차와 차량은 우리의 자체 공장에서 매우 적은 비용만 들여 전면 보수하고 있다. 이미 구매돼 있는 소모성 자재들은 품질에 문제가 있거나 용도에 적합하지 않다는 것을 우리는 알게 됐다. 우리는 구매하는 품목의 품질을 끌어올리고 낭비되는 것이 없도록 살핌으로써 소모성 자재에서 돈을 절약하고 있다. 이렇게 절약을 추진하는 과정에서 노동자들은 전적으로 기꺼이 협조하고 있는 것으로 보인다. 그들은 사용될 수 있을 만한 것은 내버리지 않는다. 우리가 노동자에게 "엔진 한 대에서 얼마나 비용을 덜어낼 수 있겠는가?"라고 물으면 그 노동자는 절약의 기록을 들고 와서 대답한다. 그리고 우리는 엄청난 금액의 돈을 쏟아 붓지 않는다. 모든 일은 이익을 가지고 하고 있다. 그것이 우리의 정책이다. 열차는 목적지까지 반드시 가야 하고 도착예정 시간을 지켜야 한다. 화물수송에 걸리는 시간은 3분의 2가량 단축됐다. 비상용 측선에 나가 서 있는 차량은 그렇게 서 있는 차량이기만 한 것이 아니다. 그것은 하나의 커다란 의문부호다. 그 차량이 왜 거기에 서 있는지를 누군가는 알아야 한다. 화물을 필라델피아나 뉴욕으로 보내는 데에 예전에는 보통 8~9일이 걸렸지만 지금은 3일과 반나절이 걸린다. 우리의 철도 조직이 기여를 하고 있다는 이야기다.

적자가 흑자로 돌아선 이유에 대해 온갖 종류의 설명이 제시됐다. 나는 그것이 모두 포드 계열의 산업쪽 공장에서 나오는 화물의 수송이 이 철도로 옮겨졌기 때문이라는 말을 들었다. 그러나 설령 우리의 모든 사업이 수송을 이 철도로 돌렸다고 하더라도 그것만으로는 우리가 예전보다 훨씬 적은 운영비용만 들이면서 철도를 운영하고 있는 이유를 설명하지 못할 것이다. 우리는 우리 자신의 사업에서 내보내는 화물 가운데 가능한 한 많은 것을 이 철도로 내보내고 있지만 그것은 오로지 우리가 이 철도에서 최선의 기여를 얻을 수 있기 때문이다. 이 철도는 우리에게 편리한 위치에 놓여 있기 때문에 과거에 오랫동안 우리는 이 철도를 통해 화물을 내보내려고 애썼다. 그러나 우리는 이 철도를 그리 많이 이용하지 못했는데, 그 이유는 이 철도를 이용하면 화물의 인도가 지연되곤 한 데에 있었다. 우리는 5주나 6주 이내에 발송이 된다고 믿을 수가 없었다. 그러한 발송 지연은 너무나 많은 돈을 묶어두게 했고, 우리가 계획한 생산 일정에 차질이 빚어지게 하기도 했다. 철도 위로 열차가 정해진 시간표에 따라 운행되지 못할 이유가 전혀 없었는데도 그렇게 운행되지 않았다. 열차의 운행 지연은 법률이 정한 절차에 따라 제기돼야 하는 법률적인 문제가 됐다. 하지만 그것은 사업의 방식이 아니다. 우리는 뭔가가 지연된다면 그것은 우리가 하는 일에 문제점이 있음을 말해주는 것이므로 곧바로 그것을 조사해봐야 한다고 생각한다. 그것이 사업이다.

전반적인 철도 사업은 실패로 돌아갔다. 디트로이트 톨레도 아이언턴 철도가 과거에 운영되던 모습이 철도 사업 전반의 경영에 대한 판단의 기준이 조금이라도 된다면 그렇게 되지 않을 이유가 전혀 없었다. 지금도 실무적인 사람들이 근무하는 사무실이 아닌 은행들의 사무실이 운영본부의 역할을 하는 철도가 너무나 많다. 그리고 그 운영절차의 원칙과 전체적인 관점이 수송이 아닌 금융 쪽으로 치우쳐 있다. 철도를 사람들의 종으로 보는 대신에 주식시장의 요소로 본 탓에 실패한 철도 사업도 있다. 철도 사업에서는 낡은 관념이 유지됐고, 발전이 사실상 중단됐으며, 비전을 지닌 사람들이 자유롭게 성장할 기회를 갖지 못했다.

10억 달러가 있으면 그 돈을 가지고 그런 종류의 문제를 해결할 수 있을까? 그렇지 않다. 10억 달러를 쏟아 부으면 10억 달러만큼 문제가 더 악화되기만 할 것이다. 그 10억 달러의 목적이 현재의 방법대로 철도 회사 경영을 계속 해나가는 것일 텐데, 우리에게 철도와 관련된 문제가 있다면 그 모두가 현재의 방법 탓일 것이기 때문이다.

오래전의 과거에 우리가 저지른 잘못되고 어리석은 행태의 결과가 지금 우리를 덮치고 있는 것일 뿐이다. 사람들이 전화기를 사용하는 법을 배워야 했듯이 애초에 미국에서 철도수송이 시작될 때에 사람들이 그것을 이용하는 법을 배우게 해야 했다. 또한 새로 설립된 철도 회사들은 파산하지 않도록 사업을 진행해야 했다. 그런데 우리의 사업 역사상 가장 부패한 시기 가운데 하나에 철도금융이 시작된 탓에 다수의 잘못된 관행이 선례로 굳어져 그 뒤의 철도 사업에 영향을 미쳤다. 철도가 가장 먼저 한 일 가운데 하나는 다른 모든 수송방법을 질식시키는 것이었다. 이 나라에 웅장한 운하 체계가 들어서기 시작했고, 운하를 건설하는 움직임이 크게 일어나 최고조에 이르고 있었다. 그런데 철도 기업들이 운하 기업들을 사들이더니 운하를 잡초와 쓰레기로 가득 차서 막혀 버리도록 방치했다. 동부 지역의 전체와 중서부 지역의 일부에 내륙수로 망의 잔해가 그런 상태로 남아 있다. 지금은 그러한 내륙수로가 빠른 속도로 복구되면서 서로 연결되고 있다. 공공부문과 민간부문의 여러 위원회들이 이 나라의 모든 지역을 연결하는 완전한 수로 체계를 구축해야 한다는 의견을 내놓고 있으며, 그들의 노력, 끈기, 신념 덕분에 그런 방향으로 진보가 이루어지고 있다.

철도에는 또 하나의 문제가 있었다. 철도는 수송거리를 가능한 한 길게 만드는 수송체계였다. 주간통상위원회(ICC)가 설립되도록 한 사건들을 잘 아는 사람이라면 누구나 이 말이 무슨 의미인지를 알 것이다. 철도수송이 여행을 다니거나 제조를 하거나 상거래를 하는 대중을 위해 존재하는 그들의 종으로 간주되지 않던 시기가 있었다. 사업이 철도 회사의 이익을 위해 존재하는 것처럼 취급되던 시기였다. 어리석음이 지배하던 그 시기에는 상품을 출하지점에서 목적지까지 가능한 한 곧바로 가는 노선으로 수송하는 것은 철도 운용을 잘 하는 것이 아니었다. 오히려 상품을 가능한 한 오래 철로 위에 유지하고 가장 먼 노선으로 수송해서 가능한 한 많은 연결노선으로 하여금 이익을 거두게 하면서 그 결과로 초래되는 시간과 돈의 손실을 대중으로 하여금 부담하게 하는 것이 한동안 철도 운용을 잘 하는 것으로 평가됐다. 오늘날에도 그러한 관행이 완전히 없어지지 않았다.

우리의 경제적 삶에서 그러한 철도 운용 정책이 영향을 미치는 가운데 일어난 가장 큰 변화로 특정한 활동들의 집중화를 꼽을 수 있다. 그것은 그 자체가 필요해서 일어난 변화도 아니었고, 사람들의 복리에 도움이 되기 때문에 일어난 변화도 아니었다. 오히려 그것은 무엇보다도 집중화가 철도 회사에 이중의 사업이 되기 때문에 일어난 변화였다. 쇠고기와 곡물이라는 두 가지 식품을 예로 들어보자. 지도를 펴놓고 쇠고기 가공 공장들이 어디에 있고 그 공장들로 들어가는 소들은 어디에서 오는지를 확인해 보라. 그러면 소가 기차에 태워져 공장으로 올 때 이용됐던 바로 그 철도로 가공된 뒤의 쇠고기가 수송되어 애초에 그 소가 출하된 곳으로 되돌아가게 됨을 알게 될 것이다. 여기에서 우리는 수송의 문제와 쇠고기의 가격을 이해할 수 있게 해주는 정보를 얻게 된다. 이번에는 곡물의 예를 살펴보자. 광고를 들여다보는 사람들은 누구나 이 나라의 대규모 제분소들이 어디에 위치하고 있는지를 안다. 그들은 아마도 그 대규모 제분소들이 미국의 곡물이 재배되는 지역에는 위치하고 있지 않다는 것도 알 것이다. 엄청난 양의 곡물이 수많은 화물열차에 실려 머나먼 곳으로 보내졌다가 가루로 빻아진 뒤에 그 곡물이 애초에 재배됐던 머나먼 곳으로 되돌려 보내지는 쓸데없는 수송이 이루어지고 있다. 이와 관련해 철도 회사들이 부과하는 수송비 등의 부담은 독과점적 제분소들과 철도 회사들 자신을 제외하고는 곡물을 재배한 마을을 비롯해 어느 곳의 누구에게도 이익이 되지 않는다. 철도 회사들은 언제나 이 나라의 사업에 아무런 도움도 주지 않으면서 큰 규모의 수지맞는 사업을 하는 과정에서 그러한 쓸데없는 수송을 계속하고 있다. 면화의 경우도 쇠고기나 곡물의 경우와 마찬가지다. 이런 것들이 사용될 수 있는 제품으로 가공된 다음에 출하된다면 수송의 부담이 절반 미만으로 줄어들 것이다. 펜실베이니아 주에 있는 광산 마을에서 채굴된 석탄이 철도로 미시간 주나 위스콘신 주로 수송되어 선별 작업을 거친 뒤에 다시 펜실베이니아 주로 수송되어 사용되게 하는 것이나, 텍사스 주의 소가 살아있는 상태로 시카고로 수송되어 도살된 뒤에 그 소가 죽은 상태로 다시 텍사스 주로 수송되는 것이나, 캔자스 주의 곡물이 미네소타 주로 수송되어 제분소에서 빻아진 뒤에 가루의 상태로 다시 캔자스 주로 수송되는 것이나 어리석은 일이기는 다 마찬가지다. 이런 수송은 철도회사들에는 좋은 일이겠지만 사업에는 나쁜 일이다. 수송의 문제가 지니고 있는 측면 가운데 주목하는 사람이 별로 없는 하나의 측면이 이런 쓸데없는 재료 수송이다. 철도수송에서 이런 쓸데없는 수송을 제거한다는 관점에서 수송의 문제를 다룬다면 우리가 이 나라의 수송 사업 가운데 합리적인 부분을 살려나가기가 그동안 생각했던 것보다 쉬움을 알게 될 수 있다. 석탄과 같은 일차산품의 경우에는 그것이 매장된 곳에서 채굴되면 그것을 필요로 하는 곳으로 바로 수송되게 할 필요가 있다. 산업의 원재료에 대해서도 같은 말을 할 수 있다. 산업의 원재료도 자연에 의해 저장된 곳에서 그것을 가지고 일할 준비가 돼있는 사람들이 있는 곳으로 바로 수송되게 해야 한다. 그런데 이런 원재료는 어느 한 곳에 집중적으로 저장된 상태로 발견되는 경우가 드물기 때문에 어떤 하나의 집하장소로 상당한 양의 수송을 해야 할 필요가 있다. 석탄, 구리, 철, 목재가 각각 생산되는 곳이 서로 다르므로 그것들을 모두 한 군데로 모으는 수송도 필요하다.

그러나 분산시키는 정책을 채택할 수 있는 경우에는 언제나 그렇게 해야 한다. 거대한 제분소 몇 개 대신에 곡물이 재배되는 모든 지역에 골고루 분포된 다수의 소규모 제분소를 갖고 있는 것이 낫다. 원재료를 생산하는 지역이 완성된 제품도 생산할 수 있는 곳이라면 어디에서나 그렇게 해야 한다. 곡물은 재배되는 곳에서 제분돼야 한다. 돼지를 기르는 지역은 다른 지역으로 돼지를 내보내어 팔 것이 아니라 돼지고기, 햄, 베이컨을 내보내어 팔아야 한다. 방적공장은 목화밭 근처에 있어야 한다. 이것은 혁명적인 발상이 아니다. 어떤 의미에서는 복고적인 발상이다. 새로운 것은 아무것도 제시하지 않는다. 오히려 매우 오래된 것을 제시한다. 이것은 우리가 모든 것을 이리저리 몇천 마일씩 실어 나르고 그 운임을 소비자가 지불하는 가격에 추가로 얹는 습관에 빠져들기 전에 이 나라가 했던 방식이다. 우리의 지역사회들은 각자 나름대로 더 완전해져야 한다. 지역사회들이 쓸데없이 철도수송에 의존해서는 안 된다. 각각의 지역사회는 스스로 생산한 것을 가지고 스스로 필요로 하는 것을 공급하고, 남는 것이 있으면 그것만 다른 지역으로 보내야 한다. 그런데 각각의 지역사회가 곡물이나 소 같은 원재료를 생산하고 그것을 완성된 제품으로 전환시킬 수단을 갖고 있지 못하다면 어떻게 그렇게 할 수 있겠는가? 그러한 수단을 사적 기업이 만들어내지 않는다면 농부들의 협동조합이 만들어내면 된다. 오늘날 농부들이 당하는 주된 불공정성은 그들이 최대의 생산자 집단임에도 최대의 판매자 집단이 되는 것을 방해받고 있다는 것이다. 왜냐하면 그들이 생산한 것을 시장에 내다팔 수 있는 상품의 형태로 전환시키는 일을 하는 사람들에게 생산한 것을 팔지 않으면 안 되기 때문이다. 농부들이 자기가 재배한 곡물을 가루로 전환시킬 수 있고, 자기가 기른 소를 쇠고기로 전환시킬 수 있고, 자기가 기른 돼지를 햄이나 베이컨으로 전환시킬 수 있다면 자기의 제품을 팔아 더 많은 이익을 올릴 수 있을 뿐만 아니라 근처의 지역사회들이 철도수송에 덜 의존해도 되게끔 해줄 것이다. 그러면 수송 체계가 농부들의 미완성 제품을 수송해야 하는 부담을 덜게 되어 그 자체가 개선될 것이다. 그러한 상태는 합리적이고 실용적일 뿐 아니라 갈수록 절대적으로 필요한 것이 되고 있기도 하다. 게다가 많은 곳에서 이미 그러한 상태가 실현되고 있다. 그러나 그러한 상태가 더 폭넓게 많은 곳에서 더 많은 종류의 원재료와 관련해 실현되지 않는 한 수송의 상황에 대한 그 영향이 완전하게 미치지 않을 것이다.

기여를 하지 않는 사업에서 번영이 철회되는 것은 자연의 인과응보 가운데 하나다.

우리는 디트로이트 톨레도 아이언턴 철도를 운영해보고 우리의 보편적 정책에 따라 운임을 인하하고 사업을 확대할 수 있으리라는 것을 알게 됐다. 그래서 우리는 운임을 일부 인하했지만, 주간통상위원회는 우리의 운임 인하를 허락하기를 거부했다. 이러한 상황에서라면 철도를 하나의 사업으로서, 또는 하나의 기여로서 논의하는 것이 무슨 의미가 있겠는가?

| 17장 |

일반적인 이야기

폭넓은 비전과 이해력에서 토머스 A. 에디슨을 능가하는 사람은 아무도 없다. 나는 오래 전에 디트로이트 에디슨 컴퍼니에서 일할 때에 그를 처음 만났다. 그때는 아마도 1887년이나 그즈음이었을 것이다. 전기 기술자들이 애틀랜틱시티에서 대회를 열었는데, 거기에서 에디슨이 전기과학의 선도자로서 연설을 했다. 당시에 나는 내 나름의 휘발유엔진을 만드는 작업을 하고 있었는데, 디트로이트 에디슨 컴퍼니에서 같이 일하는 동료들 전부를 포함한 대다수의 사람들이 나에게 휘발유엔진을 만들려고 하는 것은 시간낭비라고 충고했다. 미래의 동력원은 전기라는 이야기였다. 그러한 비평의 말은 나에게 아무런 영향도 미치지 못했다. 나는 전력을 다해 휘발유엔진을 만드는 작업을 계속하고 있었다. 그런데 전기 기술자들의 대회에서 에디슨의 연설을 듣던 중에 전기 기술의 최고 전문가인 그도 전기가 미래의 유일한 동력원이 될 것으로 생각하는지를 알아보는 것이 좋겠다는 생각이 들었다. 그래서 나는 에디슨 씨가 연설을 마친 뒤에 혼자서 그를 붙잡고 잠시 이야기를 나눌 기회를 얻었다. 나는 그에게 내가 하고 있는 작업에 대해 이야기했다.

그는 곧바로 흥미를 보였다. 그는 새로운 지식에 대한 모든 탐구에 대해 흥미를 느끼는 사람이다. 나는 내연엔진에 미래가 있다고 생각하느냐고 물었다. 그는 이런 식으로 대답했다.

"그럼요. 높은 마력의 힘을 자체적으로 만들어낼 수 있는 가벼운 엔진이라면 그게 무엇이든 매우 밝은 미래를 가지고 있지요. 어떤 종류의 동력이든 그것 하나만 가지고는 이 나라에서 해야 하는 일을 전부 다 할 수는 없어요. 우리는 전기가 어떤 일을 할 수 있을지를 알지 못하지만, 나는 전기가 모든 일을 다 할 수는 없다고 보는 것이 당연하다고 생각해요. 당신이 지금 만들고 있는 엔진을 계속 만드세요. 당신이 추구하는 것을 확보할 수 있다면 미래가 밝을 것이라고 나는 생각해요."

그런 점이 에디슨의 특징이다. 그는 당시에 젊고 열정적이었던 전기산업 종사자들 가운데 중심인물이었다. 일반적인 전기 기술자들은 미래에 유망한 것으로 전기 말고는 아무것도 보지 못했지만, 그들의 선도자는 어떤 동력이든 그것 하나만 가지고는 이 나라에서 해야 하는 일을 전부 다 할 수는 없다는 것을 더할 나위 없이 분명하게 파악할 줄 알았던 것이다. 그가 선도자가 된 이유가 바로 여기에 있다고 나는 생각한다.

나와 에디슨의 첫 만남은 그러했다. 나는 그 뒤로 오랫동안 그를 만나지 못하다가 우리의 발동기가 개발되어 생산에 들어갔을 때에 그를 다시 만났다. 그는 우리의 첫 만남을 완전하게 기억하고 있었다. 그때부터는 우리가 자주 만나게 됐다. 지금 그는 나의 가장 가까운 친구 가운데 하나이고, 그동안 우리는 서로 많은 아이디어를 교환했다.

그의 지식은 거의 모든 것에 걸쳐 있다. 그는 생각할 수 있는 모든 주제에 대해 흥미를 가지고 있고, 그 어떤 한계도 인정하지 않는다. 그는 모든 것이 다 가능하다고 믿는다. 그와 동시에 그는 두 발로 확실하게 땅을 딛고 서 있다. 그는 한 걸음 한 걸음 앞으로 나아간다. 그는 '불가능'이라는 말을 '당장은 우리가 달성하기 위해 필요한 지식을 갖고 있지 못한 것'을 묘사하는 표현으로 간주한다. 우리가 지식을 축적하는 것은 불가능한 것을 극복할 힘을 축적하는 것과 같다고 그는 생각한다. 그렇게 하는 것이 '불가능'한 것을 하는 합리적인 방법이다. 지식을 축적하는 노고도 없이 시도에 나서는 것은 비합리적인 방법이다. 에디슨 씨는 지금 능력의 절정에 다가가는 단계에 있을 뿐이다. 그는 화학이 실제로 어떤 일을 할 수 있는지를 우리에게 보여줄 사람이다. 왜냐하면 그는 자기가 항상 추구하는 것에 관한 지식은 세계의 진보를 이루기 위한 도구라고 생각하는 진정한 과학자이기 때문이다. 그는 지식을 쌓아서 자기의 머리를 박물관으로 만들기만 하는 유형의 과학자가 아니다. 에디슨은 세계에서 가장 뛰어난 과학자임에 틀림없다. 그가 세계에서 가장 형편없는 사업가이기도 함을 부인해야 하는지는 나로서는 장담할 수 없다. 그는 사업에 대해서는 거의 아무것도 모른다.

존 버로스(John Burroughs)도 내가 그와 친구로 지냈음을 자랑스럽게 여기는 사람이다. 그와 마찬가지로 나도 새를 좋아하고 야외활동을 즐긴다. 나는 시골길을 걷고 울타리를 뛰어넘기를 좋아한다. 우리 농장에는 500개의 새집이 있다. 우리는 그것들을 '새들의 호텔'이라고 부른다. 그 가운데 하나인 '폰처트레인 호텔'은 갈색제비의 집인데, 그 안에 76개의 방이 있다. 우리는 겨울 내내 모이를 담은 철사 바구니들을 나무 위에 걸어 놓고 커다란 통에 물을 담아 놓는데, 그 물은 전기 히터로 데워서 얼지 않게 한다. 여름에나 겨울에나 새들이 언제든 먹을 모이와 물, 그리고 쉴 곳을 마련해 놓는다. 우리는 꿩과 메추라기의 알을 인큐베이터에서 부화시킨 다음에 갓 태어난 새끼 꿩과 메추라기를 전기 육추기로 옮겨 키우는 일을 해왔다. 우리 농장에는 온갖 종류의 새집과 새둥지가 있다. 돌보는 데에 많은 정성이 필요한 참새는 흔들리지 않는 둥지를 요구하며, 그래서 참새를 위한 둥지는 바람이 불어도 흔들리지 않게 설치했다. 하지만 굴뚝새는 흔들리는 둥지를 좋아하며, 그래서 우리는 스프링 철강 막대 위에 상자 모양의 굴뚝새용 새집을 올려놓아 바람이 불면 그것이 흔들리게 했다. 이런 굴뚝새용 새집을 굴뚝새는 좋아했지만 참새는 좋아하지 않았다. 그 결과로 우리는 굴뚝새 둥지에 평화를 보장할 수 있었다. 여름에는 우리가 벚나무에 열린 버찌와 딸기밭에 열린 딸기를 그대로 놔둔다. 내가 생각하기에 이 나라 북부 지역의 다른 어느 곳보다도 우리 농장이 많은 새를 불러들일 뿐 아니라 불러들이는 새의 종류가 다양하다. 존 버로스도 그렇게 생각한다고 말했다. 그 자신이 언젠가 우리 농장에 와서 지내던 중에 그 전에 한 번도 본 적이 없는 새를 보았다.

우리는 10년 전쯤에 해외에서 많은 수의 새를 수입했다. 구체적으로는 노랑멧새, 되새, 장박새, 지빠귀, 멋쟁이새, 어치, 홍방울새, 종달새 등을 모두 500마리가량 수입했다. 그 새들은 우리 농장의 안팎에 한동안 머물렀지만, 지금은 다 어디로 갔는지 알 수가 없다. 새를 수입하는 일은 더 이상 하지 말아야겠다고 생각한다. 새들은 각자 자기가 살고 싶은 곳에서 살 권리가 있다.

새는 인간에게 최선의 반려다. 새는 아름답고 인간에게 반려가 되기 때문에 우리는 새를 필요로 한다. 게다가 새는 유해한 곤충을 잡아먹어 없애주기 때문에 엄밀하게 경제적인 이유에서도 우리에게 필요하다. 내가 입법에 영향을 미치려고 포드 모터 컴퍼니의 조직을 이용한 유일한 경우는 새를 위한 입법을 촉진하기 위해서 한 일이었다. 철새 보호구역을 설정하기 위한 위크스-매클레인 조류법안이 의회에 계류되고 있었는데, 그냥 놔두면 자동으로 폐기될 가능성이 매우 높았다. 그 법안의 일차적인 지지자인 새들은 의원들 사이에 관심을 불러일으킬 수 없었다. 새는 투표를 하는 유권자가 아니기 때문이었다. 그래서 우리가 그 법안을 후원하기로 하고 6천 명에 이르는 우리의 딜러들에게 각자 자기 지역의 의원에게 법안 통과를 촉구하는 전보를 쳐 달라고 부탁했다. 새들이 투표에 영향을 미칠 수도 있음이 분명해지기 시작했고, 결국 그 법안은 의회를 통과했다. 우리 회사의 조직은 그 어떤 정치적인 목적을 위해서도 이용된 적이 없고, 앞으로도 그럴 것이다. 우리 회사의 직원들은 각자 자기가 선호하는 것을 선택할 권리를 가지고 있다고 우리는 생각한다.

존 버로스에 관한 이야기로 돌아가자. 물론 나는 그가 어떤 사람인지를 알고 있었고, 그가 쓴 글도 거의 다 읽었다. 그러나 나는 그를 만나볼 생각은 전혀 하지 않았다. 그러다가 불과 몇 년 전에 그가 현대의 진보에 대한 불만을 토로했을 때에 비로소 그를 만나봐야겠다는 생각이 들었다. 그는 돈에 대한 혐오감을 드러냈는데, 특히 저속한 사람들에게 아름다운 농촌의 자연을 훼손할 힘을 주는 돈의 기능을 혐오했다. 그는 여기에서 더 나아가 돈을 벌게 해주는 산업을 싫어하기에 이르렀다. 그는 공장과 철도에서 나는 소음을 싫어했다. 그는 산업적 진보를 비판했고, 자동차가 자연에 대한 감상을 훼손할 것이라고 선언했다. 나는 기본적으로 그의 생각에 동의할 수 없었다. 나는 그의 감정이 그를 잘못된 길로 가게 했다고 생각했다. 그래서 나는 그에게 자동차 한 대를 보내주고 그것을 이용하면서 자연을 더 잘 이해하는 데에 그것이 도움이 되는지 안 되는지를 직접 알아보기를 요청했다. 그가 그 자동차를 운전하는 법을 익히는 데에 다소 시간이 걸리기는 했지만, 어쨌든 그 자동차는 그의 관점을 완전히 변화시켰다. 그는 자동차가 더 많은 것을 볼 수 있도록 자기를 도와준다는 것을 알게 됐고, 자동차를 얻어 이용하게 된 뒤로는 새 사냥 여행의 거의 전부를 직접 자동차를 몰고 다니는 방식으로 했다. 그는 자기가 지어서 '슬랩사이즈(Slabsides)'라는 이름으로 부르며 살아온 통나무집을 중심으로 반경 몇 마일 안으로 시야가 국한된 상태로 지내는 대신에 자동차를 이용해 농촌의 자연 전부를 직접 볼 수 있게 됐음을 알게 됐다.

그 자동차가 계기가 되어 우리는 친구 관계를 맺게 됐고, 그 관계는 유익한 것이었다. 존 버로스를 알고 나서 더 나아지지 않을 사람은 없을 것이다. 그는 자연에 대한 연구를 직업으로 하는 사람도 아니었고, 힘든 조사와 연구를 즐기지도 않았다. 누구나 야외에 가면 감상적이게 되기 쉽고, 그래서 기계의 원리를 탐구하듯이 새에 관한 진실을 탐구하기는 어렵다. 그러나 존 버로스는 바로 그렇게 했고, 그가 적어 놓은 관찰 결과는 매우 정확했다. 그는 자연에 대한 관찰을 정확하게 하지 않는 사람을 보면 참지 못했다. 존 버로스는 먼저 자연을 그 자체로 좋아했다. 그에게 자연은 전문적인 글쟁이로서 글의 소재로 삼을 수 있는 것만이 아니었다. 그는 자연에 관한 글을 쓰기에 앞서 자연을 사랑했다.

그는 나이가 들어 철학자로 변모했다. 그의 철학은 자연에 대한 철학이기보다는 자연스러운 철학이었다. 그것은 나무들처럼 고요하게 살아온 사람의 깊고 차분한 사상이었다. 그는 이교도도 아니었고, 범신론자도 아니었다. 그렇지만 그는 자연과 인간 본성을 그다지 구분하지 않았고, 인간 본성과 신성도 그다지 구분하지 않았다. 존 버로스는 건전한 삶을 살았다. 자기가 태어난 농장을 사는 집으로 삼을 수 있었던 것은 그에게 행운이었다. 그는 오랜 세월 동안 마음을 평온하게 해주는 환경 속에서 살았다. 그는 숲을 사랑했고, 마음에 때가 낀 도시 사람들도 숲을 사랑하도록 만들었다. 그들도 자기가 본 것을 볼 수 있도록 도와준 것이었다. 그는 생계를 잇는 데 필요한 정도 이상으로는 돈을 벌지 않았다. 그렇게 할 수도 있었겠지만 그렇게 하는 것은 그의 목적이 아니었다. 미국의 또 다른 어느 자연주의자처럼 그도 새둥지와 언덕길을 돌보는 것이 직업인 사람이었다고 할 수 있다. 그런 직업으로 돈을 벌 수 있는 것은 물론 아니다.

그는 일흔 살이 넘어서야 산업에 대한 견해를 바꾸었다. 그 변화는 나와도 어느 정도 관계가 있었다고 할 수 있을 것이다. 온 세상 사람들이 새둥지를 사냥해서 먹고 살 수는 없다는 것을 그가 인정하게 된 것이었다. 그는 인생의 한 시기에는 현대의 진보 전부에 대해 불만을 털어 놓았고, 그 가운데 특히 석탄을 태우고 교통의 소음을 발생시키는 것들에 대해 불만스러워했다. 그런 태도는 어쩌면 그 나름의 문학적 가식이었는지도 모른다. 워즈워스도 철도를 싫어했고, 소로는 걸어야 농촌의 자연을 더 많이 볼 수 있다고 말했다. 어쩌면 이런 데에서 영향을 받아 존 버로스가 산업의 진보에 대해 반대하는 쪽으로 한동안 기울었던 것인지도 모른다. 그런데 그는 한동안만 그랬다. 그는 자기의 취향이 발현되는 경로가 따로 있는 것이 세계를 위해 다행인 것과 꼭 마찬가지로 다른 사람들의 취향이 발현되는 경로가 각각 따로 있는 것이 그 자신을 위해 다행이라고 생각하게 됐다. 새둥지에 대한 관찰이 기록되기 시작한 이래로 새둥지가 만들어지는 방식에 주목할 만한 발전이 전혀 없었다고 해서 그것이 인류가 동굴 속에서 사는 것보다 지금과 같이 위생적인 집을 짓고 사는 것을 선호하지 말아야 할 이유가 되기는 어렵다. 이렇게 생각한 것이 존 버로스가 보여준 건전한 정신의 일부였다. 그는 자기의 견해를 바꾸기를 두려워하지 않았다. 그는 자연을 사랑하는 사람이었지 자연의 꼭두각시가 아니었다. 시간이 좀 지나자 그는 현대적 기계장치의 가치를 인정하고 승인하게 됐다. 그가 그랬다는 것 자체도 흥미로운 사실이지만, 그가 일흔 살이 넘은 나이에 견해를 바꾸었다는 사실이 더 흥미롭다. 존 버로스는 늙어서도 변화하기를 꺼려하지 않았다. 그는 마지막 순간까지 성장하기를 계속했다. 너무 경직되어 변화할 수 없는 사람은 이미 죽은 것이다. 그런 사람의 장례식은 세부적인 절차일 뿐이다.

그가 가장 많이 이야기한 사람은 에머슨이다. 그는 에머슨을 작가로만 생각한 것이 아니라 하나의 영혼으로 생각했다. 그는 나에게 에머슨을 제대로 이해해야 한다고 가르쳤다. 그는 에머슨에게 푹 빠져서 한때는 에머슨이 생각한 대로 생각했고, 심지어는 생각을 표현하는 것도 에머슨의 방식대로 했다. 그러나 그는 나중에 자기만의 길을 찾았고, 그렇게 된 것이 그 자신에게 더 좋은 일이었다.

존 버로스의 죽음에 슬퍼할 일은 없다. 곡식이 가을의 햇볕 아래 갈색으로 익어 농부들이 그것을 베어내 단으로 묶느라고 바쁠 때에 곡식에 대해 슬퍼할 일은 없는 것이다. 그 곡식은 이미 다 익어 주어진 생애를 마친 것이고, 존 버로스의 죽음에 대해서도 똑같은 말을 할 수 있다. 그가 죽은 것은 쇠퇴한 끝에 소멸한 것이 아니라 완전히 익어 수확이 이루어진 것이다. 그는 거의 마지막 순간까지 일했다. 그의 계획은 죽음 너머까지 미쳤다. 사람들은 그가 사랑했던 자연의 풍경 속에 그를 묻었고, 그날은 그의 여든네 번째 생일이었다. 그 자연의 풍경은 그가 사랑했던 모습 그대로 보존될 것이다.

나는 존 버로스, 에디슨, 그리고 하비 S. 파이어스톤과 함께 여러 차례 정처 없는 여행을 했다. 우리는 자동차를 타고 돌아다니다가 천막을 치고 잠을 잤다. 한번은 우리가 애디론댁 산맥과 앨러게니 산맥을 거쳐 남쪽으로 집시처럼 여행했다. 그런 우리의 여행은 매우 재미있었다. 사람들의 이목을 너무 많이 끌기 시작했다는 점은 유감이었지만.

*

지금 나는 그 어느 때보다 더 전쟁에 반대하고 있다. 그리고 전쟁은 그 어떤 문제도 해결하지 못한다는 것을 정치인들은 알지 못하더라도 전 세계 사람들이 다 알고 있다고 나는 생각한다. 질서가 있고 수익도 낼 수 있게 해주던 세계를 오늘날과 같이 엉망진창의 혼란된 상태로 만든 것은 바로 전쟁이다. 물론 전쟁으로 인해 부자가 된 사람들도 있고 가난해진 사람들도 있다. 그런데 부자가 된 사람들은 전쟁터에 가서 싸웠거나 후방에서 전방의 싸움을 정말로 도왔던 사람들이 아니다. 전쟁에서 돈을 버는 애국자는 없다. 진정한 애국심을 가진 사람 가운데 전쟁에서, 그러니까 다른 사람들의 목숨을 희생시켜서 돈을 벌 수 있는 사람은 아무도 없다. 군인들이 전쟁터에 가서 싸워 돈을 벌어야 할까? 어머니들이 아들을 죽게 해서 돈을 벌어야 할까? 그래서는 안 된다고 한다면 그 어떤 시민도 나라가 제 목숨을 보존하기 위해 필요로 하는 수단을 나라에 제공하고서 돈을 벌어서는 안 된다.

전쟁이 계속될 것이라고 가정한다면 정직한 사업가가 많은 이익을 신속하게 올리는 합법적인 수단으로 전쟁을 바라보기가 점점 더 어려워질 것이다. 전쟁으로 축적된 재산은 날이 갈수록 사회적 위신을 점점 더 잃어가고 있다. 전쟁에서 이익을 취한 사람들이 압도적으로 직면하게 될 대중적인 혐오와 반감이 언젠가는 사람들로 하여금 탐욕을 부리는 것도 주저하게 만들 것이다. 사업은 평화의 편에 서야 한다. 왜냐하면 평화는 사업에 최선의 자산이 되기 때문이다. 게다가 전쟁의 기간만큼 창조적 재능이 불모화하는 기간이 있을까?

지난번의 전쟁, 그리고 그 이전의 상황과 이후의 결과에 대해 공정한 조사를 해보면 이 세상에는 엄청나게 큰 지배력을 가진 사람들의 집단이 있다는 사실이 의심할 나위 없이 명백하게 드러날 것이다. 그 집단은 사람들에게 알려지지 않은 상태로 있기를 좋아하고, 관직을 비롯해 권력의 증표가 되는 것을 전혀 추구하지 않으며, 그 어떤 국가에도 소속되지 않는 국제적인 성격을 가지고 있다. 그 집단은 모든 정부, 모든 폭넓은 사업조직, 모든 홍보매체, 모든 국민심리의 원천을 이용해 세계를 공황 상태로 몰아넣는 것을 통해 세계에 대한 더 큰 지배력을 손에 넣으려고 하는 세력이다. 오래전부터 도박꾼들이 상습적으로 써온 수법 가운데 하나로 판돈이 크게 걸리게 되면 "경찰이다!" 하고 소리치는 것이 있다. 그 자리에서 도박을 하던 사람들이 공황 상태에 빠져 허둥대는 동안에 그렇게 외친 도박꾼은 돈을 움켜쥐고 달아나는 것이다. 세계에는 "전쟁이다!" 하고 외치고는 나라들이 혼란에 빠지고 사람들이 안전과 평화를 위해 무제한적인 희생을 하는 와중에 그런 공황 상태가 가져다주는 전리품을 챙겨서 달아

나는 세력이 있다.

마음속에 새겨 두어야 할 점은 군사적 경쟁에서는 우리가 이겼지만 세계는 전쟁을 부추기는 자들에 대해 완전한 승리를 거두는 데에는 아직 성공하지 못하고 있다는 것이다. 전쟁은 순전히 누군가에 의해 만들어진 악이자 어떤 명확한 기법에 따라 만들어진 악임을 우리는 잊지 말아야 한다. 전쟁을 위한 움직임은 다른 그 어떤 목적을 위한 움직임과도 마찬가지로 명확한 절차에 따라 이루어진다. 가장 먼저 사람들을 대상으로 한 작업이 시작된다. 교묘한 이야기를 해주어 전쟁의 상대가 될 나라에 대해 사람들이 의심을 품도록 유도한다. 이쪽 나라의 국민으로 하여금 의심을 품게 하고, 저쪽 나라의 국민으로 하여금 의심을 품게 한다. 그렇게 하는 데에 필요한 것은 똑똑하기는 하지만 양심은 전혀 없는 소수의 앞잡이와 전쟁이 일어나면 이익을 얻게 된다는 생각에 사로잡힌 언론뿐이다. 그렇게 하고 나면 얼마 지나지 않아 '공공연한 행동'이 나타나게 된다. 두 나라 사이의 증오를 충분한 정도까지 고조시키기만 한다면 '공공연한 행동'이 나타나게 하는 것은 어려운 일이 아니다.

세계대전이 일어나는 것을 보고 반가워하고 그것이 중단되는 것을 보고 유감스러워한 사람들은 모든 나라에 있었다. 미국에서는 남북전쟁을 계기로 부를 축적하기 시작해 재산가가 된 사람들이 몇백 명에 이르고, 세계대전을 계기로 그렇게 된 사람들이 몇천 명에 이른다. 전쟁에서 벌 수 있는 종류의 돈을 좋아하는 사람들에게 전쟁이 수익성 좋은 사업임을 부정할 수 있는 사람은 아무도 없을 것이다. 전쟁은 피의 잔치인 것과 꼭 마찬가지로 돈의 잔치이기도 하다.

한 나라를 정말로 위대한 나라로 만드는 것이 무엇인지를 생각해 보았다면 우리가 그렇게 쉽게 전쟁에 이끌려 들어가지 않았을 것이다. 한 나라를 위대하게 만드는 것은 무역의 규모가 아니다. 사적인 재산가들을 만들어내는 것은 독재정권을 만들어내는 것과 꼭 마찬가지로 그 어떤 나라도 위대한 나라로 만들지 못한다. 농촌의 인구를 공장의 인구로 변화시키는 것만으로도 위대한 나라는 만들어지지 않는다. 한 나라가 위대한 나라가 되는 것은 그 자원과 그 국민의 기술을 현명하게 개발함으로써 재산이 폭넓게, 그리고 공정하게 분배될 때에 실현된다.

해외무역은 기만으로 가득하다. 우리는 모든 나라가 가능한 한 자립도가 높아지기를 바라야 한다. 우리는 다른 모든 나라가 앞으로도 계속해서 우리가 제조한 것을 공급받기 위해 우리에게 의존하기를 바라는 대신에 다른 모든 나라가 스스로 제조하기를 배워서 견고한 토대를 갖춘 문명을 건설하기를 바라야 한다. 모든 나라가 스스로 생산할 수 있는 것을 생산하기를 배운다면 우리는 경쟁이라는 것이 있을 수 없는 특수한 방면들에서만 서로에게 기여를 하는 기본적인 관계로 돌아갈 수 있을 것이다. 북반구의 온대 지역은 열대 지역의 특산물을 가지고는 열대 지역과 결코 경쟁을 할 수 없을 것이다. 우리의 나라는 차의 생산에서는 결코 지구상의 동쪽 지역에 경쟁 상대가 될 수 없을 것이고, 고무의 생산에서는 결코 지구상의 남쪽 지역에 경쟁 상대가 될 수 없을 것이다.

우리의 해외무역 가운데 많은 부분이 그 대상국의 후진성에 토대를 두고 있다. 이기주의는 그러한 후진성을 보존하게 하는 동기가 된다. 인류애는 후진국들이 자립적인 기반을 갖추도록 돕게 하는 동기가 된다. 멕시코를 예로 들어보자. 우리는 멕시코의 '발전'에 관한 이야기를 많이 들어왔다. 그 대신에 착취라는 말을 사용하는 것이 마땅하다. 멕시코의 풍부한 자연자원이 해외 자본가들의 사적인 재산을 증가시키기 위해 착취된다면 그것은 발전이 아니라 침탈이다. 멕시코 사람들을 발전시키지 않고는 멕시코를 발전시킬 수 없다. 그런데 해외의 착취자들에 의한 멕시코의 '발전' 가운데 그 국민의 발전을 염두에 두고 이루어진 부분이 얼마나 되겠는가? 멕시코의 일꾼들은 해외의 돈벌이꾼들에게 동력원인 연료나 다름없는 것으로 여겨져 왔다. 우리의 해외무역은 그들의 지위를 떨어뜨린다.

근시안적인 사람들은 내가 방금 말한 것과 같은 충고를 두려워한다. 그들은 "그러면 우리의 해외무역은 어떻게 되겠느냐"고 말한다.

아프리카의 원주민들이 그들 자신의 면화를 기르기 시작하고, 러시아의 원주민들이 그들 자신의 농기구를 만들기 시작하고, 중국의 원주민들이 그들 자신의 필수품을 공급하기 시작한다면 변화가 일어날 것이 틀림없다. 그런데 전 세계가 필요로 하는 것을 몇 안 되는 나라들이 공급하는 지금의 기반 위에서 세계가 얼마나 오랫동안 지속될 수 있을지를 생각해보는 사려 깊은 사람을 우리는 찾아볼 수 있는가? 우리는 문명이 일반화되어 모든 나라의 사람들이 다 자립하기를 배운다고 할 경우에 세계가 보여주게 될 모습의 관점에서 생각을 해야 한다.

어느 한 나라가 해외무역에 광분하면 일반적으로 그 나라는 필요한 원재료를 구하기 위해 다른 나라들에 의존하고, 자기네 국민을 공장의 소모품으로 전락시키고, 사적으로 부유한 계급을 만들어내고, 자기네 이익에 관련되는 것을 무시하고 내버려둔다. 우리의 나라인 미국에는 이 나라를 발전시키기 위해서 해야 할 일이 충분히 많이 있으므로 해외무역에 오랫동안 기대야 할 필요가 크지 않다. 우리가 그런 일을 하는 동안에 농산물을 공급해 우리를 충분히 먹여 살릴 농업도 우리에게 있고, 그런 일을 하는 데 필요한 돈도 우리에게 충분히 있다. 이 나라를 발전시키는 세기적인 일이 우리를 기다리고 있는데 일본이나 프랑스, 또는 다른 어떤 나라가 우리에게 주문서를 보내지 않았다는 이유로 우리가 손을 놓고 놀고 있다면 그보다 더 어리석은 일이 있겠는가?

통상은 기여에서 시작됐다. 잉여를 가지고 있는 사람들이 그렇지 못한 사람들에게 그 잉여를 가져다주었다. 곡물을 기르는 나라가 곡물을 전혀 기르지 않는 나라에 곡물을 가져다주었다. 나무가 많은 나라가 나무가 없는 나라에 목재를 가져다주었다. 포도나무가 잘 자라는 나라가 추운 북쪽 나라에 포도를 가져다주었다. 넓은 초원에서 목축을 하는 나라가 풀이 나지 않는 나라에 고기를 가져다주었다. 그것은 모두 기여였다. 세계의 모든 나라가 자립을 이룰 수 있도록 발전한다면 통상은 그런 기반으로 되돌아갈 것이고, 사업은 또 다시 기여가 될 것이다. 경쟁의 토대가 소멸될 것이므로 경쟁은 더 이상 없게 될 것이다. 경쟁적이지 않고 독점적인 성격을 지닌 기술을 다양한 사람들이 발전시키게 될 것이다. 민족들은 처음부터 각각 뚜렷하게 상이한 종류의 재능을 보였다. 어떤 민족은 통치에, 어떤 민족은 식민지 개척에, 어떤 민족은 바다로의 진출에, 어떤 민족은 예술과 음악에, 어떤 민족은 농업에, 어떤 민족은 사업에 재능을 보여 왔다. 링컨은 이 나라가 국민의 절반은 노예, 절반은 자유민인 상태로는 존속할 수 없다고 말했다. 인류는 절반은 착취자, 절반은 피착취자인 상태로 영원히 존재할 수 없다. 우리가 구매자인 동시에 판매자가 되고 생산자인 동시에 소비자가 되어 이익의 균형이 아니라 기여의 균형을 유지해나가지 않는다면 이 세상은 무질서하고 뒤죽박죽인 상태가 될 것이다.

프랑스는 세계에 줄 수 있는 동시에 그 어떤 경쟁국에게도 빼앗기지 않을 것을 가지고 있다. 이탈리아도 그렇다. 러시아도 그렇다. 남미의 나라들도 그렇다. 일본도 그렇다. 영국도 그렇다. 미국도 그렇다. 우리가 자연적 특화의 기반으로 돌아가고 지금처럼 무엇이든 움켜쥐는 자가 가져가는 무한경쟁 체제를 버리기를 더 빨리 할수록 국제적인 자존과 국제적인 평화가 그만큼 더 빨리 확립될 것이다. 세계의 무역을 독점하려고 하는 것은 전쟁을 조장할 수 있다. 그렇게 하는 것은 번영을 촉진하지 못한다. 언젠가는 국제적인 은행가들도 이를 배워 알게 될 것이다.

나는 세계대전을 일으킨 존중할 만한 이유를 전혀 발견할 수 없었다. 세계대전은 대체로 전쟁을 통해 이익을 얻을 수 있다고 생각한 사람들이 만들어낸 매우 복잡한 상황에서 자라 나온 것으로 보인다. 나는 1916년에 나에게 제공된 정보를 토대로 일부 나라들은 평화를 갈망하고 있고 평화를 위한 시위를 환영할 것이라고 믿었다. 내가 '평화의 배(Peace Ship)'로 불리게 되는 선박이 스톡홀름까지 항해하는 해상시위에 재정적 지원을 한 것은 그러한 나의 믿음이 진실일 것이라는 기대에서였다. 나는 그 시도를 후회하지 않는다. 그것이 실패했다는 사실만 가지고 그것이 가치가 없는 시도였음이 결론적으로 증명됐다고는 나로서는 생각하지 않는다. 우리는 성공에서 배우는 것보다 더 많은 것을 실패에서 배운다. 그 선박항해 시도에서 내가 배운 것의 가치에 비하면 그것을 후원하기 위해 쓴 시간과 지출한 돈은 아까운 것이 아니다. 나에게 전달된 정보가 진실이었는지 거짓이었는지는 내가 알지 못한다. 어느 쪽이든 나는 괘념치 않는다. 그러나 1916년에 전쟁을 끝낼 수 있었다면 오늘날의 세계가 지금의 현실보다 더 나았을 것이라는 데에는 누구나 동의할 것이라고 나는 생각한다.

승리한 나라들은 승리를 하느라 힘을 소모했고, 패배한 나라들은 대항을 하느라 힘을 소모했다. 그 전쟁에서 명예스러운 것이든 불명예스러운 것이든 이득을 거둔 나라는 하나도 없다. 나는 미국이 참전하게 됐을 때에 마지막 희망으로 미국이 벌이는 전쟁이 전체 전쟁을 종식시키는 것이 될 수도 있다고 기대했다. 그러나 이제는 내가 아무리 큰 불도 화재 위험의 요소를 제거할 수 없듯이 전쟁도 전쟁을 종식시킬 수는 없다는 것을 알고 있다. 우리의 나라가 참전하게 되자 우리가 떠맡고 나선 일에 끝까지 최선을 다해서 그 결과까지 확인하는 것이 모든 시민의 의무가 됐다. 이와 비슷하게 전쟁에 반대하는 사람의 의무는 참전을 실제로 선언하는 시점까지 참전에 반대하는 것이라고 나는 믿는다. 전쟁에 대한 나의 반대는 평화주의나 무저항주의의 원칙에 토대를 둔 것이 아니다. 어떤 국제적인 문제들은 논의로 풀 수 없다는 것, 다시 말해 싸움으로 풀어야 한다는 것이 문명의 현재 상태인지도 모르겠다. 그러나 싸움은 문제를 결코 해결하지 못한다. 싸움이 할 수 있는 기능은 당사자들을 서로 싸우게 만든 문제에 대해 그 당사자들이 논의를 한다는 데에 동의할 마음을 갖게 하는 정도에서 그친다.

우리가 전쟁에 돌입하자 포드 모터 컴퍼니의 모든 산업설비가 정부의 처분에 맡겨졌다. 우리는 미국이 개전을 선언하기 전에는 전쟁 중인 외국으로부터 전시물자 주문을 받아들이기를 절대적으로 거부했다. 비상상황이 아닌 한 우리의 정상적인 생산을 교란시키는 것은 우리의 사업 원칙에 완전히 배치되는 것이다. 우리의 나라가 관여하지 않고 있는 전쟁의 어느 쪽이든 그 당사국을 돕는 것은 우리의 인간적 원칙에 어긋난다. 미국이 참전한 뒤에는 우리가 이런 원칙들을 적용하지 못하게 됐다. 1917년 4월부터 1918년 11월까지는 우리의 공장이 사실상 전적으로 정부를 위해 가동

됐다. 물론 우리는 일반적인 생산의 일부로 자동차와 부품, 특수화물 트럭, 앰뷸런스를 만들었지만, 우리에게 다소 낯선 다른 많은 제품도 만들었다. 우리는 2.5톤 트럭과 6톤 트럭을 만들었다. 우리는 '리버티' 엔진을 대량으로 만들었고, 항공기용 실린더와 탄약상자도 만들었다. 우리는 도청장치와 철강헬멧을 만들었고(둘 다 하일랜드파크와 필라델피아에서), 이글보트(Eagle Boat)라는 배도 만들었다. 아울러 장갑판, 총포 반동경감장치, 방탄복의 시험제작도 많이 했다. 이글보트를 만들기 위해 우리는 리버루지 공장 부지에 특별한 공장을 하나 설치했다. 이글보트는 잠수함에 맞서 싸울 목적으로 설계됐다. 이것은 길이가 204피트인데 철강으로 만들어졌다. 이것을 생산하기에 앞서 부여된 조건 가운데 하나는 그 건조가 다른 어떤 종류의 전쟁물자 생산도 간섭해서는 안 되며 신속하게 배송돼야 한다는 것이었다. 그 설계도는 해군부에서 작성됐다. 2017년 12월 22일에 나는 해군을 위해 이글보트를 건조하겠다고 제안했다. 이에 관한 논의는 1918년 1월 15일에 종료됐고, 그날 해군부는 포드 모터 컴퍼니와 계약을 맺고 발주를 했다. 7월 11일에 최초로 완성된 이글보트가 진수됐다. 우리는 그 선체와 엔진을 만들었고, 엔진을 제외하고는 이글보트의 어디에도 단조물이나 압연형강은 하나도 들어가지 않았다. 우리는 선체를 전적으로 철강판에서 찍어냈다. 그리고 전체적인 건조는 실내에서 이루어졌다. 우리는 그 건조를 위해 넉 달 만에 리버루지에 길이 0.33마일, 너비 350피트, 높이 100피트, 면적 13에이커 이상인 건물을 지었다. 이글보트는 조선기술로 건조되지 않았다. 그것은 우리의 생산 원칙을 적용해서 건조한 새로운 제품이었다.

정전협정이 체결되자마자 우리는 전쟁에서 손을 떼고 평화시의 상태로 돌아갔다.

*

유능한 사람은 어떤 일을 할 수 있는 사람이며, 그가 그 일을 하는 능력은 그가 그의 내부에 갖고 있는 것에 의존한다. 그가 그의 내부에 갖고 있는 것은 그가 애초에 갖고 있었던 것과 그가 그것을 증가시키고 단련하기 위해 해온 것에 의존한다.

교육된 사람은 역사 속의 날짜 몇 개를 암기할 수 있도록 기억력이 훈련된 사람이 아니라 어떤 일을 수행해낼 수 있는 사람이다. 생각을 할 줄 모르는 사람은 대학 학위를 얼마나 많이 취득했든 간에 교육된 사람이 아니다. 생각을 하는 것은 누구에게나 할 수 있는 일 가운데 가장 힘든 일이다. 아마도 이 점이 사상가의 수가 매우 적은 이유일 것이다. 피해야 할 극단적인 것으로 두 가지 있다. 하나는 교육에 대해 경멸하는 태도이고, 다른 하나는 교육제도를 이수하는 것이 무지와 평범에 대한 확실한 치유법이 된다고 여기는 비극적인 지적 허영이다. 내년에 세계가 무엇을 할 것인지는 그 어떤 학교에서도 배울 수 없지만 지난 몇 년간 세계가 하려고 한 것들 가운데 일부는 배울 수 있고, 그것들이 어디에서 실패했고 어디에서 성공했는지도 배울 수 있다. 사람들이 구축하려고 해온 어떤 잘못된 이론들에 빠지지 않도록 젊은 학생에게 경고를 해서 그가 쓰라린 경험을 통해 진실을 알게 되는 경우에 피할 수 없을 시간의 손실을 피할 수 있게 해주는 데에 교육의 요체가 있다고 한다면 교육이 좋은 것임은 의문의 여지가 없을 것이다. 과거의 실패와 오류를 알려주는 안내표지들로 구성된 교육이라면 그것은 의심할 나위 없이 매우 유용할 것이다. 수많은 교수의 이론들을 습득하기만 하는 것은 교육이 아니다. 추측을 하는 것은 매우 재미있고 때때로 이익을 가져다주기도 하지만 교육은 아니다. 오늘날 과학에 통달한다는 것은 아직 증명되지 않은 수많은 이론들을 알게 된다는 것을 의미할 뿐이다. 그런데 그런 이론들이 어떤 것인지를 알지 못하는 것은 '교육받지 못한 것', '무식한 것' 등으로 치부된다. 추측된 것들을 아는 것이 배움이라면 누구나 스스로 추측을 하는 단순한 방편으로 배운 사람이 될 수 있을 것이다. 그리고 같은 이유에서 그는 자기를 제외한 세계의 나머지 모든 사람을 가리켜 '무식하다'고 말할 수 있게 된다. 왜냐하면 자기의 추측이 어떤 것인지를 그들은 알지 못하기 때문이다. 하지만 교육이 어떤 한 사람에게 해줄 수 있는 최선의 것은 그에게 나름의 능력을 갖게 하고, 운명이 그에게 부여한 도구들을 통제할 수 있게 해주고, 그에게 생각하는 법을 가르쳐주는 것이다. 대학은 지능단련장이어야 최선의 기여를 하게 되고, 그래야 거기에서 정신의 근육이 발달해서 학생이 자기가 할 수 있는 것을 할 만큼 지능이 강해질 것이다. 그렇지만 교육자라면 누구나 다 알고 있겠지만 대학만이 정신적인 단련장이 될 수 있다는 것은 옳은 말이 아니다. 누구든 한 사람의 진정한 교육은 학교를 떠난 뒤에 시작된다. 진짜 교육은 삶에 의한 단련을 통해 얻어지는 것이다.

지식에는 많은 종류가 있다. 당신이 어떤 사람들의 무리 속에 있게 됐는지, 유행의 흐름이 어떠한지, 지금 어떤 종류의 지식이 가장 존중되는지 등에 따라 당신에게 요구되는 지식이 다르다. 다른 모든 것과 마찬가지로 지식에도 유행이 있다. 나와 같은 연배의 사람들이 어렸을 때에는 지식이 흔히 성경에 국한됐다. 동네에 성경에 통달한 사람들이 있었는데, 다른 사람들이 그들을 우러러보고 존경했다. 당시에는 성경에 대한 지식이 높게 평가됐다. 그러나 오늘날에는 어떤 사람이 성경을 깊이 있게 알고 있다고 해서 그것만으로 그가 학식이 뛰어난 사람이라는 이름을 얻기에 충분할지 의문스럽다.

내가 생각하기에 지식이란 과거에 누군가가 알게 된 것을 나중에 그것을 습득하고자 하는 모든 사람이 그렇게 할 수 있게 해주는 형태로 남겨놓은 것이다. 인간으로서 정상적인 기능을 가지고 태어난 사람이 우리가 '문자'라고 부르는 도구를 읽기나 쓰기에 사용할 능력을 충분히 갖춘다면 인류가 가지고 있는 지식 가운데 그 사람이 가질 수 없는 것은 없게 된다. 물론 그가 지식을 가지고 싶어 해야만 그렇다는 이야기다! 그동안 인류의 정신이 배워온 모든 것을 모든 사람이 알지는 않는 유일한 이유는 그렇게 많은 것을 아는 것이 가치가 있다고 생각하는 사람이 아무도 없다는 것이다. 사람들은 누군가 다른 사람들이 알아낸 것들을 가져다가 쌓아올리는 것에서보다는 무엇이든 스스로 알아내는 것에서 더 큰 정신적 만족을 얻는다. 평생토록 돌아다니며 지식을 끌어 모으는 사람이 있을지 모르겠지만, 그는 그렇게 해서 끌어 모은 지식의 전부를 가지고도 자기가 사는 시대를 쫓아가지도 못할 것이다. 모든 시대의 모든 '사실'로 자기의 머리를 채워나가는 사람이 있을지 모르겠지만, 그가 끝까지 그렇게 해서 얻을 수 있는 것은 사실들이 넘칠 정도로 가득 담긴 상자와 같은 자기의 머리뿐일 것이다. 내가 말하고자 하는 요점은 머릿속에 많이 쌓인 지식과 정신적 활력은 같은 것이 아니라는 것이다. 매우 학식이 높은 사람이 매우 쓸모없는 사람일 수도 있다. 그리고 다시 말하지만, 학식이 낮은 사람이 매우 쓸모있는 사람일 수도 있다.

교육의 목적은 사람의 정신을 사실들로 채우는 것이 아니라 사람이 생각을 하는 데에 정신을 사용하는 법을 가르치는 것이다. 그리고 사람이 과거에 대한 지식에 의해 방해를 받지 않을 때에 생각을 더 잘 하는 경우가 흔히 있다.

인류가 아직 알지 못하는 것은 누구도 배울 수 없다고 생각하는 것은 매우 인간적인 경향이다. 그런데 인류가 과거에 배운 것이 우리가 미래에 배우는 것을 방해하도록 허용해서는 안 된다는 것도 모든 사람이 완전히 분명하게 이해할 것이 틀림없다. 인류가 앞으로 얻게 될 지식, 다시 말해 인류가 아직 배우지 못한 비밀들에 견주어 인류가 이룬 진보의 정도를 측정한다면 인류는 그리 많이 진보하지 못했다고 말할 수 있다.

진보를 방해하는 한 가지 좋은 방법은 사람들의 머릿속을 과거에 대해 배운 것들로 가득 채우는 것이다. 그러면 사람들이 자기의 머릿속이 가득 찼기 때문에 더 배울 것이 없다고 느끼게 된다. 지식을 끌어 모으기만 하는 것은 인간이 할 수 있는 일 가운데 가장 쓸모없는 것이 될 수 있다. 세계를 돕거나 치유하기 위해 무엇을 할 수 있는가? 이것이 교육된 사람인지 아닌지를 판별하는 시금석이다. 어떤 사람이 자기의 몫을 할 수 있다면 그는 한 사람의 가치가 있다. 어떤 사람이 열 명이나 백 명이나 천 명의 다른 사람들이 각자 자기의 몫을 하도록 도울 수 있다면 그는 한 사람의 가치보다 더 많은 가치가 있다. 그 사람이 인쇄된 문자의 영역에 자리 잡은 많은 것들에는 대단히 서투를 수도 있지만, 그렇더라도 그가 배운 사람이기는 마찬가지다. 어떤 사람이 어떤 분야든 자기의 분야에 통달한 사람이 된다면 그는 그 나름의 학위를 취득한 것과 같다. 이 말은 곧 그가 지혜의 영역에 들어갔다는 뜻이다.

*

우리가 '유대인 문제에 대한 연구'라고 부르는 일을 반대편에서는 '유대인 캠페인', '유대인 공격', '반유대주의 프로그램' 등으로 다양하게 부른다. 이 문제와 관련된 논의를 따라온 사람들에게는 이 일에 대한 설명이 필요하지 않을 것이다. 이 일의 동기와 목적에 대한 판단은 이 일 그 자체를 놓고 이루어져야 한다. 이 일은 이 나라에 깊이 영향을 미치고, 인종 문제에 뿌리를 두고 있으며, 개개인과 관련된다기보다는 끼치는 영향 및 지향하는 이상과 관련된 문제에 대한 하나의 기여로 제안된 것이다. 우리의 진술에 대한 판단은 우리가 하는 말을 실제 삶의 현실과 나란히 놓고 관찰할 수 있을 만큼의 지능을 갖추고 있고 솔직하게 말할 수 있는 사람들에 의해 이루어져야 한다. 우리가 하는 말과 그들의 관찰이 일치한다면 우리가 하는 말의 타당성이 입증되는 것이다. 우리의 진술이 근거가 없거나 무모함이 증명되기도 전에 우리를 비난하기 시작하는 것은 완전히 우스꽝스러운 행동이다. 가장 먼저 검토돼야 할 것은 우리가 진술해온 것의 진실성이다. 그런데 그것은 우리를 비판하는 사람들이 피해가기로 선택한 것 바로 그것이다.

우리의 글을 읽는 사람들은 우리의 문명을 만들어온 원칙들을 옹호하는 방향의 편견이라면 모를까 그것을 제외하고는 어떤 종류의 편견에 의해서도 우리가 충동되지 않았음을 곧바로 알 것이다. 이 나라에서 우리의 문학, 오락, 사회적 행동에 두드러진 퇴화를 불러일으키는 특정한 영향의 흐름이 관찰되고 있었다. 사업은 상당한 수준이었던 예전의 건전성에서 이탈하고 있었고, 규범적 기준은 어디에서나 전반적으로 하락하는 것으로 느껴졌다. 모든 표현의 수단에 암암리에 좋지 않은 영향을 미쳐온 것은 백인의 강건하고 거친 성격, 이를테면 셰익스피어의 희곡에 나오는 주인공들이 보여주는 조야한 투박성이 아니라 역겨운 동방풍조였는데, 그 영향이 너무나 커져서 그것에 대항해야 할 때가 된 것이었다. 이런 영향의 전부 다가 하나의 인종으로 그 원천을 소급시켜 찾을 수 있다는 것은 우리만이 아니라 문제의 인종에 속하는 지식인들도 대응해야 할 사안으로 주시해야 하는 사실이다. 그 인종에 속하는 사람들 가운데 미국의 후한 대우를 보다 노골적으로 악용하며 엇나가는 자들에게서 보호막을 제거하는 조치가 그 인종에 속하는 지식인들에 의해 취해진 것에 대해서는 전적으로 그들의 훌륭한 행동이라고 할 수 있다. 그러나 기독교 사회에 대한 경제적인 전쟁이나 지적 전복을 노리는 전쟁에 의해 유지되는 인종적 우월성이라는 낡은 관념에는 아직 더 폐기해야 할 부분이 남아 있다.

우리가 하는 일은 미국 안의 유대인들에게 최후의 선언을 하려는 것이 아니다. 우리가 하는 일은 이 나라에 대한 유대인들의 명백한 각인이 어떤 것인지를 이야기하려는 것일 뿐이다. 그 각인에 변화가 일어나면 그것에 대해 우리가 하는 이야기도 바뀔 수 있다. 그러므로 현재로서는 이 문제가 전적으로 유대인의 손에 달렸다. 그들이 스스로 주장하는 대로 현명하다면 미국을 유대인의 나라로 만들려고 애쓰는 대신에 유대인을 미국인으로 만들려고 애써야 할 것이다. 미국의 정신은 넓은 의미의 기독교 정신이고, 미국의 운명은 기독교 국가로 남는 것이다. 이는 종파적인 의미는 전혀 들어있지 않은 말이다. 이는 자유에 도덕성을 부여한다는 점에서, 그리고 사회로 하여금 인간의 권리와 의무에 대한 근본적으로 기독교적인 관념에 토대를 둔 관계의 규범을 지킬 것을 서약하게 한다는 점에서 다른 원칙들과는 다른 하나의 기본적인 원칙과 관련된 말이다.

개개인에 대한 편견이나 증오에 대해서 이야기한다면, 그런 것은 미국적인 것도 아니고 기독교적인 것도 아니다. 우리가 반대하는 것은 단지 사람들의 도덕적 지구력을 약화시키고 있는 생각인데, 그것은 잘못된 생각이다. 그런 생각은 쉽게 식별되는 원천에서 생겨나서 쉽게 발견되는 방법으로 전파되기도 하지만, 노출에 의해서만 통제될 수 있다. 우리는 노출이라는 방법을 사용해왔을 뿐이다. 사람들이 주위를 맴도는 영향의 원천과 성격을 알아차리기를 배운다면 그것으로 충분하다. 미국의 국민에게 해를 끼치고 있는 것은 자연적인 퇴화가 아니라 계산된 전복의 시도임을 미국의 국민 스스로가 이해하기만 한다면 그들은 안전할 것이다. 설명이 곧 치료다.

우리가 이 일을 하게 된 데에 개인적인 동기는 전혀 없었다. 미국 사람들이 문제의 핵심을 파악할 수 있게 됐다고 우리가 믿는 단계까지 이 일이 진행됐을 때에 우리는 이 일에서 손을 놓고 당분간 지켜보기로 했다. 우리의 적들은 우리가 복수를 위해 이 일을 시작했다가 두려움을 느껴서 손을 놓았다고 말한다. 그러나 우리를 비판하는 사람들이 주된 문제에는 감히 달려들지 못하기 때문에 얼버무리고 넘어가려고 하고 있을 뿐이라는 사실이 시간이 지나면 입증될 것이다. 또한 유대인들의 면전에서는 그들을 칭찬하면서 그들의 등 뒤에서는 그들을 비판하는 사람들보다는 우리가 유대인들에게 가장 이로운 이해관계의 측면에서 그들에게 더 나은 친구라는 사실도 시간이 지나면 입증될 것이다.

| 18장 |

민주주의와 산업

아마도 오늘날 '민주주의'보다 더 남용되는 말은 없을 것이다. 그런데 내가 생각하기에 일반적으로 가장 목소리를 높여 민주주의를 외치는 사람들이 그것을 가장 덜 원하는 것 같다. 나는 민주주의에 대해 입에 발린 소리를 잘 하는 사람들을 의심한다. 그들이 어떤 종류든 전제정부를 세우고 싶어 하는 것은 아닌지, 또는 그들이 자신들을 위해 스스로 해야 하는 일을 누군가 다른 사람들에게 시키기를 원하는 것은 아닌지 의심하는 것이다. 나는 각자에게 능력에 따라 균등한 기회를 주는 종류의 민주주의를 지지한다. 우리가 같이 살아가는 다른 사람들에게 기여하는 일에 더 많이 주의를 기울인다면 공허한 형태의 정부에 대해서는 관심을 덜 갖고, 해야 할 일에 관심을 더 가질 것이라고 나는 생각한다. 기여를 생각한다면 우리는 산업이나 삶에서 우호적인 감정에 대해 신경을 쓸 필요가 없다. 그러므로 대중과 계급, 클로즈드 숍과 오픈 숍을 비롯해 실제로 살아가는 일과는 아무런 관계도 없는 문제에 대해서는 신경을 쓸 필요가 없다. 우리는 사실에 집중할 수 있다. 우리는 사실을 제대로 알아야 한다.

모든 사람이 다 인간적이지는 않다는 것, 다시 말해 사람들의 집단이 모두 다른 집단을 인간적인 감정을 가지고 대하지는 않는다는 것은 알고 보면 충격적인 사실이다. 이것이 어느 한 계급의 태도인 것처럼 보이게 하려는 시도가 많이 이루어져왔지만, 실제로는 이것이 모든 계급의 태도다. 적어도 모든 계급이 계급이라는 잘못된 개념에 휘둘리는 한 그렇다는 말이다. 예전에는, 그러니까 사람들로 하여금 인간적인 감정을 갖고 있지 않은 것은 '부자들'뿐이라고 믿게 하려는 선전의 노력이 부단히 이루어지던 때에는 인간다운 덕성은 '가난한 사람들' 사이에 많다는 것이 일반적인 여론이 되고 있었다.

그러나 '부자들'과 '가난한 사람들'은 둘 다 그 수가 매우 적으며, 사회를 이 두 가지 부류로만 분류할 수는 없다. 그러한 분류의 목적에 부합할 만큼 부자들이 많지도 않고 가난한 사람들이 많지도 않다. 부자가 가난한 사람이 됐지만 그의 본성은 바뀌지 않았거나 가난한 사람이 부자가 됐지만 그의 본성은 바뀌지 않은 경우가 많이 있다. 중요한 문제는 이런 것과는 무관하다.

부자들과 가난한 사람들 사이에 부유하지도 않고 가난하지도 않은 사람들이 많이 있다. 백만장자들로만 구성된 사회도 지금 우리가 사는 사회와 그 모습이 다르지 않을 것이다. 그 사회에서도 백만장자들 가운데 일부는 밀을 기르고 빵을 굽고 기계를 만들고 열차를 운전해야 할 것이다. 그렇게 하지 않는다면 그들은 모두 굶어 죽을 것이기 때문이다. 누군가는 일을 해야 한다. 사실 우리에게 고정된 계급은 없다. 일을 하려고 하는 사람들과 일을 하지 않으려고 하는 사람들이 있을 뿐이다. 사람들이 글로 읽어 알고 있는 '계급'은 대부분 순전한 허구다. 몇몇 자본가 신문들을 들여다

보라. 그러면 노동계급에 관한 진술들을 보고 경악할 것이다. 그동안 노동계급에 속했고 지금도 여전히 그러한 우리는 그러한 진술들이 진실이 아님을 안다. 몇몇 노동자 신문을 들여다보라. 그렇게 해도 '자본가'에 관한 진술들을 보고 마찬가지로 경악할 것이다. 그렇지만 양쪽 다에 일말의 진실은 있다. 오직 자본가이기만 해서 다른 사람들의 노동에 따른 과실을 가지고 도박을 하는 사람은 자신에 대한 모든 비판의 말을 들어도 싸다. 그런 사람은 노동자들을 속여 그들의 임금을 갈취하는 저급한 도박꾼과 같은 부류에 속한다. 자본가의 신문에서 우리가 읽게 되는 노동계급에 관한 진술 가운데 훌륭한 산업의 경영자가 쓴 것은 드물다. 그런 진술은 자기의 고용주를 즐겁게 해줄 것이라고 스스로 생각하는 글을 쓰는 부류의 사람들이 쓴 것이다. 그들은 고용주를 즐겁게 해주리라고 나름대로 상상한 글을 쓴다. 노동자 신문을 살펴보면 노동자들이 가지고 있을 것이라고 나름대로 생각한 편견에 마찬가지로 아부하는 글을 쓰는 또 다른 부류의 글쟁이들을 발견하게 될 것이다. 이 두 부류의 글쟁이들은 다 직업적인 선전가다. 사실을 전파하지 않는 선전은 자멸적인 것이고, 마땅히 자멸해야 한다. 누구든 자기가 사람들을 약탈하는 동안에 그들에게 애국심을 설교해서 그들로 하여금 움직이지 않고 가만히 있게 할 수는 없고, 그런 종류의 설교를 오래 계속하고도 무사할 수는 없다. 누구든 노동자들에게 열심히 일해서 생산을 많이 해야 할 의무를 설교하면서 그것을 가림막으로 삼아 그 뒤에서 추가로 발생하는 이익을 몰래 자기의 것으로 거두어들일 수는 없다. 그리고 노동자도 하루에 해야 할 일을 다 하지 않은 것을 한마디 핑계의 말로 숨길 수는 없다.

피고용자들이 건전한 견해를 형성하고 공정한 판단을 내리기 위해 알아야 하는 사실들이 고용주 계급의 수중에 있다는 것은 의심할 나위가 없다. 고용주들에게 마찬가지로 중요한 사실들이 피고용자들의 수중에 있다는 것도 의심할 나위가 없다. 그러나 어느 쪽의 수중에든 모든 사실이 다 있는지는 대단히 의심스럽다. 선전이 완전한 성공을 거두는 것이 가능하다고 하더라도 선전에는 결함이 있을 수밖에 없는 이유가 바로 여기에 있다. 어떤 관념들의 조합을 가지고 있는 계급에게 그것과 다른 어떤 관념들의 조합을 주입해서 믿게 하는 것은 바람직하지 않다. 우리에게 정말로 필요한 것은 모든 관념을 한데 모으고 거기에서 새로운 발상을 해내는 것이다.

노동조합과 파업의 권리라는 문제를 예로 들어보자.

이 나라에서 유일하게 강력한 노동조합원들의 집단은 노동조합에서 봉급을 받는 집단이다. 그들 가운데 일부는 매우 부유하다. 또한 그들 가운데 일부는 우리의 대규모 금융기관과 관련된 일에 영향을 미치는 데에 관심을 가지고 있다. 그들 가운데 또 다른 일부는 자신들의 이른바 사회주의를 극단으로 밀어붙여 볼셰비즘이나 아나키즘에 근접하고 있다. 노동조합이 그들에게 주는 봉급이 그들에게서 일을 해야 할 필요성을 없애주기 때문에 그들은 전복적인 선전에 자신들의 에너지를 쏟아 부을 수 있다. 그들은 모두 특정한 지위와 권력을 누리는데, 자연적인 경쟁의 과정에서 다른 방법으로는 그들이 그것을 얻을 수 없었을 것이다.

노동조합의 간부들이 대다수 조합원들만큼 강건하고 정직하고 품행이 좋고 현명했다면 그들의 운동이 최근 몇 년간 보여 온 모습과 다른 모습을 보였을 것이다. 그런데 주목할 만한 예외가 있기는 했지만 그들은 대체로 노동자들이 자연적으로 갖는 강건한 특성과의 동맹에 전념하지 않았다.

그들은 오히려 노동자들의 약점을 이용하는 데에 전념했고, 특히 미국에 새로 들어와서 미국의 정신이 무엇인지를 아직 알지 못할 뿐 아니라 지역 노동조합 지도자들의 후견을 받는 상태로 방치되면 앞으로도 그것을 결코 알지 못할 노동자들의 약점을 이용했다.

일부 노동자들은 '계급투쟁'이라는 그릇된 교리에 감염되어 진보는 산업에 불화를 조장하는 것을 통해 이루어진다는 철학을 받아들였다. 그 철학은 이런 것이다. "하루에 12달러의 임금을 받게 됐다면 거기에서 멈추지 말라. 하루에 14달러를 받자고 선동하라. 하루에 8시간 일하게 됐다면 바보처럼 거기에서 만족하지 말라. 하루에 6시간만 일하자고 선동하라. 문제를 일으켜라! 언제나 문제를 일으켜라!" 그러나 그런 노동자들은 소수였다. 나머지 대다수 노동자들은 평범한 상식을 가지고 있었고, 그 상식이 그들로 하여금 원칙을 수용하고 준수한다면 상황에 변화가 일어날 것이라는 사실을 인정할 수 있게 했다. 그러나 노동조합 지도자들은 그렇게 생각한 적이 없다. 그들은 불공정, 도발, 파업, 악감정, 불구화한 국민생활 등이 어우러진 상황이 그대로 유지되기를 바란다. 그렇게 되지 않는다면 노동조합 간부들이 왜 필요하겠는가? 파업 하나하나가 그들에게 자기옹호의 근거가 된다. 그들은 파업 하나하나를 가리키면서 이렇게 말한다. "보라! 당신들에게는 우리가 여전히 필요하다."

일을 해서 임금을 벌도록 노동자들을 이끄는 사람만이 노동자들의 진정한 지도자다. 파업과 태업을 해서 굶주림에 빠지도록 노동자들을 이끄는 사람은 노동자들의 지도자가 아니다. 이 나라에서 두각을 나타내기 시작한 노동조합은 각자의 이해관계가 상호의존적이고 자신들의 기여가 얼마나 유용하고 효율적인지에 따라 모두의 이해관계가 좌우되는 노동자들 모두의 노동조합이다.

한 가지 변화가 일어날 것이다. '노동조합 지도자들'의 조합이 사라지면서 그것과 함께 맹목적인 고용주들의 조합도 사라질 것이다. 방금 말한 맹목적인 고용주란 어쩔 수 없는 지경에 이르기 전에는 피고용자들에게 좋은 일을 결코 하지 않는 고용주를 가리킨다. 맹목적인 고용주가 병폐가 되면 이기적인 노동조합 지도자가 해독제가 된다. 노동조합 지도가가 병폐가 되면 맹목적인 고용주가 해독제가 된다. 둘 다 잘 조직된 사회에는 적합하지 않은 존재다. 그리고 그 둘은 같이 사라질 것이다.

오늘날 들려오는 "우리가 노동계급을 패주하게 만들었으니 이제는 그들을 때려잡을 때다"라는 말은 맹목적인 고용주들이 외치는 소리다. 하지만 그 소리는 '계급투쟁'을 설교하는 소리와 함께 잦아들고 있다. 제도판 앞에서 일하는 사람에서부터 주형 공장에서 일하는 사람에 이르기까지 모든 생산자가 진정한 하나의 조합에 모여들었는데, 그들은 앞으로 그들 자신의 일을 스스로 다루어나갈 것이다.

오늘날 불만을 활용하는 것이 일종의 사업으로 자리를 잡았다. 그 목적은 어떤 문제를 해결하는 것도 아니고 어떤 일이 이루어지게 하는 것도 아니다. 그 목적은 계속해서 불만이 존재하게 하는 것이다. 그렇게 하는 데에 사용되는 도구는 그릇된 이론들과 지구가 현재와 같은 모습으로 유지되는 한 결코 달성될 수 없는 약속들 전부다.

나는 노동자 조직에 대해 반대하지 않는다. 나는 진보를 만들어내는 조직이라면 그 어떤 조직에도 반대하지 않는다. 문제가 되는 것은 고용주에 의해서든, 노동자에 의해서든 생산이 제한되게 하는 조직화다.

노동자들 스스로가 매우 위험한 관념들, 다시 말해 그들 자신과 나라의 복리에 위험한 관념들을 경계해야 한다. 노동자들이 일을 덜 하면 그 밖의 다른 노동자들을 위한 일자리가 더 많이 생긴다고들 흔히 말한다. 이는 게으름은 창조적이라는 가정에 입각한 오류다. 게으름은 결코 일자리를 만들어내지 않는다. 게으름은 부담만 만들어낼 뿐이다. 부지런한 사람이 동료 노동자를 실직하게 하는 경우는 전혀 없다. 사실은 부지런한 노동자는 부지런한 경영자, 다시 말해 점점 더 많은 사업을 만들어내어 점점 더 많은 일자리를 만들어내는 경영자의 협력적 동반자다. 일터에서 '농땡이'를 치는 것을 통해 다른 누군가를 돕는다는 관념이 지각 있는 사람들 사이에까지 널리 퍼졌다는 것은 매우 유감스러운 사실이다. 잠깐만 생각해봐도 그러한 관념에는 허점이 있음을 알게 된다. 건강한 사업, 다시 말해 사람들이 인간답고 풍요롭게 살 수 있을 만큼 생활비를 벌 기회를 언제나 점점 더 많이 만들어내는 사업은 그 안에서 모든 사람이 자긍심을 가질 수 있을 만큼의 일을 하루하루 해나가는 사업이다. 그리고 가장 안전하고 확고하게 서 있는 나라는 그 안에서 사람들이 정직하게 일할 뿐이고 생산수단을 가지고 장난질을 하지는 않는 나라다. 우리는 경제법칙의 작동을 빠르게 하거나 늦추는 조작을 할 수 없다. 왜냐하면 우리가 그렇게 하면 경제법칙이 우리를 매우 거칠게 다루게 되기 때문이다.

열 명의 노동자가 하던 일을 아홉 명의 노동자가 하게 된다는 사실이 나머지 한 명이 실업자가 된다는 의미는 아니다. 그 열 번째 노동자는 그 일에는 더 이상 고용되지 않을 뿐이다. 그리고 노동자의 임금은 결국은 대중이 주는 것이라고 볼 때에 열 번째 노동자가 그 일에 더 이상 고용되지 않음으로써 대중은 그 일에 대해 마땅히 지불해야 하는 대가를 초과해 열 번째 노동자를 부양하는 부담까지 짊어지지는 않게 되는 것이다.

효율성을 높이기 위해 재조직을 할 정도로 깨어있고 대중에게 필요한 비용만을 부담시키고 더 이상은 부담시키지 않을 정도로 정직한 회사라면 그곳은 일반적으로 열 번째 노동자를 고용할 수 있을 정도로 일자리를 많이 만들어내는 혁신적인 회사일 것이다. 그런 회사는 성장하게 돼있고, 성장은 일자리의 증가를 의미한다. 잘 경영되는 회사는 언제나 대중이 부담하는 노동비용을 줄이려고 한다. 그렇게 함으로써 그 회사는 빈둥거리면서 잘못된 경영의 비용을 대중으로 하여금 지출하게 하는 회사보다 더 많은 노동자를 고용할 것이 틀림없다.

열 번째 노동자는 불필요한 비용을 초래했다. 궁극적인 소비자가 그에게 임금을 주고 있었다. 그러나 그 특정한 일에 그가 불필요했다는 사실이 이 세상의 일에 그가 불필요하다는 의미는 아니며, 더 나아가 그가 다니는 특정한 공장의 일에 그가 불필요하다는 의미도 아니다.

모든 잘못된 경영이 초래하는 비용은 대중이 지출한다. 오늘날 세계가 안고 있는 문제 가운데 절반 이상은 사업의 현장에서 '농땡이'를 치고, 숙련공이 해야 하는 일에 비숙련 임시 노동자를 고용하고, 저품질의 제품을 만들고, 비효율을 방치함으로써 초래되는 비용을 대중으로 하여금 애써 번 돈으로 지출하게 하는 데에서 생겨난 것이다. 한 사람이 할 수 있는 일을 두 사람이 하고 임금을 받는 경우에는 언제나 대중이 마땅히 지출해야 할 돈의 두 배를 지출하게 된다. 미국에서는 한 사람 한 사람을 놓고 보면 얼마 전까지만 해도 우리가 전쟁 이전의 몇 년 동안에 생산한 만큼 생산하지 못하고 있었던 것이 사실이다.

하루의 일을 한다는 것은 요구되는 시간 동안 공장에서 '근무 중'인 상태로 있는 것만을 의미하는 것이 아니다. 그것은 지급받는 임금과 동등한 기여를 하는 것을 의미한다. 그러한 동등성이 어느 쪽으로든 훼손된다면, 다시 말해 노동자가 받는 것보다 더 많이 주거나 주는 것보다 더 많이 받는다면 얼마 지나지 않아 심각한 차질이 발생할 것이다. 그러한 상태가 나라 전체로 확장된다면 사업들이 완전한 혼란에 빠질 것이다. 공장에서 기본적인 동등성이 파괴됐다는 것이 산업의 곤경이 의미하는 것의 전부다. 그렇게 됐다면 그것은 경영진과 노동자들이 같이 잘못을 저지른 탓인 것이 틀림없다. 경영진도 게을렀기 때문이다. 경영진이 생산의 방법을 개선해서 기존의 노동인력에서 100명의 노동자를 빼내어 다른 일에 투입하기보다는 추가로 500명의 노동자를 고용하는 것이 더 쉽다고 생각했을 것이다. 대중이 그 비용을 지출하는 동안에 사업은 번성하고 경영진은 그 문제점에 신경도 쓰지 않았을 것이다. 사무실의 사정도 공장의 사정과 전혀 다르지 않았을 것이다. 동등성의 법칙이 노동자들에 의해 파괴된 만큼이나 경영진에 의해서도 파괴됐을 것이다. 요구를 하는 것만으로 중요한 것이 확보되는 경우는 사실상 전혀 없다. 파업이 성공하는 것처럼 보일지도 모르겠지만 사실은 언제나 실패하는 이유가 바로 여기에 있다. 파업으로 임금이 인상되고 노동시간이 단축되지만 그로 인한 부담이 공동체에 전가된다면 그런 파업은 진정으로 성공한 것이 아니다. 그런 파업은 산업이 기여를 할 능력을 감퇴시키고 산업이 떠받칠 수 있는 일자리의 수를 줄이기만 할 뿐이다. 이는 정당화될 수 있는 파업은 전혀 없다는 의미로 한 말은 아니지만, 하나의 폐단에 사람들이 주목하게 하는 말은 될 것이다. 노동자들이 정의로운 파업을 할 수는 있지만, 그렇게 해서 정의를 얻게 될 것인지는 별개의 문제다. 적절한 노동조건과 공정한 보수를 얻어내기 위한 파업은 정당화될 수 있다. 유감스러운 일은 노동자들이 당연한 권리로 그들 자신의 것인 무언가를 얻기 위해 어쩔 수 없이 파업이라는 수단을 사용하게 되는 것이다. 어떤 미국인도 자기의 권리를 되찾기 위해 어쩔 수 없이 파업을 하게 되어서는 안 된다. 미국인이라면 누구든 자기의 권리를 당연히 자연적으로 쉽게 확보하고 누려야 한다. 정당화될 수 있는 파업이 일어나는 것은 대개는 고용주의 잘못 때문이다. 고용주로서 해야 하는 일을 제대로 할 줄 모르는 고용주들이 있다. 노동자들을 고용해 일하게 하는 것은, 다시 말해 노동자들의 에너지 지출을 잘 지휘하는 것과 노동자들에 대한 보수를 그들의 생산과 사업의 번영 둘 다에 대해 정직한 비율로 정해 지급하는 것은 결코 가벼운 일이 아니다. 선반공이 자기가 해야 하는 일에 부적합할 수 있듯이 고용주도 자기가 해야 하는 일에 부적합할 수 있다. 정당화될 수 있는 파업이 일어나는 것은 고용주에게 다른 일자리, 즉 그가 잘할 수 있는 뭔가 다른 일자리가 필요함을 알려주는 징후다. 고용주로서 해야 하는 일에 부적합한 고용주는 피고용자로서 해야 하는 일에 부적합한 피고용자보다 더 큰 문제를 야기한다. 피고용자라면 더 잘할 수 있는 일자리로 그를 옮기면 되지만, 고용주라면 일반적으로 보상의 법칙에 그를 맡겨두는 수밖에 없다. 그러므로 고용주가 자기가 해야 하는 일을 제대로 해왔다면 정당화될 수 있는 파업이라는 말 자체가 사용될 필요가 없었을 것이다.

두 번째 종류의 파업이 있는데, 그것은 숨겨진 의도가 있는 파업이다. 이런 종류의 파업에서는 노동자들을 통해 자기의 목적을 추구하는 어떤 배후조종자들에게 노동자들이 도구가 된다. 예를 들어 설명해보겠다. 효율적이고 능숙한 생산을 통해 대중의 필수적인 수요에 부응함으로써 성공하고 있는 대규모 기업이 있다고 하자. 그리고 그 기업이 공정성 있게 경영돼 왔다고 하자. 그와 같은 기업은 투기꾼들에게 커다란 유혹이 된다. 그 기업에 대한 지배권만 손에 넣을 수 있다면 그 기업에 투입돼온 모든 정직한 노력이 풍부하게 낳아주는 이득을 챙길 수 있을 것이기 때문이다. 투기꾼들이 그 기업에 대한 지배권만 확보하면 노동자들에게 유리한 임금과 이익분배 제도를 파괴해서 대중, 제품, 노동자들로부터 돈을 한 푼도 남기지 않고 다 긁어낼 수 있게 되고, 그렇게 해서 그 기업을 저급한 원칙에 따라 경영되는 다른 기업들처럼 곤경에 빠지게 할 것이다. 투기꾼들의 개인적인 탐욕이 그들로 하여금 그렇게 하게 하는 동기가 될 수도 있지만, 그 기업의 사례가 올바른 경영을 하고 싶어 하지 않는 다른 고용주들을 곤란하게 만들기 때문에 투기꾼들이 그 기업의 정책을 변경시키려고 할 수도 있다. 그 기업에는 내부로부터 문제를 일으킬 수가 없다. 왜냐하면 그 기업의 노동자들은 파업을 할 이유가 전혀 없기 때문이다. 그러므로 다른 방법이 동원된다. 그 기업에 원재료를 공급하기 위해 분주하게 가동되는 다수의 외부 공장들이 있을 수 있다. 그런 외부 공장들이 손발이 묶이게 된다면 그 기업은 휘청거릴 수 있다.

그래서 외부 공장들에서 파업이 부추겨진다. 그 기업에 대한 외부 공장들의 원재료 공급에 차질이 빚어지게 하려는 모든 시도가 이루어진다. 외부 공장들의 노동자들이 무슨 일이 일어나고 있는 것인지를 제대로 안다면 그런 시도에 놀아나기를 거부할 것이다. 하지만 그들은 그런 실상을 알지 못한다. 그들은 그것을 알지 못하기 때문에 음모를 꾸미는 자본가들의 도구가 된다. 그런데 이런 종류의 파업에 참여하는 노동자들 사이에 당연히 의심을 불러일으키는 것이 한 가지 있다. 노사의 양쪽에서 무엇을 제시해도 파업이 종결되지 않는다면 그것은 파업이 계속되게 하는 데에 관심을 가진 제삼자가 존재한다는 것을 거의 확실하게 증명해주는 것이다. 뒤에 숨어서 영향을 미치는 자들은 어떤 조건에서도 파업의 종결을 원하지 않는다. 파업을 일으킨 자들이 파업에서 이기면 노동자들의 처지가 개선될까? 회사를 외부 투기꾼들의 손 안에 넣어준 뒤에 노동자들이 조금이라도 더 나은 대우를 받고 더 높은 임금을 받게 될까?

세 번째 종류의 파업이 있는데, 그것은 노동자들이 오명을 뒤집어쓰게 하려는 목적으로 재산소유 집단이 유발하는 파업이다. 미국의 노동자들은 건전한 판단력을 갖고 있다는 명성이 언제나 높았다. 그들은 난데없이 천년왕국을 건설하겠다는 공허한 약속을 외치는 자들에게 결코 속아 넘어간 적이 없다. 그들은 그들 나름의 정신을 가지고 있으면서 그 정신을 발휘해왔다. 그들은 이성의 부재가 폭력의 존재로 메워지는 일은 절대로 없다는 근본적인 진리를 언제나 인정해 왔다. 미국의 노동자들은 그들 나름의 방식으로 미국과 전 세계 사람들의 신망을 어느 정도 얻었다. 여론은 그들의 견해와 희망을 존중하는 경향을 보여 왔다. 그런데 그들에 대한 대중의 감정이 존중에서 비판으로 바뀌게 할 정도로 그들이 터무니없는 태도를 취하고 전대미문의 행동을 하도록 부추기는 것을 통해 그들에게 볼셰비즘의 얼룩을 묻히려고 하는 의도적인 노력이 존재하는 것으로 보인다. 그러나 파업이 일어나지 않게 한다고 산업이 발전하는 것은 아니다. 우리는 노동자에게 이렇게 말할 수 있다.

"당신은 불만을 품고 있다. 그렇다고 파업은 치유책이 될 수 없다. 파업은 상황을 더 나쁘게 만들 뿐이다. 당신이 파업을 해서 이기든 지든 마찬가지다."

그러면 노동자가 그 말이 옳다고 인정하고 파업에 나서기를 삼갈지도 모른다. 그런데 그렇게 됐다고 해서 문제가 조금이라도 해결됐을까?

그렇지 않다! 만약 노동자들이 파업은 바람직한 상태를 실현시키기 위한 수단으로 적합하지 않다고 판단하고 그것을 포기한다면 그것은 단지 고용주들이 그들 자신의 계획을 실행하는 일을 부지런히 해서 결함이 있는 사업의 상태를 시정해야 하는 입장이 됐음을 의미할 뿐이다.

노동자들과 관련된 우리 회사의 경험은 미국의 공장에서나 해외의 공장에서나 완전히 만족스러웠다. 우리는 노동조합에 대해 적대적인 감정을 전혀 가지고 있지 않지만, 피고용자들의 조직이나 고용자들의 조직과 그 어떤 협약도 맺지 않고 있다. 우리 회사의 임금과 노동시간은 합리적인 노동조합이 요구하려고 할 만한 그 어떤 수준의 임금과 노동시간보다 언제나 각각 더 높고 더 짧다. 노동조합의 조합원이 되는 것이 우리의 노동자들에게 도움이 되는 것은 아무것도 없다. 우리의 노동자들 가운데 일부는 노동조합에 소속돼 있겠지만 아마도 대다수는 그렇지 않을 것이다. 우리는 누가 노조원이고 누가 그렇지 않은지를 알고 있지도 않고 알아내려고 하지도 않는다. 왜냐하면 그건 우리에게 조금도 관심이 없는 문제이기 때문이다. 우리는 노동조합을 존중하고 노동조합의 좋은 목적에는 공감하지만 나쁜 목적에 대해서는 규탄한다. 그리고 노동조합은 우리를 존중한다고 나는 생각한다. 왜냐하면 우리의 공장에서는 지금까지 노동자들과 경영진의 관계에 그 어떤 권위적인 시도도 끼어든 적이 없기 때문이다. 물론 과격한 선동가들이 때때로 문제를 일으키려고 시도해왔다. 그러나 노동자들은 대체로 그들을 이상한 사람들로 여겼을 뿐이다. 그들에 대한 노동자들의 관심은 네 개의 다리를 가진 사람이 있다면 그런 사람에 대해 가질 법한 관심과 같은 종류의 것이었다.

영국에서는 맨체스터 공장에서 우리가 노동조합 문제에 정면으로 부닥쳤다. 맨체스터 공장의 노동자들은 대부분 노동조합에 가입했고, 그래서 영국에서 노동조합이 통상적으로 생산에 가하는 제약이 우리의 그 공장에도 가해졌다. 우리가 인수한 차체 공장에는 노조원인 목수들이 많이 있었다. 그들의 노동조합 간부들이 우리의 임원진에게 협약을 맺기 위한 협상을 하자고 요구했다. 우리는 우리가 고용한 종업원들과만 이야기를 나누지 외부의 대표자들과는 협상을 하지 않는다. 그렇기에 우리의 임원진은 노동조합 간부들을 만나기를 거부했다. 그러자 그들은 목수들에게 파업을 하라고 했다. 그러나 목수들은 파업을 하려고 하지 않았고, 이 때문에 노동조합에서 쫓겨났다. 그런데 쫓겨난 목수들이 노조원 후생기금 적립금 가운데 그들 자신의 몫을 인출하기 위해 노동조합을 상대로 소송을 제기했다. 나는 그 소송의 결과가 어떻게 됐는지는 모른다. 하지만 그 사건을 끝으로 영국에서 노동조합 간부들이 우리의 사업활동에 간섭하는 일은 더 이상 없게 됐다.

우리는 우리와 함께 일하는 사람들을 온정적으로만 대하려고 하지 않는다. 그들과 우리는 절대적으로 주는 만큼 받고 받는 만큼 주는 관계다. 임금을 많이 올리던 시기에는 우리가 감독 인력을 꽤 많이 운용했다. 우리는 노동자들의 가정생활을 조사했고, 노동자들이 지급받은 임금을 가지고 무엇을 하는지를 알아보려는 노력을 기울였다. 그 시기에는 아마도 그러는 것이 필요했을 것이다. 그러는 것을 통해 우리는 소중한 정보를 얻을 수도 있었다. 그러나 그러는 것은 영속적인 일로 할 만한 것은 아니었기에 중단됐다.

우리는 '반갑게 내미는 손', 직업화된 '개인적 손길', '인간적 요소' 따위를 믿지 않는다. 그런 종류의 것들은 의미가 없어진 지 오래다. 사람들은 감정적 대우 이상의 것을 원한다. 사회의 상태는 말로 이루어지는 것이 아니다. 그것은 사람과 사람 사이의 일상적 관계들이 낳는 순결과다. 최선의 사회적 정신이 일부나마 존재한다는 것은 경영진을 다소 희생시켜서 모두에게 편익이 돌아가게 하는 활동이 이루어지고 있다는 점에 의해 증명된다. 그러는 것이 선의를 증명하고 존중을 받을 수 있는 유일한 방법이다. 선전, 회보, 강연 등은 쓸모가 전혀 없는 것들이다. 중요한 것은 진지하게 하는 올바른 활동이다.

규모가 큰 사업은 인간적인 것이 되기에는 너무 크다. 그런 사업은 너무 커서 인간의 개성을 스스로 대체한다. 규모가 큰 사업에서는 피고용자와 마찬가지로 고용주도 대중 속에 묻혀 실종되다시피 한다. 생산을 하는 대규모의 조직은 피고용자와 고용주가 함께 만들어낸 것이다. 그리고 그 대규모의 조직은 세계가 구매하는 제품을 만들어 내보내면서 벌어들이는 돈을 그곳에서 일하는 모든 사람에게 지급해서 그들이 생계를 이어갈 수 있도록 한다. 사업 그 자체가 가장 중요해진 것이다.

수많은 가족에게 생계수단을 제공하는 대규모 사업에는 뭔가 신성한 점이 있다. 주위에서 이 세상에 태어나는 아기들을 보고, 학교에 가는 남녀 아이들을 보고, 근무하게 된 일자리의 힘에 근거해 결혼을 하고 독립해 가정을 꾸리는 젊은 노동자들을 보고, 사람들의 소득에서 지출되는 정기적인 임차료를 거둬들이는 수많은 집들을 보면, 그리고 이 모든 것을 가능하게 하는 대규모의 생산 조직을 보면 그 조직의 사업을 지속적으로 하는 것이 신성한 신탁의무로 여겨질 것이다. 대규모 사업이 개인들보다 더 크고 더 중요한 것이 되는 것이다.

고용주는 피고용자들과 마찬가지로 한 명의 인간일 뿐이고 인간이면 누구나 가지는 한계를 전부 다 가지고 있다. 고용주가 고용주의 자리에 앉아 있는 것이 정당화되는 것은 그 자리가 요구하는 역할을 제대로 해낼 수 있을 때뿐이다. 그가 사업을 올바른 방향으로 이끈다면, 그의 노동자들이 그가 자신들의 안전한 삶에 위험을 초래하지 않으면서 자기 몫의 일을 잘 한다고 믿는다면 그는 고용주의 자리가 요구하는 역할을 제대로 해내고 있는 것이다. 그렇지 않다면 그가 앉아 있는 자리에 그 대신 어린 아이를 앉혀도 달라질 게 없다고 말할 수 있을 정도로 그가 더 이상 그 자리에 맞지 않는 것이다. 다른 모든 사람과 마찬가지로 고용주도 그 자신의 능력에 의해서만 판단을 받아야 한다. 그가 노동자들에게 단지 하나의 이름, 즉 간판에 적혀 있는 이름에 불과할 수도 있다. 그래도 사업은 그대로 존재할 것이고, 사실은 그 사업이 하나의 이름뿐인 것이 아니라 그 이상의 것이다. 그 사업은 삶을 가능하게 하며, 삶은 매우 구체적인 것이다. 사업은 하나의 현실이다. 그것은 구체적인 일을 하는 것이다. 그것은 계속 굴러가야 하는 것이다. 사업의 건전성은 거기에서 봉급이 계속 나오는 것에 의해 증명된다.

사업에서 충분하고도 남을 정도의 화합을 얻기는 어렵다. 그러나 사람을 채용할 때에는 화합을 잘 할 만한 사람을 지나치게 많이 채용하게 될 수 있다. 화합을 지나치게 많이 확보하다 보면 삶 그 자체를 이루는 상반된 방향의 추동력을 동시에 충분히 확보하지 못하게 될 수 있다. 이는 곧 노력과 진보를 의미하는 경쟁을 충분히 확보하지 못하게 될 수 있다는 의미다. 조직이 하나의 목표를 향해 화합해서 일하는 것과 조직이 그것을 구성하는 각각의 개별 단위와 화합해서 일하는 것은 서로 다른 것이다. 화합의 감정을 유지하는 데에 에너지와 시간을 너무 많이 써버려 조직이 만들어진 이유인 그 목표를 위해 일할 힘이 전혀 남아있지 않은 조직들도 있다. 목표가 먼저이고 조직은 그 다음이다. 화합이 확보된 조직 가운데 유일하게 조금이라도 가치가 있는 것은 모든 구성원이 하나의 주된 목표에 열중하는 조직, 다시 말해 그런 목표를 향해 같이 나아가는 조직이다. 진심으로 믿고 진지하게 희망하는 공동의 목표가 있어야 한다. 이것이 가장 중요한 화합의 원칙이다.

너무나 연약하고 무기력해서 주위에 '좋은 감정의 분위기'가 있어야만 비로소 자기가 해야 하는 일을 할 수 있는 사람을 보면 나는 연민을 느끼게 된다. 그런 사람들이 있다. 그런데 궁극적으로 보면 '감정'에 대한 자신의 연약한 의존에서 스스로 벗어나기에 충분한 정도의 정신적, 도덕적 강인함을 확보하지 못하는 한 그들은 실패자가 될 수밖에 없다. 그런 경우에는 그들이 일에서 실패자가 될 뿐 아니라 인격에서도 실패자가 될 것이다. 이는 마치 그들의 뼈가 충분한 정도로 단단해지지 않아서 자신의 두 발로 설 수 없는 것과 같다. 우리의 사업 조직들에는 전반적으로 좋은 감정에 대한 지나친 의존이 존재한다. 사람들은 자기가 좋아하는 사람들과 같이 일하기를 지나치게 좋아한다. 궁극적으로 보면 그러는 것이 너무나 많은 가치 있는 자질을 망가뜨린다.

내가 한 말이 오해되지 않기를 바란다. 내가 '좋은 감정'에 대한 의존이라는 말을 사용할 때에 그 의미는 자기가 좋아하는지 싫어하는지를 유일한 판단기준으로 삼는 습관이다. 당신이 어떤 사람을 좋아하지 않는 경우를 생각해보자. 당신이 그런다고 해서 그에게 나쁠 것이 조금이라도 있을까? 그러나 당신에게는 뭔가 나쁜 것이 있다. 당신이 좋아함과 싫어함이 사실과 무슨 관계가 있는가? 상식적인 사람이라면 누구나 자기가 싫어하는 사람들이 있다는 것을 스스로 알고 있는데, 사실은 그 자신보다 그 사람들이 더 유능한 사람들일 수 있다.

이 모든 이야기를 공장에서 벗어나 보다 폭넓게 적용해 보면 부자가 가난한 사람을 사랑할 필요도 없고 가난한 사람이 부자를 사랑할 필요도 없다고 할 수 있다. 고용주가 피고용자를 사랑할 필요도 없고 피고용자가 고용주를 사랑할 필요도 없다. 필요한 것은 각자가 다른 사람을 그의 가치에 따라 공정하게 대하려고 노력하는 것이다. 그것이 진정한 민주주의다. 그것은 누가 벽돌과 모르타르와 용광로와 제분소를 소유해야 하느냐는 문제가 아니다. 그리고 민주주의는 '누가 우두머리가 돼야 하는가?'라는 질문과 아무런 관계도 없다.

그 질문은 "사중창에서 누가 테너를 맡아야 하는가?"라는 질문과 매우 흡사하다. 테너로 노래를 부를 수 있는 사람이 테너를 맡아야 하는 것이 당연하다. 은퇴한 카루소를 데려올 수는 없다. 음악에 관한 어떤 민주주의 이론이 카루소를 음악 프롤레타리아로 만들었다고 가정해보자. 그렇게 하면 카루소를 대신할 다른 테너 가수가 길러질까? 그렇지 않으면 카루소의 재능은 계속해서 그의 것만으로 남아있게 될까?

| 19장 |

우리가 기대할 수 있는 것

내가 징후를 올바로 읽지 못한 것이 아니라면 우리는 변화의 한가운데에 있다. 변화는 우리 주위의 모든 곳에서 천천히, 거의 관찰하기 어렵게, 그러나 매우 확실하게 진행되고 있다. 우리는 원인과 결과를 연결 짓는 법을 점차 배워가고 있다. 우리가 교란이라고 부르는 것 가운데 많은 것, 다시 말해 확립된 제도로 여겨졌던 것에 일어나는 혼란 가운데 많은 것이 사실은 쇄신에 가까운 어떤 것의 표면적 징조일 뿐이다. 대중의 관점이 변하고 있고, 그래서 우리가 관점만 다소 바꾼다면 과거의 아주 나쁜 시스템을 미래의 아주 좋은 시스템으로 바꿀 수 있다. 우리는 강고한 두뇌로 찬미되던, 그러나 사실은 경직된 두뇌일 뿐이던 특이한 미덕을 지능으로 대체하고 있고, 이와 동시에 흐물흐물한 감상주의를 제거하고 있다. 전자의 경우에는 강고함이 진보와 혼동됐고, 후자의 경우에는 연약함이 진보와 혼동됐다. 우리는 현실에 대한 더 나은 견해를 취하고 있고, 그래서 가장 충만한 종류의 삶을 위해 필요한 모든 것을 우리가 이미 이 세계에 가지고 있다는 것과 그것이 어떤 것들이고 그 의미가 무엇인지를 알아차리기만 하면 그것을 더 잘 사용하게 되리라는 점을 알기 시작했다.

많은 것이 잘못됐음을 우리 모두가 알고 있기도 하지만, 무엇이든 잘못된 것은 우리가 그것의 잘못됨이 무엇인지를 분명히 정의하는 것을 통해 올바르게 바로잡을 수 있다. 우리는 그동안 서로를 바라보기를 너무 많이 했고, 다시 말해 누구는 가지고 있고 누구는 가지고 있지 못한 것을 바라보기를 너무 많이 했고, 그러다 보니 개인의 속성이 되기에는 너무 큰 것을 개인적인 것으로 간주했다. 물론 우리의 경제적인 문제에 인간의 본성이 많이 개입되는 것은 틀림없다. 이기심은 존재하며, 그것이 삶의 모든 경쟁적 활동에 색깔을 입힌다는 것은 의심할 나위가 없다. 이기심이 어느 한 계급의 특성이라면 그것을 다루기가 쉬울 수도 있다. 그러나 이기심은 인간의 기질에 보편적으로 내포돼 있다. 게다가 탐욕도 존재하고, 시기심도 존재한다.

그러나 생존만을 위한 싸움이 줄어듦에 따라, 특히 불확실성의 느낌이 커진 것 같은데도 그렇게 됨에 따라 우리는 더 정교한 동기들 가운데 일부를 활성화시킬 기회를 갖게 됐다. 그러한 동기들에 익숙해지면서 우리는 문명의 겉치레 장식에 대해서는 생각을 덜 하게 됐다. 진보에는, 보다 정확하게 말하면 우리가 지금까지 진보로 알아온 것에는 삶에 사용되는 물건의 엄청난 증가가 수반됐다. 평균적인 미국인의 집 뒷마당에 있는 기계장치나 가공된 재료는 아프리카에서 어느 한 왕이 지배하는 영토 안에 있는 그것보다 많다. 평균적인 미국 소년이 자기의 주위에 가지고 있는 물건은 에스키모족의 한 마을 전체가 가지고 있는 그것보다 많다. 우리가 주방, 거실, 침실, 석탄저장고에 가지고 있는 도구들의 목록은 500년 전의 가장 부유한 군주에게도 충격을 줄 것이다. 이런 생활도구의 증가는 한 단계를 나타낼 뿐이다. 우리는 가지고 있는 돈을 다 가지고 저잣거리로 나와 눈에 보이는 것을 모두 사는 인디언과 같다. 판매할 목적으로만 만들어지고 소유할 목적으로만 구매되며 이 세상에 기여하는 바는 전혀 없고 처음에는 쓸모없는 것으로 보이다가 나중에는 쓰레기가 되는 온갖 자질구레한 것들을 이 세상에 공급하기 위해 얼마나 많은 노동과 재료가 산업에서 사용되는지에 대한 충분한 인식은 없다. 인류는 그런 자질구레한 것들을 만드는 단계에서 벗어나는 방향으로 발전하고 있고, 산업은 이 세상이 필요로 하는 것을 공급하는 일에 점점 더 집중하고 있다. 그러므로 우리는 지금 많은 사람들이 내다보고 있지만 현재의 '이만하면 괜찮은' 단계가 우리로 하여금 달성하지 못하게 방해하고 있는 미래의 삶을 향해 가일층의 발전이 이루어질 것이라고 기대할 수 있다.

우리는 물질적 소유에 대한 그러한 숭배에서 벗어나고 있는 중이다. 부유하다는 것은 더 이상 특출한 것이 아니다. 사실 부자가 되는 것이 이제는 더 이상 모든 사람의 공통된 야망인 것도 아니다. 사람들은 한때 돈을 그 자체로 좋아했지만 이제는 그렇지 않다. 사람들은 이제 돈을 경외하지도 않고 돈을 가지고 있는 사람을 경외하지도 않는 것이 틀림없다. 우리가 쓸모없는 잉여로 축적하는 것이 우리에게 영예를 가져다주지도 않는다.

잠깐만 생각해봐도 각자의 개인적인 이득만을 놓고 말한다면 돈을 엄청나게 많이 축적한다는 것이 아무런 의미도 없음을 알 수 있다. 인간은 누구나 인간 개인일 뿐이어서 부자든 가난한 사람이든 영양분을 얻기 위해 똑같은 양과 질의 음식물을 먹고, 체온을 유지하기 위해 똑같은 무게의 옷을 입는다. 그리고 두 개 이상의 방에서 동시에 살 수 있는 사람은 아무도 없다.

그러나 기여를 하겠다는 마음을 가지고 있는 사람이라면, 보통의 재원을 가지고는 실현할 수 없는 큰 계획을 품고 있는 사람이라면, 산업의 사막을 개척해서 무미건조한 일상의 삶이 높은 품성과 효율성을 추구하는 신선하고 열정적인 인간적 동기가 발현되는 삶이 되도록 하겠다는 일생일대의 야망을 가지고 있는 사람이라면 많은 금액의 돈에서 농부가 종자용 씨앗에서 보는 것과 같은 것을 볼 것이다. 그에게 그 돈은 더 풍부한 새로운 수확, 다시 말해 이기적인 범위에 국한되기보다는 햇빛이 미치는 범위까지 폭넓게 혜택을 가져다주는 수확의 시작일 것이다.

이 세상에는 두 종류의 바보가 있다. 하나는 돈을 쌓아가는 것을 통해 실제의 권력을 쌓아갈 수 있다고 생각하는 백만장자이고, 다른 하나는 어느 한 계급에게서 돈을 빼앗아 다른 한 계급에게 주는 것을 통해 이 세상의 모든 병폐를 고칠 수 있으리라고 생각하는 무일푼의 개혁가다. 양쪽 다 잘못된 길로 가고 있는 것이다. 그러느니 차라리 이 세상에 존재하는 모든 장기판 위의 말이나 모든 도미노 패를 다 긁어모으면 장기나 도미노의 기술을 다 가지게 될 것이라는 미망 아래에서 그렇게 해보려고 하는 것이 나을 것이다. 우리 시대에 가장 성공적으로 많은 돈을 번 사람들 가운데에는 인류의 부에 단 한 푼도 추가하지 못한 경우도 있다. 이를테면 카드 게임을 하는 사람이 이 세상의 부를 증가시키겠는가?

우리가 가지고 있는 부 창출 능력의 한계에 다다를 때까지 우리가 부를 창출한다면 모두에게 충분한 만큼의 부가 생겨나 존재하게 되고 모두가 충분한 만큼의 부를 얻게 될 것인데, 그 한계에 다다르는 것은 쉬운 일이다. 각자의 지갑 속에 쨍그랑거리는 동전이 없다는 이유로 거론되는 허구적인 결핍 말고 이 세상에서 살아가는 데에 반드시 필요한 것의 진정한 결핍은 생산이 이루어지지 않은 탓일 뿐이다. 그리고 무엇을 어떻게 생산할 지에 대한 지식의 결여가 생산이 이루어지지 않는 유일한 이유인 경우가 많다.

*

다음 사실들만큼은 우리가 믿고 출발점으로 삼아야 한다.

— 지구는 모든 사람이 생계를 넉넉히 이어가는 데에 필요한 것을 충분히 생산하고 있거나 생산할 능력을 가지고 있다. 식량만 그런 것이 아니라 우리가 필요로 하는 모든 것이 다 그렇다. 왜냐하면 모든 것이 지구로부터 생산되기 때문이다.

— 우리는 기여를 한 사람들이 정확히 공정하게 결정된 각자의 몫을 받게 됨을 확실하게 보장하게끔 노동, 생산, 분배, 보상을 조직할 수 있다.

— 이기심 자체를 없애는 것은 아마도 불가능하겠지만 경제적 공정성을 심각하게 해칠 수 있는 힘은 이기심에서 제거되도록 우리의 경제체제를 조정하는 것은 인간 본성의 약점과는 무관하게 가능하다.

*

실제의 사업은 기술의 유무에 따라 쉬울 수도 있고 어려울 수도 있는데, 기술의 유무는 생산과 분배에서 드러난다. 사업은 이윤을 위해 존재한다고들 생각해 왔다. 그것은 잘못된 생각이다. 사업은 기여를 위해 존재한다. 사업은 하나의 직업이고, 거기에는 널리 인정된 나름의 직업윤리가 있어서 그것을 위반하는 사업가는 지위를 잃게 된다. 사업은 직업정신을 많이 필요로 한다. 직업정신은 압박을 받아서가 아니라 자긍심의 발로로 직업적 성실성을 추구한다. 직업정신은 그 자신의 일탈을 스스로 간파해내어 처벌한다. 사업은 언젠가는 깨끗해질 것이다. 자주 멈추는 기계는 불완전한 기계이고, 그 불완전성은 기계의 내부에 존재한다. 자주 아파지는 몸은 병든 몸이고, 그 병은 몸의 내부에 존재한다. 사업도 마찬가지다. 사업의 잘못된 점 가운데는 순전히 그 도덕적 체질상의 잘못된 점인 것이 많은데, 어쨌든 그런 점은 사업의 발전을 가로막고 사업을 자주 병들게 한다. 언젠가는 사업의 윤리가 보편적으로 인정될 것이고, 그렇게 되는 날에는 사업이 모든 직업 가운데 가장 오래되고 유익한 것으로 여겨질 것이다.

*

그동안 포드 모터 컴퍼니가 해온 모든 일, 다시 말해 내가 해온 모든 일은 기여가 이윤보다 먼저라는 것과 자신이 존재함으로써 이 세상을 더 나은 곳으로 만드는 종류의 사업은 고귀한 직업이라는 것을 하는 일을 통해 증명하려는 노력이었다. 우리가 벌인 사업에서 다소 주목할 만한 진전(나는 '성공'이라는 말을 사용하지 않으려고 한다. 왜냐하면 그 말은 묘비명과 같은 것인데, 우리는 이제 시작하는 단계에 있을 뿐이기 때문이다.)으로 여겨지는 것들이 어떤 우연에 의한 것이라는 이야기가 때때로 나에게 들려오곤 했다. 또한 우리가 사용해온 방법들이 그 나름대로 충분히 유용하긴 했지만 우리의 특정한 제품들을 만드는 데에만 적합하지 어떤 다른 종류의 사업에나 우리가 만드는 제품이 아닌 다른 제품에는 물론이고 우리와 다른 개성을 가진 사람들에게는 쓸모가 없을 것이라는 이야기도 들려왔다.

예전에는 우리의 이론과 우리의 방법이 근본적으로 불건전하다는 생각이 당연시되곤 했다. 그것은 우리의 이론과 우리의 방법이 제대로 이해되지 못한 탓이었다. 실제로 벌어진 일들이 그런 종류의 논평은 더 이상 나오지 않게 했지만, 우리가 해온 일을 다른 기업들이 할 수는 없을 것이라는 전적으로 진지한 믿음은 여전히 남아있다. 다시 말해 마법의 지팡이가 우리를 건드렸던 것이라고, 그러니 우리가 자동차와 트랙터를 만들어온 방식 그대로 우리 자신이나 다른 누구가 신발, 모자, 재봉틀, 시계, 타자기나 그 밖의 생활필수품을 만들 수는 없을 것이라는 믿음이 남아 있는 것이다. 그리고 우리가 다른 분야에 뛰어들었다면 곧바로 우리 자신의 오류를 알아차렸을 것이라고들 한다. 이런 이야기들 가운데 그 어느 것에도 나는 동의하지 않는다. 허공에서 생겨나는 것은 없다. 이 책에서 내가 서술한 내용이 그러함을 증명할 것이다. 우리가 가지고 있는 것 가운데 다른 사람들이 가지고 있지 않을 만한 것은 아무것도 없다. 우리는 자기의 일에 최선을 다하는 사람이라면 누구에게나 언제나 따르는 행운 말고는 그 어떤 행운도 누려본 적이 없다. 우리가 시작하는 단계에서 '유리했다'고 말할 수 있을 만한 것은 우리에게 전혀 없었다. 우리는 거의 가지고 있는 것이 아무것도 없는 상태에서 시작했다. 우리가 지금 가지고 있는 것은 우리가 벌어들인 것이며, 우리는 끊임없는 노동과 원칙에 대한 신념을 통해 그것을 벌어들였다. 우리는 사치품을 선택해서 그것을 필수품으로 전환시켰고, 그러는 과정에서 교묘한 마술이나 부정직한 속임수는 쓴 적이 없다.

우리가 지금 만들고 있는 자동차를 처음에 만들기 시작했을 때에는 이 나라에 상태가 좋은 도로가 거의 없었고, 휘발유는 희소한 연료였으며, 자동차는 기껏해야 부자의 장난감에 불과하다는 관념이 대중의 머릿속에 굳게 박혀 있었다. 우리가 가지고 있었던 유리한 점은 선례가 없었다는 것 하나뿐이었다.

우리는 하나의 신조에 따라 제조를 시작했는데, 그 신조는 당시에는 사업계에 알려져 있지 않은 것이었다. 새로운 것은 언제나 특이한 것으로 여겨진다. 그리고 새로운 것은 무엇이든 특이해야 하며 어쩌면 괴상해야 하는지도 모른다는 생각을 애초부터 결코 극복하지 못하는 사람들도 있다. 우리가 가지고 있는 신조의 기계적인 작용 방식은 끊임없이 변화한다. 우리는 우리의 신조를 실행에 옮기는 새롭고 더 좋은 방법을 부단히 찾고 있다. 그러나 우리는 그 원칙을 변경해야 할 필요성은 느낀 적이 없고, 나는 그 원칙을 변경해야 할 필요성을 느끼게 되는 상황을 상상할 수 없다. 왜냐하면 나는 그 원칙이 절대적인 보편성을 가지고 있으며 모두에게 더 낫고 더 폭넓은 삶을 가져다줄 것이 틀림없다고 생각하기 때문이다.

그렇게 생각하지 않았다면 나는 나의 일을 계속하지 않았을 것이다. 내가 버는 돈은 그리 중요하지 않다. 사업은 기여를 함으로써만 정당화되고, 사업은 공동체에서 가져오는 것보다 언제나 더 많은 것을 공동체에 주어야 하며, 어떤 사업이 존재하는 것이 모두에게 이득이 되지 않는다면 그 사업은 존재해서는 안 된다는 원칙을 실제의 사례로 입증하고 부각시키는 데에 기여하는 돈만이 유익한 돈이다. 나는 자동차와 트랙터로 이것을 증명했다. 그리고 나는 철도와 공익법인으로 이것을 증명하려고 한다. 이런 나의 계획은 나 자신의 개인적인 만족을 위해서도 아니고, 그렇게 해서 벌 수 있을지도 모르는 돈을 위해서도 아니다(위와 같은 원칙을 적용한다면 이윤을 주된 목적으로 삼는 경우에 비해 훨씬 더 많은 이윤을 거두게 되는 것을 피하기가 완전히 불가능하기는 하지만). 나는 그런 증명을 함으로써 우리 모두가 더 많은 것을 가질 수 있고, 모든 기업이 더 많은 기여를 하는 것을 통해 우리 모두가 더 나은 삶을 살 수 있게 되기를 바란다. 가난은 어떤 공식이든 공식에 의해서는 없앨 수 없다. 가난은 오직 열심히 현명하게 일하는 것을 통해서만 없앨 수 있다. 우리의 회사는 사실상 하나의 원칙을 증명하기 위한 실험장이다. 우리가 돈을 벌고 있다는 것은 우리가 옳다는 것에 대한 추가적인 증거가 된다. 왜냐하면 돈을 벌고 있다는 것은 일종의 자기 입증을 말이 아닌 사실로 하는 것이기 때문이다.

좀 전에 말한 신조는 내가 이 책의 맨 앞에서 이미 진술한 바 있다. 나는 그것에 따라 그동안 실행돼온 일의 관점에서 그것을 여기에서 다시 진술하고자 한다. 왜냐하면 그것이 우리가 해온 모든 일의 토대이기 때문이다.

(1) 미래를 두려워하거나 과거를 숭상하지 않는다. 미래를 두려워하는 사람은 실패를 두려워하고 자기의 활동을 제약한다. 실패는 더 현명하게 다시 시작할 기회일 뿐이다. 정직한 실패에는 수치스러움이 없다. 수치스러움은 실패에 대한 두려움에 있다. 지나간 것은 진보의 수단과 방법을 제시해주는 한에서만 쓸모가 있다.

(2) 경쟁을 무시한다. 어떤 일을 가장 잘하는 사람이라면 그가 누구든 그 일을 하는 사람이 돼야 한다. 다른 사람에게서 사업을 빼앗으려

고 하는 것은 범죄행위나 다름없다. 왜냐하면 그렇게 하는 것은 자기의 개인적인 이득을 위해 다른 사람의 상태를 악화시키려고 하는 것이자 지능이 아닌 힘으로 이기려고 하는 것이기 때문이다.

(3) 이윤보다 기여를 우선한다. 이윤이 나지 않으면 사업이 확장될 수 없으니 이윤을 낸다는 것 그 자체에 잘못된 것은 없다. 잘 운영된 사업이 이윤을 내주지 못할 리는 없지만 이윤은 유익한 기여를 하는 것에 대한 보상으로 생겨야 하고 필연적으로 그렇게 생기게 된다. 이윤이 기본이 될 수는 없다. 이윤은 기여의 결과일 수밖에 없다.

(4) 제조업은 싸게 사고 비싸게 파는 것이 아니다. 제조업은 재료를 공정한 가격에 사서 비용을 가능한 한 적게 붙이면서 그 재료를 소비할 수 있는 제품으로 변환시켜 소비자에게 공급하는 과정이다. 도박, 투기, 불공정거래는 이런 과정을 방해하기만 하는 경향이 있다.

*

우리에게는 생산이 있어야 한다. 그런데 가장 중요한 것은 생산의 배후에 있는 정신이다. 기여를 하게 되기를 진정으로 바라는 정신이 먼저 있어야만 그에 따라 기여를 하는 생산이 이루어진다. 전적으로 인위적인 다양한 규칙이 금융과 산업에 대해 수립되어 '법'으로 간주되지만 그런 규칙은 너무나도 자주 무너져서 추측도 제대로 하지 못한 것임이 증명되고 있다. 모든 경제적 추리에 토대가 되는 것은 지구와 그 생산물이다. 지구가 생산해내는 모든 형태의 것들이 진정한 삶, 다시 말해 먹고 자는 것 이상의 삶에 토대가 되기에 충분한 양으로 공급되게 하고, 그렇게 공급된다고 사람들이 믿을 수 있게 해주는 것이 최상의 기여다. 그것이 경제체제의 진정한 기반이 된다. 우리는 갖가지 물건을 만들 수 있으며, 따라서 생산의 문제는 훌륭하게 해결됐다. 우리는 다양한 종류의 물건을 얼마든지 많이 만들 수 있다. 우리가 영위하는 삶의 양식은 공급받아야 할 것들을 더할 나위 없이 잘 공급받고 있다. 삶의 물리적 측면을 천년왕국과 거의 같은 완전한 상태로 만들어주기에 충분한 과정과 개선책들이 보류되고 있으면서 우리에 의해 채택되어 적용되기를 기다리고 있다. 그런데 우리는 우리가 하고 있는 일들에 너무 함몰되어 왜 그 일들을 하는지에는 충분히 관심을 기울이지 않고 있다. 우리의 경쟁적 체제 전부, 우리의 창조적 표현 전부, 우리가 가지고 있는 기능의 발휘 전부가 물질적 생산과 그 부산물인 성공과 부에 집중되고 있는 것으로 보인다.

예를 들어 개인이나 집단이 다른 개인이나 집단을 희생시켜서 이득을 취할 수 있다고 생각하는 분위기가 있다. 다른 누군가를 짓밟아서 취할 수 있는 이득은 없다. 농부들이 연합해서 제조업자들을 짓밟는다고 해서 더 잘살게 될까? 제조업자들이 연합해서 농부들을 짓밟는다고 해서 더 잘살게 될까? 자본가들이 노동자들을 짓밟아서 이득을 취할 수 있을까? 노동자들이 자본가들을 짓밟는다고 해서 이득을 취할 수 있을까? 사업가가 경쟁자를 짓밟는다고 해서 이득을 취하게 될까? 그렇지 않다. 파괴적인 경쟁은 어느 쪽에도 이득을 가져다주지 않는다. 다수의 패배와 무자비한 소수의 지배로 귀결되는 종류의 경쟁은 사라지게 해야 한다. 파괴적인 경쟁은 진보를 만들어내는 성질을 가지고 있지 않다. 진보는 관용적인 형태의 경쟁에서 나온다. 나쁜 경쟁은 각자 자기만을 위한 것이다. 그런 경쟁은 어떤 개인이나 집단의 세력 확장을 가져온다. 그것은 일종의 전쟁이다. 그것은 누군가를 '해치우겠다'는 욕구에 의해 부추겨지는 것이다. 그것은 전적으로 이기적인 것이다. 다시 말해 그런 경쟁의 동기는 제품에 대한 자부심도 아니고, 기여를 탁월하게 하려는 희망도 아니고, 생산을 과학적인 방법에 가까운 방법으로 하겠다는 건전한 야망도 아니다. 그런 경쟁은 다른 사람들을 몰아내고 시장을 독점해서 돈을 많이 벌려는 욕망을 동기로 한 것일 뿐이다. 그런 욕망을 달성한 사람은 언제나 제품을 품질이 나쁜 것으로 바꾸어 시장에 내놓는다.

*

우리가 그러한 조잡한 종류의 파괴적 경쟁에서 벗어나면 여러 가지 고착된 관념에서도 벗어날 수 있다. 우리는 구식의 방법과 단일의 일방적 사용에 너무 얽매어 있다. 우리는 이동성을 더 높여야 할 필요가 있다. 우리는 재료를 하나의 용도로만 사용하고 제품을 하나의 경로로만 내보낸다. 그러다 보니 그 용도에 차질이 생기거나 그 경로가 막히면 사업이 중단되어 '불황'의 모든 좋지 않은 결과들이 초래된다. 옥수수를 예로 들어보자. 미국에는 판로를 찾을 수 없는 옥수수가 엄청나게 많이 저장돼있다. 그 가운데 일부는 사람과 가축의 먹을거리로 사용되지만 재고 전부가 그렇게 사용될 수는 없다. 금주법이 시행되기 전에는 술을 만드는 데에도 옥수수가 사용됐지만, 그것은 양질의 옥수수를 잘 사용하는 방법이라고 할 수 없다. 그럼에도 오랜 세월 동안 옥수수는 이 두 경로로만 공급되어 사용됐고, 두 경로 가운데 하나라도 막히면 옥수수의 재고가 불어나기 시작했다. 대개는 돈이 부족하다는 허구적인 이야기가 식량의 재고가 풀려나가는 것을 가로막곤 했지만, 돈이 풍부할 때에도 식량의 재고가 다 풀려나가 소비되지는 못했다.

먹을거리가 너무 풍부해져서 사람의 음식으로 다 소비될 수 없다면 다른 용도를 찾지 말아야 할 이유가 없지 않은가. 돼지를 키우는 농장이나 양조장에서만 옥수수를 사용해야 할 이유가 있는가? 왜 가만히 앉아서 옥수수 시장을 덮친 끔찍한 재앙을 한탄하기만 하고 있어야 하는가? 돼지고기를 만들고 위스키를 만드는 것 말고는 옥수수의 용도가 없다는 것인가? 분명히 다른 용도가 있을 것이다. 옥수수의 용도는 대단히 많이 있는데 그 가운데 중요한 용도로만 옥수수가 충분히 공급됐을 것이다. 옥수수가 낭비되지 않고 잘 사용될 수 있게 하는 경로는 언제나 얼마든지 있을 것이다.

과거에 한때는 농부들이 옥수수를 태우는 방식으로 연료로 사용했다. 옥수수는 풍부하게 있지만 석탄은 부족했기 때문이다. 그것은 옥수수를 처분하는 방법으로는 저급한 것이었지만, 거기에서 새로운 발상의 싹을 발견할 수는 있다. 옥수수에는 연료가 들어있다. 옥수수에서 기름과 함께 연료로 사용할 수 있는 알코올을 뽑아낼 수 있다. 이제는 누군가가 이러한 새로운 용도를 개척해서 재고로 쌓인 옥수수가 이동되도록 해야 할 때다. 우리는 왜 활에 시위를 하나만 매어 놓는가? 시위를 두 개 매어 놓으면 안 될 이유가 있는가? 시위를 두 개 매어 놓으면 그 가운데 하나가 끊어져도 다른 하나로 화살을 쏠 수 있다. 돼지를 기르는 사업이 지지부진해진다면 옥수수를 쌓아놓은 농부가 그것을 돼지의 사료로 사용하는 대신에 트랙터의 연료로 사용할 수 있지 않은가?

우리는 다방면으로 다양성을 높여야 할 필요가 있다. 철로 4개를 나란히 놓는 복복선 방식을 모든 곳에 적용하는 것도 나쁜 생각이 아닐 것이다. 우리의 화폐제도는 단선이다. 그것은 돈을 가지고 있는 사람들에게는 대단히 좋은 제도다. 화폐라고 불리는 상품을 소유하고 있을 뿐 아니라 화폐가 만들어지고 사용되도록 하는 기능을 가진 기관을 소유하고 있으면서 이자를 거두어들이고 신용을 통제하는 금융업자들에게 그것은 완벽한 제도다. 그들이 자기네 제도를 그대로 유지하고 싶다고 한다면 그러라고 하자. 그러나 사람들은 우리가 '어려운 시기'라고 부르는 불황기에는 그것이 형편없는 제도라는 것을 알아차리고 있다. 왜냐하면 그것이 공장을 멈추게 하고 교역을 가로막기 때문이다. 금융업자들이라는 이익집단에 대한 특별한 보호가 있다면 보통 사람들에 대한 특별한 보호도 있어야 한다. 다양한 판로, 다양한 용도, 다양한 금융방법은 우리가 경제적 비상상황에 대비해 가질 수 있는 가장 강력한 방어수단이다.

노동자들의 경우도 마찬가지다. 비상상황에는 수확철의 들판이나 광산, 공장, 철도에 투입될 수 있는 젊은이들의 유격대가 있어야 하는 것이 틀림없다. 백 개의 기업이 잇달아 석탄이 없어 공장 가동을 중단할 조짐을 보이거나 백만 명이 실직할 위험에 처한 경우에는 충분한 수의 사람들이 광산이나 철도에 자원해 가서 봉사하는 것이 좋은 일인 동시에 인류애의 실천으로서도 좋은 행동일 것으로 여겨진다. 이 세상에는 언제나 해야 하는 일이 있는데 우리 자신 말고는 그런 일을 할 사람이 없는 경우가 있다. 전 세계가 일손을 놓고 쉴 수도 있고, 공장의 관점에서 '할 일이 전혀 없을' 수도 있다. 그런데 이곳이나 저곳에 할 일이 전혀 없을 수는 있지만 해야 하는 일은 언제나 있다. 바로 이런 사실이 '해야 하는 일'이 이루어지게 하고 실업이 최소화되게 하는 조직화로 우리의 등을 떠민다.

*

모든 발전은 작은 규모로 개인으로부터 시작된다. 대중은 개인들의 총합보다 더 나을 수 없다. 정신의 절반은 놓고 있는 사람이 목적의식의 힘을 온전히 갖춘 사람으로 발전할 때에, 주저하는 사람이 단호한 명쾌함을 발휘하는 사람으로 발전할 때에, 판단에 미숙한 사람이 숙성한 사람으로 발전할 때에, 견습공이 장인으로 발전할 때에, 뜨내기처럼 일하는 사람이 일에서 진정한 행복을 찾는 어엿한 노동자로 발전할 때에, 감독자의 눈앞에서만 일하는 척하는 사람이 감독이나 재촉 없이도 일을 믿고 맡길 수 있는 사람으로 발전할 때에 이 세상이 발전하는 것이다! 발전은 쉽게 이루어지는 것이 아니다. 사람들이 모든 일이 쉬워야 한다고 배우는 활력 없는 시대에 우리는 살고 있다. 조금이라도 가치가 있는 일은 결코 쉽지 않다. 책임의 위계에서 더 높이 올라갈수록 일은 더 어려워진다. 편안한 휴식도 물론 필요하다. 일하는 사람은 누구나 충분한 여가를 가져야 한다. 힘들여 열심히 일하는 사람은 자기 나름의 편안한 의자, 아늑한 난롯가, 즐거운 주위환경을 가지고 있어야 한다. 그런 것들은 그의 권리에 속한다. 그러나 해야 하는 일을 다 하기 전에 편안함을 누릴 자격이 있는 사람은 아무도 없다. 푹신한 안락의자에 앉아 있는 듯한 편안함을 일에 끼워 넣는 것은 결코 가능하지 않을 것이다. 불필요하게 고된 일도 있다. 그런 일은 적절한 경영에 의해 보다 쉬운 일로 바뀔 수 있다. 한 사람이 한 사람 몫의 일을 자유롭게 할 수 있게 하기 위해 모든 수단이 이용돼야 한다. 철강이라야 감당할 수 있는 부담을 인간의 육체로 하여금 감당하게 해서는 안 된다. 그러나 최선의 조치가 취해진다고 해도 일은 여전히 일이며, 자기가 해야 하는 일을 하기 시작한 사람은 누구나 일은 일이라고 느낄 것이다.

게다가 사람 뽑기와 일 선택이 가능한 범위가 그렇게 넓지는 않다. 부여된 과업이 기대에 못 미칠 수도 있다. 노동자 개인이 실제로 하는 일이 언제나 자기가 하려고 선택했을 법한 일인 것은 아니다. 노동자 개인이 실제로 하는 일은 그를 뽑아준 고용주가 그에게 시키려고 한 일이다. 미래에는 따분하고 보수도 적게 주는 일이 지금보다 적어지겠지만, 그런 일이 있는 한 누군가는 그런 일을 해야 할 것이다. 그러나 노동자 개인이 그런 일을 하게 됐다는 이유로 불이익을 당해야 할 이유는 전혀 없다. 따분하고 보수도 적게 주는 일에는 들어맞지만 아주 많은 이른바 보다 책임성 있는 일에는 들어맞지 않는 말이 하나 있다. "유용하고 존중할 만하며 정직한 일"이라는 말이 그것이다.

따분하고 고된 일을 노동에서 제거해야 할 때가 됐다. 사람들이 반대하는 것은 일이 아니라 일의 요소 가운데 따분하고 고된 것이다. 우리는 따분하고 고된 일을 발견하게 되면 언제나 그것을 일에서 빼내어 버려야 한다. 하루하루의 일에서 트레드밀을 밟는 것과 같은 단조로운 요소를 제거하지 않는 한 우리는 결코 완전히 문명화되지 못할 것이다. 지금 발명이 그런 것을 어느 정도는 제거해주고 있다. 우리는 노동자의 힘을 훼손하곤 하던 고되고 힘겨운 일을 노동자들에게서 덜어내는 데에 상당히 많이 성공해왔지만, 힘겨운 노동을 가볍게 만든 경우에도 단조로움을 제거하는 데에는 아직 성공하지 못하고 있다. 단조로움을 없애는 것은 우리의 시선을 끄는 또 하나의 분야이며, 우리는 그것을 달성하려고 노력하는 과정에서 우리의 체제에서 실현시켜야 하는 다른 변화로 어떤 것들이 있는지를 알게 될 것이 틀림없다.

*

오늘날 일할 기회는 그 어느 때보다도 많다. 발전할 기회는 더 많다. 오늘날 산업에 진입하는 젊은이는 25년 전의 젊은이가 사회생활을 시작했을 때의 체제와는 매우 다른 체제에 진입하는 것이 사실이다. 체제가 더 조여졌다. 그래서 그 안에서 놀이나 마찰은 줄어들었고, 개인의 무계획적인 의지에 맡겨지는 문제도 적어졌다. 이에 따라 현대의 노동자는 자기에게 주도권을 거의 주지 않는 것이 분명한 조직의 일부가 됐다고 스스로 느낀다. 그러나 이 모든 것에도 불구하고 "노동자는 기계나 다름없다"는 말은 진실이 아니다. 조직 속에서 기회가 실종됐다는 말도 사실이 아니다. 젊은 노동자가 이와 같은 관념들을 스스로 떨쳐내고 체제를 있는 그대로의 모습으로 바라본다면 자기가 장해라고 생각했던 것이 사실은 도움임을 알게 될 것이다.

공장 조직은 능력의 확장을 가로막기 위한 장치가 아니라 평범성에 기인하는 낭비와 손실을 줄이기 위한 장치다. 그것은 야심이 있고 머리가 명석한 노동자가 자신의 최선을 다하는 것을 방해하기 위한 장치가 아니라 무관심한 부류에 속하는 개인이 최악의 행동을 하는 것을 막기 위한 장치다. 게으름, 부주의함, 빈둥거림, 무관심을 방치하면 모두가 피해를 본다. 공장이 번성할 수 없게 되고, 그러면 노동자들의 생활을 떠받칠 정도의 임금을 지급할 수 없게 된다. 조직이 무관심한 부류로 하여금 평소 그들이 자연스럽게 취하는 태도보다 더 나은 태도로 일에 임하지 않으면 안 되게끔 한다면 그것은 그들에게도 이롭다. 그러면 그들이 육체적, 정신적, 재정적으로 더 나아지기 때문이다. 많은 수의 무관심한 부류를 믿고 그들이 자신들의 방식과 생산속도를 그대로 유지하도록 방치한다면 우리가 임금을 얼마나 지급할 수 있을까?

평범성을 심화시키는 공장 시스템이 능력을 낮게 끌어내리는 작용까지 한다면 그것은 그야말로 아주 나쁜 시스템일 것이 틀림없다. 그런데 무릇 시스템이라면 설령 그 자체가 완벽한 것이라고 하더라도 그것을 운영할 유능한 개인들이 그 안에 있어야 한다. 어떤 시스템도 스스로 알아서 돌아가지는 않는다. 게다가 현대의 시스템은 과거의 시스템에 비해 그 운영에 두뇌를 더 많이 필요로 한다. 오늘날 두뇌가 필요한 곳이 과거에 그랬던 곳과 같은 곳이 아닐 수도 있겠지만, 어쨌든 오늘날에는 과거의 그 어느 때보다 두뇌가 더 많이 필요하다. 이는 동력의 경우와 똑같다. 과거에는 모든 기계가 사람이 발로 밟아 만들어내는 힘으로 구동됐고, 따라서 기계가 있는 그 자리에서 동력이 공급됐다. 그러나 오늘날에는 우리가 동력 공급원을 뒤로 빼서 발전소에 집중시켜 놓았다. 이와 똑같은 방식으로 우리는 최고 수준의 유형에 해당하는 정신적 능력이 공장 안의 모든 작업에 관여할 필요가 없어지게 했다. 고급의 두뇌는 정신의 발전소에 집중시켜 놓은 것이다.

성장하는 사업은 성장하면서 유능한 노동자들을 위한 새로운 일자리를 창출한다. 그럴 수밖에 없다. 그렇다고 해서 매일같이 무더기로 새로운 일자리가 생겨나는 것은 아니다. 전혀 그렇지 않다. 새로운 일자리는 힘들여 일한 뒤에나 생겨난다. 매일 되풀이되는 판에 박힌 일이 주는 고통을 견뎌내면서 활력과 주의력을 유지하는 노동자가 결국에는 올바른 방향으로 가고 있는 것이다. 사업체가 찾는 개인적 특성은 소문이 날 정도의 총명함이 아니라 상당한 정도의 든든한 믿음직함이다. 규모가 큰 기업은 필연적으로 느리고 신중하게 움직인다. 야심을 가진 젊은이라면 미래를 길게 내다보면서 시간의 여유를 넉넉히 가지고 미래에 일어날 일에 대비해야 한다.

*

아주 많은 것이 변화할 것이다. 우리는 자연의 종이 되기보다는 그 주인이 되기를 배워야 한다. 우리는 상상만 하던 기술들을 실제로 갖게 됐지만 그 모든 기술에도 불구하고 여전히 천연자원에 많이 의존하고 있고, 그것은 다른 것으로 대체될 수 없다고 생각하고 있다. 우리는 석탄과 광석을 캐내고 나무를 베어낸다. 우리가 캐낸 석탄과 광석은 사용되면서 없어지고, 우리가 베어낸 나무는 그 둥치가 사람의 일생에 해당하는 시간 안에는 베어낸 만큼 다시 자라지 못한다. 언젠가는 우리가 주위에 널려 있는 열을 활용함으로써 석탄에는 더 이상 의존하지 않게 될 것이다. 지금도 우리는 수력발전으로 만들어낸 전기를 이용해 열을 얻을 수 있다. 우리는 그 방법을 더 개선해야 한다. 나는 화학이 발전함에 따라 식물을 가지고 금속보다 내구력이 더 강한 물질을 만들어내는 방법이 발견될 것이라는 확신이 든다. 면화는 그런 방법에 사용될 식물로는 우리가 아직도 거의 고려해보지 않았다. 나무를 기르지 않고도 더 나은 목재를 만들어낼 수 있다. 진정한 기여의 정신이 우리를 위해 창조를 해낼 것이다. 우리는 각자 자신의 몫을 성실하게 해내기만 하면 된다.

*

모든 것이 가능하다. "믿음은 바라는 것들의 실상이요 보이지 않는 것들의 증거이니."

(끝)

| 옮긴이의 후기 |

이 책은 흔히 '자동차 왕'으로 불리는 미국의 기업가 헨리 포드(Henry Ford, 1863~1947)가 저널리스트인 새뮤얼 크라우더(Samuel Crowther, 1880~1947)의 도움을 받으며 쓴 자서전 My Life and Work를 번역한 것이다. 원서는 포드가 59살이었을 때인 1922년에 출판됐다. 그해는 포드가 창업한 포드 모터 컴퍼니가 가장 왕성한 성장의 활력을 보이던 시기에 속한다.

포드 모터 컴퍼니는 1908년에 세계 최초의 대중보급형 자동차인 '모델 T'의 생산을 개시했고, 1913년에 컨베이어 벨트를 이용한 조립라인을 도입했다. 그 뒤로 1920년대 중반까지는 모델 T의 생산과 판매가 매년 급증하면서 포드 모터 컴퍼니가 무서운 기세로 자동차의 대중화를 이끌었고, 그것은 곧 포드가 기업가로서 성공을 거두는 과정이기도 했다. 그 뒤 1920년대 후반부터 포드가 뇌출혈로 사망한 1947년까지는 포드 모터 컴퍼니가 대공황의 영향, 노사관계의 악화, 내부 경영의 난맥 등에 시달린 기간이었다.

따라서 이 책은 포드가 젊었을 때부터의 꿈을 실현한 성공적인 기업가로서 절정에 오른 인생의 중년에 그동안 자신이 살아온 삶과 해온 일을 돌아보고 거기에 나름대로 의미를 부여해본 작업의 결과물로 볼 수 있다. 그런 만큼 이 책에 실린 포드의 진술들은 매우 낙관적이고 자신감에 차 있으며, 그러다 보니 금융의 기능, 노사관계, 유대인 문제 등 일부 주제에 대해서는 다소 독단적인 태도가 드러나기도 한다.

이 책은 독자 개인의 입장이나 관점에 따라 여러 각도에서 읽힐 수 있을 것 같다. 우선 자기계발서로 읽기에 훌륭한 책이다. 기계에 관심이 많은 농촌 출신의 젊은이였던 포드가 창업을 해서 세상에 가치 있는 기여도 하고 개인적인 성공도 거두는 과정은 창업에 관심이 많은 요즘의 젊은이들에게 자극이 될 것이다. 경영사상서로도 유용해 보인다. 돈이 아닌 기여가 사업의 기본이라는 생각을 중심으로 한 포드의 사업철학은 오늘날의 사업가나 경영자에게 화두가 될 만하다.

자동차 산업의 역사에 관심이 있는 사람은 그 초기의 흥미진진한 사실들을 이 책에서 접할 수 있다. 예를 들면 자동차가 마차의 교통에 방해가 됐다거나 자동차 경주가 자동차 회사의 중요한 광고수단이었다는 등의 이야기가 나온다. 포드가 20세기 초 미국의 대표적인 산업자본가였다는 점에서는 이 책을 통해 당시 산업자본가의 사고방식이 어떠한 것이었는지를 엿볼 수 있다. 이 밖에도 이 책은 20세기 산업 전반에 지대한 영향을 미친 포디즘, 미국식 기업복지 자본주의, 금융과 산업의 관계 등에 관해서도 여러 가지로 생각해볼 거리를 던져준다.